U0451434

中国社会学史（1895—1949）

一门学科与一个时代

阎明 著

图书在版编目(CIP)数据

中国社会学史：1895—1949：一门学科与一个时代/阎明著. —北京：商务印书馆，2023
ISBN 978-7-100-21895-5

Ⅰ.①中… Ⅱ.①阎… Ⅲ.①社会学史—中国 Ⅳ.①C91-092

中国版本图书馆CIP数据核字（2022）第233296号

权利保留，侵权必究。

中国社会学史（1895—1949）
——一门学科与一个时代
阎　明　著

商 务 印 书 馆 出 版
（北京王府井大街36号　邮政编码100710）
商 务 印 书 馆 发 行
北 京 冠 中 印 刷 厂 印 刷
ISBN 978-7-100-21895-5

2023年5月第1版　　　　开本710×1000　1/16
2023年5月北京第1次印刷　印张 27¾
定价：149.00元

1930年中国社会学社成立

1979年3月，社会学座谈会。
前排从左向右依次为言心哲、李景汉、吴泽霖、费孝通。

20世纪30年代燕京大学社会学系清河实验区·农户调查

20世纪30年代燕京大学社会学系清河实验区·燕大学生给村民的孩子分发豆浆

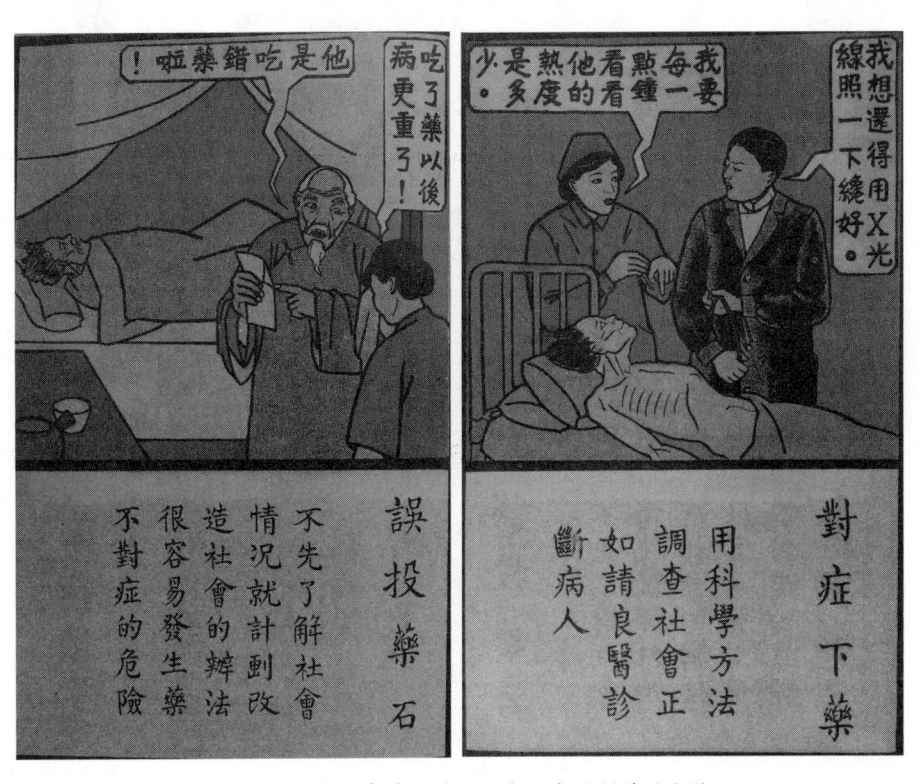

20世纪20、30年代李景汉进行社会调查时制作的宣传画

云南省呈贡县文庙——抗战时期清华大学国情普查研究所（摄于2000年）

"魁阁"——燕京-云南大学社会学研究工作站（摄于2000年）

从前我国的士大夫，向来抱著半部《论语》治天下的态度，对于现实的社会状况，毫不注意，只以模仿古人为能事。等到西洋的炮火惊醒了这迷梦，又完全拜倒在西洋文明之下。每每不顾国情，盲目的整个的把西洋的各种主义和制度，介绍到中国来。以为只要学得维妙维肖，便是社会的福利。哪知道主义和制度，介绍得越多，中国的社会，反到越发紊乱越发黑暗了。于是一部分有识之士，看出这种只模仿他人而不认识自己的流弊，便起而提倡社会调查运动。主张用科学的精密的方法，研究我们自己的现实社会。我们必须先认识自己的社会，然后才可以根据这认识，规定改进社会的计划。这如同治病一样，必须先检查病源，然后才可以处方下药。

——陶孟和《定县社会概况调查·序》

现在有一个很时髦的口号是"打倒"，凡不顺某人之眼，或不合某派之心的事事物物，统在打倒之例。孔子打倒，礼数打倒，宗教打倒，早婚旧历打倒，旧戏打倒，知识阶级打倒，反动打倒，娼妓打倒，马褂打倒，总之古传的大半可以打倒，目下许多见到的亦应打倒。有全盘打倒，一扫而光之势。热闹则热闹矣，紧张则紧张矣。结果呢，有的打而不倒，有的不打而自倒，有的打倒而又起来，而又打又倒。如此乱打乱倒不大要紧，老百姓夹在打与倒的中间可就大受其罪了。社会调查的工作，不是破坏是建设，是要调查出来何者的确应当打倒，如何才能打倒，打倒的步骤为何，打倒以后拿甚么较好的来替代，否则先慢着打倒。吃粗粮固然不好，而犹胜于无粮饿死，破屋固然不好，而犹胜于无屋冻死。好食物有了准备之后再弃粗粮，好屋建筑之后再拆破屋。否则非弄成鸡飞蛋打，国困民穷，甚至亡国灭种不可。

——李景汉《实地社会调查方法》

新版序

本书原由清华大学出版社出版，有过两个版本：一是2004年初版，标题是《一门学科与一个时代——社会学在中国》；二是2010年再版，标题是《中国社会学史——一门学科与一个时代》。现再次由商务印书馆出版，做几点说明如下：

第一、本版的起止时间与前两版有所不同，即原清华版的第一至十章及"结论"部分，反映的是社会学于清末传入中国及其在民国时期的发展和成长历程，因此，原标题加上"1895—1949"的时间限定，原书前言和结论部分内容亦作相应调整。

第二、本书第七章和第八章所涉及的"乡土社会"和"差序格局"问题，原书出版后，我的看法有进一步的认识和发展，曾就此问题发表了论文《"差序格局"探源》，现作为附录收入此书，供读者参考。

第三、文字和内容方面做了修订。

第四、外文人名等名词的翻译，旧译多与现时不同。本书仍保持旧时译法，以反映其历史面貌。与附录文章的译名有不一致处，均已标注。

本书的缺点和局限性在所难免，敬请读者批评指正。

2022年5月初　于北京

前　言

本书的研究对象，是中国的第一代社会学者。他们曾经苦苦探索，以源自西方的社会学，研究中国的文化体系与社会问题，试图在动荡的大时代中寻找一条富国强民之路。为了坚持理想和信念，他们付出了青春、事业乃至生命。

社会学，究竟是怎样一门学科？它在中国曾经走过怎样不平凡的历程？本书即试图勾勒社会学在中国兴起、成长、中断、再生的曲折经历，自始至终所围绕的主题，是作为一门学科的社会学与时代变迁的相互关系和作用。这个研究的价值在于：

第一，在学术价值上，近代中国社会所经历的变迁起伏跌宕——革命，改良，战争，政权的交替，文化的存废与兴革，这些都是学者们研究的重点所在。研究社会学的发展，可以为深入考察中国近、现代历史提供一个独特的视角。而且，社会学这门学科既以现代社会为研究对象，又受时代环境所影响，这一学科同研究对象之间的密切互动，本身就构成了独特的社会现象，成为"社会学的社会学"（sociology of sociology）研究的基本问题。特别是社会学作为一门起源于西方的科学，其在中国的曲折经历，生动地反映了科学与传统、理论与应用、学术与政治、革命与改良、中西方文化之间多重的矛盾和冲突。因此，中国社会学史的研究成果，能够丰富社会学的社会学研究领域。

第二，在社会意义上，中国自改革开放二十多年来所推行的社会经济改革,即是一场大规模的"社会改良运动"。其面对的各种社会问题,有许多都是中国第一代社会学者们所关注的课题,如人口、"三农"、劳工、家庭、犯罪、社区、城乡关系、财富再分配、外资利用、人文教育、文化建设、社会保障等。社会学者们早年的研究成果,不但包含了解决某些具体问题的答案,而更重要的是,他们关于社会改革的整体思路,在今天仍具启示意义。

第三,在研究方法论上,从"显历史"的背后揭示"潜历史"。简单地说,历史是对过去的人物或事件的记述,而这种记述带有极强的选择性。一般而言,被"选择"的人物或事件,代表的是与记述者所处时代相适合的主流价值观,可称其为"显历史"。与之相对应的,是在漫漫的时间长河中,由于各种因素,大量的被埋没了的人物或事件,可称其为"潜历史"。在近、现代中国历史上,便充满了大量的"潜历史"的内容。也可以说,中国社会学史即是一部遭受淹没的"潜历史"。

例如,有不少人了解严复曾译介西方社会学说,却不知美国传教士葛学溥、步济时等人在建立中国社会学初期所起的关键作用。人们耳熟能详的新文化运动的代表人物有胡适、陈独秀和李大钊,一般不知道还有社会学家陶孟和。大家都很熟悉"五四"时期的文学革命,却不了解"社会调查运动"。很多人知道20世纪50年代主张控制人口的经济学家马寅初,而不了解自20年代起便致力于人口研究、提倡生育节制并在抗战时期主持了一次严格按照现代统计方法的大规模人口普查的社会学家陈达。在乡村问题上,人们都熟悉中国共产党领导的土地革命,但不大了解包括社会学者们在内的以知识分子为主导的乡村建设运动中的作用。人们或许知道乡村建设的领导者梁漱溟与平民教育家晏阳初,却不了解早期农村社会学家杨开道。文学家冰心可谓家喻户晓,但人们却不了解她的丈夫、社会学家吴文藻在建立社会学的"燕京学派"方面所做的贡献。老舍创造了一个洋车夫的艺术典型"祥子",李景汉却调查了1400位洋车夫的工作与生活。费孝通所倡导的"乡土工业"(或乡镇企业)是众所周知的,而吴景超曾提出的社会建设论,特别是其融合市场经济与计划经济的"新路"主张,却鲜为人知。人们都了解北京大学在近代中国曾开风气之先,而不知晓燕京、清华等高等学府亦曾人文荟萃。

因此,在历史研究中,唯有下功夫挖掘"潜历史",方可能更真切而客观地反映历史的真实。这是作者撰写本书时在治学上的一点体会。

阎 明
2002年夏

目 录

第一章 社会学在中国的兴起 ·········001

 第一节 以群学治群 ·········003

 第二节 学科体制建设的起点 ·········011

 第三节 "因真理得自由而服务" ·········016

 第四节 以实地调查记录社会变迁 ·········025

第二章 社会学在中国的成长 ·········039

 第一节 第一代中国社会学者群的形成 ·········040

 第二节 社会学学科之规模与地位 ·········051

 第三节 中国社会学者之社会观 ·········062

 第四节 西方社会学对中国社会学的影响 ·········068

第三章 中国社会调查运动 ·········077

 第一节 信仰社会调查 ·········079

 第二节 社会研究的困难 ·········087

 第三节 奠基石 ·········094

 第四节 "涓涓之水" ·········102

第四章 乡村社区——社会学的实验室 115
第一节 为谋求全体农民的幸福 117
第二节 认识农村,改造农村 126
第三节 民族文化之再造 137
第四节 求治必于乡村 144

第五章 人口——社会的基本元素 153
第一节 乐观?悲观? 154
第二节 现代人口统计之路 164
第三节 生活难,工作亦难 170
第四节 中国现代人口普查的开端 178

第六章 出山作得许多声 187
第一节 吴景超的为人与治学 188
第二节 "第四种国家"的出路 192
第三节 中国工业化的途径 202
第四节 从"新经济"到"新路" 209

第七章 乡土中国 221
第一节 建立比较社会学的基础 222
第二节 黑暗中的探索 232
第三节 乡土重建 242

第八章 人·环境·文化 255
第一节 社会的文化基础 256

第二节　民族的"位育" ································ 266
　　第三节　从传统到现代的桥梁 ·························· 279

第九章　1949年前的马克思主义社会学 ················ 291

　　第一节　唯物史观的新社会学 ·························· 292
　　第二节　以"阶级分析"调查农村 ····················· 302
　　第三节　谋农村问题之根本解决 ······················· 310
　　第四节　工人运动与劳工问题 ·························· 316

第十章　社会学与社会建设 ······························ 323

　　第一节　社会学者之政治观 ····························· 324
　　第二节　社会学与社会行政 ····························· 335
　　第三节　浮动的局势与人心 ····························· 343
　　第四节　十字路口的抉择 ································ 352

结语 ·· 359

参考文献 ·· 366

附录　"差序格局"探源 ····································· 397

第一章　社会学在中国的兴起

社会学起源于19世纪中叶的西欧。从历史背景看，社会学的兴起是因西欧急速的社会变迁而产生的。在西欧工业化、都市化的过程中，产生了大量的社会问题需要解释，并加以解决。从学术背景看，此时自然科学已形成了较完整的体系，人类对于自然界的认识日益精进，采用的研究方法或手段不断得到改善，学科的分化也愈来愈精细。因此，人们对于深入地认识社会提出了较高的要求。

1838年，法国哲学家奥古斯特·孔德（Auguste Comte, 1798–1857），在他所著《实证哲学》第4卷中，首次使用"社会学"一词。这在习惯上被看作是此门新学科生命的开始。此前，他曾称这门新学科为"社会物理学"，期望像牛顿发现物理学定律一样，发现一套能解释社会现象变化规律的"孔德定律"。后来，孔德以拉丁文socius（联盟、伙伴）和希腊文logos（学问、真理）合成sociologie[①]这一新词。在创立社会学的过程中，孔德认为，人类对于各种自然现象——机械的、无机的、有机的，都已有专门的学科分别进行研究，即天文学、物理学、化学、生物学等。这些学科，依据其研究对象的逐渐复杂而依次精深。同自然现象相比，人类社会组织最复杂，研究社会现象的学科也应最精深。因此，社会学作为较晚出现的一门学科，应当是建立在其他学科基础之上，并且要充分利用其研究成果的"科学之王后"（queen of sciences）。

自社会学诞生之后，其目标就是以科学方法，研究人类的群体行为和组织结构，解释人群间的对立与冲突，探求社会运行的一般法则，最终建立一个

---

① Sociologie即法语"社会学"。

和谐、公正而有秩序的社会。然而，在很长一段时间内，社会学的发展并不尽如其创建者所期望的那样。社会学者们围绕着一些基本问题，如社会学的研究对象究竟是什么，社会学与其他社会科学的关系应当如何，一人一议，十人十议，难以获得共识。而且，尽管社会学以"科学"自诩，但其性质却决定了它与政治、经济、文化、历史等外在因素的关系，远比其他学科同这些因素的关系更加密切而复杂。再者，作为一门学科，社会学的学科建设工作，即培养人才、出版书刊、组织专业学会、开展学术活动等，也才刚刚起步。

19世纪末至20世纪初，自西方传入中国的社会学，正是这样一个自我期许极高，却又处于幼年的学科。而在这一时期，中国社会正在经历前所未有的剧烈变动。应当如何处理同西方的关系，解救民族危机并寻求一条富民强国的现代化道路，这是近代中国社会演变的主线。正是在这样的时代大潮中，社会学被介绍到了中国。可以说，与其在西方的发展历程相比，社会学在中国所面对的将是更大的机会和挑战，也承担了更为艰巨的责任。

第一节　以群学治群

19世纪末至20世纪初，社会学作为"西学"的一部分被介绍到中国来，这标志着中国知识界对于西方的认识，从科学技术到历史地理，进而到社会制度与思想的层面，逐步深入。最初在中国出现的社会学译著，包括英国社会进化论者赫伯特·斯宾塞（Herbert Spencer, 1820-1903）、美国社会学家福兰克林·季廷史（Franklin H. Giddings, 1855-1931）及数位日本学者的论著。1895年，严复在天津《直报》上发表《原强》，首次介绍斯宾塞及其群学。[①]

---

① 严复将斯宾塞译作锡彭塞，群学即社会学。《原强》，载天津《直报》，光绪二十一年二月初八至十三日（1895年3月4日至9日），辑入王栻主编：《严复集》，第1册，上，北京：中华书局，1986，第5～15页。

另外,《昌言报》上曾连载曾广铨翻译、章太炎笔述的《斯宾塞尔文集》[①],梁启超和谭嗣同也分别在他们的著述中提到过"群学"或"社会学"。1902年至1903年,有几部社会学译著出版,即章太炎翻译的日本学者岸本能武太的《社会学》[②],日本学者有贺长雄的《族制进化论》[③],严复翻译的斯宾塞的《群学肄言》[④],吴建常自日文翻译的季廷史的《社会学提纲》[⑤]及马君武所译斯宾塞的《社会学引论》。[⑥]

这些最早翻译、介绍社会学的人,都是当时中国思想界的领袖或留日学生,他们中的大多数人曾参加过社会改良或革命运动。他们所翻译的西方或日本知名学者的著作,以论述当时流行于全球的社会进化论思想为主。最初,这门新学科所采用的译名,有群学、人群学、社会学、公益学等。但是,在多个译名中,最终流传下来的是日译"社会学"。实际上,日本在自西方引入社会学的初期,除"社会学"以外,也曾同时采用过其他译名,如"交际学""世态学"等。源自西方的社会学,却通过日本传入中国,这一方面是因为日本先于中国自西方引入社会学,早在1880年,斯宾塞的著作即译成日文出版,东京大学于1893年开设社会学课程,为世界各大学最早之一;[⑦]而更重要的是同当时的历史背景有关。

甲午战争,中国被日本打败。日俄战争,日本战胜俄国。这在老大帝国引起了极大的震撼,各方关注的焦点随之转向了日本。明治维新以后,日本向西方学习,在短短的几十年中取得了巨大成效,这其中必定有值得中国借鉴的经验。特别是日本与中国,无论在地理位置上,还是在民族习性和思想文化等方

---

① 章太炎:《斯宾塞尔文集》,曾广铨译,载《昌言报》,1898年8月17日—10月30日。
② 〔日〕岸本能武太:《社会学》,章太炎译,上海:广智书局,1902。
③ 〔日〕有贺长雄:《族制进化论》,上海:广智书局,1902。
④ 〔英〕斯宾塞:《群学肄言》,严复译,即 The Study of Sociology,上海:文明编译局,1903。
⑤ 即市川源三的译本,季廷史:Theory of Socialization,1903,此为其《社会学原理》一书的提纲。
⑥ 即《社会学原理》的第2编《社会学引论》(The Introduction of Sociology),西江:欧化社,1903。
⑦ 参见《社会史史》,第4、111页,台北:启明书局,1961;李剑华:《日本之社会学界》,载《社会学界》,卷一,1927年6月,第221~245页。

面，都很接近。通过日本来了解西方，这应当是一条捷径。因此，日本便成为当时中国了解西方文化的一扇窗口。

甲午战争后，中国留日学生人数大增，1905年至1906年之间达到高潮，每年约有八千人到日本留学。①1905年，科举制度的完全废除，对新式学校教育以及留学教育又是一大促进。这一时期的留日学生，与此前去欧美学习工程技术的留学生相比，有很大的不同。他们人数众多，热心参与政治活动，主要以法政、教育或军事等为专业，自日文译介了大量关于西方人文、社会科学的书籍，其中包括多部社会学著作。再从翻译技巧上来看，日文译中文比直接翻译西语著作有着极大的便利。日本在幕府末期及明治维新时期，直接从欧洲输入西方文化。日本人借用汉字翻译西洋词语，又依汉语构词法径造新词。这种新词，中国人一听解说便可理解。因此，在现代汉语的词汇中，采用了大量的日语借用汉语词的转译名词，"社会学"便是其一。另外，在明治时代，日语的名词、动词、形容词、副词等，在日文中几乎全用汉字书写，只是动词的语尾和几个助词用假名书写。梁启超在《论学日本文之益》一文中说："学日本语者一年可成，作日本文者半年可成，学日本文者数日小成，数月大成。"② 可以说，这些翻译技术上的因素，在一定程度上促进了日文译著的大量出版。章太炎便是在短暂的流亡日本期间，翻译了日本社会学者岸本能武太的著作。

日本社会学对中国社会学永久性的影响，是"社会学"一词。而真正抓住西方社会学思想精髓，对中国社会学发展产生深远影响的，是近代著名思想家、翻译家严复。

严复（1854—1921），字几道，福建侯官人。严复是最早直接接触西方哲

---

① 〔日〕实藤惠秀：《中国人留学日本史》，谭汝谦、林启彦译，北京：生活·读书·新知三联书店，1983，第39页。
② 同上书，第286页。

学与社会思想并将之系统介绍给中国的中国学者，以他自己的话来说，是真正了解西方社会的"命脉之所在"。① 严复于 1877 年公派去英国学习船政，在学习期间，他却对西方社会政治思想发生了兴趣，阅读了大量代表西方时代思潮的著作。回国之后，严复所学以谋"富国强兵"的技术，并未受到重视；他非科举出身，因此也没有社会地位。他发愤治八股文，准备科举考试，却屡遭失败。

甲午战后，严复因中国割地丧师而大受刺激，遂发表了一系列文章，介绍西方思想，主张社会变革。《原强》正是代表他开始走上公众舞台，发挥影响力的论著之一。在《原强》中，严复首先简述了达尔文的进化论，然后介绍斯宾塞及其"群学"。斯宾塞以其宏大的百科全书式的知识体系，运用"进化"这一生物学术语，论证自然界、人类社会乃至整个宇宙的演变，提出"适者生存"的概念。在很长一段时间内，达尔文的"物竞天择"和斯宾塞的"适者生存"，成为广为人知的表述进化论思想最简捷有力的口号。同时，斯宾塞以进化论原理，解释社会历史的演进，创立了社会进化论。他也因此成为 19 世纪下半期最有影响力的社会思想家之一。

当时中国知识界流行着一种思想方法，即将西方思想同中国古代先哲的思想作比较，试图找到双方的相通之处。作为一位饱读经书的学者，严复也不例外。他在解释群学时，引述的是荀子的思想。群学的"群"字，即出自《荀子》。荀子是中国先秦哲学家中最系统地阐述过社会组织的一位。荀子提出，人之贵于禽兽者，以其能群也。"人能群"的特性是共同生活、分工协作并建立政治法律制度和意识形态的基础，也即社会生活的基础。

严复赞同孔德及斯宾塞所认为的群学是各学科之后的"最高学问"，也是最难治的学问。他认为，研究群学的目的，是为了明"群之理"，以"图自强"。他说：

---

① 严复：《论世变之亟》，载天津《直报》，1895 年 2 月 4—5 日，辑入《严复集》，第 1 册，上，第 1 页。

"有国家者，施一政，著一令，其旨本以坊民也，本以拯弊也，而所期者每不可成，而所不期者常以忽至。及历时久而曲折多，其利害蕃变，遂有不可究诘者。是故不明群之理，不独率由旧章者非也，而改弦更张者，乃瘳误，因循卤莽二者必与居一焉。何则？格致之学不先，褊僻之情未去，束教拘虚，生心害政，固无往而不误人家国者也。是故欲治群学，且必先有事于诸学焉。……群学治，而后能修齐治平，用以持世保民以日进于郅治馨香之极盛也。"①

从这里可以看出，严复非常重视群学的作用，他认为如果不研究"群事"，不明了"群理"，在治理国家上就会有很大的盲目性。而要研究群学，则先要研究各门科学，并以此为基础研究群学，这样才能实现国家的长治久安。

严复进一步运用斯宾塞的社会有机论，来解释中国的问题。斯宾塞认为，社会组织就好似一个生物体，各个部分之间并非机械的结合，而是有机的互动，因此，"富强不可为也，特可以致致者何？相其宜，动其机，培其本根，卫其成长，使其效不期而自至。"在严复看来，中国富强的根本在于"群"，或者说，是不能"群"的问题。具体地讲，就是民智已下，民德已衰，民力已困。在此情况下，仅靠一两位领袖的作用，是不能振兴国家的。严复又引述苏轼之言："天下之祸，莫大于上作而下不应。上作而下不应，则上亦将穷而自止。"②中国的民众如此衰弱，而"善政如草木，置其地而能发生滋大者，必其天地人三者与之合也，否则立槁而已"。③因此，要解决中国的问题，既要治标——收大权，练军实；也要治本——鼓民力，开民智，新民德。

1903年，当严复正式翻译出版斯宾塞的《群学肄言》时，他更明确地提出社会改良的主张。《群学肄言》是一部关于如何研究社会学的书，算不上斯

---

① 严复：《原强》，载《严复集》，第1册，上，第6～7页。
② 见《苏轼全集》，卷四十七，策别十七。
③ 此段中的引言均出自《原强》，载《严复集》，第1册，上，第13～14页。

氏的代表作，但严复从斯氏大量的著作中选择了它，说明他很看重社会学的方法论。在严复看来，人们由于受到各种主、客观条件的限制，很难理智、全面地看待事物。而斯氏这部书的关键，就是充分论述了认识社会、解决社会问题之难，从而纠正了他自己"生平好为独往偏至之论"。① 应当说，正是严复所经历的挫折，使他对斯宾塞的观点产生了强烈的共鸣。他曾写万言书欲上达皇帝，为新政出谋划策。可是戊戌变法却以失败告终。1900 年的"庚子事变"，也使他更深切地认识到，中国民智未开，不适于实行共和体制；中国文化亦不应完全否定。他反对激烈的革命，主张根据国情，批判地接受旧文化，逐步改进：

"乃窃念近者吾国，以世变之殷，凡吾民前者所造因，皆将于此食其报。而浅谫剽疾之士，不悟其所从来如是之大且久也，辄攘臂疾走，谓以旦暮之更张，将可以起衰，而以与胜我抗也。不能得，又搪撞号呼，欲率一世之人，与盲进以为破坏之事。顾破坏宜矣，而所建设者，又未必其果有合也。则何如稍审重，而先咨于学之为愈乎？"②

在这里，严复批评那些浅薄急进的人，意识不到事物长期演变的前因后果。他们捋袖奔走，说是在旦夕之间便可振兴国家。未成，便又莽撞高喊，要带着大家盲目冒进，进行破坏。但破坏之后所新建的却又未必合适，为什么不能慎重一些，先学习研究，这样会更好一些。在《群学肄言》中，严复多次以按语的方式感叹改革之难，不能太急、太剧烈："呜呼！此吾国变法之所以难也"；"呜呼！观于此而知吾国变法当以徐而不可骤也"。③ 高凤谦为《群学肄言》作序，也呼应严复的观点："世之言群治者，以为可不学而能，随吾意所至，信口以道，曾若无所庸心。无怪乎人人言群治，日日言群治，而群治终不

---

① 严复：《译余赘语》，载《群学肄言》改订本，北京：商务印书馆，1981。
② 严复：《译群学肄言序》，载《群学肄言》，同上书。
③ 同上书，第 49、50 页。

进也。《群学肄言》一书，几十万言，千端万绪，而极其究竟，亦曰群治之难言耳。"也就是说，许多人以为不必进行研究，便可随自己的心意治理社会，结果人人说要治理社会，天天说要治理社会，然而社会还是改进不了。《群学肄言》一书，几十万字，千头万绪，其根本的目的是阐明治理社会之艰难。

这里需要说明的是，无论是记述个人的经历或社会的历史，人们往往注意他们所想看到的事物的某个方面，进而称之为事实。特别是像社会进化论这样的经典理论，也曾经由不同的人在不同的国家，从各自的背景和需要出发，做出相应的阐释。如前所述，社会进化论曾经是一个在世界范围内影响极大的学说。当时许多国家的主流思想界，都根据社会进化论来强调人类生存竞争的残酷性，结果或倾向于个人主义（如美国），或力倡国家主义或民族主义（如德国和日本）。在中国，严复所翻译的一部有关进化论的著作，即英国学者赫胥黎的《天演论》，鼓吹生存竞争的思想，为主张革命的人们提供了理论根据。因此，他在翻译《天演论》之后继而翻译《群学肄言》，目的就是要使"蜂起者稍为持重"。[①] 然而，从《原强》到《群学肄言》，严复强调的是社会进化论的另一个重要思想，即在社会历史的发展中，千变万化的各种因素之间定有因果关联性，而这种因果联系是一种有机的联系，绝不能机械地割断。他说：

> "盖深知夫群之差数功分，皆取决于其民德之何如。使本弱也，而忽强；本贫也，而忽富；本僿野也，而忽文明，必无是也。民德未孚，虽以术为之，久乃废耳。又使知政刑礼俗，所以成其如是者，一一皆有其本源。……是故用天演之说以言群者，将所以除愤解嚣，而使出于中庸之道而已。"[②]

严复认为，社会的差别取决于其人民的品德素质。使一个本来贫弱、不发

[①]《严几道与熊纯如书札节钞》，载《学衡》，第16期，上海：中华书局，1923，第4页。

[②] 严复：《群学肄言》，第312页。

达的国家，突然之间变成富强、文明的社会，必定办不到。若人民的品德素质不高，仅靠技术或策略达到目的，也不能维持长久。再者，制度礼俗的形成，都有各自演变的根源。因此，用进化论来解释社会发展，可去除愤怒喧嚣的情绪，令人客观理智地思考，这是出自于中庸之道。在这里，严复终于将西方的科学方法，同中国传统的中庸之道融会在一起。他据此既反对激烈的变革，又批驳守旧者："得吾说而存之，彼两家之难可以解。夫维新之急者，有所祈也，守旧之笃者，有所惧也。惟群学通，则祈与惧皆可以稍弛。"①图谋社会改革的人期望高，往往操之过急；维护旧制度的人，害怕变革太大，又失之保守。只有真正理解了群学，才能融合新旧，解决两难之困境。而在现实中，中国真正的出路在于教育。1905 年，严复在伦敦遇见孙中山，他对孙中山说："以中国民品之劣，民智之卑，即有改革，害之除于甲者将见之于乙，泯于丙者将发于丁。为今之计，惟急从教育上着手，庶几逐渐更新乎。"②

综上所述，严复反复强调社会改革的艰难。他认为，不是不要变法，而是不能急功近利，妄想在一夕之间振兴国家。事物的发展总有因果联系，倘若不自教育入手，从根本上改善国民素质，仅以政治的手段，实施几条新法，绝不可维持长久。所谓破坏容易建设难。社会的改造是一项艰巨的任务，不可操之过急。要先对中国社会做精密切实的研究，然后再来制定适当的救国方案。研究社会学，即可帮助人们了解社会治乱兴衰的原因，进而提出良政之策。但是严复的这一重要思想，在当时一片救亡图存的呐喊声中，没有得到太多的回响。在他的多部译作中，影响最大的是《天演论》。这本书自 1898 年在中国出版后，十多年中发行过三十多种不同的版本。"优胜劣败，适者生存"这句话，深深地刺痛了中国人的心，使得稍有血性的人都知道，中国必须发愤图强，才可免于亡国的命运。然而，为了急于救亡图存而进行的种种尝试，也使中国人

---

① 严复：《群学肄言》，第 312 页。
② 王蘧常编著：《严几道年谱》，辑入《民国丛书》，第 3 编，第 77 册。上海：上海书店，1991 年，第 74～75 页。

付出了不小的代价。认识社会,解决社会问题,绝不能靠情感,非得用理性,扎扎实实地下功夫,一步步去做不可。这一思想,后来成为中国社会学发展的一大特色,但同时也决定了社会学在中国复杂而曲折的经历。

第二节 学科体制建设的起点

在近代学术史上,一门学科的发展往往体现在两个方面,或是说,靠两种力量的推动。一是学者个人发表相关的研究成果,二是在高等学校中设立相关科系培养学生,成立专业学会,出版专业期刊等,即所谓学科体制的建设工作。在中国社会学的传入时期,严复等人译介社会学说,可代表第一个方面的工作。然而,社会学在中国学术界扎下根,并有了长足的发展,是由于它作为一门学科,在高等学校体制中,形成了完整的教学、研究体系。在此过程中起了关键作用的,是数位美国传教士,他们在教会所办的大学中的热心推动,促进了这门学科的建立与发展。

19世纪末至20世纪初,中国开始以日本的教育体制为样板建立近代高等学校,如京师大学堂、京师政法学堂等。据光绪二十八年(1902)的"大学堂章程",京师大学堂按日本体制分8科,在经学科和史学科所列课程的"随意科目"(相当于选修课)里列有"公益学",并解释为"日本名社会学,近人译作群学"。然而,"以上各随意科目,此时初办碍难全设,应俟第一期毕业后体察情形,酌量渐次添设"。[①]1911年,京师大学堂改为国立北京大学,仍列有社会学课程,但直到1916年才首次开设这门课程,由章太炎的学生、自日本留学回来的康宝忠任教,这是中国人讲授社会学之始。[②]

20世纪初期,国立高等学校不发达,也不重视社会学的发展。相比之下,

---

① 北京大学校史研究室:《北京大学史料》,第1卷(1898—1911),北京:北京大学出版社,1993,第101、104、105页。

② 孙本文:《当代中国社会学》,台北:里仁书局,1982,第217页。

西方教会对于中国高等教育的发展，却起了很大的作用。当时最早、最热心推动社会学的教学与研究的，也是这些教会学校。值得注意的是，美国社会学初期的发展，也与基督教有着密切的关系。许多早期美国社会学家，或出生于牧师家庭，或曾经当过牧师。哈佛大学的社会学课程，最初是在其神学院中开设的。① 同美国相比，社会学在中国的发展，与基督教有更加直接的联系。

西方传教士到中国开展教会工作的历史很长。传教士们在办教会的同时，进行更广泛的慈善与文化活动，如设立医院，翻译出版有关西方科技和文化的书籍，并逐步开办小学、中学乃至大学。教会办学之初招生很困难，因为传说教士要把孩子们杀死，以便将其身上的器官制作药材，所以中国人不肯把孩子送去。当时许多教会学校要靠免除学杂费、提供膳食作为优惠条件，以吸引学生。② 随着时间的推移，中国人逐渐了解教会学校的优良教育，特别是其外语和数理化等专业，开始成为中、上等家庭子弟的报考热点。20 世纪初期，教会大学无论是在数量或质量上，都比中国人所办的公私立大学发达。这些学校多数是由美国各新教教派组织资助设立的，学校中的教员几乎全部为美国传教士。除开设中文课程以外，学制完全按照美国大学的体系，兼顾文理科，注重"通才教育"或"自由教育"（Liberal Arts）。③

在教会大学中最早开设社会学课程的，是上海圣约翰大学（Saint John's University）。这是一所中国最早的教会大学，于 1879 年由美国主教派教会（the Protestant Episcopal Church）创立，初名圣约翰学院，1906 年改称圣约翰大学。1904 年，年轻的美国传教士阿瑟·孟（Arthur S. Mann），在取得耶鲁大学学士学位和神学学位之后，来到中国。刚到圣约翰大学时，他曾教授经济学、《新约》评注、布道术等课程。1905 年，孟以当时在美国流行的白格达

---

① B. V. Johnston, *Pitirim A. Sorokin: An Intellectual Biography*, Lawrence, Kan.: University Press of Kansas, 1995, p. 56.
② Hugh P. F. Tam, "The Past of Boone University", *Boone University, 1871–1921*, p. 3. UTS.
③ 若要深入了解中国教会高等教育的历史，参见 J. G. Lutz, *China and the Christian Colleges, 1850–1950*, Ithaca & London: Cornell University Press, 1971.

的《物理与政治》(Walter Bagehot, *Physics and Politics*, 1872) 为课本，教授社会学。1907 年，孟为救一位朋友，在广西溺水身亡。为了纪念他，圣约翰大学将一幢学生宿舍取名为"思孟堂"。孟的父亲为纪念早逝的儿子，设立了奖学金，每年提供 100 美元，资助一名中国大学毕业生到美国留学。中国的第一位社会学博士朱友渔，便是这笔奖学金的第一位获益者。①

最早比较系统地发展社会学这门学科的，是上海浸礼会学院及神学院 (Shanghai Baptist College and Seminary)。这所学校后改名为上海学院，又改为沪江大学（为方便起见，以下将这所学校统称沪江大学）。沪江大学坐落在上海市郊的黄浦江边，由美国南方浸礼会的国外布道委员会与全美浸礼布道联盟的执行委员会共同资助。②20 世纪初期，在其神学院里开设了"伦理与社会学"课程。③1914 年，该校成立社会学系。然而，所谓的社会学系，其实只设有一门社会学课程，④由美国布朗大学毕业生、年轻的传教士葛学溥 (Daniel H. Kulp II, 1888—1980) 讲授⑤。葛学溥曾在布朗大学主修社会科学和《圣经》研究，于 1913 年硕士毕业以后来到中国，目的是在中国的高等教育中建立"布朗模式"。⑥葛氏所讲的这门课的内容是进化论，采用布朗大学社会学教授詹姆斯·狄利 (James Q. Dealey) 所编教材，参照美国社会学家沃德 (Lester F. Ward) 的《应用社会学》，并且对上海市的教育机构进行社会调查。⑦1915 年，

---

① M. Lamberton, *St. John's University, Shanghai, 1879–1951*, N.Y.: United Board for Christian Colleges in China, 1955, pp. 50, 67, 71; St John's University, *Catalogue*, 1910, p. 38, UTS; 许仕廉：《中国社会学运动的目标经过和范围》，载《社会学刊》，第 2 卷，第 2 期，1931 年 4 月，第 6 页。

② The Foreign Mission Board of the Southern Baptist Convention and the Executive Committee of the American Baptist Missionary Union of America.

③ Shanghai Baptist College, *Catalogue of 1912*. UTS.

④ *Bulletin of the Shanghai Baptist College and Seminary*, Vol. II, No. I, June, 1915, p. 5; *Catalogue*, 1914, p. 13. UTS.

⑤ Shanghai Baptist College, *Catalogue*, 1916, pp. 16~19. UTS.

⑥ D. H. Kulp, *Personal History*, 1933. BU; *Scholastic Experience*. ABHS; *Application for Appointment as a Missionary*, ca 1910s. ABHS.

⑦ *Bulletin*, Vol. II, No. I, June 1915, p. 5. UTS.

社会学系改为社会科学系,课程增加至5门,即人类学、社会学、社会制度、社会病理学及社会调查。① 在教授"社会调查"课程中,葛学溥指导学生,在杨树浦地区的东部搜集有关住房、人口、工业、教育、宗教等方面的资料,并制成图表。② 这是在中国高等学校中所进行的最早的社会调查。当时,葛学溥并非专职的社会学教师,在主持社会学系的同时,他还兼管体育系和英文系,③ 可见这些系的规模之小。实际上,直至1921年,一个比较系统、完整的社会学系才建立起来。

葛学溥建立社会学系,并进行社会调查,是从基督教社会服务的观点出发的。他认为,中国(具体地说是上海)正在经历快速的工业化,而物质进步非但没有带来精神文明,却引发了大量的社会问题;基督教会绝不能对此漠视,迫切需要对工业区的社会状况进行研究;④ 在研究的基础上,可以开展社会服务工作。葛学溥将社会服务看作是基督教工作的一个重要组成部分。他认为,传教与社会服务的侧重点不同,但目的相同,都是为了改善人际关系与社区福利。另外,社会服务是有助于传教的。当时外国传教士要进入某个社区传教,是一件相当困难的事情。通过开展社会服务工作,较容易取得人们的信任,从而便于传教。⑤

1917年,葛学溥在上海东部的新工业区——工厂林立、人烟稠密的杨树浦地区发起成立了一个社区服务中心,称之为"沪东公社"。对他来说,这是一箭三雕:一是为当地工人及其家属提供服务;二是沪大社会学、教育学以及宗教等专业的学生可以此作为一个"实验室",开展社会调查;三是传教。沪东公社经过多年的经营,发展得颇具规模,成立了小学、工人夜校、阅报室、

---

① *Catalogue*, 1915, p. 25. UTS.
② *Bulletin*, June 1916, p. 9. UTS.
③ *Bulletin*, June 1915, pp. 5~8; June 1916, pp. 9~11. UTS.
④ *Reported by Kulp in the Bulletin*, Vol. III, No. I, June 1916, p. 10. UTS.
⑤ D. H. Kulp, "Social Work and Christian Propaganda," *The Chinese Recorder*, Vol. 54, No. 3, March 1923, Shanghai: Presbyterian Mission Press, pp. 145~152.

平民女校,并组织了名人演讲会、职业指导与介绍、文体娱乐、公共卫生等活动。直到20年后,也就是1937年,由于日军轰炸,工作才被迫中断。①

葛学溥对于在沪江大学进行社会学的学科建设,可谓雄心勃勃。他计划建立一个"布朗社会学学院",由他的母校——美国布朗大学出资15 000美元。这个学院在体制和人员安排上完全仿照布朗大学,并由布朗大学审核、管理。在这一时期,布朗大学的社会学在美国高等教育中是位居前列的,有"美国社会学之父"称号的沃德,晚年便在布朗大学任教。②葛学溥也曾在布朗大学选修过沃德讲授的课程。③葛氏的计划包括建立社会学图书馆、社会学与人类学博物馆及社会学社。其中社会学社的工作包括向社会服务工作者提供帮助、翻译社会学文献、编辑出版刊物,并使之成为"东西方交流站"。④不过,葛氏如此庞大的计划仅有部分实施,如沪江大学接受布朗大学每年5 000美元的资助。布朗大学政治学与社会学系主任、社会学家狄利,于1921年春来到中国,在沪江大学做访问学者。⑤另一位布朗大学的社会学教授白克令(Harold S. Bucklin),也于1923—1924年到中国,讲授社会问题、教育社会学、社会调查等课程。⑥他还指导学生从事社会调查,其成果《沈家行社会调查》作为沪江大学的布朗丛书之一,于1924年出版。到1930年,社会系在沪江大学是除商业系以外学生人数最多的系。⑦

上海沪江大学社会学系的发展过程,在中国高等教育中颇具代表性。自

---

① 见历年 *Bulletins*. UTS.
② R. C. Hinkle, *Founding Theory of American Sociology, 1881–1915*, Boston, London & Henley: Routledge & Kegan Paul, 1980, p. 45.
③ D. H. Kulp, *Personal History*, 1933. BU.
④ D. H. Kulp, "Revised Suggestions for the Organization of a Brown University School of Sociology," *Shanghai Baptist College Bulletin*, Vol. VI, No. I, July 1919, pp. 26~28. UTS.
⑤ *Catalogue*, 1921–1922, p. 9; *Bulletin, Annual Report*, Vol. VII, No. 1, April, 1921, p. 2. UTS.
⑥ *Bulletin*, Vol. IX, No. I, May 1924, pp. 41~42. UTS.
⑦ "Report of the Dean and Registrar," *Bulletin of University of Shanghai*, Vol. XXIV, No. I, July 1931, p. 17. UTS.

20世纪初开始,许多教会学校都开设了社会学课程。① 最初,社会学与社会科学不分。一个科系的规模和实力,与今天人们所理解的大不相同,可能只有一名教师,开设两三门概论性质的课程。多数教师是美国年轻的学士或硕士毕业生,到中国来主要是出于对宗教的信仰。他们所受的专业训练有限,所开设的课程、使用的教材、组织的活动,往往取决于教师本人的教育背景和兴趣。教学内容有着浓厚的美国基督教社会改良的色彩,如"基督教社会学""社会改良""社会服务""社会工程""社会问题"或"社会病理学"等。多数教材是使用美国社会学界比较流行的书籍,如季廷史、狄利、罗斯(E. A. Ross)、爱尔乌德(C. A. Ellwood)、海逸史(E. C. Hayes)等人的著作。这些学校与美国的一些学校,如布朗大学、普林斯顿大学、史密斯学院、威斯理学院等,建立了近似姊妹学校的关系。美国教师带领中国学生,在城市或乡村开展社区服务,进行社会调查,写成论文乃至专著。这种集教学、研究、服务为一体的模式,成为后来中国社会学发展的又一大特色。

第三节 "因真理得自由而服务"②

大约与葛学溥在上海发展社会学同时,另一位美国传教士约翰·步济时(John S. Burgess, 1883-1949),在北平推动社会服务工作,主持社会调查,并创建了后来成为中国最有活力的社会学系之一的燕京大学社会学系。

步济时出身于传教士家庭,1905年自美国普林斯顿大学哲学系毕业,去日本教了两年英文,之后到纽约协和神学院主攻教堂历史与宗教哲学,同时在哥伦比亚大学社会学系学习。③ 在哥伦比亚大学,他修过社会学家季廷史的

---

① 参见 catalogues 或 bulletins of Canton Union Theological College, Ginling College, Boone University, North China Union College, and Shantung Christian University. UTS.
② 燕京大学校训,另一说法为"以真理得自由而服务",源自《新约全书》。
③ J. S. Burgess, *Statement Regarding Academic Training and Experience of John Steward Burgess*, PU.

课。季氏出身于牧师家庭，但在课堂上却激烈地批判传统教条思想，这给步济时留下了深刻的印象。许多年以后，他在美国天普大学神学院教书时，对宗教保守派也做了同样的批判。步济时很早便对中国人的生活感兴趣，他在哥伦比亚大学社会学系的硕士论文，便是有关纽约华人的业余生活。①

1909 年，步济时受普林斯顿大学驻华同学会（Princeton-in-Peking）的委派来到中国，在北平基督教青年会工作。普林斯顿大学驻华同学会成立于 1906 年，是一个志愿组织，最初的目的是介绍普大的学生或校友到北平基督教青年会工作。② 基督教青年会在西方有着悠久的传统，它着重为年轻人举办各种活动，并开展社区服务。例如，成立于 1895 年的上海基督教青年会，曾修建体育馆、游泳池、操场，兴办职业高中、商业夜校，组织讲演会、音乐会，设立图书馆及阅览室，开展乒乓球、保龄球、棒球、排球等运动，这些在中国都是开创性的。③

步济时到中国以后，最初的经历并不愉快。他嫌恶那种外国人所过的被圈起来的孤立生活：西方人好似高高在上的君主，而中国人则是门卫、仆役、教师等，是西方人的走卒。北平房屋的泥墙，泥土街道，飞扬的尘土，气味和混乱，都令他难以适应。他开始怀疑自己到中国来是否是个错误。然而，当他开始接触中国大学生的时候，他的疑虑一下子就打消了，他感到发现了一个从未开采过的金矿。这些来自全国各地的年轻人，充满了理想，手中掌握着中国未来的命运。步济时认为，在中国的首都，没有任何传教士有这么好的机遇，能够帮助塑造这个国家的未来领袖。在他看来，中国在现代化的过程中接纳了西方的科学发明和机械设备，而这只不过是欧美文明的表面形式。他要让这些年轻人认识西方文化中伦理的与精神的核心动力——基督教。④

---

① *Autobiography of J. B. Burgess. 1940*, pp. 223~224. PU.

② J. S. Burgess, *Statement Regarding Academic Training and Experience of John Steward Burgess*, PU.

③ William W. Lockwood, *Chinese Y. M. C. A. Head Tells of 30 Years Work in Orient*, Reprinted from China Press Annual Review, January 1, 1934. UTS.

④ *Autobiography of J.B. Burgess*, pp. 2, 249, 259.

于是，步济时在参与各种慈善事业活动时，尽量广泛地接触青年学生，特别是公立学校的学生。为了有效地传布基督教，他运用社会学问卷调查的方法，了解中国学生所感兴趣的书籍，以便掌握他们的思想。结果发现有关社会科学的书籍特别受欢迎，包括斯宾塞的《社会学原理》、穆勒的《论自由》、詹克斯的《社会通诠》、吉德的《社会进化论》、卢梭的《社会契约论》等。特别是赫胥黎的《天演论》与斯宾塞的《社会学原理》，最能抓住学生的心。[1] 自1911年起，每年或每隔一年的夏天，步济时便组织对基督教有兴趣的公立大学的学生，在北京西山卧佛寺搞团契活动，讨论的题目则结合基督教与社会服务，如"近代社会科学与社会进步""耶稣的社会福音""慈善事业与社会工作"等。[2] 后来成为中国著名社会学家的潘光旦，当时是清华学校的学生，便参加过这类活动。

学生们逐渐地不满足于一般性的讨论，他们要为民众做一些有益的事情。相比之下，那些传统中国士大夫高高在上，不屑于同下层人民为伍，而在共和体制下，学生们感到，他们既需要引领人民，又要服务于他们。步济时建议，为了服务人民，就先要了解他们。1914—1915年，步济时指导学生们做了北平人力车夫调查。这是近代中国第一个系统的社会调查（详见本章第四节）。调查的目的是了解民众的疾苦，为他们提供服务，从而帮助他们改善生活。学生们还进一步组织成立了北平社会实进会，吸收大、中学学生为会员，约有七百多人。他们为学校中的役工开办夜校，给孩子们修建操场，举办有关健康与公民常识的演讲活动。步济时的家经常成为实进会干事们的开会场所。[3]

北平社会实进会所做的重要工作之一，是创办《新社会》旬刊。这是现代

---

[1] J. S. Burgess, "What the Chinese Students are Reading," *Some Tools for the Student Work*, Shanghai: General Committee, Y. M. C. A. of China and Korea, 1912, pp. 52~54. UTS.

[2] J. S. Burgess, ed., *Some Tools for the Student Work*, Shanghai: General Committe, Y. M. C. A. of China & Korea, 1912, pp. 1~7. UTS.

[3] *Autobiography of J. B. Burgess*, pp. 275~277. 但另有一说，北平社会实进会成立于1912年，见 S. S. Garrett, *Social Reformers in Urban China: the Chinese Y. M. C. A., 1895–1926*, Cambridge: Harvard University Press, 1970, p. 133.

中国最早的关于社会研究的报刊,在"五四"时期很有影响。不过,自1919年11月1日创刊,到1920年5月25日被警察局查封,它仅存在了六个多月。《新社会》主要由郑振铎、瞿世英、耿匡等编写,瞿秋白、许地山等也参与撰稿。据《发刊词》称,其宗旨是要改造社会,目的是实现德莫克拉西(民主)。改造的方法是向下的——要改造大多数中下层平民的生活、思想和习俗;是渐进的——普及教育并推动和平的改造运动;是切实的——启发他们的解放心理,增加他们的知识,提高他们的道德水平。改造的态度是研究的——根据社会科学的原理,参考其他国家的经验;是慎重的——实地调查社会的真实情形。

《新社会》所遵循的是一种以社会调查来研究社会问题,以社会服务来解决社会问题的思路。该刊的内容包括,报道社会实进会的活动,介绍西方社会学家及其学说,并论述社会研究方法。季廷史著名的"同类意识"的概念,在这里被用来说明社会服务的意义和重要性,其意思是说,由于社会不公、贫富差别悬殊,导致许多人生活困苦,因此,大家都会感受到痛苦。这需要"我们知识阶级里的人,利用职务的余暇,实地的投身于劳动阶级或没有觉悟的群众中,用种种切实的方法,以唤起他们的觉悟,改善他们的生活,增进他们的幸福"。①《新社会》还探讨离婚、自杀等社会现象,并以调查报告的形式描述劳工、贫穷、妇女等问题,如郑振铎《北京的女佣》和瞿世英《调查贫民收养所的报告》。《新社会》也介绍国外的社会改良思想和运动,如美国的新村运动及翻译俄国作家托尔斯泰的《莫斯科调查问题》(1882,译为《社会调查问题》)和《我们要怎么办呢?》(1884)。面对黑暗、压制、残酷的现实,《新社会》极力鼓吹社会改造。社会服务最终的目的是实现社会改造,而社会改造的成功,需要全社会人民的觉悟。因为中国识字的人不多,所以要学俄国青年"去与农民为伍",实地去做改造的工作,分散到各省各乡镇,从小区域做起,应

---

① 郑振铎:《社会服务》,载《新社会》,第7号,1920年1月1日,第2页。

立刻去做。①

社会实进会成立初期,受基督教青年会的影响,宗教色彩比较浓厚,以后逐渐淡化。主办《新社会》的骨干成员,尽管后来并未成为职业社会学者,却有许多人成为社会活动家。他们或献身于平民教育,或参加共产党,其远大目标即解救下层民众的苦难,实现社会改造,这种信念始终未变。

步济时在基督教青年会带领学生参与社会服务。几年之后,他开始考虑同大学合作,建立一个培训社会服务人员的正规机构,以便此项工作能持续而有效地进行。在他看来,社会服务工作为基督教的发展开辟了一条新的道路。社会服务的目的同基督教的出发点一致,都是要解放人,使其从局限的环境中获得发展机会,从而有一个健全的人生。而为了达到这一目标,便需要培养"社会工程师"和"技术员"来设计社会发展,解决比比皆是的社会问题:穷困无知,劳工悲惨的处境,城市中的娼妓、鸦片、犯罪等。② 于是,他找到了自己的合作对象——燕京大学。

燕京大学是由四所教会学校,即北京汇文大学、北通州协和大学、华北女子协和大学及神学院,在1915—1920年间先后合并而成。③ 作为一所私立教会学校,其运作经费主要靠美国的个人或机构的捐助来维持。1919年,在中国出生、通晓中西文化的美国教育家司徒雷登担任校长。1929年后他改任校务长,直到1946年出任美国驻华大使为止,他始终主持校务工作。在燕京大学那坐落于北京西郊景色优美的校园里,每一个楼阁都有英文名字,以纪念捐款建筑者。校园中的建筑模仿中国传统宫殿的风格,而内部的设备和布置则同当年美国一般大学相似。燕京大学最初在美国立案,后又在中国教育部立案。

---

① 参见郑振铎:《我们今后的社会改造运动》,载《新社会》,第3号,1919年11月21日,第1页。

② J. S. Burgess, *The Training of Social Workers in China*. Shanghai: The Chinese Recorder, Vol. LV, No. 7. July 1924, pp. 426~427. UTS.

③ 要了解燕京大学的历史,详见 P. West, *Yenching University and Sino-Western Relations, 1916–1952*, Cambridge, MA: Harvard University Press, 1976.

因此，毕业生领双份文凭，一份是中国教育部发的中文证书，另一份是美国纽约州发的英文证书。① 在1949年以前的中国高等教育界，燕京大学是一个融合东西方文化精华的学术重镇。

自1918年开始，步济时同时在燕京大学的文理学院和神学院任教。② 在他的主持下，由北平基督教男、女青年会与燕京大学合作，建立了社会学系。实际上，有几年的时间，燕京大学有两个社会学系：一个是文理学院的社会学系，有时也称为"社会科学系"；③ 另一个是神学院里的"基督教道德与社会学系"。④ 步济时认定，"燕京大学是培养领导骨干的机构"⑤，为此，他倾注了大量的心力。他为社会学系所制定的方针，同燕大校训"因真理得自由而服务"的精神一致，是教学、科研、服务三者并举。社会学系建立之初，开设了两门课程：一是"社区组织"，由步济时讲授；二是"社会调查"，由甘博（Sidney D. Gamble）与步济时共同讲授。⑥ 甘博也是普林斯顿大学校友，在北京基督教青年会工作。在教授"社会调查"一课的过程中，甘博带着学生们，对北京市展开了深入的调查。在参与调查的学生中有瞿世英、谢婉莹（冰心）等。调查结果汇编成《北京社会调查》一书出版（详见本章第四节）。⑦

---

① 燕京大学学生自治会编印：《燕大三年》，1948，第2、4、7页。
② "Announcement of the College of Arts and Sciences for Women, College of Arts and Sciences for Men, and School of Theology, 1920–1921," *Peking University Bulletin*, No. 3, p. 4. YDS.
③ *President Stuart's First Annual Report to the Board of Managers of Peking University*, June 11, 1920. p. 5. YDS.
④ "Announcement of the College of Arts and Sciences for Women, College of Arts and Sciences for Men, and School of Theology, 1920–1921," *Peking University Bulletin* No. 3. pp. 56~57, 80~81; "Report of the Dean of the School of Theology," *Annual Reports of the President and Deans to the Board of Managers*, June 1923. pp. 49, 53. YDS.
⑤ J. S. Burgess, "Where East Meets West," *The Princeton Alumni Weekly*, Vol. xxviii, No. 12, December 16, 1927, pp. 338~340. PU.
⑥ J. S. Burgess, *Some Recollections of Princeton's Work in China*, p. 6. PU.
⑦ 中文报告有北京的教育、救贫事业与慈善机关、工商业、监狱、人口、医院及公共卫生、娱乐、宗教等，共7篇。见谢婉莹、瞿世英辑：《北京社会的调查》，载《燕大季刊》，第1卷，第3期，1920年9月。

社会学系在创办之初，教员都是基督教青年会的干事，在燕大的工作属义务性质。① 后来，由于获得了外界的捐款资助，步济时能够逐渐聘用一些中国教员，开课范围也不断扩大。到 20 世纪 20 年代末他返回美国时，社会学系的课程已扩充为理论社会学与人类学、应用社会学、社会研究、社会工作及实习等 5 组。学生可分别获得理论社会学学士学位、应用社会学学士学位、社会服务工作证书或社会服务工作学士学位及证书。全系有 9 位全职教员和 9 位兼职教员。社会学系开设的课程有 40 多门。② 在全校 403 名学生（包括本科生和研究生）中，社会学系有 51 人，是较大的系之一。③ 社会学系还出版了学术期刊《社会学界》；开办了清河实验区（详见后面相关章节）；成立了燕大学生社会服务团，团员为燕大各系学生，依靠少量私人捐款，开办平民学校、豆奶厂，并进行监狱布道、调查等活动。④ 此时，燕大社会学系已经发展得颇具规模。

一般来说，要办高质量的教育，离不开充足的经费。燕大社会学系主要依靠两个基金会的支持：一是美国的洛克菲勒基金会（以下简称洛氏基金会）。从 1928 年开始，罗拉·斯贝尔曼·洛克菲勒基金⑤ 每年提供 2 万美元，持续 7 年共计 14 万美元的资助，用于加强燕大的社会科学的教学、研究、服务等。⑥ 此后，洛氏基金会长期资助燕大社会学系的多种学术及社会服务活动，并提

---

① J. S. Burgess, *Some Recollections of Princeton's Work in China*, ca1940s, p. 6. PU.
② Yenching University, "Announcement of Courses in the Department of Sociology and Social Work," *Bulletin 1929–1930*. UTS.
③ *Letter from Burgess to the Trustees and Friends of Princeton-in-Peking*, November 10, 1928. PU.
④ *A View of the Work of the Social Service Club of Peking University*（燕大学生社会服务团一览），Peking: Tung Cheng Printing House, 1924–1925. PU.
⑤ 这是为纪念洛克菲勒夫人建立的基金，成立于 1918 年，1929 年转入洛氏基金会的社会科学部。从 1923 年至 1928 年，共有两千万美元的资助用于支持社会科学研究，详见 M. Bulmer, "Support for Sociology in the 1920s: The Laura Spelman Rockefeller Memorial and the Beginnings of Modern, Large-Scale, Sociological Research in the University," *The American Sociologist*. Vol. 17, November 1982, pp. 185~192.
⑥ *Letter from Beardsley Ruml to Mr. Leighton Stuart*, June 6, 1928. YDS.

供奖学金给燕大教师（如张鸿钧、严景耀及步济时等）赴美深造。二是燕普社（Princeton-Yenching Foundation）。1930年，由于中国政府和民间的反宗教、收回主权运动，普林斯顿大学驻华同学会改变其工作重点，成立燕普社。该组织的任务是在美募捐，以资助燕大的三个社会科学系，即最早成立的社会学系，以及后来增添的经济学系和政治学系。这三个系组成一所学院。由于燕京大学与普林斯顿大学的密切联系，该学院参照普林斯顿大学公共关系与国际事务学院，取名为"公共事务学院"，后曾一度改称"应用社会科学院"，中文名称为法学院。20世纪20年代末，燕京大学全校学生人数约403人，法学院的学生则占全校学生总数的44%。① 步济时于1929年返美，为燕普社募款，并就中国问题发表演说。② 此外，燕大社会学系的教师甘博，回美国后担任燕普社主任多年。他出身富有，不但凭借自己的身份努力为燕普社募捐，他本人也多次为燕大捐款。燕大社会学系的第一位中国教师许仕廉，便是甘博个人出资聘任的。③

由此可见，社会学在中国高等教育中发展的初期，同美国传教士的工作是分不开的。毋庸讳言，这些人的初衷是从基督教出发，在中国传播宗教和西方价值观，有强加于人的意味。但同时，也不应否认他们当中确有一些思想开明、富于理想与献身精神的人士，步济时就是其中一位。在20世纪20年代后期，面对中国发起的反基督教运动，他所阐述的观点清楚地说明了这一点。当时，在1.2万多美国驻华人口中，教会及其所办的医院、学校、青年会等慈善机关的工作人员就占了三分之一。步济时认为，要评估教会工作的价值，一定要看教会对于建设新中国有什么永久性的贡献，并如何能最大限度地维护中国人民的利益。

步济时还对帝国主义的殖民统治持批判的态度。他认为，帝国主义这个词代表了外国人强加给中国人的政策。从外国租界到教会大学里的教堂，都象征

---

① *Letter from Burgess to the Trustees and Friends of Princeton-in-Peking*, November 10, 1928. PU.

② J. S. Burgess, *Statement Regarding Academic Training and Experience of John Stewart Burgess*, pp. 3~4. PU.

③ 见 *Princeton Peking Gazette*. I.1, February 1925, p. 7. PU; Various correspondances of S. D. Gamble. YDS.

着外国人的优越感,对中国人民的能力、志气、文化传统缺乏欣赏,以及不平等条约所带来的屈辱。中国人民期望建立一个统一的、自尊的国家。然而,中国近代历史却证明:除非迫不得已,外国人不会自动放弃特权。长期以来,尽管租界里的卫生、道路、治安是最好的,但是这里居民的态度与行为却令人反感。许多西方人不了解中国,他们唯一接触的中国人是仆人与买办。他们不相信中国人有能力管理自己的事务。他们反对任何减少外国商人特权的做法,这些特权包括从廉价劳工和免税中获取巨额利润。某些教会与传教士们对待中国教徒的态度是家长式的,这种做法也增加了中国人对外国人的反感。教会与教会学校都是不平等条约的产物,对中国人来说是国耻。反基督教运动其实并不那么反对基督教本身,而是反对它所代表的外国势力以及传教士们所来自国家的政治经济政策。

步济时相信,中国最终会完成国家统一,并实现主权独立。美国最终必须调整其与东方国家的关系,使之建立在互利与公平的基础上。从长远来看,美中之间的经济往来,不能靠最惠国待遇维系,而是要建立在贸易无国界的原则之上。美国人应该重新思考种族问题,并改变种族优越感。中国在许多方面都要学习西方,但在此过程中,中国不会采取生吞活剥的方式,而是将选择吸收有价值的东西。中国也将对世界文化做出自己独特的贡献。①

应当说,步济时能够深入了解中国人民的思想,并能比较客观地看问题,这是难能可贵的。像他这样有学术兴趣、服务热忱、思想开放的传教士,不但为社会学在中国的建立做了开创性的工作(他也曾被誉为中国"社会工作之父"),而且从更广泛的意义上,对东西方文化交流起了促进作用。②

---

① 以上3段,见 J. S. & S. F. Burgess, "The American Stake in China," Reprinted from *Survey Graphic*, May 1927, for Princeton-in-Peking. PU.
② 步济时去世多年之后,中美关系开始"解冻"。1973年,当步济时夫妇在北平时代的一位老友要去中国访问时,步济时夫人请这位朋友把一个带有和平标志坠的银项链带到中国,希望送给一位有代表性的中国女诗人(步济时夫人也是诗人)。于是这个在瑞典制造、在美国购买、象征着和平的项链,带着步济时夫妇的情谊,又回到了那片他们深切怀恋的土地。见 *Obituary of S. F. Burgess*. PU.

第四节　以实地调查记录社会变迁

社会学要脱离思辨性的哲学，成为一门真正的科学，其最基础的工作，莫过于社会调查。因此，除在教会大学中建立社会学系外，美国传教士们的另一项工作重点放在了社会调查上。

社会调查在不同时期曾有不同的含义。在社会学发展初期，社会调查指的是运用统计方法，系统、客观地记录和分析某一社会现象或社会生活的某一方面。在这种科学意义上的社会调查兴起之前，曾出现过许多描述社会状况的作品。例如，中国的地方志有记载各地风俗礼仪的传统。早期在华传教士也做过一些工作。如早在1865年，美国传教士杜立托便出版了两卷本的《中国人的社会生活》。[①]另一位美国传教士明恩溥（Arthur H. Smith, 1845-1932），精通中文，在华北农村布道四十余年，写了广为流传的《中国乡村的生活：一项社会学的研究》与《中国人的特性》等书。吉斯特（N. Gist Gee）也著书描述中国城市街头乞丐的生活。[②]然而，这些著作依据的主要是作者本人的经验与观察，尚不能算作系统、客观的社会调查。尽管如此，后来的一些中国社会学者，其研究与写作深受上述作品的影响，如李景汉、潘光旦等人便受了明恩溥的影响。

在20世纪初至20年代，出现了一批由教会学校的外籍教师所主导的实地调查报告，这是中国第一批科学的社会研究成果。这些调查涉及的范围极广，从首都北京，到只有360人的村庄沈家行。研究的题目，从城市居民的生活费，到少数民族的习俗；从农村家庭组织，到工业行会制度。它们在内容、方法及结论上，各具特色，都对后来中国社会学的发展，产生了深远的影响。现略述如下：

---

① J. Doolittle, *Social Life of the Chinese*. N. Y.: Harper & Brothers, 1865.
② N. G. Gee, *A Class of Social Outcasts, Notes on the Beggars in China*. Peking: Peking Leader Press, 1925.

近代中国第一个社会调查，是在步济时的主持下，于 1914—1915 年间由北平社会实进会所做，关于人力车夫的生活与工作状况。调查问卷由步济时设计，社会实进会的学生们搜集资料，北京大学社会学教授陶孟和分析资料并写出报告，步济时又做了补充说明。①

据当时的京师警察厅的报告，1915 年，北京内外城之人力车夫共有 20 859 人，若加上车夫家属，是一个不小的数目。他们的生活和工作状况很能代表北京下层百姓的情形。为了完整地搜集资料，步济时采用了 5 个途径：一、访问了数百位车夫，让他们按问卷回答问题，给每人五个铜子的酬劳。② 问卷上共有 41 个问题，包括车夫的背景、经济、健康、娱乐、教育、宗教信仰等项目。其中有关经济状况的项目最为详细，包括财产、收入、支出、储蓄、工时、车租等。二、在街上观察记录车夫的年龄、衣着、身体、车况、车资、如何找主顾、车站等共 16 个方面的状况。三、访问人力车夫聚集的茶馆或街头休息处，了解他们的娱乐方式，并从与他们的谈话中判断其教育背景及爱好。四、访问车厂。车夫所用车大多是从这些车厂租赁的，并且有许多车夫住在车厂。访问车厂时，可以通过观察并与车主、车夫交谈，了解情况。五、去演讲堂、警察局、医院、收容所、粥厂等车夫经常出入的地方，了解情况。

上述报告对所调查的 302 位车夫之年龄、婚姻、收入、赁车费、生活费、净收入或储蓄、工作时间、嗜好、拉车年数、拉车前职业等均有描述。结果表明，人力车业是一个花大体力而又不经济的工作，无技能可言，于健康有害，收入微薄，将来会被其他现代交通工具所代替。因为调查者的初衷在于社会改良，所以他们提出了如下建议：在车夫个人方面，应注重其教育和技能训练，

---

① 此调查过程及结果见以下相关资料：J. S. Burgess, "How to Study the Jinrickishaw Coolie," *Peking Studies in Social Service*, ed., Peking Young Men's Christian Association, No. 3, May 1913. UTS; L. K. Tao, *The Condition of the Rickshaw Coolie in Peking*. UTS; 陶孟和：《北京人力车夫之生活情形》，载《孟和文存》，卷二，第 101～121 页，上海：亚东图书馆，1925；J. S. Burgess, *Supplementary Study of the Rickshaw Coolie*, UTS.

② *Autobiography of J. B. Burgess*, p. 276. PU.

如普及工业教育；改善其生活方式，如教以节俭储蓄，并为之准备较健康的娱乐活动。在社会方面，应立法限制车租，除车租的 10% 为车主利润外，其余部分储蓄起来，作车夫购车之用；规定最低拉车年龄，按时间与车程制定统一的价格标准等。

另一项针对北京百姓生活的调查，是于 1914—1917 年间，清华学校社会科学系教授狄特莫（C. G. Dittmer）所做。狄特莫指导学生，调查了两组人，一组为清华学校附近的 195 户居民，其中有 100 户汉族人，95 户满族人；另一组为清华学校的 93 名役工。狄特莫以当时西方所流行的"生活费研究法"，将家庭开销分成食品、服装、住房、燃料、杂费等 5 项，从各项费用分别在总支出中所占比例，看调查对象生活程度的高低。例如，作为生活必需的食品费，在总支出中所占比例越低，杂费（包括教育、社交、娱乐等）所占比例越高，则说明人们生活水准越高；反之亦成立。这就是著名的恩格尔系数。狄特莫的研究结果显示，中国人的食品费在总支出中所占比例超过 70%。与美国三个类似的研究相比，显示中国人的生活水平非常低，甚至比恩格尔早五十多年前所做的研究结果都低。另外，他比较汉人与满人的生活费开支，发现辛亥革命以后，大多数满族人尽管收入下降，但杂费却比汉人高——他们宁可压缩生活必需品上的开销，也要维持较高的奢侈品开销。这显示了满人仍试图维持其"破落贵族"生活方式的心态，也算是对恩格尔系数的补充。①

在农村社会经济研究方面，较有代表性的包括马伦（C. B. Malone）与戴乐仁（J. B. Taylor）合编的《中国农村经济实况》②。这是一部调查报告论文集。其中，戴乐仁的《中国农村经济之调查》，是根据 1922 年夏季组织北平 9 所大学学生共 61 人，对全国 5 省 240 个村庄进行调查的研究报告，调查项目

---

① C. G. Dittmer, "An Estimate of the Standard of Living in China," *The Quarterly Journal of Economics*, Vol. 33, No. 1, November, 1918, pp. 107~128.

② C. B. Malone, J. B. Taylor, *The Study of Chinese Rural Economy*. Peking: China International Relief Commission Publications, Ser. B, No. 10, 1924；中文版由北平农民运动研究会出版，李锡周编译，1928。

包括农村人口密度、年龄、男女性比例、生育率、死亡率、迁移、家庭大小、住房、田地大小与所有权、家庭收入、职业、贫困问题等。还有布朗（H. D. Brown）所写的《四川峨眉山 25 个田区之调查》与《四川成都平原 50 个田区之调查》，以及卜凯（John L. Buck）的《安徽芜湖附近 102 个田区之经济及社会调查》。卜凯是金陵大学农学院教授、美国著名女作家赛珍珠的第一任丈夫。他着重研究农村生产力，尤其是农田大小与人力、农具的利用效率之间的关系问题。1921—1925 年间，卜凯指导学生在全国 17 个省调查 2 866 个农家，写成《中国农场经济》一书，关于农场收支情况有极详细的统计，为当时规模最大、最系统的农村经济调查（详见第四章第二节）。另外，马罗立（W. H. Mallory）所著《饥荒的中国》，记录了 1920—1921 年间，华北闹饥荒时，华洋义赈会在灾区的所见所闻。①

上述农村社会经济研究表明，中国农村资源短缺，人口过剩，耕地少而分散，交通不良，生产工具和经营方式落后。研究者所提出的解决办法，包括控制人口，改良农业与生态环境，改善教育、交通，建立合作制度，发展家庭与乡村工业等。这些观点对后来的中国社会科学研究产生了极大的影响。

最早的少数民族调查，是由俄国人类学家史禄国（Sergei M. Shirokogoroff）所做。史禄国早在 1912 年便到东北考察，成为满族和通古斯族的专家。他曾发表《满族之社会组织》(Social Organization of the Manchus)（1924）及《北方通古斯族之社会组织》(Social Organization of the Northern Tungus)（1929）等著作。史禄国后来在中国定居多年，任教于清华大学社会学及人类学系，并指导费孝通获得硕士学位。

运用西方文化人类学的观点和方法，研究中国乡村社区文化，这是由葛学溥首创的。1919 年，葛学溥在广东潮州凤凰村做调查，写成《华南农村生活

---

① W. H. Mallory, *China: Land of Famine*. N. Y.: American Geographical Society, 1926；中文版见马罗立：《饥荒的中国》，吴鹏飞译，上海：民智书局，1929。

——一项家族主义的社会学研究》①。凤凰村很小,仅有650人,非常适于应用他所谓"有机的研究法"来做详细、系统的个案分析。葛氏对华南地区的基本社会组织——宗族的结构做分析,揭示其精神内核——家族主义的功能,看其如何主导村民们的行为与观念,以及村庄的政治经济文化生活。对于中国的乡村研究如何开展,他主张先将中国划分为几大文化区域,在每个区域内,按照器物、职业、社会组织及态度和理想等标准,选择有代表性的村、镇或市,作为精密考察的单位;从所考察现象的相互联系中,看社区的功用、历程及趋向,最终认清中国社会的现状及发展趋势。葛氏认为,乡村社区研究有静态和动态两类,凤凰村受外来势力影响较小,居民基本上保持着传统的生活状态,因此其研究是静态的;而处于外在通商口岸附近的乡村,或正经历急速工业化的城镇,便要做动态研究。静态研究可描述社区组织的结构与功能,动态研究则能分析社区的变迁趋势。

1923—1924年间,沪江大学社会学系访问学者、美国布朗大学教授白克令指导学生进行调查,出版了《沈家行社会调查》②。在调查之前,白克令向学生们介绍了欧美的各种社会调查,特别是被视作典范的美国"春田调查"③。学生们模仿春田调查的方法,设计问卷表格,分别就有关家庭、宗教、政府、教养机构、住房、健康与卫生、工农商业、娱乐、教育等领域,做概况性的调查。他们还根据中国社会的特点,对调查方法进行了修正。例如,美国春田调查是通过城市里的各种组织机构搜集材料,而中国农村几乎没有什么正规的机构。因此,他们在调查中,主要依靠乡村绅士,并且取得学校的配合,通过小学生接触家长,搜集材料。

---

① D. H. Kulp II, *Country Life in South China*: *The Sociology of Familism*. N. Y.: Teachers College, Columbia University, 1925.

② H. S. Bucklin, *A Social Survey of Sung-Ka-Hong*, Shanghai: China Baptist Book Store, 1924;中文版见,张镜予编:《沈家行实况》,上海:商务印书馆,1924。

③ 即 S. M. Harrison, *Social Conditions in An American City*: *A Summary of the Findings of the Springfield Survey*, N. Y.: Russell Sage Foundation, 1920.

白克令对社会调查的看法，代表了当时西方社会学界的流行观点。他认为，社会调查的目的是收集事实，以消除迷信和偏见。正像土木工程师在修建铁路之前，保健专家在发动消灭疟疾之前，医生在治疗病人之前，金融家在投资一座矿山之前，都要进行调查研究一样。社会调查是要掌握事实，并进行综合分析，进而改善社区生活。社会调查不仅仅是社会的摄影，只描述房屋、卫生设施、工业建设等物质状况，还要发现"社会力"，即影响社会生活诸方面相互作用的因素，包括习俗、传统、宗教思想和理念等，来解释某个城市的独特性。社会调查的结果，应当对改善社区生活起到建设性的作用。①

另一个模仿美国春田调查、规模宏大并且更早于沈家行调查的研究成果，是甘博主持的"北京社会调查"②。为什么选择北京作研究对象？作者认为，因为北京是首都，是许多中国人生活的中心；更重要的，北京是一个具有浓厚传统特色的城市。其他城市如上海、汉口、天津等，受外国影响大，很难说是典型的中国城市。这次调查于1918年9—12月进行。调查材料来源于两个方面：一是1917年京师警察厅的统计报告；二是以在京的外国人、中国官员及商人等为对象的问卷调查。调查结果展现了一幅多姿多彩的古都生活画卷：

1917年北京市有811 556人，是中国第四大城市，在全世界首都中排第七。人口密度为每平方英里33 626人，相当于美国同样大小城市人口密度的3倍。在总人口中，汉族约占70%～75%，满族占20%～25%，回族占3%，尚有少量其他民族；男子占63.5%，女子占36.5%；男女性比例为174∶100，远远高于世界上其他大城市；在市内某些工业区，男子的比例更高达77%；

---

① H. S. Bucklin, *A Social Survey of Sung-Ka-Hong*, pp. 6~8.
② S. D. Gamble, *Peking: A Social Survey*, N. Y.: George H. Doran Co., 1921. 甘博的其他著作，包括 *How Chinese Families Live in Peking*, N. Y.: Funk & Wagnalls, 1933; *Ting Hsien: A North China Rural Community*, N. Y.: Institute of Pacific Relations, 1954; *North China Villages: Social, Political and Economic Activities before 1933*, Berkley & L. A.: University of Califomia Press, 1963.

61.7%的男子年龄在35岁以下。这样大量集中的年轻男性人口,离开乡村到都市求学、谋职,既为北京市的发展添注了活力,同时,也可能引发大量的社会问题。对于传教士来说,这里可以成为开展社会服务工作的战略重心。

在交通方面,据1919年3月统计,北京有519辆汽车,2 222辆马车,4 198辆手推货车,17 815辆人力车;在婚礼或丧葬的队列中,尚可看到轿子。由于没有便道,因此道路上挤满了车辆和行人。人力车是载人的主要工具,无论白天黑夜,到处可见。价钱随行就市,按路程、时间、天气、供求等决定。下雨天,泥泞的土路上,雨水很快毁了车夫脚上穿的布鞋,拉车更显艰难。

北京市政府的财政收入,主要依靠商业、车辆、剧院、妓院、房产销售与贷款、政府所属房地产租金等。市政府开销的一大部分靠中央财政收入维持。因为过去北京住着许多靠领政府养老金的官员,所以留下了一个传统,即居民不纳地税。

京师警察厅是模仿日本和德国的体制,工作范围极广,负责居民生活几乎所有的方面。除维持公共治安以外,还负责公共卫生和健康、消防、街道清洁、户口登记、慈善机构等。由于没有电动火警系统,报火警是靠驻守在城中各处的瞭望塔上的守望员随时观望。救火设备大多是老式的手摇发动机,喷出细细的流水。任何人看过中国城市的灭火过程,都会留下深刻印象:消防员手拉发动机,若是白天就举着旗子,晚上就打着灯笼,急急忙忙地边穿消防服,边从水井中打水,再把水桶传递过去。警察在旁边吹着口哨。当然,北京的火灾不多,1917年总共只有93起。

在医疗、教育以及宗教方面,北京有46所医院,1 098位医生,其中西医109位。质量最好的是协和医院,共有250个床位,由洛氏基金会投资700万美元建成。在小学教育方面,1916年共有1 464位小学教师,其薪资每月约24~32元。学龄儿童入学比例为1:29。女孩的入学率更低。职业教育、盲人学校等刚开始兴办。根据警察厅报告,全市共有宗教会所936个,其中有296个寺,358所庙,169个庵,29个观,8所堂,68个祖,8个禅林。

北京市老百姓用水多靠送水工运送。全市约有2 500个送水工,每天推着车，车上放着木桶沿街叫卖。每车可装12桶水，一枚铜子两桶水，或者也可以按月收费。每个区设有一个分水人，这份好差事多是世袭的，如果本人不想干，也可租让出去，得收入的10%。一般来说，送水工每月除了膳宿、鞋、理发费等，还可得3～4元。从公共水井中取水免费，从私人水井取水，每年需交10～12元。送水人有自己的行会。这个组织过去很有影响力，但在1910年安装了自来水系统之后便解散了。自来水每10吨水收一枚铜子。大约有3400户家庭安装了自来水管。另外，还有许多人从420个街头水栓取水，有人看管收费。污水系统大部分还是明朝修建的，只排废水。粪便的收集、干燥成肥料，是由5000名男子挨户进行的。

对大多数工人来说，工作与居所是同一个地方，这是传统手工业者生产与生活方式的特点。白天在小铺子里干活，到了晚上把工具挪开，铺上被子就寝。工人一般可享有膳宿，平均月薪4.5～6.5元。每周工作7天，每天10～14小时。学徒工多为14～18岁的男孩，工作时间最长。产品的价格、工人的工资与工时、学徒期限等，均由行会决定。理发业行会规定，会员之间不许彼此抢生意。甲店的常客到乙店去理发，乙店一定要多收10%的理发费。为了切实执行行规，行会要求大家互相监督；行会也雇监察员检查。一旦违规即采取惩戒的办法，在本行会供奉的神面前烧几百炷香或交罚款。行会也向会员提供一些救济，如医疗费、丧葬费等。

然而，传统的行会组织正逐渐被现代工业体制所取代。在传统手工业中，雇主与雇员界限不太分明，师徒如父子，他们属同一个行会。但在现代工厂组织中，师徒之间的个人关系消失了，随之产生的是雇主与雇员间的利益对立，他们分属不同的组织。再者，由于工厂里分工精细，培训新工人已无需经过漫长的学徒期。工业界的一些人认为，中国人擅长私人交往，而缺乏管理大公司、大资本的经验。人们往往对大规模的经营缺乏责任感，如大公司的资金或公共财产常常被侵吞。以小资本开办小工厂，更适合中国的环境。

北京的娱乐业清楚地反映了正在发生的从旧到新的变迁。保龄球、台球、电影、公园等西式休闲活动随处可见。现代体育运动（其中包括各项球类）刚刚兴起。与此同时，听戏、酒宴、说书、赛马等古都数百年流传下来的传统娱乐方式依然存在。商业性的娱乐多集中在南城。在茶馆中、公园里、街道上，可看到说书人眉飞色舞地讲故事。他们总是讲到故事最精彩的部分便戛然而止，要收了钱才继续表演。庙会活动则兼具宗教、社会、经济、娱乐等多种功能。除了说书的之外，还有武术、摔跤、杂技、魔术、飞鸟等活动项目。在一片空场上，中老年男子聚在一起，每个人手提鸟笼，长时间观看鸟转圈飞。训练得好的鸟不用拴着，可按主人的口令飞回来，其他的则要用线拴住鸟腿。还有的人养猎鹰。偶尔可见走在街上的人，胳膊上栖息着一只头顶羽冠的鸟。澡堂也是一个人们休闲的场所，人们在那儿除了洗澡，还可休息、会友、谈生意。澡堂的设备不同，收费也有差别，可以花8分钱，几个人在一个大池子里泡澡；也可以花一两元，享受一两间套房，房间里提供暖气、地毯、沙发、电灯、电话。1911年以后，妓院的数量增多。1912年，北京共有353所登记在册的妓院，有2 996名注册妓女。1917年妓院增加至406所，注册妓女3 887名。妓女依年龄、姿色的差别分为四等。

全市有近12%的人口被列为"贫困"或"极贫困"。在寒冷的冬季，全市设立13处粥厂，整个冬季发放济贫热粥七十多万份，平均每碗粥的成本为1.2分，但这对穷人的救济是远远不够的。正如一般工业化以前的城市，北京没有所谓的"贫民窟"，富人和穷人往往相邻而居。

在热闹的灯市口地区，人口密度为每平方里63 000人，是全市平均人口密度的二倍。在这个地区中，男子占总人口比例高达75.4%。沿路走过，弓箭店、金银店等各类铺子，一家挨一家。在这约一平方里（1/8平方英里）的地区，共有493家店铺。瓷器店的碟子摞得高到屋顶；炉灶店的伙计转圈做泥炉子，根本不用陶工旋盘；熟食店的厨师忙碌着，火苗四蹿，蒸汽腾腾；服装店在门外摆摊，店员售卖服装，嘴里唱着每一件的好处；棺材店就在店前摆一口做好的棺材，店伙计在后面院子里打造新的。还有西药店、电器店、自行车店等。猪市大街是一个大的生猪批发市场。每天清晨，大批猪运到此地待售。它们四肢被捆绑着躺在土路上，屠宰场的人来购货，成交后，猪倒挂在钩子上挣扎着被运走。这个区共有93种不同的生意，106家店的生意与杀猪、处理猪鬃、销售猪和猪鬃有关。大部分居民都做小生意，街边摆摊，背着盒子，挎着篮子，挨户叫卖。

《北京社会调查》一书包罗万象，涉及历史、地理、政府、人口、健康、教育、商业、娱乐、娼妓、贫穷与救济、监狱、宗教等，并配有47帧黑白照片及38张图表。对于书中所列举的大量的统计数字，已经很难考证其准确性了。然而，作者对北京百姓生活之生动描述，令人有身临其境的感觉。在后来的中国社会学者眼里，这是"本着科学的精神，以研究北京社会状况为科学的研究中国社会状况的第一书"[①]。

有关北京的另一部著作，是步济时的《北京的行会》[②]。此书深入考察了行会这个社会经济组织的历史、会员、管理方式、功能、行会之间的关系等方面。北京当时约有128个行会，步济时研究了其中的42个。调查问卷由甘博设计，张鸿钧和李景汉等燕大社会学系的师生协助搜集资料。这项研究最大的特色，就是反映了行会这一承担多种社会经济功能的传统组织，如何在一个新旧交替的时代中谋求生存、适应与发展。

调查显示，随着现代工商业的发展，行会组织发生了许多变化。某些行会正在衰落，例如，随着汽车的增加、有轨电车道的修建，马车的使用减少，马掌行会便停业了。同时，也出现了一些新的行会，如电工行会及汽车和自行车的销售员行会。有些行会进行了重组，如理发行会。曾经有一个时期，因许多师傅不会理西洋发式，这个行会中断了活动。后来经过调整，理发行会以师傅们掌握的技巧为标准一分为二，分成新式的和旧式的，或西洋式的和中式的两个组织。有些现代工业如铁路、矿山与邮政业，并不适于组织行会，而是要组

---

① 孙本文：《研究社会问题的基础》，载国立北京大学《社会科学季刊》，卷一，第4期，1923年8月15日，第680页。

② J. S. Burgess, *The Guilds of Peking*, N. Y.: Columbia University Press, 1928.

织工人工会，其原因在于：一是在举行罢工时，需要征得多个有关行会的同意，组织效率太低；二是传统行会制定价格、工资、工时等，形式上是在大会上讨论决定，可往往只由师傅们说了算。现代工会会员自由度大，也有更大的自主权。

随着时代的发展，行会结构也发生了分化。传统的组织逐渐分成两种，即雇主联合会和企业工人联合会。而现代学校教育的出现，也给传统的学徒制度带来了变化。例如，上海职业教育学校用现代教学方法教授技术，但因其毕业生未经过传统的学徒训练，往往不被行会所接受。为了解决这个问题，职业学校请本行业的师傅每周到学校授课数小时，希望以此种方式联结学校与行会。某些行会制度也依照现代的法律和法规进行了调整。从前行会禁止工人罢工，后来则允许。过去，政府对行会采取自由放任的态度，但在20世纪初，特别是民国成立以后，政府逐渐加强对行业和工业的规范。商业部的法庭基本上代替了旧行会的制裁，不允许行会擅自惩罚犯人。行会的权威渐渐衰落，用行会首领自己的话说："这几年人心变坏了。"[①]

步济时通过研究，进一步比较了两种组织形式的特点。他认为，行会的长处在于：对外能够协调各行业之间的关系，互帮互助，在与政府的周旋之中，争取其自身的利益；对内则注重合作，行业同仁之间关系密切，没有大规模、严重的阶级冲突。学徒不仅能掌握谋生的技能，而且在职业道德上也受到了充分的训练。每个人都有从学徒到师傅平等的晋升机会。慎重守信、休戚与共是每个行会成员的基本共识。手工业工人还能从劳动中获得成就感。当然，行会的短处也是显而易见的，如因其地方色彩过于浓厚，所以缺乏现代公民意识，结果往往限制创造发明。然而，现代机器工业在克服行会弊端的同时，也带来了严重的社会问题。机器的广泛应用使得工伤增多，工人们的生活工作条件变得更为恶劣，过去那种私人情谊荡然无存，阶级冲突不断。最后，步济时提出了一个非常重要的问题，即能否保留旧行会中有价值的东西，而将之融入到新

---

① J. S. Burgess, *The Guilds of Peking*, p. 235.

的工商业组织中去？他认为，中国在现代化的过程中，应了解自己的社会经济传统及条件，了解西方经济发展史的成败经验，了解欧美当时正兴起的合作产销运动以及协调劳资关系的趋势，避免西方经济发展中所付出的社会成本，尝试综合东西方各自的长处，使旧行会中符合人性的价值观和西方组织的高效率得到结合。

为了更加系统地组织社会调查工作，传教士们于1924年夏成立了北京社会调查社（Social Research Council），专门实地调查北京社会情形。参加者除包立德、步济时、甘博、德裴女士等男、女基督教青年会的干事外，还有朱积权、许仕廉、李景汉等中国学者。朱积权与包立德合著完成《北京地毯工业》。李景汉则调查北京人力车夫状况。[1]1925年，社会调查筹备委员会（the Commission of Social Research）成立，由美克尔（任职于美国纽约社会与宗教研究所，曾任美国劳工统计委员及国际劳动局调查主任）主持，成员包括高校、社会服务机关、政府、出版界等方面的代表，其中有甘博、燕京大学的经济学者戴乐仁、清华大学社会学者陈达等。他们遍访各大城市，广泛征求教育界及服务界人士的意见，希望成立一个社会研究所。该研究所的任务是进行实地调查，并出版研究成果；协调各种社会经济调查并促进其标准化；提倡与资助实地研究；培训人才；搜集相关图书资料。研究工作的范围包括中国社会思想及社会组织，当代重大问题如乡村、城市社区、劳工与工业问题、生活程度与生活费、公共卫生、人口统计等。[2]1926年，纽约社会与宗教研究所捐赠专款3年，委托中华教育文化基金董事会下设社会调查部，由北京大学社会学教授陶孟和主持，这便是北平社会调查所的前身（详见第三章）。

---

[1] 《社会学界消息》，载《社会学杂志》，第2卷，第4期，1925年4月；据李景汉：《中国社会调查运动》，载《社会学界》，卷一，1927年6月，第80～82页。

[2] 《社会研究表格》，载《社会学杂志》，第2卷，第4期，1925年4月；the Commission of Social Research in China, "Suggestions for the Organization of an Institute for Social and Economic Research," the Chinese Journal of Sociology, V. II, Nos. 5~6, June-August, 1925, pp. 19~42.

上述由美国传教士所主导的社会调查，具有重要的意义。这是首批以科学的方法，实地观察、分析中国社会生活所获得的开创性成果。研究题目从乡村经济问题、少数民族风俗、家族组织，到城市居民生活、行会制度，有助于我们了解当时的社会风貌。所采用的调查方法，有访谈法、问卷法、统计图表、生活费研究、社区功能分析等，都是当时西方社会学界所通行的方法。研究者能够站在中西比较的立场上，或将在中国的调查结果与西方相关研究作对比，或从西方经典理论与方法出发，在研究中国社会时对其进行修正。他们一方面对中国传统观念和生活方式感兴趣；另一方面则把焦点放在从传统向现代社会迈进中所产生的社会问题上。更为难得的是，他们真切地期望中国在现代化的过程中，不盲目追随西方，而是保留自己传统中有价值的东西，结合东西方所长，走一条适合中国国情的道路。此外，他们把社会调查比作诊病、治病，解决社会问题的途径是社会服务与社会改良；具体地说，就是通过立法、教育、控制人口、救济等办法，逐步改善民众的生活品质。在他们的积极努力下，中国的第一个社会调查机构得以成立。所有这一切，都为后来中国社会学的发展，划定了范围，确立了基础。

　　在实地调查中，研究者们已经开始感到，在中国运用西方调查方法之难。例如，中国人缺乏准确的数字概念。1924年，燕京大学社会学系副教授丁肯森（Jean Dickinson）到某个村子做调查。她发现，一个拥有一百多亩土地的人会说有"几十亩"。她问一位妇女："李太太，你生了几个孩子？"该妇女答道："有几个。我记不清了，有七八个吧。"可是，这位妇女的女儿却说："妈，不是十个吗？"她们两人数了数，结果是十一个。① 另一个给调查统计带来极大困难的问题是中国的货币与重量单位不统一，货币的价值时常随银的含量变

---

① J. Dickinson, *Observations on the Social Life of a North China Village,* Department of Sociology, Yenching University, Series C, No. 6. 1927. pp. 4, 26.

化而改变。①

　　同时，这些研究也存在着种种难以忽略的局限性。如大多数研究成果仅用英文发表，未在中国造成广泛影响。因为语言隔阂，研究者不得不依赖中国学生或助手搜集资料；当然这样做，在客观上为中国社会学培训了人才。在搜集材料方面，因当时中国官方统计资料极不完备，所以这些论著中引用的许多数字不一定可靠。提供资料的人多为社会的中上层人士，在城市中是外国人、官员、商人等，在乡村中是绅士与小学生的家长（当时大多数贫苦农民不能送子弟读书），因此不可避免地带有偏见。此外，研究者作为外国人，对于中国的社会生活毕竟缺乏深切的体验，其分析有时会显得片面、肤浅，甚至错误。

　　在社会学自西方传入中国时期，维新派领袖、留日学生与美国传教士，为后来中国社会学的发展，在取向、范围、方法上，奠定了基础，功不可没。然而，前者将社会学作为西方社会思潮介绍给中国，其目的带有政治色彩；后者在高等学校中创办社会学系，成立社会调查机构，开展社会调查，为的是推动社会服务工作，最终目的是为了传播宗教。严格地说，他们都不能算是职业社会学者。尽管在这些人中，有的曾受过专业社会学训练，后来又转变成了学者。例如，步济时到中国之前，就获得了美国哥伦比亚大学社会学硕士学位；从中国回美之后，他又于1928年以《北京的行会》获得该校社会学博士学位，然后任教于美国天普大学社会学系多年。社会学这样一门源自西方的学科，要在中国得到长足的发展，还有待于一批中国职业社会学者的出现。

---

① 甘博、孟天培：《二十五年来北京之物价工资及生活程度》，李景汉译，载国立北京大学《社会科学季刊》，卷三，第4期，1925年8月，第1~104页。

第二章　社会学在中国的成长

社会学传入中国之后，作为一门学科得到系统的发展开始于20世纪20年代后期。当时，一批受过专门训练，并以教授、研究社会学为职业的第一代中国社会学者群逐渐形成，其主要标志是1930年中国社会学者的专业组织——中国社会学社的成立。从20年代末到40年代末，大约20年的时间，此间经历了八年抗战与三年内战，社会学者们勉为其难，开展学术研究，培训人才，出版专业期刊和论著，使中国社会学粗具规模，学术地位得到确定。在这一过程中，社会学者们提出了对社会，尤其是对中国社会的基本看法，初步形成了自己的认识体系和研究方法，同时与西方社会学界建立了广泛而密切的合作关系。

第一节　第一代中国社会学者群的形成

中国第一代社会学者属于在现代教育体制培养下成长起来的中国第一批现代知识分子的一部分。他们身上显示出这批知识分子的共同特征，既深受中国传统文化的熏陶，又获得了比较系统而完整的西方学术训练。这个特点影响了他们的为人和治学以及对国家与世界的看法，也最终决定了他们个人的命运。同其他专业的学者相比，社会学者选择了社会学这一"经世济民"的专业，各种新旧传统、东西方文化、科学与政治、理想与现实的冲突，特别鲜明地体现在他们身上。

追溯中国第一代社会学者的成长过程，可以说，他们有着各自不同的家世背景和生活经历,很难一概而论。仅就大致而言,他们大多数来自开放较早的地区,出生于地主、官僚、商人等家庭。他们当中比较有成就的人士,几无例外都曾经留学西方,其中大多数曾留学美国。有的是自费留学,有的通过教会学校资助,更多的是享受各种公费奖学金待遇。其中几位较有成就的社会学家,如陈达、吴景超、吴文藻、潘光旦、吴泽霖等,均毕业于清华学校,由"庚子赔款"资助留学。

1901年,中国战败于由西方列强所组成的"八国联军"之后,被迫签订《辛丑条约》。此条约规定,中国要按全国人均141两的标准,"赔偿"诸国4.5亿两白银,连同利息共9.8亿两。美国从中分得3 000多万两,合2 400多万美元,外加年息4分,由中国分39年还清。1904—1908年间,经中国驻美公使梁诚、美国在华传教士明恩溥、美国伊利诺伊大学校长詹姆斯(Edmund J. James)等从中斡旋,美国政府决定,除去所谓实应赔偿的金额,其余10 785 286美元,自1909至1940逐年按月退还给中国,用以设立留美预备学校。① 这就是清华学校。美国于1924年第二次退款,此后各国效仿美国也相继退款。这些钱作为教育文化事业经费,用以设立教育或研究机构,派遣留学生,补助学术、文化团体及研究所,编译出版世界名著,邀请外国学者来华讲学,与国外学术机构交换出版物等。"庚子赔款"对于1949年前中国高等教育与学术界倾向西方,特别是美国,起了不小的作用。

清华学校为8年制,包括4年中等科和4年高等科。由于经费充足稳定,因此教师待遇优越;学生学、膳、宿费全免,每人每月伙食费7元,相当于当时一个工人的月薪。清华学生受的是美国式教育,除汉语和中国历史、地理外,其他课程都是由美国教师或受过美国教育的中国教师用英文教学,并采用美国教材。② 学生们模仿西方民主制度,按立法、司法、行政三权分立的模式

---

① 清华大学校史编写组:《从清华学校到清华大学》,载钟叔河、朱纯编:《过去的学校》,长沙:湖南教育出版社,1982,第142~143页。

② 同上书,第162~163页;潘光旦:《清华初期的学生生活》,载《过去的学校》,第105页。

建立了学生会，设评议部、学生法庭和干事部。学校要处分学生，先要经学生法庭审理，提出判定意见，然后再由学校当局公布处理。学生法庭也负责调停学生之间的争端。潘光旦曾当选过检察长。在"改良社会"的号召下，清华学生还积极举办"平民学校"，进行募捐救灾、济贫等社会服务。①

几位后来的社会学家在清华时代已经显露出他们的志趣。例如，后来擅长研究中国社会制度史的潘光旦，即认为自己毕竟是中国人，留学只是手段，将来是要为祖国做事的。因此，他连续三四年暑假在图书馆自学经书、史书。1922年夏，潘光旦在漫长的赴美旅途中，随身带着翻看的，是一部缩印的《十三经注疏》。②

《清华周刊》是一份内容丰富、历时长久的学生刊物。这份刊物由后来成为人口学家与劳工问题专家的陈达命名，并一度担任总编辑。③另一位社会学家、后来主编了多份有影响的刊物的吴景超，也曾担任过该刊总编辑。其时，吴景超与梁实秋、顾毓琇、王化成四人同寝室。每到周末，吴、梁、顾三人就聚在一起，商量下一期周刊的内容。在梁实秋眼里，吴景超做事有板有眼，一丝不苟，"永远是一袭灰布长袍，道貌岸然，循规蹈矩，刻苦用功。好读史迁，故大家呼之为太史公。为文有法度，处世公私分明。供职经济部所用邮票分置两纸盒内，一供公事，一供私函，绝不混淆。可见其为人之一斑。"④梁实秋如此评价潘光旦：潘光旦为"徐志摩所称道的'胡圣潘仙'，（因伤病割去一腿，以其似李铁拐也）……光旦学问渊博，融贯中西，治优生学，后遂致力于我国之谱牒，时有著述，每多发明。其为人也，外圆内方，人皆乐与之游。"⑤

清华毕业生留美，一般插入美国大学3年级，读两年毕业，再读3年研

---

① 孙敦恒：《潘光旦》，载清华大学校史研究室编：《清华人物志》（二），北京：清华大学出版社，1992，第228页。
② 孙敦恒：《潘光旦》，载清华大学校史研究室编：《清华人物志》（二），第229～230页。
③ 陈达：《清华周刊成立外史》，载《清华周刊》（十周年纪念增刊），1924年3月1日，第31～34页。
④ 梁实秋：《忆清华》，载《过去的学校》，第119页。
⑤ "胡"指胡适，见梁实秋：《忆清华》，载《过去的学校》，第119页。

究院。自 1911 年清华学校成立（1925 年改办国立清华大学），到 1929 年留美预备结束，共计派留美生 1 279 人，按所学专业划分，约三分之一学工科，三分之一学理商农医，又三分之一学人文社会科学。① 同前期留日学生相比，这批留美生接受了更为系统、完整的学术训练，他们中的大多数人获得了博士学位，少数人获得硕士学位，后来成为各个领域出色的专家学者。同时，在英美"自由教育"的熏染下，他们主张教育不只为传授技能，而更重要的是培养完善的人格。在以后的岁月里，他们作为中国自由主义知识分子的中坚，努力推动自由、民主及社会进步，但也为此付出了沉重的代价。

中国学生先后就学于多所欧美大学，其中最为他们青睐的学校，包括美国哥伦比亚大学和芝加哥大学。这两所学校的社会学系，恰为当时西方社会学的发达之地。她们以强大的师资阵容，培养了一批中国社会学者。从一些社会学者在留学期间的经历及其所撰写的论著，可以清楚地看出他们早年的志趣及后来的专业方向。其中比较具有代表性的有以下诸位：

朱友渔（1886—1986），中国第一位社会学博士。他于 1912 年毕业于哥伦比亚大学。其博士论文《中国慈善事业的精神》②，论述中国古代先哲的慈善思想，中国历史上对鳏寡孤独者的各种救济方式，并特别分析了宗族、村庄、行会、公众等在这个方面所起的作用。朱氏回国之初曾任圣约翰大学社会学教授，后长期从事基督教事业。

陶孟和（1889—1960），原名履恭，天津人，祖籍浙江绍兴县。先后去日本和英国留学，于 1913 年获伦敦经济学院经济学学士学位。在伦敦，陶孟和师从社会学家威斯特玛克（E. A. Westermarck）和霍伯浩斯（L. T. Houbhouse），并与后来成为人类学家的马林诺夫斯基（B. Malinowski, 1884-1942）同学。

---

① 潘光旦:《清华初期的学生生活》，载《过去的学校》，第 70 页;《从清华学校到清华大学》，载《过去的学校》，第 166～167 页。

② Andrew Y. Y. Tsu, *The Spirit of Chinese Philanthropy; A Study in Mutual Aid*, Ph. D. dissertation, Columbia University, 1912.

留英期间，对陶孟和后来的事业影响最大的是这样两件事情：一是他所在的伦敦经济学院和著名的"费边社"都是由社会科学家兼社会活动家维伯夫妇（Sidney & Beatrice Webb）及作家萧伯纳等创办。维伯等人主张以前者研习社会科学，以后者进行社会调查与社会改良。他们做了很多有关劳工、失业、贫困等方面的调查，并主张通过立法，解决工时、养老金、工会组织等问题。维伯夫人还于1912年建立了"费边调查部"，从事有关工业管理等问题的调查。这种以社会调查推动立法，最终实现社会主义的"费边学说"，对陶孟和影响很深。

另一件事情是在留学期间，陶孟和与同学梁宇皋合著《中国的乡村与城镇生活》一书。① 此书的内容分两部分，梁氏描写乡村生活、家庭、宗族、乡村组织，陶氏则论述城镇的管理与社会生活，以及佛教在中国的发展。此书由霍伯浩斯作序。他在序中提出，欧洲人一直认为中国的家庭体系太古旧，阻碍进步，特别是祖先崇拜、父权至上、妇女地位低下、个人需求受压制而强调团体利益等。本书却让人了解到，中国并非一个完全中央专制的国家，而是由许多自治社区组成。中国的家庭在家长的管理下，承担着多种有效的社会功能，人们平和且有秩序地处理各项事务。陶氏与梁氏合著此书时，英国已出现了一批社会调查的成果，其中最著名的是《伦敦人的生活与工作》。陶孟和很想根据实地调查资料写一部反映中国人生活的书，可中国在这方面却是空白，结果他们的写作只能利用古籍材料。这促使陶孟和下定决心，在中国推动社会调查。他后来主持社会调查机构达23年之久（详见第三章）。

孙本文（1891—1979），字时哲，江苏吴江县人，1918年毕业于北京大学哲学系。在北大学习期间，他与冯友兰同班，通过老师康宝忠接触了季廷史的"同类意识论"，并喜读爱尔乌德的著作。他于1921年赴美，先后就读于伊利诺伊大学、哥伦比亚大学、纽约大学等，修习社会学家季廷史、发利斯、派

---

① Y. K. Leong & L. K. Tao, *Village and Town Life in China*, London: George Allen & Unwin Ltd., 1915.

克、乌格朋等人的课程。① 孙本文于 1925 年获纽约大学社会学博士学位，论文题目为《美国媒体中对华舆论的基础与发展趋势》。他选择了数份在美有影响的报刊，就它们在若干年间对排华法案、义和团、辛亥革命、华盛顿会议上的中国问题等四个与中国相关的大事件的报道进行了分析，从中可以看出：一是美国人如何通过美国媒体了解中国；二是美国人如何通过媒体表达对中国的看法。孙本文深受乌格朋（W. Ogburn）、托马斯（W. I. Thomas）等文化社会学家的影响，后来治学偏重于文化和社会心理分析。

李景汉（1894—1986），北京人，1917 年赴美留学，先后就读于伯玛拿大学、加利福尼亚大学和哥伦比亚大学，获硕士学位。留学期间，发生了一件令李景汉深受刺激乃至影响了他一生的事情。他在选修一门社会问题课时，总喜欢坐在教室的最前排。一次，大家讨论世界各国男女人口比例问题。老师问及中国男女人口之比例，因为中国无此统计，他只得答以不知。另一次，老师询问关于中国工资指数，他又无一应。后又问及中国土地之分配，他也不能答。类似事情发生多次。因此，每到上课时，李景汉便感到局促不安，一问到中国社会统计时，他更是如坐针毡。于是，他由最前排移至次前排、中排，直至最后一排。② 回国之后，李景汉发愤从最基础的社会调查与统计分析工作做起，写成《定县社会概况调查》《实地社会调查方法》等中国社会学的经典著作（详见第三、四章）。

陈达（1896—1975），字通夫，浙江余杭人。他小时读私塾，1911 年入清华学校。1916 年去美国留学，1919—1920 年任中国留学生刊物《留美学生季刊》主编。1923 年获哥伦比亚大学社会学博士学位，论文题目是《中国移民

---

① Baldwin P. W. Sun, "Vita", *China in the American Press, A Study of the Basis and Trend of American Public Opinion toward China as Revealed in the Press*. Ph. D. dissertation. New York University, 1925;《当代中国社会学》，第 237 页。

② 田彩凤：《李景汉（1894—1986）》，载《清华人物志》（三），北京：清华大学出版社，1995，第 92～93 页。

之劳工状况》①。论文从历史、经济、社会三个方面，分析世界各地的中国移民状况。他根据中外政府官方文献和统计，相关书报杂志，以及他同几个国家的华侨文化、商业机构及个人的通信所获材料，进行分析，说明华侨因所在国的社会经济政治环境不同，或取得商业成功，并对侨居国做出贡献；或因侨居国的法律歧视，其在社会、经济方面的发展受到阻碍。陈达得出结论：中国人在人口压力下被迫移民。他后来成为人口与劳工问题专家，毕生倡导生育节制，并于抗战期间主持了一次大规模的人口普查（详见第五章）。

吴泽霖（1898—1990），江苏常熟人。于1922年毕业于清华学校后留美，1927年获俄亥俄州立大学社会学博士学位，论文题目是《美国人对黑人、犹太人和东方人的态度》。其内容是阐述在美国社会中，白人如何对待黑人、犹太人和东方人等少数民族，涉及政治、经济、教育、社会、宗教等方面。吴氏认为，种族问题终归是一个态度问题；种族问题的解决，也是一个改变态度的问题。他回国之初研究社会心理学，后专攻少数民族问题。

言心哲（1898—1984），湖南湘潭县人，中学时期的老师为杨昌济，曾在船山学社同表弟许仕廉听杨昌济讲"船山粹语"。言心哲先去法国勤工俭学，后来到美国留学，因成绩优良而获清华半公费资助。言心哲在南加州大学原准备习商，但受经济学教师费根（Fagan）和社会学教授鲍格度斯（Bogardus）的影响，改修经济学和社会学。尤其是后者讲的社会心理学和贫穷问题两门课，对他启发很大。言氏又选修当时南加州大学研究院院长亨特（Hunt）讲授的"社会主义"一课，并选择研究失业问题做论文。他于1928年获南加州大学硕士学位，②后来专攻贫穷、失业及社会救济问题。

杨开道（1899—1981），湖南新化县人。他最初以农业为专业。1923年夏在东南大学下设的农场实习时，他感到学界与农民脱节，两者之间需要沟通，

---

① T. Chen, *Chinese Migrations, with Special Reference to Labor Conditions*, Columbia University Press, 1923.
② 言心哲：《言心哲自传》，载《晋阳学刊》，第4期，1982，第73～74页。

使专家能够服务于农民,农民能够利用专业知识。于是,杨开道写了一篇《归农运动》①,提倡振兴农业和农村、救济农民的"归农运动",其中谈到农村自治的重要性。他认为,农村自治在农村生活的改良上是最基本的办法。知识青年用不着谈什么救国救民,改造社会,只需一个个回到自己的家乡,把一乡一村自治起来,整顿起来,便完成了中国百分之八十的改造工作。他正是抱着要研究农村自治的目的去了美国。可是,当时美国大学里没有这个专业领域,图书馆也没有这方面的书。他便选择了农村社会学,并选修一门"农村地方社会组织"(Rural Community Organization)的课程。② 在依阿华州立学院(今多译作"艾奥瓦州"),他师从何桑(H. B. Hawthon),1925年获乡村社会学与乡村经济学硕士学位。之后,他又到密歇根州立学院受教于白德菲(K. L. Butterfield),1927年获密歇根州立农业和应用科学学院博士学位。杨开道后来成为中国最早的农村社会学家,并积极参与乡村建设运动(详见第四章)。

潘光旦(1899—1967),字仲昂,江苏宝山县人,1922年毕业于清华学校,1926年获哥伦比亚大学生物学硕士学位。在留美期间,他对优生学产生兴趣,1923—1925年连续三个暑假,到一优生学纪录馆(Eugenic Record Office)参加训练与研究。③ 他还发表了《生物学观点下之孔门社会哲学》④。在这篇长文中,潘光旦对中国古籍的钻研,对优生学的兴趣,以及对传统文化所持的赞赏态度,均表露无遗。他将西方生物进化论同中国儒家学说做比较,说明两者的相通之处。例如,儒家主张人生而各异,在个人方面,应使人人各得发育之宜,即因人制宜;在社会方面,应使人们之间不因差异相害,而因差异相成。这些观点同西方生物进化论如出一辙。潘光旦认为,各种人权平等自由的思想不无道理,却太偏颇。他主张,社会中应就人们的德性、才能的大小

---

① 杨开道:《归农运动》,载《东方杂志》,第20卷,第14号,1923年7月25日,第17~29页。
② 杨开道:《农村自治·自序》,上海:世界书局,1930年初版,1931年4版。
③ 孙敦恒:《潘光旦》,载《清华人物志》(二),第231页。
④ 潘光旦:《生物学观点下之孔门哲学》,载《留美学生季报》(留美中国学生会发行),第11卷,第1号,1926年3月20日;第3号,1927年1月20日。

自成阶级，实现尊贤有等之义。潘氏在文中还首次提出了几个后来他经过深入研究而逐渐系统化的问题：一是"位育"的概念。"位"——"社会静止之秩序"，"育"——"社会勤动之进步"。他以"位育"说明人对于环境的适应。二是科举制度。他认为，尽管科举制有一些弊病，如八股文偏隘、不切实际，但科举考试训练记忆力与忍耐性，并有公开竞试等长处，不应抹杀。三是批评当时中国思想界，在西方影响下盲目追求新奇，并不深入研究中国传统制度的长短处，一味不遗余力地攻击之，这于国于民是有害的。潘光旦后来的研究重点是优生学以及中国社会思想和制度史。

吴文藻（1901—1985），江苏江阴县人，1922年毕业于清华学校。在乘船赴美途中与作家谢冰心相识，后结为夫妻。1928年，吴文藻获哥伦比亚大学社会学博士学位，论文题目是《见于英国舆论和行动中的中国鸦片问题》①。这是一个依据英国议会档案和中国官方文件进行分析的社会历史研究论文。在哥大学习期间，他除了受教于季廷史、乌格朋等社会学家，还旁听人类学家、历史学派创始人博厄斯（F. Boas）的课，并到纽约社会研究新学院旁听人类学家戈登卫然（A. Goldenweiser）讲"早期文明"。②吴文藻一直主张，社会学与人类学是相通的，在社会研究中有必要将两者结合起来。后来，他在燕京大学社会学系带领学生们尝试建立以研究社区文化为对象的"比较社会学"（详见第七章）。

吴景超（1901—1968），安徽徽州人，1922年毕业于清华学校，赴美后在芝加哥大学社会学与人类学系学习，与后来成为著名学者的布鲁默（Herbert G. Blumer）、修斯（Everett Hughes）、瑞斐德（Robert Redfield, 1897-1958）③等同学。④该系以研究都市社区著称，形成所谓"芝加哥学派"。数年之后，吴氏成为中国"发展都市，实业救国"最有力的鼓吹者。他的硕士论文《太

---

① W. T. Wu, *The Chinese Opium Question in British Opinion and Action*. Columbia University Press. 1928.
② 吴文藻：《吴文藻自传》，载《晋阳学刊》，第6期，1982，第44~45页。
③ 现多译作"雷德菲尔德"。
④ The University of Chicago Registry of Doctors of Philosophy. UC.

平洋地区的中国移民》（1926年）和博士论文《唐人街：共生与同化的研究》（1928年），①都是运用芝加哥学派中人文区位学，尤其是竞争、共生、冲突、适应等概念，分析中国移民同美国主流社会的关系。其博士论文第26章专门讨论"边缘人"的问题。"边缘人"是吴景超的老师罗伯特·派克（Robert E. Park, 1864-1944）②所提出的概念。③在派克看来，"边缘人"夹在两种文化之间，常常感到两者的矛盾和冲突，左右不是。而吴景超则强调，包括留学生在内的"边缘人"对东西方文化交流及中国的社会改革，起着积极而关键的作用。

吴景超认为，西方人一直对中国的文史哲、艺术、社会组织、市场及贸易机会感兴趣，中国人也想了解西方世界。因此，"边缘人"可以做中西文化之间的解释者。更重要的是，"边缘人"还可以做一个改革者。"边缘人"曾留学美国，他们认识到中国在许多方面，特别是物质文化方面，比美国落后很远。中国唯有改善自己的物质状况，成为一个富强的国家，否则她在世界大家庭中的地位永远无法提高。"边缘人"不但有改革的愿望，而且有能力来实现自己的愿望。中国的许多改革都是在受过中西训练的人的发动或支持下完成的。通过众人共同的努力，起初局限在小范围内的文化特质便会传播开来。而从长远来看，众多的文明将汇聚在一起，那时便不会分什么东方文明与西方文明，两者终将融合成一体。

从以上这些颇有代表性的中国最早一批社会学者的经历看，他们尽管接受了欧美系统的学术训练，但绝不盲从。他们真正关心的是中国社会，是如何借鉴在西方所学的知识与方法，沟通东西方文化，并为祖国的富强寻找出路。他们在美国所组织的学会活动，所出版的刊物，也都是围绕这一主题进行的。

---

① C. C. Wu, *Chinese Immigration in the Pacific Area*, M. A. thesis, 1926; *Chinatowns: A Study of Symbiosis and Assimilation*, Ph. D. dissertation, University of Chicago, 1928.

② 现多译作"帕克"。

③ R. E. Park, "Human Migration and the Marginal Man," *American Journal of Sociology*, Vol. 33, Issue 3 May 1928, pp. 881~893.

20世纪20年代中期，在美国学习社会学的中国留学生，曾组织了一个社会学会。① 以清华毕业生为主的留美生还编辑出版了中文《留美学生季报》和英文《留美学生月刊》。前者介绍西方学术思想，讨论中国问题，描写留美生活，读者对象为中国的知识阶层；后者传扬中国文化，报道中国的民意，为外交后援，读者主要是外国人，特别是美国人。陈达、潘光旦等社会学者曾担任过上述刊物的主编。在学习之余，留学生们还组织有关中国问题的学术讨论会。例如，中国留美学生会中部第17次常会，于1926年9月7—10日召开讨论会，题目为"救国策略讨论大纲"，下设中国经济、政治、社会、教育、实业等专题。② 在这次会上，吴景超就"中国社会问题"发言，并提出了他后来治学的一贯原则：供给事实，列举方案；即要研究事实，根据事实立论，并根据事实提出解决问题的方法。针对中国的人口、家庭、贫穷问题，他提出的办法是节制生育和发展实业。他认为，在中国发展实业，劳动力与资源都不是问题，最大的困难是缺乏资本和人才。在以后的岁月中，吴景超围绕这个主题，写下了大量的论著（详见第六章）。

在另一篇文章中，吴景超比较了中美学者的治学方法。他批评中国学者在没有接触西方文化之前，以读古代圣贤之书为做学问，结果将一生的聪明才智花在几本古书上面。当时回国的留学生不少还是以书本治学，所不同的是老学者读中国的古书，而这班新学者读的却是外国古书。长此以往，中国的学术界永远要为外国人的附庸。美国学术界之所以日新月异，便是因为多数学者能逃脱书本的束缚，到试验室里，到社会上，去搜集新的材料，求取新的知识。中国社会是一个没有开掘过的丰富宝藏，若肯用推敲古书的功夫，研究中国社会的情形，成绩一定大有可观。接着，他论述美国都市的特点以及芝加哥社会学系的都市研究，并对研究中国都市问题提出了看法。在吴景超看来，这种比较

---

① The Chinese Students Alliance in America, *The Chinese Students Monthly*, Vol. XXI, No. 3, January 1926, p. 73, 一共有包括社会学会在内的16个专业组织，但其活动内容不得而知。
② 《留美学生季报》，第11卷，第3号，1927年1月，第147～170页。

研究的好处在于：一是从研究的结果可以看出中外社会组织的不同，由此可以发展中国社会科学。二是借他人的镜子，可以看出自己社会的短处，进而能够促进社会改良。①

正像吴景超所说，这一代中国社会学者，要借西方社会学和西方社会的镜子研究中国社会，在认识中国社会的特点与长、短处之后，便可以在中国建立社会学学科，并能够着手从事社会改革。

第二节 社会学学科之规模与地位

中国第一代职业社会学者，学成后陆续回国，开始扮演专业角色。1917年，陶孟和开始在北京大学讲授社会学。1921年，哥伦比亚大学博士徐声金在厦门大学创办历史社会学系。20世纪20年代初，美国克拉科大学博士余天休在北京师范大学、陈达在清华学校教授社会学；依阿华大学博士许仕廉执教于燕京大学社会学系，并于1929年接替步济时担任该系主任。

早期的中国社会学者们，为这门学科的成长进行了艰辛的努力与尝试。1922年1月，余天休（1896—1969）创办了中国第一份专业社会学期刊《社会学杂志》。这份学术刊物原为双月刊，头二卷内容丰富而充实，有些论文开风气之先。例如，其《婚姻与家庭》号曾刊登大型问卷调查报告《中国青年婚姻问题调查》②，该文分析了835位男青年对婚姻家庭的态度，在社会上引起极大反响。但《社会学杂志》因稿件来源有限，自第3卷起内容质量与篇幅都大大下降，出版时断时续，到1933年终于停刊。③余天休还组织成立了中国

---

① 吴景超：《都市之研究》，载《留美学生季报》，第11卷，第3号，1927年1月，第1～13页。
② 甘南引：《中国青年婚姻问题调查》，载《社会学杂志》，第2卷，第2、3号合刊，1924年6月，第1～281页。
③ 此后，余天休主办了英文《中国社会学报》（The Chinese Sociological Bulletin）月刊，于1933年3月创刊，摘录各报刊文章刊载，办了不到两年又停刊。

社会学会，他自任会长，参加该学会的有李景汉、步济时、朱友渔、许仕廉等。① 然而因当时会员过少，学会无疾而终。

到 1930 年前后，越来越多的社会学者学成回国，终于使社会学者们为社会学学科系统化所做的努力，取得了较为显著的成果，使中国社会学初具规模，其学术地位得到初步的确定。这表现在以下六个方面：

首先，更多的高等学校设立了社会学系。共有 16 所大学设有社会学系，其中与历史专业合设者有 2 校，与政治学合设者有 2 校，与人类学合设者有 1 校。② 当时，包括教会学校在内的所有大学社会学系系主任，都已由中国人担任。全国各大学社会学系学生共计 561 人，其中学生人数最少的为清华大学，仅有 7 人；最多的为沪江大学，达到 88 人；平均为 37 人。③ 各大学所设社会学课程，以其章程中所列科目（并不一定是实际开设的）之数量而言，有 8～42 种；按其内容分类，开设最多的课程是社会理论，其次是社会问题，再次是普通社会学及社会思想、研究方法、社会工作等。④ 有些中学也开设了"社会问题"的课程，以陶孟和所编《社会问题》为课本。⑤

其次，社会学被教育部列为大学课程。1929 年，国民政府教育部将社会学列入新修订的大学章程中。中国的大学有统一课程始于清末"奏定大学堂章程"（1903 年），取法于日本，规定大学为经学、政法、文学、格致、农、工、商、医八科，其中政法分政治学与法律学，未列社会学。第二次是在 1913 年，教育部公布大学规程，法科增设经济学，仍无社会学。第三次是 1929 年，效法美国改科为院，增加社会学；社会学列为哲学、政治学、法律学、医学院及

---

① 参见《中国社会学会本年职员表》，载《社会学杂志》，第 2 卷，第 5、6 号合刊，1925 年 6—8 月。
② 孙本文:《当代中国社会学》，第 218 页。
③ 教育部编:《表 41 十九年度各大学文学院学生系别分析表》，载《二十一年度全国高等教育统计》，1935 年 7 月，但此表仅有 15 个系的统计；孙本文:《中国社会学之过去现在及将来》，见中国社会学社编:《中国人口问题》，上海：世界书局，1932，第 13～14 页。
④ 孙本文:《中国社会学之过去现在及将来》，载《中国人口问题》，第 13 页。
⑤ 参见 St. John's University Middle School Annual Catalogue, 1929–1939, Shanghai, Nov., 1929. UTS.

文学院的必修课，在其他院系则为选修课。①

第三，自编社会学教材。中国社会学者讲授社会学，起初采用英文教科书，但感到不适合中国学生使用。于是由南京中央大学社会学系教授孙本文主持，组织全国10位学者编著教材15种，分述社会学原理、方法、历史及各专门领域，于1929—1930年由世界书局出版，后合订为《社会学大纲》，共计1652页。这是中国人自编的第一套中文社会学教材。

第四，成立社会学研究机构。1926年，中华教育文化基金董事会社会调查部成立，1929年改为北平社会调查所。1928年，中央研究院社会科学研究所成立，下设社会学组。至此，中国有了两个专门的社会调查研究机构。

第五，中国社会学社成立。1928年冬，孙本文、吴泽霖、吴景超、游嘉德等一批在上海、南京各大学任职的社会学者，组织东南社会学会，出版《社会学刊》，并召开年会。此时会员共73人，其中普通会员48人，学生会员25人。之后不久，经北平社会学者杨开道、许仕廉等提议，着手组织全国性的专业组织。1930年2月8日上午9时，中国社会学社在上海四川路基督教青年会举行成立大会。到会者有多所大学的代表150多人。孙本文当选为正理事，许仕廉任副理事，吴景超任书记。蔡元培到会作了题为《社会学与民族学》的演讲。大会还宣读了工商部部长孔祥熙的讲词，他期望社会学者探讨社会问题，促进社会服务事业，并提出建议或批评，供政府与社会各界参考。②

第六，《社会学刊》初由东南社会学会编辑，自1930年始，成为中国社会学社社刊。

自1928年国民政府定都南京，到1937年日本大举进犯中国之前，在高等

---

① 舒新城编：《中国近代教育史资料》，中册，北京：人民教育出版社，1981，第579、652页。
② 《中国社会学社成立会记》，附《工商部部长孔祥熙讲词》，载《社会学刊》，第1卷，第4期，1930年9月。

教育方面,这是一段相对稳定的发展时期。学校的数量、在校生和毕业生的人数等,均有大幅度增长。在这一时期内,社会学的发展也有长足的进步,但在同传统学科的比较以及在学科本身发展的均衡性方面,尚有明显的不足。大致上说,社会学在教会学校中,特别是在燕京大学与沪江大学,最为发达。20世纪30年代以后,前身为留美预备学校、深受美国高等教育影响的国立清华大学之社会学及人类学系,其实力也日渐雄厚。但在大多数国立高等学校中,社会学并不太受重视。并且,因国立高校规模多大于私立学校,所以在全国范围内,社会学系学生的总数除比哲学系多以外,比其他文科系如文学、历史、政治学、经济学等系都少。① 国立北京大学一直偏重文史哲等人文学科,尽管曾一度考虑设置社会学系,② 但最终未能实现。位于南京的国立中央大学,1927年成立社会学系,却在1932年夏将之取消。为此,中国社会学社第二届年会开会时,曾致电中大校长罗家伦,表示异议,并请其恢复社会学,电报全文如下:

> 南京中央大学罗校长钧鉴:前自中大取消社会学系,不胜诧异!素仰先生提倡社会科学最具热心,绝不忍见此新兴科学,摧残于最高学府之中,望设法恢复该系,发挥光大,为全国倡。
>
> 中国社会学社年会③

中央大学的社会学系后于抗战时期得到恢复。20世纪30年代初,先后有包括中央大学在内的数所国立高校的社会学系遭停办。这其中的原因是多方面的:一是由于社会学是新兴学科,基础较薄弱,有的学校因师资力量弱、学生修习人数少等原因将之取消。二是在当时的政治环境下,有些人对社会学产生

---

① 教育部编:《表39 全国各大学文学院各系在校生之人数》,《表40 全国各大学法学院各系在校生之人数》,载《全国高等教育统计》(1932),上海:商务印书馆,1935。
② 新晨报丛书室编:《国立北京大学》,载《北平各大学的状况》,1929年初版,1930年增订再版,第46页。
③ 《中国社会学社第二届年会纪事》,载《社会学刊》,第3卷,第4期,1933年4月。

误解，把它等同于"社会主义"，予以压制。三是受当时国家教育政策和经济政策的影响。自科举制度废除后，有几十万多年攻读文史哲经典的学子，顺理成章地转到学校中的文法科，一时间修习文法科的人数大增。这种状况一直持续到国民政府成立以后。据1930年的统计，全国高等学校学生总数为44167人，其中文科学生占74.5%，实科学生占25.5%。国民政府基于国家建设对理工农医等应用学科的需要，数次实行教育改革。教育部不断颁布法则、通令，限制、削减文科，放宽理工类的办学限制。留学教育政策和法规亦体现注重自然科学与应用科学，严格控制文法科。如规定在公派留学生时，理工农医专业的人数至少应占总数的70%，对自费生所择专业不予限制，但学理工农医者，可优先补助公费或津贴。自1932年开始，教育部严格限制文法科大专院校的发展，对办理不善者，或令停止招生，或命分年结束。停招后节省的经费，用以扩充或改设理工农医等专业。自1934年起，教育部更加严格限制文科类学生招生数量，规定大学文法商教育等院系所招新生数额，不得超过理工农医系所招新生数额。这样到了1935年，文科学生所占比例下降至48.8%，实科学生所占比例上升到51.2%。①

20世纪30年代，社会学学科的发展尽管遇到了一些阻碍，但从总体上看，其成长稳定且更加深入。据1932年统计，中国社会学者的专业组织——中国社会学社有会员70人，同经济学社的607人、政治学会的99人、政治经济学会的153人、法学会的58人相比，社会学社的规模不算大。②自1930年成立至1937年，社会学社共召开了6次年会，分别以当时备受各界关注的社会问题，如人口、家庭、社会计划、社会变迁等为讨论主题，试图在理论上加深对这些问题的认识，并寻求解决办法。

在高等学校中，燕京、沪江、清华等数所大学的社会学系先后设立了硕士研究生课程。当然，以今天的眼光看，它们的规模都很小。以燕京为例，

---

① 李兴华主编：《民国教育史》，上海教育出版社，1997，第120、562～563、604页。
② 教育部编：《表148 全国各类学术团体概况》，载《全国高等教育统计》（1932）。

1935—1936 学年，燕京大学社会学系本科生为 70 人，硕士研究生仅 3 人。①自 1926 年燕京社会学与社会工作系设研究生课程始，至 1948 年，共 26 人获社会学硕士学位。②

社会学者还开辟了不少表达意见、发表研究成果的园地，如大夏大学社会学系的《社会研究》及国立中山大学社会研究所与社会学系办的《社会研究》季刊。其他一些社会科学期刊，如国立北京大学《社会科学季刊》、中央大学《社会科学丛刊》、清华大学《社会科学》等，也刊载有关社会学的论文。在社会学专业期刊中，历时较久、影响较大的是燕京大学社会学系的《社会学界》。这是一份年刊，最初由许仕廉、李景汉、许地山任编辑，自 1927 年 6 月创刊，至 1938 年因抗战中断，共出刊 10 卷。创刊号首篇为梁启超在燕大社会学会所作的演讲《社会学在中国方面的几个重要问题研究举例》。不少论文为本系师生撰写，有的阐释中国社会思想史，有的介绍国外理论学说，更多的则是学生们写的社会调查报告。这些实地研究的题目，有城市贫民生活、乡村合作社、婚丧礼俗等，材料异常丰富。尽管大多数还处在统计描述阶段，仅回答"是什么"，而非"为什么"，理论分析较弱，但它们无疑为更深入的研究打下了基础。特别是后来日本侵华战争爆发后，大量的社会调查材料被毁，这些以学生论文的形式得以保存下来的成果，③ 便显得格外珍贵。

在这一时期，高校社会学系的师生们在各地的报纸上办了一批传播社会学知识、探讨社会问题的专栏。中央大学社会学系在《中央日报》上办有《社会调查》双周刊，④ 中山大学在广州《群声报》上主办《社会科学周刊》，并在香港《循环日报》上主办《社会研究》专刊，均由中大社会学系主任傅尚霖担任

---

① College of Public Affairs, Yenching University, *Summary Report*, 1935–1936, January 1936. RAC.
② 燕大全校 1922—1948 年历年领授硕士学位的人数共 289 人。参见胡经甫：《燕京大学研究工作之沿革》，载《燕大三年》，1948，第 35 页。
③ *Letter from Cheng-hsin Chao, Acting Dean of College of Public Affairs and Chairman of Department of Sociology to Dr. M. C. Balfour*, Shanghai, March 11, 1947. RAC.
④ 此刊名义上是由中国社会学社主办，实际上则由中央大学社会学教授言心哲主编，刊登的文章有一大部分为中大社会学系师生的成果。详见第三章第四节。

主编。燕京大学社会学系创办了《社会问题》期刊，在天津《益世报》与北平《晨报》上主办了《社会研究》周刊，并在《大公报》上主办了《社会问题》双周刊。主办这些专刊的目的是将学术研究与应用结合起来，让社会学的影响扩展到大学的围墙之外。

有些大学社会学系的师生，还组织了自己的社会学会。1927年，燕京大学社会学会成立，会员由系里的师生组成，共四十余人，会长为严景耀。下设出版、平教、调查、卫生、电影五个委员会。出版委员会负责编印《社会学界》；平教委员会在海淀附近开展平民教育运动，并创办数所平教学校；社会调查委员会组织学生在黑山扈、挂甲屯、海淀、成府一带做实地调查；卫生委员会在海淀成府附近为居民施种牛痘，并拟与学校当局及医预学会在成府创建一个公共卫生所；电影委员会每两周活动一次，在学校大礼堂放电影，收入专供发行刊物之用。①

以社会学知识应用于社会服务，是当时高校社会学系的一大特色。20世纪30年代初，金陵大学社会学系在南京进行社会调查时，正值经济恐慌、丝业衰落之际，师生们发现有极多失业的缎织工人，其中即使仍在继续从事缎织者，其产品的销售也很困难。同时，舶来毛织品充斥市面。1932年，为了救济工人，避免利汇外溢，师生们开始试办毛织手工业。南京市政府对此项试验深为赞许，于1934年与金陵大学合作，陆续资助建造工厂及购置纺织机等设备，成立毛织训练所，培训工人四十余人，并组织纺织服装生产合作社，以资推广产品。但这项工作因抗战爆发而中断。②

1937—1945年的抗日战争，对于中国社会及中国社会学都是一次极为严峻的考验。在高等教育方面，战前大部分高校集中于几个大城市。战争爆发以

---

① 《燕大社会学会及其工作》，载《社会学界》，卷一，1927，第249～250页。
② 中国国民党中央委员会党史委员会：《金陵大学文学院迁蓉后事业报告》，载《抗战时期之高等教育》，革命文献第60辑，台北：中央文物供应社，1972，第197页。

后,这些城市以及坐落其间的大学,多遭日军轰炸或占领。例如沪江大学于1937年8月14日、15日两日遭敌军炮轰,全部被毁,仅余断壁颓垣,所有图书、仪器,均未抢出。① 战争摧毁的不仅仅是房屋和设备,对学者来说,更大的损失是积多年心血而成的教学研究资料。燕京大学社会学教授吴文藻,损失了十几箱原本可以出版的讲义。② 清华大学教授陈达自1923年回国至抗战开始,十几年间,搜集了二万余册剪报材料,因敌机轰炸被焚,俱成灰烬。③ 为了继续办学,几所位于广东的大学暂移至香港,大多数学校则陆续辗转迁移到后方的川、云、贵等省,形成一次中外教育史上罕见的文化大迁徙。

以国立西南联合大学为例。1937年夏,日军占领北平,进攻天津,以飞机轰炸,致使南开大学校舍全毁。北大、清华、南开三校被迫南移,先在长沙组"临时大学",又于1938年2月决定迁往昆明。这次转移分成两批:一批是由244名教授及学生组成湘黔滇旅行团,步行从长沙经湘西穿越贵州,翻山越岭,夜宿晓行,行程3500多里,耗时68天,到达昆明。陈达也在步行的队伍中。另一批约800余人,由长沙乘火车经粤汉、广九铁路到香港,再乘船到海防,由海防乘火车经滇越铁路到昆明,全程约10天。④ 1938年4月,"临时大学"改为国立西南联合大学(以下简称西南联大或联大)。潘光旦曾在其《图南日记》中,生动地描述了1937年7月8日—9月28日,从北京到长沙的一段逃难经历。"图南"出于《庄子》,意指鹏鸟置身九万里之上,谋徙于南冥。可是仅有一条腿的"潘仙",却远没有鹏鸟般潇洒。在敌机大举轰炸西苑,炮弹落入校园,枪炮不断的一片混乱中,潘光旦将全部藏书装了28箱,寄存在一美籍教授处,便上了路。这一路上,他看到民众呼船、争价、拉客人、抢行李,舟子间之攘夺,脚夫间诟言,纷然杂陈。他感慨地说:"余常谓国人寻常生活如上火车,买车票,进电影院等,即大有逃难意味,何况今兹

---

① 《沪江大学全部被毁,图书仪器均成灰烬》,载《中央日报》,1937年8月16日。
② 冰心:《丢不掉的珍宝》,载《冰心选集》,第2卷,成都:四川人民出版社,1983,第154页。
③ 陈达:《浪迹十年》,台北:文海出版社,1981,第452页。
④ 另有350多名学生留在长沙。参见李钟湘:《西南联大始末记》,载《过去的学校》,第263页。

之真逃难乎！"①

战时办学，谈何容易！1939年，西南联大在124亩荒地上建成所谓的"新校舍"。除图书馆为瓦顶外，宿舍为土墙草顶，夏季上面漏雨，床下长草。教室为土墙铁皮顶，下雨时雨点打在铁皮上，下面讲课的声音根本听不见。昆明自秋迄春，晴天无雨，井枯无水，只有晚上到清晨才渗出一点水来，学生们便用美军的空罐头盒来汲水，仅能洗洗脸，饮水也成了大问题。雨季时则到处泥泞，小水沟不计其数，打伞睡觉成了寻常事。一到风季，桌上床上全是沙土。每40名同学挤在一间宿舍里，4人一张书桌，虽有电灯，白炽灯泡仅有钨丝的红光，照明都觉困难，更谈不上看书写字了。②1938年，学生贷金每人7元，尚有鸡蛋。但由于通货膨胀，到1944年贷金涨到1 000元，吃的却只有"八宝饭"（即米，由政府配给，砂石、谷子、稗子、糠屑夹杂其中）、老菜叶、毛皮肉。教授的生活亦颇清苦。物理学教授吴大猷早上有课时，便提着菜篮和一把秤，带到课堂并放在黑板下，等下了课便买菜回家。有一天，他好不容易买了两条鲫鱼，拿回去放在小院子里水缸前，正要洗，入房不过几秒钟，出来时已少了一条。他感到很奇怪，抬头却看见一只乌鸦衔了一条鱼飞上房顶。虽说能被乌鸦衔上房的鱼大不到哪儿去，可还是令他痛心不已。1940年，敌机轰炸频繁，师生们时常要跑警报。警报分三段："预行""空袭""紧急"。初闻"空袭"而跑，继则闻"预行"而跑。最后，胆量稍小的同学，见晴天即开溜，所谓"跑'晴天'是也"。往往一日之间，警报有长达数小时者，不仅师生无法上课，甚至终日难得一饱。③在这一时期，西南联大社会学系教授潘光旦正在翻译优生学家泡培努（Paul Popenoe）与强生（R. H. Johnson）合著的《应用优生学》。他的办法是在办公桌下放一铁皮箱子，警报一响，便赶忙把书稿及参考书往箱子的下面一塞，然后架着双拐向校区后面的坟山疏散。④

---

① 潘光旦：《图南日记》，载《潘光旦文集》，第5卷，北京大学出版社，1997，第199页。
② 杨立德：《西南联大教育史》，成都出版社，1995，第15、39、171页。
③ 李钟湘：《西南联大始末记》，载《过去的学校》，第286～287页。
④ 潘光旦：《优生原理·自序》，上海：观察社，1949初版；天津人民出版社，1981年重印。

正是在这样艰难的处境下，西南联大社会学系，即清华社会学系（因北大和南开都无社会学系），仍在1937—1946年期间，有9届共91人毕业。这些毕业生有的留校任助教，有的到机关做行政工作，有的去研究单位，有的出国或考研究院继续深造，大多数从事劳动工资、社会福利或新闻工作。社会学系学生4年需修满132分，必修课为92分，其余是选修课。该系所设置的课程多样，教授各有专精。其中，社会学原理由法商学院院长陈序经讲授；社会研究法、初级社会调查、社会机关参观等三门课由李景汉任教，并参观工厂、商店、集市、法院、监狱、妓院等；人口问题和劳工问题由陈达讲授；人类学先后由吴泽霖和吴文藻任教；高级社会学由吴泽霖讲授；西洋社会思想史和中国社会思想史两门由潘光旦任教；社会制度由李树青讲授；社会心理学先后由樊际昌、倪因心授课。在选修课方面，优生学、家庭问题、人才论、儒家社会思想等课程均由潘光旦任教；文化学、华侨问题两门课由陈序经、陈达讲授。学生毕业论文题目多与当时的社会问题、民俗民风有关。以1942年毕业生所做的论文为例，有胡庆钧的《中国旧节之初步分析》，游凌霄的《昆明妇女消闲生活之调查》，梁树权的《昆明招贴之研究》，周颜玉的《有关使女的研究》，张征东的《大学男生的婚姻生活研究》，邝文宝的《妇女婚姻生活调查》，李仲民的《联大男生婚姻态度的研究》，徐泽物的《空袭与昆明社会》，孙观华的《江苏无锡的婚丧礼俗》，袁方的《昆明市之都市化》，黎宗南的《中国工业合作运动》等。因纸张及印刷昂贵，西南联大学生难以出版期刊，便以各种壁报的形式发表意见。社会学系办有《社会》壁报。①

八年抗战及紧接着的三年内战，给国家造成了极度的政治、经济动荡，然而其间社会学者的学术研究，不但未中断，而且更加立足于本土，注重研究解决实际社会问题。他们所取得的成果，详见本书相关章节。社会学学科之组织规模，亦略有扩充与加强，这表现在下列四个方面：

---

① 西南联合大学北京校友会编：《国立西南联合大学校史——1937至1946年的北大、清华、南开》，北京：北京大学出版社，1996，第311～320页。

第一，抗战期间，国民政府成立社会部，各大学为培养社会行政与社会事业方面的人才，有的添设社会学系，如云南大学；有的设置社会事业行政系，如社会教育学院；有的恢复社会学系，如中央大学；有的与其他系合并成系，如大夏大学的历史社会学系；有的增设社会福利行政组，如金陵女子文理学院社会学系；有的拟添设社会学系者，如贵州大学。①至1947年秋，全国大学或独立学院设有社会学系的，合计22所院校。其中，设历史社会学系的有2校，设社会事业行政系的有1校。②高等学校中的社会学教师共有143人，其中美国人有12名，曾经留过学的为107人。在留过学的教师中，留美的有71名。③这说明高校中社会学的师资力量大多是在欧美培养的。各大学社会学系教员人数少则1人，多则12人。大多数社会学系只有本科生，并且女生多于男生。燕京、清华、沪江、中央大学四所学校的社会学系设有研究生课程，毕业生可获得硕士学位，但规模都不大。至此，全国社会学系毕业生共逾千人。

第二，教育部于1938年修改大学课程，颁行文、理、法、师四学院共同必修科目表，规定社会学为社会科学必修科目之一，与政治学、经济学、法学通论并重。1939年，教育部颁布社会学系必修选修科目表。1944年10月，教育部将该表修正后公布，并于社会学系中设社会行政组，以便培养社会行政人才。④教育部还公布，由孙本文所编译的社会学名词共计1 818条，作为全国社会学者共同遵守之译名标准。⑤

第三，在社会学期刊的出版方面，抗战前的《社会学刊》出版至第5卷第2期。抗战后，因经费缺乏而停刊，1948年复刊之后出版了第6卷。从1944年春开始，中国社会学社与国民政府社会部合作，由社会部出资，编印《社会

---

① 孙本文：《七年来的社会学》，载《抗战时期之学术》，台北：中国国民党中央委员会党史委员会编辑发行，1972，第50页。
② 孙本文：《当代中国社会学》，第221页。
③ 同上书，第313～321页。
④ 孙本文：《七年来的社会学》，载《抗战时期之学术》，第50页。
⑤ 《社会学界消息：中国社会学社举行第九届年会暨成立二十周年纪念大会》，载《社会建设》，第1卷，第7期，1948年11月，第75～76页。

建设》月刊，以研讨社会问题、社会行政、社会建设等为主旨。①社会部历次规划社会行政计划，制订社会政策，编订社会法规等均延聘社会学者参加。另外，1903—1948年所出版的社会学译、著书籍共逾千种。

第四，中国社会学社因战时交通不便，在1937年7月至1949年9月之间，仅举行过3次年会。每次都不得不同时在3～4个城市分别召开。其中，1943年2月2日，在重庆、昆明、成都三地举行第七届年会，以"战后社会建设"为中心题目；1947年10月，在南京、北平、成都、广州举行第八届年会，讨论"中国社会学今后发展应取之途径"。中国社会学社第九届年会暨成立二十周年纪念会，于1948年10月1—2日分别在南京、北平、广州、成都四地同时举行，以"二十年来之社会学"为年会总题。在此期间，设在南京的总社于10月2日上午9时在中央大学礼堂举行开幕礼，到会的普通社员138人，学生社员94人，加上来宾共300余人。②这便成为中国社会学者于国家危难中召开的最后一次盛会。

第三节 中国社会学者之社会观

在评述中国第一代社会学者的具体研究成果之前，有必要先将他们对社会学及其研究对象的基本认识，做一个概述。

中国社会学者正像西方国家的同行们一样，在对社会学的研究对象、研究范围等问题的认识上，存在着种种不同的看法。有人认为，社会学的研究对象是社会行为，也有人认为是社会关系，还有人偏重于社会问题，或文化现象。对社会学的研究范围，也有广义和狭义的两种观点。广义的观点认为，凡同人群生活相关的研究都属于社会学范畴，如历史、政治学、经济学就应该包括在

---

① 孙本文：《七年来的社会学》，载《抗战时期之学术》，第49页。
② 《社会学界消息：中国社会学社举行第九届年会暨成立二十周年纪念大会》，载《社会建设》，第1卷，第7期，1948年11月，第75～76页。

社会学的范围内。狭义的观点是只把社会作为研究的对象，探讨关于社会的原理，并研究各种人群组织，如家族、部落、国家、教育等。大部分人持后一种即狭义的观点。在有关社会学领域分类的问题上，社会学者们当时的看法是大致相同的。他们把社会学分为理论与应用两大部分，并将应用社会学再进一步分作农村、城市、人口、家庭、犯罪等专门领域。中国社会学者大多主张两者兼顾，相互促进。

社会学者对社会现象的基本认识是怎样的？在西方社会学的演变过程中，主导其发展的是源自孔德的实证主义。信奉实证主义的社会学者认为，他们所研究的社会现象存在于现实世界，正像自然界中存在的自然现象一样，都是客观的事实。只有运用科学的方法，才可以真正地认识它们。中国的第一代社会学者大多接受了这样的观点。中山大学社会学系系主任傅尚霖曾有一个颇具代表性的说法。他说：

> "社会研究是用科学的方法，客观的态度，精确的技术，探讨的精神，综合的眼光，具体的步骤，公正的估评，冷静的脑筋，实证的标准，逻辑的思维，实验的工具，和实际的价值，来研社会之几，究人类之竟，穷社群关系之微，探事理因果之极，溯生活发展的原则，求社会变迁的定律，作改善人类往来，调剂社群关系，增加共同幸福，促进公众利益，建设圆满社会的智识与艺术。"[①]

社会学者期望严格遵循科学的原则和方法，来认识、解释社会现象，在此过程中，研究者应保持"价值中立"，不掺杂任何主观的意见与偏见。陶孟和曾说：

---

① 傅尚霖：《发刊词》，载中山大学社会研究所与社会学系《社会研究》季刊，第1卷，第1期，1935年10月，第5页。

"科学只是朴朴实实的探索事实,考究事实间的关系,寻求事实发现的道理。理想,希望,私人成见,利害观念,都不能参入科学研究。我们以国民的资格可以对于政治有一定的主张,我们若对政治做科学的研究必须抛弃一切的主张而忠实的客观的探索政治现象。我们因经济的地位,阶级的利益或者相信一定的经济理论,但是在我们研究的时候,便应该抛弃一切的信仰,求经济现象正确的认识。凡是能牺牲私心,成见,希望,理想,而能耐心搜求事实,追求客观事实的真相与真理的便是帮助社会研究进到科学的地位。"[1]

在今天看来,像傅尚霖与陶孟和所说的那样纯粹客观、公正而理性地探索社会事实,实在是过于简单、理想化了。后来的社会学者越来越认识到,社会现象远比自然现象复杂得多;在社会研究中,研究者及其研究对象的立场和观点不可避免地影响研究结果,因而并没有所谓客观唯一的社会事实存在。当然这也不是说,社会发展全无轨迹可循。科学地认识并解释社会现象,探求社会发展规律,是中外社会学者至今仍在努力进行的工作。中国社会学后来的曲折发展,尤其证明了这两方面的真实性。

如何具体地研究社会事实或现象?一般来说,人类社会有一些基本共通的现象,对其研究的成果可适用于任何社会。另有一类事实或现象,是在某种特定的环境中产生,为某个社会所独有,因而需要用特殊的方法进行研究。中国社会学者在研究中国社会时,兼顾了这两方面的特点。他们主要采取了四条途径:一是编制人口等社会基本统计;二是进行科学的社会调查;三是溯本求源,整理旧籍,从历史资料中总结前人对中国社会的认识;四是介绍并参照欧美社会学理论、方法及研究成果。[2] 在这四条途径中,他们既借鉴西方社会学

---

[1] 陶孟和:《社会科学是科学吗?》,载北平社会调查所《社会科学杂志》,第1卷,第1期,1930年3月,第28页。

[2] 孙本文:《研究社会问题的基础》,载国立北京大学《社会科学季刊》,卷一,第4期,1923年8月15日,第671~685页。

理论和方法,又兼顾到中国社会的特殊性——中华文明有着连绵不断的发展史,大量的典籍中蕴藏了丰富的社会思想。对之进行总结,不但可以深入认识中国社会,而且能极大地丰富社会学的研究。

研究社会学的目的是什么?孙本文说:"社会学何为而作乎?曰,为研究人类共同生活之原理原则,而求所以改良进步者也。"[1]对社会学者而言,社会学的目标有二:一是纯理论的,即以科学的方法认识社会;二是实用的,即预测与控制社会的发展。这两者之间是相辅相成的关系。孙氏进一步以自然科学作比喻,强调社会学的应用价值,他提出:"一切科学,在纯理方面说,固然可以不问应用,但终究言之,都在能应用到实际生活上去。有物理化学的知识,人类就可以征服自然;有生物学的知识,人类就可以减免疾病;有社会学的知识,人类就可革除社会痛苦,增进社会幸福。"[2]"必如此,方可使政治建设在一种精确科学的稳固基础之上。"[3]中国的第一代社会学者,也正是依据这两个目标,在中国建立社会学研究的基础;同时,以社会学研究成果为指南,探讨中国现代化的道路。

解决社会问题的途径如何?一些社会学者认为,社会发展是渐进的,任何的变化都不是突然产生,而是逐渐累积而成的。通过一步步的变革或改良,人类最终可以实现社会的公平、秩序、进步。这些社会学者都不主张采取激烈的革命手段,因为革命是在社会上不知顺应潮流,力谋改革,以应环境时势的需要的情况下发生的,"……是社会不幸的现象,因其结果足使社会极端紊乱,常须经过长时期的整顿,方可恢复秩序。"[4]他们相信,人类虽然不能完全支配社会变迁的前途,但在可能的范围内,却可以指导变迁的方向,而社会科学研究在此过程中起着非常重要的作用。"社会科学之发展,虽尚未能予人类以正确推测之知识;但在某种人力能及之范围以内,根据过去事实之经验,推测未

---

[1] 孙本文:《社会学原理·序》,上册,据商务印书馆1947年版影印,台北:台湾商务印书馆,1950。
[2] 孙本文:《社会学原理》,上册,第68页。
[3] 同上书,第65页。
[4] 孙本文:《社会学原理》,下册,第169~170页。

来事变之发生，自亦可予以相当的控制。"①

在指导社会变迁的过程中，社会学者同其他社会科学工作者或从事实际改革的人相比，其优势在于注重"社会全体"，即以综合的观点看待事物，强调社会各部分之间的相互作用。唯有如此，才能使社会改革取得真正的成效。正如陶孟和所说：

> "自从社会学成立为科学逐渐的进步以来，他的知识于我们的用处非常之大。他的最重要的功用……在改良社会上。向来人类的改革计划常偏于片面的而不能括取全体。例如宗教家，政治家，经济学者，哲学家等对于改良社会都各有他自己的意见。但是那个意见常常是只看见各人所专门的一方面，而不能窥见社会全体。社会学的知识使我们得着关于社会全体的概念。"②

中国第一代社会学者对自己在社会改革中所承担的责任，有着很强的期许。与西方同行们相比，他们更加积极地参与了社会改良。从实际情况来看，社会学者个人参与社会改良，是经由多个渠道进行的。他们或从事研究，将成果提供给决策机构；或直接担任行政工作；或通过撰写论著，主编期刊，进而影响社会舆论。从社会学系的办学方针来看，参与社会改良，一直是高校社会学系的特色。如前所述，最初这是受基督教影响，后来则成了证明社会学价值的依据。1925年，燕京大学社会学系教授许仕廉谈到中国社会学教学的问题。他认为，当时社会学在中国还未建立起自己的地位。社会学或被当作一种哲学，或被当作心理学的一部分，或被当作社会主义，抄袭国外的材料，并且失之空泛。为了证明其存在的价值，社会学系应当注重培养社会服务的专门人

---

① 孙本文：《社会学原理》，下册，第244页。
② 陶孟和：《社会与教育》，上海：商务印书馆，1923，第14页。

才。① 他还曾对社会学专业的学生们讲，学政治学是要升官，学经济学是要发财，学社会学是要服务。1949 年以前，从沪江大学的沪东公社，到燕京大学的清河实验区，全国高等学校几乎所有的社会学系都设有社会服务实验区。这些实验区不少都设有幼稚园、小学、图书室、操场、施粥站等小型教育或救济机构。20 世纪 40 年代，特别是国民政府社会部成立之后，高校社会学系更加注重培养社会行政方面的人才。与前期社会服务相比，社会行政更注重依靠政府的行政力量，规划社会发展，预防社会问题的产生（详见第十章）。

追溯中国社会学者之社会观的形成，他们受西方特别是美国社会学的影响很深。美国社会学史研究者辛科夫妇曾将美国早期社会学自 1905 年至 1954 年在思想特征上的发展分成三个阶段，就前两个阶段而言：第一阶段是从 1905 年至 1918 年，美国社会学表现出四个主要特征：一是信仰社会的自然法则；二是坚信社会进步；三是注重社会改良；四是提倡个人主义的社会观。第二阶段是自 1918 年至 1935 年，美国社会学的特点为：一是各个专门领域更加发达；二是社会学同其他学科展开合作关系；三是经由第一次世界大战认识到人性中非理性的一面；四是更重视科学方法，特别是从统计方法转向个案方法；五是比较发达的专门领域，包括对人性和个性、社区及社会变迁的研究。②

若以上述分析框架来考察中国社会学，可以发现，中国社会学在思想特征上也大致经历了类似的两个阶段。1935 年以前，中国社会学相当于 1905—1918 年间的美国社会学，不同的是，中国社会学并未表现出明显的"个人主义社会观"，而这主要是由中美社会的差异所造成的。1935 年以后，中国社会学相当于 1918—1935 年的美国社会学，但其表现形式不尽相同。吴文藻等致力于结合社会学与人类学，以个案法进行社区和社会变迁的研究，形成"燕京学派"（详见第七章）。因为中美社会的不同，中国社会学者对人性、个性等心

---

① 许仕廉：《对于社会学教程的研究》，载《社会学杂志》，第 2 卷，第 4 号，1925 年 4 月，第 1、3 页。

② R. Hinkle & G. J. Hinkle, *The Development of Modern Sociology: Its Nature and Growth in the United States*, N. Y.: Random House, 1954.

理问题始终不太感兴趣，他们更关注现实社会问题。而且，美国的社区研究多集中在城市，中国的社区研究对象主要是广大的农村。

再者，针对中国的国情和社会现实，社会学者逐渐形成了若干卓有成效的研究领域或理论学说——社会调查、农村社会学、人口社会学、工业化论、文化论等。在理论学说方面还可进一步将它们归结为两大类：一是"资源说"，二是"文化说"。也有一些学者同时信奉这两种学说。"资源说"论者认为，中国的社会问题在于贫、愚、弱、私、病五大症状，也即胡适所说的"五鬼"。其根源则在于自然资源贫乏，人口众多，耕地少而分散，生产力落后，人民教育程度低，生活程度低等。解决这些问题要从问题的本身入手，即要提倡生育节制，进行乡村建设运动，建立社会保障与救济体制，实现工业化等。"文化说"论者认为，中国种种社会问题的产生，是由于近代西方文明入侵传统的中国社会，中国社会因受到冲击，在急速的变迁中，出现了种种文化失调的现象。就像马路上同时行驶着马车、人力车、无轨电车、小汽车，秩序大乱。对于如何解决这文化失调的问题，当时大多数知识分子的主张可分为三派：全盘西化派、复古派及折中派。社会学者多主张融合中西文化，进行文化重建，属折中派。

总之，中国第一代社会学者所为之奋斗的目标主要有三个：一是社会学的本土化，即将源自西方的社会理论和方法，有效地运用到对中国社会问题的认识上；二是在中国社会变迁过程中，找到一条联结传统与现代、融合东西方文化的现代化道路；三是把在研究中国社会的过程中所取得的成果，贡献于世界学术界。

第四节 西方社会学对中国社会学的影响

中国社会学在其成长过程中，所受到的西方社会学的影响，表现在许多方面。除以上第一、三节所讨论的人才训练及基本观点与方法上的影响之外，还包括：中国社会学者译介和应用西方社会学理论及方法；中西方社会学者相互间的学术访问和交流；西方社会学者个人或团体，在生活上、学术上、资金上，对中国社会学者的支持。① 随着中国社会学的深入发展，中西社会学的关系还表现在中外学者开展合作研究方面（本书第七章将对此问题作进一步的论述）。

中国社会学者极其熟悉西方社会学界的状况，对其发展动态了如指掌。他们在译介西方社会学说上，大致沿着西方社会学的发展脉络逐步引进。最早输入中国的是社会进化论，以斯宾塞与季廷史的学说为代表。随后介绍英美社会调查派以及心理学派的社会学，如爱尔乌德、黎朋、麦独孤等人之著作。之后翻译文化学派的论著，如乌格朋的《社会变迁》等。然后介绍西方学者关于人口、优生等有关人与环境关系的学说，如马尔萨斯、托马斯、亨廷顿等人的论著。此后，再介绍功能学派，包括翻译社会人类学家马林诺夫斯基、布朗等人的著作。西方社会学之名家名著，有不少都译成了中文，其中包括：鲍格达的《社会思想史》、浩布霍斯的《社会正义论》、涂尔干的《自杀论》和《社会分工论》、索罗金的《当代社会学理论》与《社会变迁》、曼海姆的《知识社会学》等。在《社会学刊》上还先后专门介绍过孙末楠（W. G. Sumner）、齐美尔（G. Simmel）、杜尼士（F. Tönnies）② 等多位知名学者的思想。

曾经到过中国访问、讲学的西方学者，包括农村社会学家白德菲，他于1919 年到中国； 美国人口问题专家汤姆生（W. S. Thompson）和罗斯（E. A. Ross）于 1930 年到金陵大学，讲授中国人口问题课程；③ 社会人类学家布朗于1935 年到燕京大学社会学系讲学。在中西社会学界的互动上，最值得一提的

---

① 例如，芝加哥大学教授瑞斐德曾给田汝康的书稿提意见，并与有关基金会联系出版事宜，见 Letter from Robert Redfield to T'ien, August 9, 1948. UC；布鲁默与瑞斐德曾计划召开 "战时中国的社会变迁" 专题讨论会，见 Robert Redfield, Memo to Mrs., Helen Hughes with the American Journal of Sociology, Nov. 17, 1945；Letter from Redfield to Lee, Nov. 28, 1945, UC；芝加哥大学的社会学家乌格朋、路易斯·沃思都曾帮助过中国的社会学者，见 Letter from Redfield to Roger F. Evans at RF, June 26, 1944. RAC.

② 现多译作滕尼斯。

③ 《金陵大学近况》，载《社会学刊》，卷一，第 4 号，1930 年 9 月。

是美国社会学家派克同中国社会学界的联系。

　　长期以来，一般社会学者多专注于研究自己所处的社会，对其他社会的兴趣不大，而派克是少数具有国际视野的社会学家之一。派克一生最大的抱负是"广泛而深入地了解人性"①。他曾任新闻记者，中年以后进入美国芝加哥大学社会学系任教。其实，派克除了在德国攻读哲学博士期间修过社会学家齐美尔的课以外，没有受过系统的社会学训练。他在社会与人性方面的知识都是通过亲身观察获得的。②在哈佛读大学时，派克受实验派心理学家詹姆斯（William James）影响甚大，尤其是对詹姆斯所说"人类的某种盲目性"印象深刻。詹姆斯所谓的"盲目性"，指的是我们每个人都可能对他人生活意义的视而不见。派克认为，社会学者最需要做的就是克服这种"盲目性"，了解人脸背后的内心世界。社会学者应当是一个"超级记者"，对事件的报道要更准确、更超然；不能仅仅满足于描述事件发生的表象，而是要探究反映事物本质发展趋势的"大消息"。在社会学的研究中，派克对三个领域最感兴趣：一是公众行为；二是种族、文化冲突及文化变迁；三是城市社区——人文区位学。③他通过研究种族与文化问题，对美国以外的社会产生了浓厚的兴趣，并利用学术访问的机会周游世界，到过许多国家或地区。

　　派克对中国发生兴趣始于20世纪20年代中期，当时他受美国社会与宗教研究所之托，进行有关种族关系问题的调查。④他在美国西海岸通过访问美国人，了解他们对东方人的态度，从而研究美国社会反日本移民的问题，并研究中国移民的聚集区——唐人街。在研究中他"找到了有关旧金山的中国人的大量而有趣的材料"⑤。派克认为，调查中所反映出的种族之间的冲突，并非局

---

① R. E. Park, *File under Final Testament*, p. 2. UC.
② R. E. Park, *Life History*, February 1, 1929, p. 9. UC.
③ R. E. Park., *File under Final Testament*. UC.
④ R. E. Park, *Chronology*. UC.
⑤ *Letter from Park to T. C. Wang*, Feb.15, 1924. UC.

部的现象，而是一个因文化接触而引起的带普遍意义的问题。①此时，派克产生了到中国看看的念头。②

派克真正直接接触中国、并对中国社会学产生影响，是1932年秋的中国之行。在到达北平之后，他在中国政治学会、中国社会学社北平分社、清华与燕京等大学作了十多次讲演。当时北平政务委员会主席张学良还设宴为派克夫妇洗尘。③但派克此行的主要目的，是在燕京大学社会学系开班授课。这是因为在1931年，时任燕大社会学系主任的许仕廉到美国进行学术访问时，曾去过芝加哥大学，希望燕大社会学系与芝大的社会科学研究委员会展开学术交流。在许氏看来，后者多年致力于社会变迁的研究，与其合作，不但能促进中国社会变迁的研究，还可将中国的问题同美国相比较，进而推动社会科学研究成为世界范围的运动。④

燕大社会学系和芝大社会学系本来就有不少契合之处：两者都受到美国洛氏基金会的鼎力支持，早期的教师都与基督教关系密切，并且都有注重实地调查的传统。⑤派克的到来，对燕大社会学系的最大贡献，是协助奠定了以实地研究农村社区为特色的"燕京学派"的基础。这包括两个方面：一方面，作为美国都市社区研究的开创者，他认为美国是工商社会，欲了解美国社会的本质与特性，必须研究都市社区。他以急速工业化的芝加哥为基地，指导学生进行都市社区研究，进而促成了"芝加哥学派"的发展。而对于中国社会的研究，派克则认为，中国是一个以农为本的国家，中国社会学者除了研究都市生活、边疆民族以及海外华侨等问题以外，应集中精力研究乡村社区。他因此提出，

---

① Notes on Field Methods taken by Everetts C. Hughes in a course of R. E. Park, Fall 1924. UC.
② Letter from T. C. Wang to Park, June 13,1924. UC.
③ 许仕廉:《介绍派克教授》，载《社会学刊》，第3卷，第4期，1933年4月。
④ Letter from Leonard Hsu to E. E. Day, July 9, 1931; Letter from Leonard Hsu to E. E. Day, July 20, 1931. RAC.
⑤ 关于芝加哥大学社会学系的发展，详见 R. E. L. Faris, *Chicago Sociology, 1920–1932*, Chicago & London: University of Chicago Press, 1970; F. H. Mathews, *Quest for an American Sociology: Robert E. Park and the Chicago School*, Montreal: McGill-Queen's University Press, 1977.

现代西方的社会问题是都市问题，而东方的社会问题是乡村问题。① 都市是西方社会学的实验室，乡村是东方社会学的实验室。后来，乡村社区研究的确成为燕大社会学系的重点之一。

派克的另一贡献是他力主对社会的真相进行缜密的观察与叙述，并以其人格魅力影响了燕大社会学系的一批学生，带动他们运用个案方法进行实地调查。派克开设了"集合行为"和"社会研究方法"两门课程。后来成为著名社会学家的费孝通、杨庆堃等，当时都是他班上的学生。派克是一位极富感染力的教师。据杨庆堃回忆，"社会研究方法"这门课对于大部分学生来说，是他们大学生活中最令人兴奋的事。派克上课时第一句话就说："在这门课上，我不是要教你们如何读书，而是要告诉你们如何写书。"这话立刻在一群年轻人的心中点起了一把火，因为他们中确有想写东西的人。②

派克鼓励学生们在课余时间里做实地调查。在中国学生的陪同下，他参观了监狱、贫民窟、红灯区等处，以此证明即使从社会最底层人的身上，也可以吸取有用的知识。③ 他对中国学生说，只有"用你自己的观察去寻找新鲜的东西，才能有真正的贡献"④。他利用一切机会观察人们的生活。1933年元旦，派克夫妇离开北平来到广东。当时，美国夏威夷大学博士生伯纳德·赫曼正在广东新凤凰村进行社会调查。⑤ 赫曼陪同派克夫妇游览，在到一个博物馆门前时，派克夫人与赫曼进去参观，派克则留在汽车里，他说："我夫人喜欢看画，而我喜欢看人。"⑥

派克同中国学生交往密切，回美国后还与他们通信，在学业上给予指导。严景耀、赵承信等人在做论文时都曾听取过派克的意见，赵承信当时打算用派

---

① 吴文藻：《派克社会学论文集·导言》，燕京大学社会学会，1933。
② C. K. Yang on Park, in Winifred Raushenbush, *Robert E. Park: Biography of a Sociologist*, Durham, N. C.: Duke University Press, 1979, p. 133.
③ H. T. Fei on Park, in Winifred Raushenbush, *Robert E. Park: Biography of a Sociologist*, 1979, p. 133.
④ 周叔昭：《我所认识的派克先生》，载《派克社会学论文集》，第9页。
⑤ *Letter from Bernhard Hörmann to R. E. Park*, Nov.1, 1933. UC.
⑥ *Letter from Bernhard Hörmann to F. H. Matthews*, Jan. 4, 1965. UC.

克的人文区位学方法研究北平。①派克一方面对中国社会学者给予帮助，另一方面则试图加深自己对中国社会的了解。在与学生谈话时，派克常用很谦逊的口吻，询问中国社会的状况。他认为，要了解任何民族的未来，不能只从这个民族的历史中去搜索，而是要考察当前人民的态度，尤其是青年人的态度。他从学生们的身上看到了一个未来充满希望的中国。学生们抛弃了传统的学究生活，不但追求知识，而且渴望应用所学的知识。②对于中国行政的低效率，派克也曾开玩笑似的予以讥讽。有一次，他去参观法院，应该两点钟开庭，结果却推迟了半个小时。他笑着说："如果光阴值钱的话，那么中国就会变得很富裕了。"③

值得强调的是，派克的中国之行，是他与中国社会学界双方都受益的事情。他访问了中国的两个边疆地区——东北与内蒙古，以便进一步探究种族关系的问题。④他还撰写了多篇有关中国问题的书评。⑤他深切地感受到，中国社会对于丰富社会学的研究具有重大的意义。因为中国同美国相比，有着大量丰富的迷信、习俗和地方传统，这些都是美国工商业城市所特别缺乏的，而它们却正是形成文化和社会生活所需要的土壤。他说：

"在考虑到迷信、风俗和宗教信仰的作用时，我们一定要记住，科学在人类社区生活中终究只是第二位的，是工具性的。人类可以、而且已经在没有科学的情况下生活了（相当长时间），但他们却离不开某种人生哲学，某种宗教信仰。实际上，没有这些的话，科学会变得毫无意义。"⑥

---

① *Letter form Ch'eng-Hsin Chao, Yenching University to R. E. Park*, Nov. 29, 1933. UC.
② 派克：《论中国》，载《派克社会学论文集》，第1～6页。
③ 周叔昭：《我所认识的派克先生》，载《派克社会学论文集》，第12页。
④ *Letters to Romanzao Adams, University of Hawaii*, Jan. 12; Mar. 14; Mar. 29, 1933. UC.
⑤ 派克所写有关中国问题的书评，详见 E. Cooper, *Bibliography of R. E.Park*. UC.
⑥ R. E. Park, *File under Final Testament*, p. 7. UC.

派克寄希望于中西方之间能全面了解对方的文化。只有如此，才可以在一个坚实的基础上真正合作进行社会学研究。他主张，社会学作为一门科学是能够超越国界的。不存在什么中国社会学，美国社会学，欧洲社会学，就像没有中国物理学一样，可却有中国的宗教、艺术与哲学。①

十年以后，就在他的生命即将走到尽头的时候，派克写信给外孙女丽莎，再次表达了自己对中国强烈的兴趣。当时，丽莎打算写一部关于中国战争的书。派克在信中写道：

"我真希望我跟你一起在中国，我自己都想做这个工作。当然，首先要做的是学习中文。现在所有的人都在学中文和日文。我预计那些学习了'千字文'——那似乎是最基本的——的人会有几年前不可想象的机会，去学习、认识一个比任何我们有欧洲传统的人们的世界更有趣的世界。

昨夜我睡不着，就想我应当如何着手进行你所提议的工作。我想，我会去北平，去认识那座城市，如果日本人允许我的话。北平是全世界最奇妙的城市之一……中国的城墙本身就是很有趣的研究题目。北平的下层社会非常精彩，我在那里的时候有所接触……我简直无法形容那个城市多么有趣……整个中国的历史都反映在北平百姓的生活和习俗的地理分布之中。因此，我认为要研究的话，应从北平的人文地理着手。……不过我对北平所知不多，因而也不能告诉你多少，但我极其渴望更多地了解她。问题是'时间太少了'。我正在读一本约翰·马昆德（John Marquand）写的书，题目是《时间太少了》……"②

是的，一个人个体的生命短暂，所能取得的成就有限。人类文化的积累，靠的是薪火不断，代代相传。派克访问北平十年以后，他当年的学生，后来以

---

① Hörmann's notes, cited from W. Raushenbush's manuscript on R. E. Park. UC.

② *Letter from R. E. Park to Lisa*, October 18, 1943. UC.

实地农村调查成名的中国社会学家费孝通，应派克的学生和女婿、人类学家瑞斐德的邀请，到芝加哥大学访问。费孝通坐在派克曾经的办公室里，在派克的女儿玛格丽特的协助下，修改自己的书稿。派克当年所播下的种子，已开始发芽生长。①

---

① *Letter from H. T. Fei to R. E. Park*, Nov. 15, 1943. UC.

第三章 中国社会调查运动

20世纪上半叶，中国社会学者专注于若干重大问题或专门领域的研究。这些问题或领域既是社会学研究所需要做的基础工作，同时，它们也都是中国社会当时所面临的基本问题。因此，社会学者的工作，一方面是在理论上增进知识，推动社会学学科的建设；另一方面是因应时代要求，探讨中国社会问题，并寻求解决之道。本章将要论述的"社会调查"正有上述特点。

"社会调查"最根本的意义，是如何着手认识社会。作为社会学研究的基本方法，它与传统治学方法不同。社会调查要从数量众多的普通人民的琐碎生活中，发现规律，提炼原理。社会调查在中国的运用和推广，意味着向传统思维方式及生活习惯的挑战。此时亦恰逢时代的转变。1911年民国的成立，给所有关切中国命运的人带来极大的希望。但随后人们慢慢看出，革命的成功并不意味着社会进步。政治专制、经济衰弱、文化陈旧，这些问题并没有得到解决。一些知识分子认识到，只有进行社会改造，才能实现政治改造。于是，他们开始发动一场新的变革。这场变革就其社会意义来说，包括两方面的内容：一是打破传统，提倡民主与科学，即思想启蒙；二是目光向下，关注平民生活，以"到民间去"的口号为标志。中国的社会学者们以"社会调查"的方式参与其中，并起了极为独特而关键的作用。他们当中比较有代表性的是陶孟和与李景汉的思想和实践。

第一节 信仰社会调查

在中国知识界第一个批判传统治学方法、提倡实地社会调查的是陶孟和。陶孟和于1914年自英国留学回来，先后任北京大学教授、文学院院长、教务长。他协助蔡元培革新北大，是新文化运动领袖之一。1918年3月，陶孟和在《新青年》第4卷第3号上发表《社会调查》一文，提倡开展社会调查。

陶孟和说，他很早就对社会调查发生了兴趣。1912年春，陶氏在伦敦与同学梁宇皋要编纂一部论述中国社会生活的书给外国人读。他最初以为，凡是中国人生长在中国社会里，每天所经历的自然都是中国社会所发生的事，把这些写出来应该不太困难。但后来写起来的时候他才发现，个人的经验有限，个人所知的社会生活不过是整个社会一小部分，并且，历史上的社会生活如何也不得而知，因此需要依据古人和今人所著的书籍来弥补个人经验的不足。然而陶孟和又发现，中国关于社会生活的书籍非常少。许多著作讨论起人们所崇拜的人物来，说得"天花乱坠"，而当论述普通百姓的状况时，记载又过于简略。司马迁的《史记》虽是一部有价值的史书，但记述一般人民真实状况的资料却非常缺乏。如其《平准书》曰："汉兴七十余年之间……民则人给家足，都鄙廪庾皆满"，所谓"人给家足"四个字未免太失之空泛。若是现在研究社会经济的学者考究起来，搜寻各种材料，只就汉兴七十余年间，便可以写出一部同《史记》篇幅相近的经济史著作。司马迁之后的史学书籍，在叙述百姓的一般事情时，往往沿用一种空泛且捉摸不定的套语，并未能详细记载他们每天如何生活。

后来，陶孟和想起中国各地方大多有志书，志书里记载各地方风俗制度，关于社会生活的材料一定不少。但他很快又发现，志书所记载四季之风俗，婚丧之礼节，不是陈旧套语，就是过于简略。因此，他得出两点看法：一是中国人一向不注意研究"生活"，所以思想能力用在生活之道者有限；二是中国人民是不被重视的。我国的文学家可以为一个人用几万几十万字夸耀他的功德业绩，却不愿用几十个字几百个字叙述一般人民的真实状况。外国人常说，我们中国重文，所以典籍之多，世界上各国论起数目来都比不上。其实，中国的书籍较各文明国数目反太少。所有的书籍都是用铺张扬厉的笔法，记些英雄圣贤的故事，或者用不合理的文笔，发表些不合理的想象。即便是各种志书，除记载些"先儒""烈女"之外，不计其数的众男子众女人如何生活，却不可得知了。

陶孟和感慨地说，中国的历史没有一部是描写人民的历史，是写真实的历史。中国人是一个哑国民。人民的欢乐，人民的冤苦，一般生活的状态，除了些诗歌小说之外，绝未有记载出来的。而一般能写能画能发表一己之经验的人，又以为秦皇汉武较当时好几百万的人民重要得多。所谓圣贤豪杰之休戚，较诸一般百姓之苦乐重要得多。他进一步提出，这种崇拜英雄的思想，就是现在一般愚民希望"贤人政治"的根源。要知道一国之中，不贵在有尧舜禹汤，而贵在一般人民都能发达，不必等着英雄圣贤就可以自治。有了"贤人"政客，反妨害一般人民能力的发达。"圣人"待人民如聋如哑，如痴如盲。本"圣人"之意旨，定为法律政制，规范社会，那就更扰得社会不宁了。因此，研究社会，调查社会上各种现象有何优点或弊病，使一般人民有发展成圣贤的机会，那样就用不着"贤人政治"，也就没有"贤人"营私利己的机会了。

陶孟和自此发了一个宏愿，要把中国社会的各方面调查一番。这样做，一方面可以了解我国社会的长处，凡是对人民生活有益之点，皆应保存。另一方面，可以找出种种使人民不得其所，或阻害人民发达之处，再探讨改良的方法。他批判传统文学家、史学家的治学方法，进而抨击毫无民权的制度。他认为，即使孔孟的"开明政治"，也只承认人民是民，不承认人民是人；只承认人民可被统治，不承认人民是能自治的。辛亥革命以后，共和制已实行七年，但这"民国"实质也是没有人民的民国，因为人民没有声息。[①]他还强调，讨论政治时要注意两个问题，一是制度问题，二是人的问题。当时思想界的争论

---

① 陶孟和：《我们政治的生命》，载《孟和文存》，卷二，上海：亚东图书馆，1925，第17页。

多集中在制度上,是实行总统制、内阁制,还是其他什么体制。然而,有什么样的人民,就有什么样的政府。不要空谈制度,要先造就有资格的人民。①

那么,如何造就有资格的人民?怎样入手解决中国的问题?陶孟和的回答是:

"我的见解就是先求了解——就著我们心理与言语的可能的范围之内求透彻的深远的了解。人一定要笑话这个见解过于迂远,以为局势危迫,时不我待,那里还有工夫去求了解。不知世上的事业没有捷路可走的,因为捷路就是远路,并且是危险的路。有了真的了解就得到真的解决。人类了解了物质所以才能支配物质,了解了自然界所以才能支配自然界。我们也必先求了解中国问题各种的情形,然后才有配提议解决方案的资格,然后才有支配那问题的能力。"②

陶孟和所谓的"了解"就是社会调查。从社会调查出发,才能从根本上认识、解决中国的社会问题。

另一位社会学家李景汉对于实地社会调查感受更为深切。李景汉于1924年自美国留学归来后,在北京开展各种社会调查。对李景汉而言,社会调查使他极大地改变了以前对中国社会的种种观念,对于社会调查本身的意义和技术,也有了根本的不同观点。他获得的最深的体会,即理想是理想,事实是事实,有时理想与事实竟有不可思议的矛盾;而号称学者及谋国之士往往多靠理想,不顾事实,也是由于根本不知道事实。结果社会如何不乱,国事如何不糟?李景汉说:

"现在谈民治主义的人不算少,但是有几位曾到三万万农民里去实地

---

① 陶孟和:《中国的人民的分析》,载《孟和文存》,卷一,上海:亚东图书馆,1925,第20页。
② 陶孟和:《怎样解决中国的问题》,载《孟和文存》,卷一,第48~49页。

调查的呢？讲社会主义的人也不算少，但是有几位曾经详细剖解民众内容，专心研究工人现状的呢？我以为若要彻底的补救社会，断不能凭借任何一种舶来品的什么主义。解决社会问题的基础，在乎赤条条的事实，在乎烦琐复杂的事实，在乎用长时间和忍耐心换来的事实的调查。我是信仰社会调查的。"①

李景汉不但这样说，也是这样做的。为了能够了解北京市底层平民的生活情况，他选择了洋车夫作为调查对象，每日风雨无阻地混迹于车夫当中，在大街小巷与他们谈话。车夫休息场所、人力车厂、车夫家庭、统统被他走遍了。看见这位喝过洋墨水的知识分子与车夫结了不解之缘，亲友们既是诧异，又是暗笑。友人借用唐代诗人刘禹锡的名句，送他一副对联："谈笑无鸿儒，往来有白丁"。②

在调查中，李景汉先利用当时警察厅的统计，搞清北京洋车的数目，出赁洋车的车厂的数目，以及制造洋车的铺子的数目。北京的洋车无论是营业的或自用的必须领买车牌，即执照，并且每月必须要上捐。1924年，自用人力车的车牌要铜元60枚，月捐40枚。他又访问了1300多位车夫，选其中可靠的1 000份资料做统计，并调查了出赁洋车的200处车厂，以及100处人力车夫的家庭。据他调查的结果，洋车又称东洋车（或人力车），是1886年从日本传入中国天津的，后又从天津传入北京。1898年北京街上便有人力车出雇。调查时，在北京城内20区署挂号的，有营业的洋车29 000辆，自用的洋车7 500辆，城外四郊地方挂号的洋车有7 700辆，三数总计为44 200辆。北京当时有制造车铺75处，出赁车厂1 200处。他还详细了解车厂出赁、车夫生活及工作情况，如他们的籍贯、年龄、家庭情况、嗜好等。那些单身住在车

---

① 李景汉：《北京拉车的苦工》，载《现代评论》，第3卷，第62期，1926年2月13日，第185页。

② 李景汉：《实地社会调查方法·自序》，据星云堂书店1933年版影印，见《民国丛书》，第3编，第17册，上海书店，1991，第1～2页。

厂的车夫,交钱与否,数目多少;睡觉是用炕还是木板,各自的数目;如何做饭;厕所状况等。在他调查期间,北京恰于1924年12月17日举行电车开幕礼。李景汉提出,这对城市的现代化建设无疑是件好事,但对那些本已在底层挣扎的洋车夫的生活,更是雪上加霜。①

通过大量的实地研究,李景汉将自己在调查方法上的体会写成《实地社会调查方法》一书。在书中,他给社会调查下了定义:社会调查是以系统的科学方法,调查社会的实际情况,用统计方法整理搜集的材料,分析社会现象构成的要素。由此洞悉事实真相,发现社会现象的因果关系。根据调查的结果,研究计划改善社会的方案。再按照社会状况,以适当的展览宣传的手段,唤起民众,使他们认识到关系自身利益的问题,进而自动地、并督促地方负责者,认真且有效率地实行拟订的方案,解决社会问题。②李景汉还系统地论述了社会调查对于中国的十大益处③:

第一,社会调查能促进产生建设国家的具体办法,能帮助寻找民族自救的出路。

我国自与西洋接触以来,前后碰了无数的钉子,觉得西洋民族定有胜我之处,遂尽力仿效西洋强国之道。始而练兵、修路、兴学;继而推翻专制政体,采用近代政治制度,建设民主的共和国;后来又倡行三民主义,创立国民政府,欲成就一个最新式最现代的国家。举凡一切欧美富强的方法,我们无不采用,不但如此,还能独出心裁,花样翻新,不落俗套。然而国家非但未能转弱为强,反而转弱为糟。一个主要的原因,就是没有彻底地、深刻地、根本地,恐怕连相当地也没有了解中国自身。极少人以冷静的态度,牺牲的精神,科学的头脑下工夫来探索中国社会的性质,寻出真正的弱源。干脆一句话,若要找出一条救国的出路,要获得有相当把握的建设国家之适当办法或步骤,必

---

① 李景汉:《为洋车夫的统计答西滢先生》,载《现代评论》,第3卷,第66期,1926年3月13日,第267~269页;《北京人力车夫现状的调查》,载《社会学杂志》,第2卷,第4号,1925年4月。
② 李景汉:《实地社会调查方法》,第11页。
③ 参见李景汉:《实地社会调查方法》,第一章"社会调查与今日之中国"。

先真正了解中国社会。若要透彻地了解中国社会的真相，必先从科学系统的调查研究事实入手。若不根据这步工作来计划改造社会的方案，是很危险的，至少是不妥当，枉费力气，甚至倒不如不改变。因为往往吃错了药，不如不吃药好。例如，宽大之厚靴，穿在西方妇女脚上则见其昂然阔步行动裕如，加之于缠足的中国妇女，不但不能帮助进步，反倒动不得矣，倒不如步步金莲，自有风韵。我国向来多少改革何异于缠足穿洋靴之类！

第二，社会调查可以尽快使中国成为有条理的现代国家。我国人民是出奇的马马虎虎的人民，国家也是马马虎虎的国家。关于人口、土地、政事等基本要素都没有准确的数字。要改变这种状况，非从大规模的调查研究入手不可。

第三，社会调查能帮助人们正确地认清中国民族社会的特点。我们必须认真地下工夫，用系统、科学的方法研究中国民族精神的特点，传统的道德观念，社会组织构造的特殊性，以求认清中国的本来面目。一方面由以往的历史下手研究；另一方面调查现在的社会，尤其是农村社会。把中国民族固有的优点、美德、长处寻找出来，明确地认识它们，设法保存，并设法促进其发展。另外，把中国民族的劣点、恶习、短处也寻找出来，有了清楚的认识，然后设法阻碍其发展，或设法根本地铲除。李景汉在这里说了一段极精彩的话：

> "现在有一个很时髦的口号是'打倒'，凡不顺某人之眼，或不合某派之心的事事物物，统在打倒之例。孔子打倒，礼教打倒，宗教打倒，早婚旧历打倒，旧戏打倒，知识阶级打倒，反动打倒，娼妓打倒，马褂打倒，总之古传的大半可以打倒，目下许多见到的亦应打倒。有全盘打倒，一扫而光之势。热闹则热闹矣，紧张则紧张矣。结果呢，有的打而不倒，有的不打而自倒，有的打倒而又起来，而又打又倒。如此乱打乱倒不大要紧，老百姓夹在打与倒的中间可就大受其罪了。社会调查的工作，不是破坏是建设，是要调查出来何者的确应当打倒，如何才能打倒，打倒的步骤为何，打倒以后拿甚么较好的来替代，否则先慢著打倒。吃粗粮固然不好，而犹胜于无粮饿死，破屋固然不好，而犹胜于无屋冻死。好食物有了准备

之后再弃粗粮，好屋建筑之后再拆破屋。否则非弄成鸡飞蛋打，国困民穷，甚至亡国灭种不可。"①

李景汉的这段话，代表当时大部分社会学者主张有的放矢，渐进改良的社会观。

第四，社会调查是建立中国社会学的基础。中国现在所用的社会学课本皆为洋文原本或译本，缺少本国的材料。中国的历史书籍又多半是朝代兴亡的记载，极少注重民间生活的事实。仅有的一点也是零零碎碎，且不可靠，对于数量的记载尤为笼统而不精确。通过调查来搜集整理材料，并以此来验证或发现学说理论，才能建立中国社会学。

第五，社会调查能帮助人们彻底了解中国的社会问题。各国皆有其特殊的社会问题。中国的社会问题日益增多，有许多是亟待解决的，这均有赖于通过实地调查透彻地了解，然后才能对症下药，谋得解决之方法。

第六，社会调查使有志救国者，尤其是青年，多用理智，少用感情。近代中国充满了天灾人祸，使一般有志救国的人们，尤其是心地洁白有思想的青年，感觉不满，兴奋刺激。但是他们学识不足，缺乏经验，虽欲努力但不知走哪条路，虽欲救国但不知怎样去救。有的由烦闷而消极，而失望，甚至于自杀；有的自无主见，人云亦云，随声附和，盲从去干，牺牲性命；有的窘急思异，流于过激。社会调查研究能帮助青年解决他们的疑虑，使他们根据事实断定是非，也是他们自己解决问题的一种工具。社会调查能养成他们冷静的头脑，从容的态度，心平气和的省思研究。社会调查能增加青年人的自信力，使其有主见，天花乱坠的文章或演讲便不能轻易打动他们的心。每闻一种说法、宣传或主义时，他能深思一番与中国的事实合不合，然后断定是非，再决定接受或否认。总之，社会调查能帮助青年多用理智，少用感情，对于事物问题看得透，对于真理正义咬得定。对于任何舶来的学说有认识辨别的能力，不必等

---

① 李景汉：《实地社会调查方法》，第5页。

到上当以后才觉悟。调查工作诚为青年自救及救人的一条出路。

第七,社会调查能使民众具有相当的公民常识,不易受奸人的欺骗。国家虽大,而合格的国民却不多。中国人口中识字者恐怕不到25%。农村人民的知识尤为简单,见闻极少,除了饮食男女不知有其他生活。中国诚为一有民国而无国民的国家。县长、土豪劣绅、迷信邪说都可欺骗他们。社会调查是能让民众睁开眼睛,认清其自身的利害,而谋自卫的方法。若各地方皆有社会调查,将全县或一区域的社会概况,用简单的文字、图表、展览的方法,使该地方的民众了解他们本乡本土的情形,如人口、地亩、政事、组织、自治等公民知识,贪官污吏、土豪劣绅便不敢明目张胆地欺骗他们。

第八,社会调查能提高人们的公共精神,增加合作的效率。我国人民最大的一个毛病是缺乏公共心,因此没有民力。要改变这种消极的态度,使人们关心本地的情形,激发他们的责任心。

第九,社会调查能预防灾祸。我们一直因循敷衍,得过且过,头痛医头,脚痛医脚,事情非挤到火烧眉祸在眼前的时候不想办法。兵灾以后则有兵灾善后委员会,打仗以后则有裁兵善后委员会,水灾以后则有水灾善后委员会,旱灾以后则有旱灾善后委员会。社会调查是预防工作,消祸于无形,防患于未然,是要彻底地从根本上解决社会问题。

第十,社会调查可以免除一些国耻。李景汉在美国学习期间,因不能回答关于中国的各种统计数字,受到屈辱,当时感受到极深的刺激,这成为他立志从事社会调查的原因之一。

总之,在陶孟和、李景汉等社会学者看来,社会调查是一种从根本上进行的革命。只有这种真正的革命,才能结合东西文化所长,一方面保存中国民族固有的文化、精神、元气,另一方面适当地吸取西洋征服自然的物质文明。社会调查工作是实现以科学方法改造社会的基础,是建设新中国的一个重要工具,是为中国民族找出路的前部先锋。一句话,这才是立国之本。

第二节 社会研究的困难

社会调查意义重大，然而真正实行起来，其困难也是巨大的。对于社会调查之难，陶孟和与李景汉都有非常深刻的体会。陶孟和曾从方法论的角度，比较社会科学与自然科学，论述社会研究的困难。① 他认为，人们过去一向不承认社会研究是严格的科学，是与自然科学意义相同的科学。后来经过社会科学工作者的努力，并设计各种工具与方法使观察更为精确，社会研究在科学上的地位确有提高。但社会现象毕竟不易作纯科学的探讨，主要有四个方面的困难，其中第一、二方面是有关社会事实与价值判断的冲突，第三、四方面则涉及研究的程序。具体地说：

一难在见解之主观。按科学研究的要求，观察一个现象必须客观、公正，将研究者自身的情感与成见排除。只有如此，所观察的现象才不致依人而变化，才能获得较准确的结果。这在自然科学的研究中不难做到，但是在社会生活中，研究者同社会现象关系密切，其情感或见解难免干扰科学的探讨。社会研究者必须竭力摒除这些习惯与成见，像研究自然现象一样，不事铺张，不加点缀，只朴朴实实地考察并记录所研究的现象。

二难在利害之驱动，理想与现实之冲突。科学研究应是精确而无偏见的观察，目的是描述、解释现象及其之间的关系，而不是为达到某一种目的，如援助一种利益，或拥护一种主张。但在现实中人们出于自身的利益，往往容易观察不清，判断不明，甚至颠倒是非，改变事实。特别是有关经济现象和政治现象的研究，最易陷于此弊，结果使得所做的研究欠缺科学性，而成为利己的宣传。再者，科学应当只研究某种现象是如何的，但是人类学问有一大部分是讨论某种现象应该如何，即包含着很大的理想和希望的成分，而理想和希望常常阻碍、甚至破坏社会科学的发展，是社会研究的"拦路虎"。

---

① 参见陶孟和：《社会研究的困难》，载国立北京大学《社会科学季刊》，第5卷，第1、2号，1930年1—6月。

一位社会改良家或社会哲学家，可热切地提倡平民教育、好人政府、平均地权、节制资本等种种改良社会的方略。但是，一位社会科学家便不应采取这样的态度。他的任务只是考察平民教育的实况，政府人员的资格和政绩，土地所有权分配的情形，资本分配情形与利润。他只能忠实地研究实在的情形，把结果报告给大众，而不能袒护或鼓吹任何方策。由此可见，应将事实的研究与价值的探讨分开，前者可以称为严格的科学，后者乃属于哲学、宗教、审美学一类的学问。科学的工作不能带任何宗教、道德、主义的宣传意味，也不能预设任何目的与价值。

三难在资料之缺失。对于过去所发生的现象，缺乏记录的资料，已经无法补救。但有关正在发生现象的资料，应该从两方面设法搜集。一方面是做有系统的调查，精细地耐心地采集并记录事实。然而如果这种调查工作的范围大，需用巨额的经费与人力，便不是个人所容易办到的。特别是在中国，大家不明白调查的用意，所以时常不情愿供给调查者资料。因此，另一方面是希望政府、官厅以及一切公私立机关，设法保存其有系统的记录，并公布于众。这样的记录资料，在西方国家已经是很普遍的。

四难在研究程序之繁重。一切的研究工作，皆须集中注意力，长久、持续而耐心地探求，才可以希望获得些许结果。在其他的事业上或有速成或急就的办法，但在研究上，则全赖持久不懈的精神。同其他职业相比，研究工作费时费力，报酬微薄。然而科学上一切大的发现，大的发明，也莫不依赖无数无名的研究者经年累月工作的结果。涓涓之水可以成流，无数微小的研究成绩，可供给伟大的科学家作为重要的参考，使其发挥天才而对科学做出重大的贡献。自然科学家认识自然，才可以利用自然，使人类享受自然的利益。同理，社会科学家必须群策群力认识社会，才可以有意识地组织社会，使人类享受安宁、合理的群居生活。

社会研究除了有上述陶孟和所说宏观方法论的困难之外，在具体的实施中更需要研究者以极大的耐心和技巧去推行。李景汉调查了洋车业之后，继续调查北京历年各行业工资的增减，各项物价的涨落，以及行会组织的演变。1926年，中华教育文化基金董事会社会调查部成立，李氏担任调查主任。同时，他在燕京大学社会学系教授"社会调查方法"，带领学生在北京郊区调查农民家庭生活。他的兴趣由此从都市转向乡村。1928年，中华平民教育促进会在河北省定县开办平民教育，聘李景汉为该会社会调查部主任。他干脆搬到定县，一住就是七年。这样，他的调查生活完全由都市移到乡村；由纯粹为求知识性质的社会调查，转向为改良社会之应用性质。因为他在定县天天作统计整理分析，所以同事送了一副对联，上联是"一二三四五"，下联是"六七八九十"，横批是"加减乘除"。①

在总结多年农村调查经验时，李景汉的各种体验和感想，真是一言难尽。他深切地感受到，社会研究难，而在中国研究、调查社会更是难上加难。西方社会学书籍中的调查方法用到中国社会，可谓削足适履、隔靴搔痒。具体地说，一般人常以为若能知道如何编制问题表格、选择样本、统计等，就算通晓社会调查方法了。他们不知道这些其实是书本上机械的、比较容易学的内容。而在中国当时的社会状况下，许多理论往往用不上。你以为调查某个社会现象，必须按照地域与人口的分配，选择某几区内之某几村，某几村内之某几街和某几街内之某几家，如此才合乎科学的抽样方法。但大多数的中国农村由不得你做主。你所决定的某区、某村、某街或某家，往往不欢迎你的调查，也许根本不让你调查，也许表面敷衍你或怕你而让你调查，但不跟你说实话。有时你以为表格填写整齐了，就以为成功了，其实都是谎话，不是事实。有的谎话可以从统计的结果发现出来，也有的无论如何看不出来。此后说不定有人根据你这似是而非的科学调查与分析，来应用于解决某种社会问题。这是多么误引，多么危险！岂但是糟蹋科学之方法而已，竟至可以误国误民！②

因此，社会调查仅依赖一般性的原理和方法是远远不够的。社会调查成败

---

① 田彩凤：《李景汉（1894—1986）》，载《清华人物志》（三），第95页。
② 李景汉：《实地社会调查方法·自序》，第5页。

的关键,在于如何使老百姓接受你的调查,相信你的调查,甚至于欢迎你的调查而积极配合。统计只是其中的一小段。如何找数字是一件事,找到可靠的数字又是一件事,而了解数字的含义又是另外一件事。了解数字含义之后,有无方法可以解决其表现的社会问题更是另外一件事。运用科学方法难,取得人们的支持更难。李景汉走了许多村子,遇到许多样式的人们,吃了一些灰土,碰了若干个钉子之后,感触颇深地谈了如下的体会:

> "'与农民打成一片',话是容易说的,志愿也是容易立的;等到实行的时候,问题可就发生了。起初你愿和他打成一片,他却躲避。一方面是怕你,怀疑你,不敢接近你;另一方面,他是自惭形秽,敬重你,不敢和您高攀。及至后来他愿和你打成一片时,你又受不了。他让你进他的家内炕上去坐,给你烧茶,请你和他的家眷同桌吃饭,甚至留你在他家里过夜;到了这个时期,按说是达到了目的,可是您恐怕就要感觉不安,也许不高兴和他打成一片了。因为他本人的气味使你不舒服,家内炕上的不洁净使你坐不住,食品的粗劣使你难下咽,其他种种不卫生的状态,和拿时间不算回事的和你应酬,都是使你不大受得了的;……我初次用农家的厕所时,忽然发现下面两大黑物,齐来争食,使我惊惶万状;出以告人,而被笑为少见多怪。此后对猪肉的爱好,一落千丈。"①

在进行社会调查中遇到的各种困难,实在是不胜枚举。李景汉归纳了十六条:一、调查人才缺乏。文人学士多喜欢在室内舞文弄墨,所谓"秀才不出门便知天下事"。二、参考材料缺乏。三、公私机关大半不愿帮忙合作,不支持调查。四、人民的怀疑与害怕。这其中有诸多原因:(一)人民应付乱世之害,早就学会了搪塞支应的技巧。(二)政府因苛捐杂税、征兵拉夫等害民行

---

① 李景汉:《深入民间的一些经验与感想》,载《独立评论》,第179号,1935年12月1日,第9页。

为而丧失人民的信任。(三)人民不易明白调查的意义与实际用处，常惊讶地说："先生这样的刨根问底，到底要干什么呀！"(四)人们故意不说实话。有时以为调查是慈善事业，因此将家庭情况说的坏些，亦有时顾全自己的面子而言过其实。(五)他们有时会误解问题。五、各种数量单位不统一。如货币单位混乱。制钱的一千文或一百文的实际数目各处不同，各时代亦不同。各地各时期铜元兑换数目不一致。银子的成色、行市，纸币的折价不一致。度量衡混乱，尺有木尺、布尺等，斗与石的种类很多，斤的种类有肉斤、粮米斤、棉花斤，秤有买物秤和卖物秤等分别，亩有大亩小亩的不同。六、各地方民性之殊异。中国幅员广，交通不便，各处彼此隔绝，各地人民的风俗习惯殊异。七、各地方言不同，阻碍交流，对外乡人来调查，易产生误会与怀疑。八、中国人模模糊糊的习惯。含糊、笼统而不准确，这是调查精确事实的最大致命伤之一。例如，言语的含糊：(一)重述所问的问题，并未回答问题，而以为已经回答了问题。例如，问："来了几天？"回答："啊，来了几天啦。"问："你们村庄为什么没有树？"答："是，我们村庄没有树。"(二)所答非所问。如问："你每日卖多少个梨？"答："50斤。"(三)对于数字模糊。例如，问这一村有多少家？答"有几百家"，或"一二百家"。又如从张村到王村的距离，往往不等于王村至张村的距离。又如山路难行之里短于平地易行之里，逆水行舟之里短于顺水行舟之里。官道里长，小路里短。(四)回答数目时习惯用十进十退之整数，忽略其零数。(五)躲避正题，转弯抹角，不直截了当地到题目上。例如，丈夫称妻子为"她"或"小老虎的妈"。官吏说"好，好""是，是"而毫无诚恳承认之意。九、麻木不仁的状态，回答问题时非常缓慢。十、秩序混乱的习惯。社会调查注重系统的科学方法，而中国人的日常生活与科学性相反，例如，开会、赴宴多不守时。街上行人、车马乱走无序。饭馆内高声谈话。十一、文字的不准确。中国文字之特点：(一)单字与名词一向无精确的定义；(二)文字长于言情，而不适于说理；(三)文章喜用借喻的形容法，而实际毫无意义；(四)言过其实且喜夸大。十二、过于讲面子，不顾真假是非。十三、旁观的态度。社会调查是件必须求人帮忙合作，而尤须得到人们同情，方能办到的事。十四、迟缓性。填写一张表格,须用数次极长的时间,方能得到比较满意的结果。十五、敷衍虚伪,缺乏直爽与诚意,不肯办的事,不愿直说,或是缺乏勇气不敢直说,或是推故托病不见,或是谎言搪塞,或满口应承而心中别有主见,表面上叫你过得去,而实际毫无帮助。十六、不彻底性。重道德而轻法律,知足、无为、消极。①

为了解决以上种种困难,使人们易于接受社会调查,李景汉首先从宣传入手。他将人们熟悉的各种比喻制成漫画,如对症下药、削足适履、张冠李戴、商店记账簿、工程师画图样、军事侦察、照相、生物解剖、知难行易等,形象地说明调查的作用。其次,通过开展对人们生活有利益的实际工作,取得他们的合作,进而开展调查。李景汉参与了中华平民教育促进会的定县实验区工作。开始时,这些从大城市来的读书人引起当地农民极大的怀疑,以为他们是为传教、招兵或加税而来。工作人员从小范围开始,第一步是倡设平民学校,教文盲的农民识字,并普及简单易行的农业科学知识,增加生产。结果平民学校的毕业生一天比一天多,改良的猪种、鸡种等的推行一天比一天广,人民怀疑的态度也一天比一天减,信任心一天比一天增。社会调查工作才由非正式的、局部的、简单的,渐变为正式的、普遍的、精细的。农民对调查的态度和心理,可分为三个时期。起初是惧而不见,见而不说,是拒绝时期。后来肯见亦说,但大半是谎言,存犹豫怀疑的态度,给调查员一个面子而已,是敷衍时期。再后则起码知道"平教会"的人都是"做好事"的,这一时期算是信仰时期。这三个时期或可叫作"闭门时期""半开门时期"和"大开门时期"。而此时便到了在调查技术方面下功夫的时候。②

李景汉针对中国人的特点,对调查技术进行了修正,并提出了许多建议。在调查表格的设计与填写上,按题本应为"户口调查表"。但考虑到乡民怕听"调查"二字,便把"户口调查表"改为"拜访乡村人家谈话表"。将"调查"

---

① 参见李景汉:《实地社会调查方法》,第四章"社会调查在中国举行的困难"。
② 同上书,第五章"如何使地方人士接受社会调查"。

改为"拜访","调查员"改称"拜访者",回答人为"赐教者"。有关调查对象的年龄,因中国人常不记得生在哪一年,所以要先问年龄,再问属相,再问何月何日的生日,以此三者推算其准确年龄。对调查对象所回答的宗教信仰,不能太认真,因为一般人的信仰根本就不清楚,他们见庙就进,见像就拜,不如称为"拜偶像者"。在利用官方资料时,要注意县政府记载之每村户数大半少于实际户数,有少至一半者;反之,选举议员时,或遇灾荒放赈时,每村所报户数又大半多于实际户数。在宣传方面,调查某村之前一日晚,可召开游艺大会,唱话匣,演电影,做游戏,以简短清楚的演讲,说明将要举行的调查。还要请村长及其他领袖说几句话,调查时亦可请村长领路。

李景汉还建议,到村后应先去小学校,因教员同为教育界人士,容易沟通,且村中领袖之子弟为教员的学生,可借此介绍。在拜访村长时说明来意,要恭维他,拉近乎,如称呼"老哥"。有时村长不见,不承认自己是村长,给假户口册及假地亩册等。有的村中分为两派,各管村之一部分,调查员须与各派首领分头接洽。调查员可带香烟、茶叶、小礼物等款待领路的向导,或请在小铺内一同吃饭。调查贫户时可说些同情的话,而调查富人往往更难,他们怕上捐,怕露富,有时竟不承认小孩识字。各种迷信使得人们不据实报人口或年龄。青年妇女往往不报或错报年龄,老人往往以为将死之人无关紧要,中年男子怕与征兵派差有关,故意漏报。有人为了避富,不肯报家中长工。男孩视为宝贵,怕人知道生辰日期,摆镇物陷害;女孩无足轻重,亦易忽略过去;孩子过多,母亲不好意思说;女孩过多为不体面,都易遗漏。已婚之幼年男子有时隐瞒婚姻状况。询问疾病时,对方常常答:"盼望我们得病干什么?"每村村长手里都有很详细的全村地亩册子,只为本村办公用,不轻易示人,尤其不让县政府知道本村地亩的确切数,以避免按地亩索要苛捐杂税。因此为应付外患起见,每村都另预备一本假地亩册。在进行农村工商业调查时,要先调查有名的、为首的大商店,其余小商号一见,便会接受调查。①

---

① 参见李景汉:《实地社会调查方法》,第七、九、十章。

对于社会研究的困难，中国近代乡村建设运动领导人之一晏阳初，在李景汉《定县社会概况调查》一书所作的序中，说了一段极精彩的话：

"……调查者的技术固须训练；被调查者也同样的须受技术的训练。譬如我们为调查农民家庭岁入和岁出的情形，而要他们记账，便须先训练他们能写，能算，就是说，他们信仰你，而愿意帮助你，但是帮助你的能力，还须你先替他们培养起来。这是一切中国建设事业中的共同问题，一切从事中国建设事业的人都应体会。——我们正在要建盖房子，本来招工，购料，就可开始，但是我们现在的中国啊，正是工料全无。我们须得先栽树，烧砖，训练工人。"①

盖房先要从栽树做起，改造社会先要从培养人民开始，这就是当时中国第一代社会学者所面对的处境。

第三节 奠基石

社会调查工作的艰巨性决定了，其真正有效的方法，是依靠有组织的集体，分工合作，共力完成。陶孟和便扮演了组织与管理这种机构的角色。在工作中，陶孟和有着很强的历史使命感。1929年，中华教育文化基金董事会下属社会调查部，改为北平社会调查所，陶孟和任所长。经费来源于中华教育文化基金董事会所管理、运用的"庚子赔款"，组织上则完全独立。次年，董事会拨款建北平图书馆新馆舍。同时，在其西边养蜂夹道南口的空地上建了一座西式三层楼房，作为静生生物所和社会调查所的所址，由两所分占其东西各半。社会调查所办公楼奠基时，陶孟和事先嘱咐所里研究人员吴铎撰写了一篇

---

① 晏阳初：《定县社会概况调查·晏序》，载李景汉著，《定县社会概况调查》，北京：中国人民大学出版社，1986。

纪事，说明社会调查所的现状和建筑办公楼的缘起，并将全所工作人员姓名附列篇末。全文写成后，连同当时通用的硬币若干和奠基当天的几份日报，装入一只小铁箱内，焊封完毕，再放入基石的中空部分。这样，建筑落成后，哪怕再过千百年，屋倾墙圮，那时的考古学家也不难从这只小铁箱的内容，得知这座建筑物的由来，而研究人员的功绩也不致完全湮灭。①

北平社会调查所一直注重搜集关于中国社会经济发展的各种基本资料，可以说，这正是研究社会与改革社会的奠基石。自1926年开始，调查所的工作重点是调查北京市劳工阶层的生活和工作状况。当时，知识界普遍认为，中国大多数人民的生活水平极低。可社会学者要回答的问题是：人民的生活到底低到什么程度，他们实际上怎么活着。若说提高，究竟比现在应当提高多少才算合适。仅仅说合适也不行，还得看是否办得到。若是说得天花乱坠，仍然是办不到，或是办得到也须等到百年之后，那么也等于望梅止渴，画饼充饥。人民现在如何活着，仍得继续如何活着，不过快活快活口与耳朵罢了。

20世纪20年代对于劳工生活程度的研究，有两项成果最有代表性。一是李景汉花了四年功夫，调查北京苦力及多种手艺工人的生活水平，对他们的贫穷生活做了细致的描述。②按1926年警察厅的划分，北平城内及四郊的住户共计254 382户，其中贫户计66 603户，占总户数的26%。贫户中极贫户为42 983（17%）户、次贫户为22 620户（9%）。其他为下等户120 437户（47%）、中等户或小康之家共56 992户（22%）、上等户或富裕之家共10 350户（5%）。③所谓极贫户，指毫无生活来源者；次贫户为收入极少，依赈济以维持最低生活；下等户为收入仅够维持每日生活，这三类合计187 040户，占总户数的73%。李景汉将这些穷人的生活状况按生活程度高低分为四种，做

---

① 吴铎：《春风化雨十一年》，载中国人民政治协商会议全国委员会文史资料研究委员会编：《工商经济史料丛刊》，第3辑，北京：文史资料出版社，1984，第45页。
② 李景汉：《北平最低限度的生活程度的讨论》，载《社会学界》，第3卷，1929年9月，第1～16页。
③ 在李文中，"极贫户"为42 982；"次贫户"为23 620，经核实为错误，现修正。

了细致的描述：

第一种为仅能生存或半生不死的生活程度，人数约计10万。其中无家可归，住在小店，俗称"火房子"的乞丐至少有1万人。这些形同活鬼的人们每日沿街讨要，活一天算一天，简直不如痛痛快快死了。其余有家的乞丐及指望慈善机关赈济的贫民，包括警察厅所列为极贫的4万多家庭。家主的职业一般为老弱车夫、各种小贩及役工。一个月的工资少有超过10元的。全家所吃的米面大半是玉米面、白薯、次等小米，很少买得起青菜吃，仅有少许腌水疙瘩或咸萝卜下饭。除盐外少有别种调味。每日吃喝已是顾不过来，根本没有做衣服的钱。有时买些旧衣服，或得些施舍，补了又补的对付穿。全家只能在大杂院内租一间又旧又漏的屋子住。这每月五六角的房租也很难按时痛痛快快地付给房主。家中的老妇或小孩每日到肮脏的秽土中去拾没烧透的剩煤。全家全年的支出少有超过百元的。这种生活程度真是人类社会的羞耻与罪恶。

第二种为对付着过的生活程度。包括次贫户及下等户的三分之一，计6万户。若按五口之家计算，全家全年的生活费在150~200元之间，平均约175元。他们最常吃的为玉米面和小米面，约占米面总重量的80%。小米面并非小米压成的面粉，乃是一种糜子面和豆面掺和的面粉，较玉米面好吃。吃不到肉，但能吃些青菜豆腐及调料。全年食品费约为117元。食品外最大的支出为燃料，主要烧以煤末三分之二及黄土三分之一混合摇成的煤球。多半是自己到井上去打水。全家住一间屋子，长约10尺，宽约8尺，高约8尺，每月房租1元。全家全年添衣服仅花费约10元，被褥费1元，一条被子可以用20年。此外别的用费极少。这些人的职业如普通车夫、仆役、无技粗工、巡警、铺店伙计等，每月工资10~13元。他们家中其他成员也尽力挣钱，才能维持上述生活。

第三种为北平工人认为知足的生活程度。为各类技术工人、电车的雇工、邮差及一部分的店铺雇员等，约6万户（略）。

第四种为北平工人认为舒适的生活程度，包括下等户与中等户的一部分。这种家庭全年生活费在300~400元之间，平均约350元。所用米面重量的一半是白面和白米，其余为玉米面、小米面和小米。每日有豆腐 3 块，每月有肉 4 斤，有若干种青菜、水果及调味。在衣着方面，工人自己的费用为全年 15 元，其他四口人共 20 元。工人有单、夹裌裤各两身，两身小棉袄裤，两件大棉袍，一顶棉帽，一顶草帽，一双棉鞋，四双夹鞋，四双袜子等。全家有大小被子 5 条，褥子 5 条。住两间屋。可有若干卫生应酬费用、儿童教育费用 10 元。一部分技术工人或商店中工薪较高的雇员方能享受这种比较安乐的生活水平。简言之，北平总户数的四分之三是包括在这四种生活程度之内。大多数工人的饭食所含的营养不足，也不很好吃，更谈不上在舒适的环境中吃。最好的衣服也不过是遮羞御寒，连有能更换的衣裳的人都很少，简直提不到美观。工人家庭中大约有十分之八的人，一冬只有一条棉裤穿，从 11 月穿到次年 3 月才换下来。大多数的工人家庭是住在一间屋子，少有住两间的，离合乎健康的生活实在太远。以此可看出，即便是北平工人认为舒服的生活程度，也远不及安乐。

另一个有代表性的研究，为陶孟和所做关于生活费的调查。① 陶孟和的调查并非是首次在中国研究生活费问题，前述狄特莫于 1914—1917 年间，陈达于 1923 年，② 均以问卷方式调查生活费问题。陶孟和的贡献，是第一次使用法国社会统计学家勒普雷（Frederic LePlay, 1806-1882）首创的家庭记账法，并参照英国贫困问题专家朗特里（Benjamin S. Rowntree, 1871-1954）的研究，在中国研究生活费问题。③ 家庭记账法是在一段时期内，由若干家庭逐日记载

---

① 这项生活费调查，实际上是北平社会调查所进行的"北京家庭工业调查"的一部分。调查共分四个方面：一、各种家庭工业概况；二、制品家庭的工作时间、工资及详细的生活情形；三、作坊及工厂调查；四、售货铺店调查。研究人员共设计了四张表格，用第一表调查了人造花、玩具、挑花毛线、牙刷、织袜、牙签等十余种工业，用第二表调查了五百多制品家庭，用第三、四表调查了一百家工厂及店铺；又以记账的方法，调查劳工的生活费。见李景汉《中国社会调查运动》，载《社会学界》，卷一，1927 年 6 月，第 91 页。
② 陈达：《社会调查的尝试》，载《清华学报》，第 1 卷，第 2 期，1924 年 1—2 月，第 305～338 页。
③ B. S. Rowntree, *Poverty: A study of Town Life in York, England*. London & New York: MacMillan. 1901.

支出，从而获得关于生活费的详尽材料。同问卷法比，记账法可以获得更为直接、精确的数据。虽然账簿在中国使用已久，官商私人皆常记账，以明收支之情形，但以工人家庭之日用账簿研究生活费问题则属第一次。①

陶孟和认为，在中国以记账法研究有不少困难：在技术方面，第一，需要编制比较精密的账簿。中国人的记账习惯，一般仅限于收支钱数的多少，而不涉及购物的数量。生活费的调查则要两者兼重。其次，中国币制极紊乱，各项货币的兑换率涨落无常，故必须记明每日银钱行市，以便计算。再有是度量衡的问题。北平所用的秤缺乏一定的标准，如杂货店中一斤的重量，仅为权度制造所标准公斤重量十分之八。在人员方面，有工人的配合与否以及调查员的选择。其他国家的工人可以自行记账，调查员的责任仅为指导记账并核对账目。但中国工人大多目不识丁，不能自行记账。而且他们终日操作，疲劳不堪，更难指望他们每天记账。如何能取得工人家庭信任，并得到他们生活状况的详细报告，实在困难。他们不愿意接待调查员，除了避免每日之烦扰外，更因北平市政当局常有苛征暴敛之举，唯恐调查为增加税课之先声。另外，因为北平各种慈善机关冬季施放赈品救济贫民时，先由警厅代为调查贫民，将应受赈济者制成名册以供参考，故有许多家庭认为调查员是警厅所派，热心接待，并供给所需要之消息。这样固然可避免调查者许多困难，但因为他们得得到赈品，不惜捏造日用账目。再有，工人家庭男子多外出做工，妻子料理家务，因此应由女调查员访问。

《北平生活费之分析》一书的内容分两部分。第一部分是分析 48 户工人家庭的生活费。自 1926 年 11 月至 1927 年 4 月，共 6 个月，由女调查员每日到各家探询收支，详细记录，收得资料完整可用于分析的 48 户家庭日用账簿共 288 本。调查期间，每月给每家铜元 100～150 枚作为报酬，6 个月所得约两元，区区数目对其生活程度没有影响。遇年节送给各家小孩玩物，价值仅合大

---

① 陶孟和:《北平生活费之分析》，上海：商务印书馆，1930；英文本见 L. K. Tao. *Livelihood in Peking; An Analysis of the Budgets of Sixty Families*. Peking: Social Research Department, China Foundation for the Promotion of Education and Culture, 1928.

洋一二角。这48家的生活状况可代表北平贫困的工人阶级的生活状况。此类贫民占北平住户的大部分，包括半技能与无技能的工人，如手艺工人、小贩、人力车夫、下级警察、仆役与小店铺伙计等。他们有时仅能维持最低生活，有时须依赖赈济。

工人家庭多住在外城花市四周，或内城东城墙附近一带。内城贫民则住在富户住宅区与城墙之间。所调查的48家中，有25家汉族，12家满族，11家回族，他们的生活无显著差别。家庭结构多为由夫、妻、子女组成的四五口之家。男女在5岁以上开始工作，15岁以上大多都在工作。因女子可以在家做手工，所以5～15岁之间的女子工作人数多于男子。在这里，职业是指一切能得到收入的工作，如学徒；小孩拾煤屑可减少家里燃料费，也可以卖钱。男子半数为人力车夫，是各项职业中最多的。女子有五分之四进行缝袜口、做假花、纺毛线、做衣服等手工。

在工作时间与工作天数方面，作者强调，应慎重对待调查中所反映出的中外工人工时的差异。中国人的工作多闲暇而简易，不似近代西方工厂工作之紧张，因此，要对中国工人工作时间的报告细加评判。此次调查也并未解决这一困难。如人力车夫报告其181日内工作174日，每日工作时间为9小时，但实际上少有连续拉车两小时以上者。又如店员名为工作终日，但实际上无事的时间很多。研究还表明，每户赚钱人数愈多，则家庭收入愈丰。也就是说，家庭收入的增加，多由子女赚钱补助，而非因家主工资提高。特别是非技术工人更是如此。根据朗特里对英国工人生活的研究，工人在童年、中老年时期生活最贫困。在壮年初期工人本人及兄弟姐妹多能工作，或成家后子女皆已赚钱时，有短时期的宽裕生活，而此两期中家庭生活程度也较高。中国工人也如此。

工人家庭年平均收入为103.26元，平均支出为101.45元。在各项生活支出中，食品费占71.2%，燃料及水费占11.3%，房租占7.5%，服装费占6.8%，杂费3.1%。由此看出，工人的日常生活必需品占了总支出的绝大部分，除维持最低生活程度外，已没有余资供其他如教育、娱乐、文艺等消费所用。仅有的一点点杂费支出，多消耗在工人的嗜好烟、酒、茶等上面。与其他国家工人比，中国工人的食品费在总支出中所占比例为71%，为最高，说明其生活水平最低。再从其所消费食品中各项成分来看，米面占比例最高，为80%，其他分别是蔬菜9.2%，调料6.7%，肉类3.3%。

工人家庭的住房，除两家外，每家只住一间房。屋顶有三种：瓦顶最佳，灰顶和土顶次之。48家中有瓦顶的为26家。有37家屋顶不全。室内天花板，俗称顶棚，皆以高粱秆扎成架子，用纸张裱糊而成，每年均须换修。41家无顶棚。窗糊白纸，玻璃窗是奢侈品。房间大小平均为20平方米，一半为炕，睡觉、吃饭等均在炕上。一般使用小煤炉，冬日设于室内，煮饭兼取暖；夏季放室外。家具用品往往一物数用，如饭碗即茶碗，且多为手工制作。工人的衣服，仅有四分之一的人有富余单衣可换洗，不到四分之一的人有棉衣一套以上。因此，北平虽号称现代繁华都市，已有电灯、电报、电话、电车、自来水及无线电，但工业品却几乎与贫民家庭无缘。他们的生活状况相当于中世纪的欧洲农民。

第二部分是分析小学教员的生活。调查者在北平公立小学征求自愿记账者，时间为1926年11月一个月，并估算上一年的情形。初时有66人参加，其中25人将账簿填写完，但仅有12本完整有效，可用于分析。北平共约有小学教员800人，他们的生活可代表警官、小职员、技术工人等一部分下层及大部分中层家庭的状况。北平小学教员的聘约以一年为期，每月薪水40元，每年70个休息日，课时为每周24小时。因学校经费短缺，常欠薪。1926—1927年全年北平教员仅领得半数薪资。有些人兼课赚钱。与工人生活不同的是，教员的妻子多不谋职业，在家料理家务。教员家庭的食品比工人好，主食以白面大米为主，佐膳食品多些，而工人以玉米面为主。教员的住房也好些。

此书从生活费着手，描写城市贫民生活，风格冷静、平实，与文学家写作手法不同，堪称社会学者描述贫民生活的典范。陶孟和主张，"生活费是劳动问题，社会经济问题的根本，在中国实有系统调查的必要。"[①] 此后，社会调查

[①] 陶孟和:《上海工人生活程度的一个研究·序》,载杨西孟:《上海工人生活程度的一个研究》,北平社会调查所,1930。

所以类似方法,同上海特别市社会局合作,于1927—1928年一年的时间,先后派15位调查员到两百多户工人家庭搜集材料,编成《上海工人生活程度的一个研究》。上海社会局利用这项研究结果,作为编制上海生活费指数分类加权的依据。其他大城市也陆续编制生活费指数。

据统计,1917—1930年间,有关劳工阶层生活费或生活程度的调查共有82项,其中有69个是关于劳工家庭的调查,其他为劳工个人的调查。[①]陶孟和综合这些研究成果,并与其他国家的相关研究作比较,说明中国劳工家庭年收入与支出大多在100～400元。工人生活水平南方比北方高,技术工人比苦力高。生活费中食品费平均占总支出的50%～60%。而在同一时期,西方工业国家工人的食品费占35%～50%。中国人的食品以粮食为主,西方人食品中粮食占少量,鱼、肉占相当大的一部分。在住房方面,乡村房费低,多自有住房。北方平原农民多住土屋,卫生差、灾害频。北平市工人家庭平均每间屋住4.16人,比印度还拥挤。中国劳工生活充其量仅足以维持生存。尚有许多人的生活还不如劳工。在陶孟和看来,根本的原因是国民生产不足。而增加生产的方法主要有两个,一是如西方各工业国采用的国家略加指导和干涉的"放任主义";另一是如苏联,即国家以全力来执行经济政策。值得注意的是,陶氏赞成后者,即由强有力的政府实施有计划的经济制度,可以在短时间内高效率地完成。[②]这是早期社会学者的一种社会主义主张。

陶孟和主持社会调查所,初期注重研究劳工、工业、生活费等问题,出版了《北平生活费指数月报》《第一次中国劳动年鉴》(1928)和《第二次中国劳动年鉴》(1930)。后者是中国第一部关于劳动问题的综合性参考工具书。1930年前后,社会调查所开始清代经济史的研究。1932年,《中国近代经济史研究集刊》创刊,并出版有关专著数种。据1932年《社会调查所概况》介绍,当

[①] 王子建:《中国劳工生活程度——十四年来各个研究的一个总述》,载社会科学调查所:《社会科学杂志》,第2卷,第2期,1931年6月,第224～268页。

[②] 陶孟和:《中国劳工生活程度》,上海:中国太平洋国际学会,1932,第4页。

时的研究题目包括中国近代经济史、政治制度、经济理论、工业经济、农业经济、对外贸易、财政金融、劳动问题、人口问题、统计等十类。在这些领域中，农业经济、工业经济、劳动问题、人口问题、工人生活费统计、近代经济史几项是重点。后因受国防设计委员会的资助与委托，调查所更偏重有关部门经济、财政等问题的研究。①抗战前调查所在最兴盛时期，研究人员约有30人。②他们大多是年轻的大学毕业生，其中个少成了有成就的经济学家，如樊弘、巫宝三、吴半农、千家驹等。

1933年，中央研究院总干事兼社会科学研究所所长杨杏佛被暗杀。院长蔡元培将该所法制组取消；历史语言组扩大为研究所，由傅斯年任所长。次年，该所仅剩的社会组和经济组也被解散。而北平社会调查所以原班人马被赋予中央研究院社会科学研究所的名称，所址在南京，由陶孟和任所长，研究方向未变，直至1949年。

第四节 "涓涓之水"

正如陶孟和所说，涓涓之水可以成流。北平社会调查所的工作，不过是当时中国社会调查运动的一部分。据统计，仅1927—1935年的9年时间，大小规模的调查报告共完成9 027个，平均一年约1 000个。③参与者有社会学、经济学等各社会科学学科的学者、学生、学校、政府机关及私营组织。研究范围广泛。仅就社会学的领域而言，涉及到农村、都市、人口、土地、工业、婚姻、民俗、贫穷、犯罪等。本节将论述有关婚姻家庭及城市社会生活方面的几

---

① 郑友揆：《高尚的品德，开阔的胸襟——忆陶孟和先生的业绩》，载《工商经济史料丛刊》，第3辑，第30页。
② 巫宝三：《纪念我国著名社会学家和社会经济研究事业的开拓者陶孟和先生》，载上海社会科学院《近代中国》，1995年，第5期，第382页。
③ 赵承信：《实地研究与中国社会学建设》，载天津《益世报·社会研究》，第25期，1948年2月5日。

项有代表性的研究成果。有关乡村、人口等问题的研究,将留待后面相关章节讨论。

家庭是社会组织的基础。在对传统文化进行反思的20世纪20年代,家庭问题成为社会问题的一大焦点,也是知识界关注的一个热点。《妇女杂志》开辟了《家庭问题》号,基督教女青年会出版了《家庭问题讨论集》。在定期刊物方面,家庭研究社出版了《家庭研究》。在专著方面,易家钺于1920—1923年间出版了四部书:《家庭问题》《西洋氏族制度研究》《西洋家族制度研究》及《中国家庭问题》(易家钺、罗敦伟合编)。作为一个无政府主义的鼓吹者,易氏的观点是打破家庭,抛弃一夫一妻制,其著作中希望、理想的成分多于事实的分析。

早期从搜集事实入手,研究家庭问题的成果,可举二例。一是甘南引所做的《中国青年婚姻问题调查》[①],这是近代中国第一个有关婚姻家庭的调查。调查时间是1922年12月至1923年9月,方式是问卷法,对象为近80所大中学校及机关和公司的学生、职员,以及北平《晨报》等报刊的读者,共发出问卷3 000多份,收回近1 000份,其中完整有效可用于分析的有800多份。调查结果反映了当时的年轻人向往婚姻自主,赞成一夫一妻制,主张节育等想法。因作者认为中国女子思想尚不开放,难以对其作这样的问卷调查,所以此次研究仅限男性。

另一个有关家庭问题的调查,是由潘光旦主持进行的。潘氏当时任职于《时事新报·学灯》编辑部。他于1927年6月以编辑部的名义,数次刊登问卷。初时因响应者中女子太少,他便刊登启事,一再呼吁,希望女子参与。最后得到回应的共317人,其中44位女子。受访者主要为年轻人,大学生占近37%,中学生占50%,二者之和为87%(在那个时代,中学生已算是高学历的知识分子)。未婚者占近一半。调查分家庭、婚姻、子女三部分,共62个问

---

① 甘南引:《中国青年婚姻问题调查》,载《社会学杂志》,第2卷,第2、3号合刊,1924年6月,第1~281页。

题。调查的结果表明：一、关于家庭的形式。大多数人不赞同传统大家庭制；赞成折中办法的人最多，即实行小家庭，但奉养父母。二、关于婚姻。男子结婚的目的，依次为"养育子女""有伴侣""侍奉父母""满足性欲"；女子结婚的目的，依次为"养育子女""侍奉父母""有伴侣""满足性欲"。显见传统价值观的影响。在婚姻的决定权上，除个别人外，均反对包办婚姻；大多数人主张本人作主并征得父母的同意。大多数人支持一夫一妻制。绝大多数人赞同只要双方同意，便可离婚。三、关于子女。多数人主张少生子女、限制生育。有88%人赞同以经济能力为标准，控制生育数目。在教育子女的问题上，绝大多数人认为，在经济能力许可的情况下，宜使子女受大学或专门教育。大多数人认为女子应与男子一样受教育。这些有趣的答案，清楚地反映了当时的年轻人所受新旧两种观念的影响。在这篇调查报告中，潘光旦也表述了他对于兼顾传统与现代文化的见解：

"文化为累世积聚之结果，欲期社会改革事业之成功，对于文化之积聚，不能不先加以参考，继加以评估，最后加以选别，合者留之，不合者将次匡救之；盖即自因推果言之，已往之积聚绝不至有百非而无一是；而今后之新猷亦不能有百是而无一非，则此种审察与选别之工作，自不可少也。若举已往之积聚而全盘推翻之，则不特势所不能，抑且理有未顺；强而行之，行见庭构未成而藩篱尽撤，改革家将无所措手足耳。我辈于今后家庭之兴革，即宜持此种循序改进之态度与志愿，而对于中国之家庭宜尤尔。"[①]

以在报刊上刊登问卷的方式做调查，当时算是新事物。不过，这样的调查从研究方法上说，响应者是一个特定的"自选"群体，很难具有一般代表性。

---

① 潘光旦：《中国之家庭问题·序》，上海：新月书店，1928，第4页。

在研究城市贫民生活方面，除上述李景汉、陶孟和的论著以外，有一篇关于粥厂济贫的调查报告，即张金陉的《北平粥厂之研究》，很能反映20世纪早期的社会风貌。① 作者先略述历来济贫的各类组织及方式，包括养济院、栖留所、育婴堂、全节堂、官药局、留养所、仓赈等，然后着重分析"粥赈"。"粥赈"始于战国时期的齐国，有官办、私人办、团体办等方式。据统计，1931—1932年间，北平总计有30个粥厂，其中政府办5个，宗教团体办12个，私人办1个，绅商办1个，其他会社办11个。有的粥厂还附设工读学校。粥厂的开放时间，一般自旧历10月15日或11月初，至翌年2月中或月底，共三四个月。工作人员多属半义务性质。所用粥锅是以铁锅镶于土台，沿锅边砌数尺高的洋灰，使成桶状，再以漆涂之，直径约2尺6寸，深约4尺多。大者一口或小者二口，可赈济两千多贫民。发放时将粥装入2～10个大木桶中，每一勺粥约4两米。碗箸由贫民自备。"救世军"所办各厂备碗箸和咸菜，贫民可在粥厂食粥，这样可以避免小康之家去厂领粥回家饲鸡犬之弊端。或发放"粥牌"，以牌领粥。粥为小米制成，旧历12月8日，加枣、豆，制成"腊八粥"。于夜晚两三点开始煮粥，下米多少视前日领粥的人数和当晚天气而定。如前日人多且当晚天晴，下米则多，风雪天气则领粥人也多。据统计，每厂每季领粥人数不下20多万人次，全市每季约516.7万多人次，平均每日3万多人次②。领粥的人多为妇女儿童。北平每年设办粥厂费用不下20余万元。最后，作者提出改进建议：统筹管理，将救急变成治本，如设工读学校、办工厂等。

在社会学者看来，城市的另一个严重问题，是与贫穷问题密切相关的犯罪问题。1927年，当时的司法部监狱司司长王文豹担任燕京大学社会学系监狱学一课的教学。在他指导下，学生严景耀等开始研究北平犯罪状况。③ 严景

---

① 张金陉：《北平粥厂之研究》，载《社会学界》，第7卷，1933年6月，第189～222页。
② 此处原文为"三十余万人""五百一十六万七千余人""约三万余人"（见注①，第204、207页），笔者认为均应是"人次"，故改之。
③ 《燕京大学社会学系概况》，载《社会学刊》，第4卷，第2期，1934年4月。

耀（1905—1976）运用社会学上的"参与观察"方法，于1927年暑假到京师第一监狱，作为一名"犯人"生活了3个月，亲尝铁窗滋味，与犯人们同吃、同住、交谈。他将调查结果写成《北京犯罪之社会分析》。[①] 毕业后，严景耀留校任助教，继续研究犯罪问题。1928—1930年间，中央研究院社会科学研究所与燕大社会学系合作，派严景耀等到全国各地20个城市的监狱进行调查，严氏据此发表《中国监狱问题》等论义。他后来赴美国留学，于1934年获芝加哥大学社会学博士学位。

严景耀的博士论文《中国的犯罪问题与社会变迁的关系》[②]，是1949年前从社会学的角度探讨中国犯罪问题最系统的研究。原文共282页，其主题是将犯罪问题看作是因社会急速变迁而产生的文化失调现象，是个人难以适应新的社会环境的表现。严景耀认为，中国古代几乎没有什么法律，社会秩序的维持靠的是家族与行会等社会基本组织所代表的传统势力。人们生活在传统社会中较封闭的环境里，彼此相识，彼此认同，彼此监督，形成了强有力的社会控制体系，因此极少犯罪现象。然而，近代西方军事、政治、科技、文化等全面侵入中国，打破了原有的平衡系统，造成社会解组。中国政府为顺应这一变化，模仿西方，编纂了大量的法律条文，这非但没能阻止社会秩序的瓦解，在某些方面反而更加速了这种瓦解，犯罪则成为社会各部分难以适应社会变迁的标志。

严景耀上述分析所根据的是统计数字、图表及127个犯人的个案分析。尽管这些统计材料存在着种种局限性，如数字不够完整，仅反映了狱中服刑犯人之状况，并非实际犯罪情况，亦不包括处缓刑、罚金、死刑的人等，但其所呈现的材料仍极为丰富而宝贵。研究结果显示出1919—1927年间（某些数

---

① 此文与《中国监狱问题》等，均见民进中央宣传部编：《严景耀论文集》，北京：开明出版社，1995。

② C.Y. Yen, *Crime in Relation to Social Change in China*, Ph. D. dissertation. University of Chicago, 1934. 中文版见严景耀：《中国的犯罪问题与社会变迁的关系》，吴桢译，北京：北京大学出版社，1986。

据为 1912—1929 年间）犯罪的规模、性质和特点。在各种犯罪类型中，经济罪所占比例最高，增速亦最快。而在英美两国犯罪统计中，酗酒所占比例最高。从犯人的性别来看，男犯占总数的 92.7%，女犯为 7.3%，男女犯人比例为 12.7∶1，略高于美国。男性犯人犯罪最多的依次为盗窃、私吞占用、欺诈取财等。女性犯人犯罪最多的依次是鸦片及其他毒品、诱拐与绑架、伤风败俗及重婚。再看犯人的年龄分布，男犯的年龄分布集中，特别是集中在 16～24 岁，24～29 岁逐渐减少，之后则骤然减少。年轻男子多犯经济罪，这可以说明年轻男子难以承受经济重担而导致犯罪。女犯的年龄分布较分散，犯罪数量随年龄渐增，最高点在 35～44 岁年龄组。年轻女子犯罪多与性有关，而中老年女子多犯诱拐罪，这其中包括许多缺乏谋生能力，而社会习俗又限制她们再嫁的寡妇。

严景耀还运用芝加哥学派的人文区位学方法，研究盗窃、强奸等犯罪地点的分布，及罪犯的居住地点的分布。以盗窃罪为例，此类犯罪多集中于北京城最热闹的几个地方，如前门外、天桥市场、东四牌楼、东单牌楼等。盗窃犯的居住地分布上，此类犯罪者有 40% 以上住在城里，其中有 3/5 住在外城，大多在天桥一带贫民窟里；37% 住在城外，多在朝阳门外；另有 17% 无一定住所。那些居无定所者，时常花上六枚铜子，在天桥附近的某个小店猫一夜，冬天几十人挤在一起围着小煤球炉取暖；夏天便到处露宿街头。犯罪与季节的变化也有关系。夏季，人们在户外活动时间较长且接触多，发生冲突的机会亦多，容易犯杀伤罪和性犯罪；冬季，穷人失业的多，又受寒冷与饥饿的侵袭，经济罪数量特别多。

通过对 127 个犯人的个案分析，使人能够深入了解犯罪的社会根源。犯罪绝不仅仅是简单的触犯法律，而是反映了在剧烈的社会变迁中所产生的无数社会问题。例如，大量农民因外国货冲击家庭手工业，在乡下难以生活，于是进城谋生。可当这些乡下人满怀希望进城之后，却发现原来掌握的技能在城里毫无用武之地。城市生活费用高，他们只能在贫困中挣扎，结果犯罪成为一些人必需的谋生途径。同时，相比农村单一、稳定、亲密的生活环境，城市中人们背景各异、复杂、流动性强，人际关系淡漠；其宽松的环境也给犯罪创造了条件。再有，许多人生活在现代都市，可其行为观念仍然是传统的——信赖朋友，却为人利用；发生纠纷时不习惯诉诸法律，而要自己解决，结果犯罪。一个男孩饿极了，偷了葱吃，被站在一旁的警察抓住，他竟不知道那是警察，更不承认自己"偷"东西，说是在乡下路过某个园子，摘些菜果吃，不算什么。城市生活中蕴藏着各种危机。在个人方面，有失业、疾病、伤残等。在社会方面，有政局动荡、内战、水旱天灾等。传统应付危机的机制如家庭与行会，已经失去了效力，而新的社会保障制度却尚未建立起来。这些都成为产生犯罪的条件。

国家为实现现代化建立了法律体系，可传统习俗却根深蒂固，难以改变，处处体现出同法律的矛盾。男子娶妻又纳妾，在过去是被允许的，可依现代法律则算作重婚罪。尽管法律上许可离婚，但在许多妇女的思想中，自己"生是夫家的人，死是夫家的鬼"。传统上妇女生活来源靠丈夫，丈夫不在则由婆家供给。然而在现代社会中，一方面她失去了传统的生活保障，另一方面社会又没有提供予她适当的就业机会。有些妇女沦落为娼妓，或以此养家，或躲避家庭矛盾，或伺机找个好人家嫁出去。在过去，杀害与人通奸的妻子和奸夫，是为了维护家族与社区的名誉，是尽维护道德的责任；为父报仇是一个孝子的义务。可在新的法律体制下，这些人都被当作杀人犯关进监狱。另外，在当政者眼里，土匪、共产党均为非法。但客观地说，他们的所为是农民在各种社会压迫下无法生存、起而反抗的表现。这些"罪犯"是要反专制，解救穷苦大众，建立新的社会秩序。

严景耀的这部论著提出，任何通向现代化的社会改革，都必须考虑到已经存在多时的经济制度和文化习俗。倘若只颁布与现实生活不相配套的法律法令，并硬性实施，结果反而给社会造成更多的矛盾与不安。从下面一个有关娼妓问题的调查来看，严氏的观点代表了当时许多社会学者的共同心声。[①]

[①] 麦倩曾：《北平娼妓调查》，载《社会学界》，第5卷，1931，第105～146页。

民国以后，废娼运动随着妇女运动与社会改革运动而兴起。各地开展废娼运动不少，其实行之初，似乎确有其事。而最终往往不过是浮光掠影，将所在地的妓女像鸡飞狗跳似的惊起，躲避一时，或改为私娼，或迁往别处，娼妓依旧存在，社会依旧受害。在这样的情况下，社会学者希望将妓女的真实情况调查清楚，再根据事实实施废娼运动。这个调查报告的主要材料来源，一是亲身到妓院调查，二是利用相关机构的记录文件和统计材料。这些机构包括北平市政府的相关机构，如社会局的救娼部，妇女救济院，公安局的乐户上捐事务所，内二区分署，卫生局的妇女检验所。三是访问社会局妇女救济院所收容的妓女。四是书本上的记载和各机关的报告。

研究的主要结果分为九部分，包括妓院数目及开设地点、组织及其营业状况，妓女的人数及籍贯分布，妓女年龄与营业的关系，为妓的原因，妓女生活，个案举例，妓女疾病统计，娼妓与法律等。调查结果显示，北京市妓院多设在南城繁华商业区。据1929年统计，注册并纳税的妓院共有332家，分4个等级。妓院设立的地点同妓院的等级及地区的繁华程度都有关系。头等妓院有45家，位于"八大胡同"，接近北京商业的繁华地带。二等妓院有60家，已渐偏远。三等妓院最多，共193家，散处于南城东南边及北城。四等妓院34家，有些在极偏南处，或在齐化门（现朝阳门）一带贫民窟附近。还有许多私娼。注册的妓女共有2 752名，其中报北京籍贯的人数最多，共1 280名，占61%。其次为江苏籍妓女240名，占11%。妓女的年龄与营业关系密切，因此难以查出她们的准确年龄。大致上，年老的要少报几年，而年龄太小的，因上捐处限制要到16岁才能上捐接客，所以未到16岁的也报16岁。妓女依年龄的增长，逐渐降落到低级的妓院。为妓的原因有很多，如北京人口性比例失调，单身男子多；妇女无知无能，地位低微；满族人经济衰落，谋生困难；因天灾人祸到北京避难而需要在此谋生等。

当时，一般人多以为妓女的生活很舒适，作者通过调查发现其实不尽然。例如住房，头二等的妓女算舒适，其实只有客人留住时才能享受。若是晚上无客，多有五六人退睡于后院的土炕。妓女的健康也隐藏着极大的危机。经由她们会传播许多性病，但当时检查她们的方法有缺陷，不可能防止传染病。因为身体检查并不禁止有花柳病的妓女营业，仅对病重的采取干涉。妓女得到检验所的盖章，无知的嫖客以为这些检验的证明总可以放心，结果是对其性病的传染反多了一层保障。在结论部分，作者提出，废娼是需要全国一致的运动。另外，因贫穷是为妓的重要因素，而无技能无知识的妇女容易受人骗诱，一旦遇到意外，如夫亡子死等事，一无依靠，只有被迫为妓，所以应设法繁荣经济，提高妇女的教育程度，提倡经济独立、机会均等。针对当时所设的妇女救济院的状况，作者强调，因妓女脱离妓院进入救济院后一样的不自由，无机会学技能，饭食粗劣，仅有的一线生机是被人领出去，所以根本的解决办法是开设职业技能训练。

中国社会调查运动，自1918年陶孟和发表《社会调查》一文，至1937年抗战爆发，历时20年，其影响超出社会学，扩大到一般知识界。仅以报刊上的专栏为例。报刊上最早开辟的相关栏目，是《新青年》杂志上的《社会调查》专栏，于第7卷第1号即1919年12月1日开始，上面登载各地社会调查报告。社会学者对人力车夫状况的关注，也影响了一般知识界。当时的知识分子常以人力车夫为象征，批判社会的黑暗。《新青年》曾刊登一短剧《人力车夫》，① 以表现人力车夫的穷、苦及无奈。当然，在许多有关人力车夫的作品中，最历久不衰的是老舍的小说《骆驼祥子》。

20世纪30年代，北平《晨报》，天津《益世报》《大公报》，南京《中央日报》等，曾先后分别开辟了《社会研究》《社会问题》《人口副刊》《农村周刊》《社会调查》等专刊。这些专刊既讨论社会学原理，又关注实际问题的研究与解决；更重要的是扩大社会调查的影响，使社会大众认识到，社会调查是任何社会事业与建设的基本工作。以南京《中央日报》的《社会调查》双周刊（后改为《社会调查与研究》）为例。此刊自1934年4月16日创立，到1937

---

① 陈绵：《人力车夫》，载《新青年》，第7卷，第5号，1920年4月1日。

年7月被迫停止,由中国社会学社主编,实际负责人为南京中央大学社会学系教授言心哲。办刊宗旨为:了解事实,建设社会,特别是要宣传社会调查的重要性,讨论社会调查的原理及方法,刊登实地社会调查报告,以期大众对于社会调查有更普遍、更深切的了解与认识,并改进社会调查的方法。专刊上刊载各种有关都市和乡村社会生活的调查报告,其中关于都市方面的调查多为中央、金陵等大学的师生所做,仅举一例。

随着1928年国民政府定都南京,南京市的经济、人口急速扩充,现代化的步伐迅速迈进。然而社会学者所看到的,是繁荣背后的劳工挣扎和贫民生活的辛酸。南京奠都后人口日增,从外地到南京谋生、住在简陋的房屋中的所谓"棚户"的增加尤速,从奠都前的4 000余户,增至38 000多户,约占全市户数四分之一,共153 042人。对于这样迅速聚集的大量贫困人口,一般人却注意不到,因为棚户大都集中于偏僻的地方,而人们日常所见的,是各机关的大厦,繁华的商业街及住宅区的新式洋房。普通市民认为棚户成为问题,以其有碍观瞻,应取缔,而少顾及其居民生活之苦,卫生之劣,以及种种社会问题。尤其是政府的官员们,坐的是汽车,走的是马路,出入的是重要机关,很少有机会光临棚户区域。① 更有甚者,有的官员在外国贵宾来游首都时,借口"观瞻所系",勒令拆毁棚户,而毫无善后办法。②

为了深入了解这些最底层人们的生活,中央大学社会学系社会调查班在孙本文、言心哲二位教授的带领下,师生20人,选择莫愁湖附近一个有约700户棚户的区域,调查其中约220家,从中选180家资料完整可靠的作分析。调查项目分家庭人口、职业、家庭财产与收入、家庭生活费、教育、卫生、信仰、娱乐八方面,共约100个问题。通过调查发现,这些棚户全部自外乡来,主要为"五大帮"——徐州帮、湖北帮、东台帮、淮安及山阳帮、合肥帮。

---

① 言心哲:《读〈南京棚户调查述略〉以后》,载《中央日报·社会调查》,第18期,1934年12月10日。

② 吴文晖:《南京棚户调查述略》,载《中央日报·社会调查》,第16~19期,1934年11月12日—12月24日。

各帮集居一处。家庭人口数从 1 至 14 人不等。人口少的家庭多有眷属在原乡，而人口多的家庭，一般除夫妻子女外，尚有众多亲属同住。他们多来自乡村，大多数因"逃荒"或"生计困难"到城里谋生，也有仅冬闲时到南京打工的。有的棚户已在南京住了几十年，甚至数百年，算得上世居了。在南京居住 1～9 年的户数最多，占 41%。180 户中有 80 户仅住一间房。房屋绝大多数是以芦草做的，屋顶是茅草的，墙壁是芦柴做的，屋内是泥土地面。101 家无窗户，36 家有纸窗，15 家有木板窗，8 家有玻璃窗，20 家在墙壁上捅个小洞作窗。男子多靠卖芦柴、做小生意、拉车等为生，女子大半没什么职业，有的卖菜、打芦席、缝纫等。在生活方面，食品开支平均占总支出的 70%。约一半的家庭平时无肉吃。饮水取自秦淮河或莫愁湖。多于三分之一的家庭全年未添衣服。所调查的 180 户中，无医药费开支（当然不是不生病）的，有 150 家。然而 109 家有烟草费支出。在各项杂费支出中，烟草费最高，每户平均 4 元；教育费最低，每户平均 4 角。烟草费十倍于教育费。绝大多数儿童失学，只有 16 户的家庭有孩子在学校读书，其中 15 家都只有一个孩子上学，仅一户有三个孩子上学。儿童入学率低与家长教育程度有关。棚户家主，完全没有受过学校教育的，占四分之三（136 人）；仅有 20 人能阅读报纸。[①]

通过调查，社会学者提出了两点结论：一是当时南京市各种建设事业，动辄花费数十万或数百万元，然而用于劳工住房的却寥寥无几，说明政策之偏倚，解决之道应在于筹建平民住宅。二是政府在城市方面的工作，一般仅注重治安和管理，应设法推动义务教育和职业培训，并修建公共厕所、水井、道路等设施，[②] 最终从根本上改善棚户的生活。

本章所论述的中国第一代社会学者所进行的社会调查，是前述美国传教士

---

① 吴文晖：《南京棚户调查述略》，载《中央日报·社会调查》，第 16 期，1934 年 11 月 12 日。
② 言心哲：《读〈南京棚户调查述略〉以后》，载《中央日报·社会调查》，第 19 期，1934 年 12 月 24 日。

所主导的调查工作的延续。陶孟和、李景汉等人早期的工作是与步济时、甘博等美国人合作进行的。两者所关注的问题相似，都有同情、关怀最底层人们生活的人道主义意味。两者也都采用统计分析的方法，描述社会经济现状。两者的调查都并非是纯理论的，而含有浓厚的实用色彩，最终的目的是社会改造。

两者的不同之处也是显著的。他们对社会改造的理解不相同。传教士所做的调查从基督教社会服务的理念出发；而中国社会学者从批判传统治学方法出发，为的是在中国建立社会学，并最终实现一个真正根基于民主与科学的社会。总体上说，后者对中国的历史与现状了解得更深切，在运用西方的研究方法时，能够更切合中国的实情，调查结果也更为精细、可靠。再有，中国社会学者所做的社会调查，在数量、规模及影响等方面，都远远超过了早期传教士的工作。

对中国这样一个长期注重"精英文化"的国家而言，实地社会调查的意义非同小可。它绝不仅仅在于描述某些社会现象，获得具体的统计数字，从而认识社会事实。当然，以实地调查反映当时的社会风貌，这本身已经为后人留下了极有价值的财富。社会调查更重要的贡献在于它触及了在整个思想观念上如何着手认识、解决中国的问题。社会学者主张，以社会调查为依据，自下而上，一点一滴地实行社会改革。他们强调，社会调查不是纯为研究理论，求得知识，只"为调查而调查"，把调查的材料整齐地编写了，漂亮地装订了，然后陈列在图书馆内，供少数人欣赏。在他们看来，社会调查的目标，就是要使人们根据调查的结果，改善实际生活，解决社会问题，增进人类幸福。

在社会调查运动的高潮时期，社会学者们曾打算模仿英美等西方国家，在中国的城市如上海、南京、北京等举行大规模的调查，如中央研究院社会科学研究所社会学组本打算组织上海社会调查，预计七年完成。南京金陵、中央两大学社会学系也曾拟模仿美国匹兹堡调查，搞大规模的南京市调查。[①] 然而，当日本开始全面侵略中国之后，这些计划再也没能有机会实现。

---

① 参见《社会学界消息》，载《社会学刊》，第 1 卷，第 1 期，1929 年 7 月。

第四章　乡村社区——社会学的实验室

在20世纪上半叶,中国思想界、政治界所关注的依然是那个尚待解决的基本问题——如何使中国走上一条国强民富的现代化道路。围绕着这个问题,从理论上的探讨到提供实际的解决方案,呈现的是一个"百家争鸣"的局面。从大的方面划分,中国的贫弱是如何造成的?西方列强的压迫是否为主要原因?究竟是由于中国本身贫弱,于是帝国主义便压迫中国,还是反过来,因列强的压迫造成中国的贫弱?是应先抗击帝国主义,还是先集一切资源建设国家,国家强大后必可争得外交平等?中国贫弱的内因是什么?主要症结是在乡村农业还是城市工业?解决方法是"以农立国",还是以工业化带动农业发展?农村问题主要在于资源缺乏、技术落后、人口过剩、教育不良等,还是在于传统遭破坏、文化失调,或在于土地分配制度不合理?这些问题的解决,是以政治、军事为手段,还是以经济、文化为途径;是走暴力革命的道路,还是一点一滴地逐步改革?凡此种种问题,有理论的探讨,事实的搜集,行动的实施,均错综复杂地交织在一起。

下面第四章至第十章的讨论,就将在这样的大背景下展开。我们最感兴趣的,是中国社会学者在其中所扮演的角色与进行的工作。本章将着重讨论农村问题,特别是在抗战以前,由"深入民间"逐步汇聚成的"乡村建设"运动。此运动的参与者,尽管各自的学术理念与政治背景不同,但都具有强烈的"重农"思想,主张立足农业以发展农业,认定唯如此才是解决中国问题的根本出路。在社会学者当中,曾积极参加这一运动,且起了比较重要作用的是杨开道、李景汉、许仕廉、言心哲、乔启明、晏阳初及梁漱溟。① 再从社会学研究与应用的角度来看，中国农村是一片广阔而尚未开垦过的田地。要研究中国平民的生活，一定要研究占人口总数80%的农民的生活；要解决中国社会的问题，一定要解决农村问题。于是，正像美国芝加哥大学社会学系将都市作为社会学的实验室一样，乡村成了中国社会学研究、应用的实验室。

第一节　为谋求全体农民的幸福

在第一代社会学者中，杨开道专门研究农村社会学，是近代中国最早关注乡村问题，并力主"以农立国"的学者之一。杨开道于1927年自美国留学回来，最初在上海大中华大学和复旦大学教书，1928年在农业与矿业部工作6个月，之后到燕京大学社会学系任教。他于1929—1930年在中央大学农学院乡村管理系担任系主任，1930年又返回燕大。在燕大，杨氏先后担任社会学系代理系主任、乡村建设研究所主任、法学院院长等职务。②

20世纪20年代末到30年代初，杨开道撰写了多部有关农村问题的书籍，包括他在数所大学授课的讲稿《农村社会学》，以及一套14册的农村生活丛书，其中9册为杨氏所著，即《农村问题》《农村社会》《农村政策》《农村自治》《农村组织》《农村领袖》《农村调查》《农村建设》及《农民运动》。通过这些再版多次的论著，杨开道介绍欧美农村社会学学说，欧美农村发展历史及统计资料，③从理论上论述农村社会的性质与特征、种类、起源、进化、人口、环境、生活、组织等。他结合西方农村社会学原理，针对中国农村问题提出了

---

① 一般认为晏阳初是平民教育家，梁漱溟是哲学家，但他们思想的一部分可看作是社会学的。后面将述及的马克思、毛泽东、李达等，均为其他领域的学者或政治家，但其著作的相关部分也将作为社会学加以讨论。

② North China Council for Rural Reconstruction, *Minutes of the Meeting of the Committee on Training and Research*, 1936. RAC.

③ 如 C. J. Galpin, E. C. Hayes, J. H. Kolb, E. C. Lindeman, R. M. MacIver 等人的著作。

一系列的看法和主张：

第一，介绍并提倡农村生活运动（Country Life Movement）。农村生活运动在美国、爱尔兰等地已有相当长的历史。在美国，农村按自然状态发展演进多年。19世纪后期因受工业革命和都市发达的影响，农村人口大量外移，农业出现衰落。为了解决这些问题，政府先是以行政力量研究并推广农业科学成果，结果生产量增加，但农产品的价格却随之降低，农民的收入并未增多。后来又通过运用经济手段，如限制生产、限定价格、运销合作、活动金融、改良农场的组织和管理，使得农民的收入逐渐增多，但农民的生活并没有显著的改善。在这种情况下，社会学家如贝力、白德斐、加尔宾等提出，经济问题并不是造成农村不发达的唯一原因，其他如教育不良、技术短缺、耕地面积少、交通不发达、农民劳动繁重而无暇享受精神生活等，均是影响农民生活进一步改善的因素。他们主张开展农村生活运动，这是一种有计划的农村生活改良运动。在改良的过程中，依据社会学理论，预先拟定方针和计划，以科学而非感情或习俗去指导、实施并综合解决农村、农业、农民的问题。

在中国开展农村生活运动，若能依照原理并参考成功的案例，按计划实施，则可省时省力，获得好的成绩。同时一定要技术、经济与社会三方面并进。这三方面互为因果，缺一不可。正像爱尔兰农村生活运动领袖蒲老格爵士（Sir Horace Plunkett）提出的口号：好农业，好经营，好生活（Better farming, Better business, Better living）。另外，要以科学方法为主，宣传方法为辅。具体的措施有11条：提高农民知识；改良农事；注意农村经济；便利交通；扩大农村范围；提倡农民组织；培养农村领袖；发展社会服务；生活社会化；开发正当娱乐；生活艺术化。①

第二，介绍农村社区的概念。杨开道将community译作"共同社会"，也即社区。他对这一概念的认识，主要是源自社会学家麦艾维（R.M.MacIver）

---

① 参见杨开道：《农村社会学》，上海：世界书局，1929年初版，1933年6版，第42～43、80～94页。

的研究。杨开道提出，农村不同于一般的"共同社会"，而将之称为"地方共同社会"，农村问题不是某一单方面的问题，应剖析农村社会的各个方面，如人口、地域、心理、文化、经济等。要改良农村，就是要改善农村生活的全部，①从根本上为的是谋农民全体的幸福。农村问题不同于农业问题。农业问题是以农业生产、技术、经济为主体；而农村问题是以人为主体，以人与人的关系为主体。农村问题也不同于都市问题。都市最大的问题，是因贫富差距过大而产生的劳资对立与冲突。农村中的贫富差别不大，大部分地主虽比佃户富足，但不像资本家那样穷奢极欲，佃户尚可勉强维持生活，佃农多少有一点资本，毫无资本的无产阶级在农村中很少。因此，农村问题的解决方法，也不同于城市问题，在农村追求的是小康的自耕农生活。农村问题涉及范围极广：人口、土地、社会交往、教育、经济、宗教、政治、卫生、娱乐、社会组织等。其中土地问题又包括土地与人口的比例、土壤状况、土地分配、农场大小等。土地分配仅是诸多问题之一，绝非唯一的问题。最根本、最有效的解决之道，在于对农民的教育，包括文化教育、公民教育、农业训练等方面。其他办法有改善交通设施，实行"重农"政策，或由政府出面协助佃农买地等。②

第三，主张农村地方自治，是解决问题最基本的办法。中国社会一直以领袖为依归，领袖好社会治，领袖不好则社会乱。为改变这种状况，一定要有健全的组织，即实行地方自治。③自治的意义，最简单地说，就是自己处理自己的事务。自治是依人民共同的意志，尽人民共有的能力，在共同指挥下，共同工作，去处理共同的事务。自治总是由下而上的。自治起源于英国，后推行于美、德、日等国家。但自治实施的程度和效果，因各国民俗与体制的差异有所不同。中国自秦汉以来推行中央集权，人民养成不问政治的习俗。在地方上所实施的保甲制度，完全受地方官吏控制，不代表人民的意见与福利。清末民

---

① 参见杨开道:《农村社会》，上海：世界书局，1930年初版，1933年6版。
② 参见杨开道:《农村问题》，上海：世界书局，1930，第6页。
③ 参见杨开道:《农村组织》，上海：世界书局，1930。

初，政府曾颁布了自治章程数次，但法令是法令，自治必须有人民的觉悟，人民的要求，才能够实现。

中国要实行自治，应该以村为单位，主体为人民全体，组织即村民大会。自治事业包括户口调查和人事登记、土地调查、修建道路桥梁公园等设施、教育文化、保卫、体育、卫生疗养、水利、森林、农工商业的改良和保护、粮食储备、垦牧渔猎、合作社、风俗改良、育幼养老、济贫救灾、财政收支、预算决算编造、县政府及区公所委办事项等。实行自治能否收到实效，最关键的是管理、人才、经费三个条件，其中经费是个大问题。经费的来源，主要是出自农民自身，但在当时，很多农民吃饭尚且成为问题，很难有余钱去办村自治。国家的税、军队的给养费，他们不敢不缴。在农民看来，自治是一个花钱而无用的事情，不愿出这些冤枉钱。因此，政府应设法解决兵灾和水旱之灾，促进农业生产，进而增加农民的收入，才能实现自治。[①]

为了开掘现代民治思想的本土资源，建立一套切实适合中国农村的自治体系，杨开道深入研究中国历史。他引证《周礼》《管子》《文献通考》等古籍，论述历朝历代的农村组织。经过研究，他认为可以把中国历史上的乡约制度作为地方自治的基础。于是，他仔细考察乡约制度的起源、演变，比较多个案例；分析乡约同保甲、社学、社仓等关系的各种形态。他提出，乡约源于礼教思想，最初由乡绅提倡，却逐渐从民间自发自办、变成政府主导、实行乡治的工具。他强调，乡约是振作国民精神的一个适当的办法，应以此作为中国农村的基本组织制度。[②]

第四，设计各项农村政策。农村政策是社会政策的一种。社会目标形成社会政策，进而成为社会计划。农村政策是以农村生活为目标，以农村社会为单位，以农村组织为方法，以农村领袖为动力。在杨开道所分析的各项政策中，

---

① 参见杨开道：《农村自治》，上海：世界书局，1930年初版，1931年4版，第1～7，94～95页。
② 参见杨开道：《中国农村组织略史》，载《社会学刊》，第1卷，第4期，1930；《乡约制度的研究》，载《社会学界》，第5卷，1931年6月，第11～46页；《吕新吾的乡甲约制度》，载《社会学界》，第8卷，1934，第239～252页；《中国乡约制度》，北京：商务印书馆，2015。

最值得注意的是他对于农村经济政策与教育政策的看法。

杨开道认为,在各种农村政策中,经济政策最基本,但也最复杂难解。农村经济政策所要解决的问题,包括土地、合作、金融等方面。土地是农业的根基,但绝非农村经济的全部。土地问题中的主要矛盾,是人与土地的比例问题或人口过剩的问题。① 中国到处都有人满之患。消极的解决办法,有节制生育,使农民进城,开垦边疆等。从积极的方面讲,可提倡在农村建立小型工业,也可采用精细栽培制度,以便容纳过多的人工。② 要解决土地分配上的不平等,应实行"耕者有其田",这一点已被社会所公认。现在的争论是如何解释"耕者"和如何"有其田"的手段。应按机会均等的原则,耕者应私有土地。占有的手续分为有条件和无条件两种。无条件即彻底、急进革命的方法。有条件是指需要土地的佃户可向政府低息借款,偿付公平低廉的地价,以原有租金在较长时间内,偿还政府本利借款。杨氏主张采用后者。在农村信用政策方面,农村普遍信用缺乏,贷款利息高。农民要么无钱助人,要么不肯借给毫无根底的贫农。因此,政府或慈善机关应该用公款轻利借给有组织的农民合作社。③

在农村教育政策方面,欧美国家将教育对社会的贡献同疾病的预防相提并论。欧美各国的农村,常以教会为中心提供各项服务。而在中国,农村教会极少,这些组织也不太能博得农民的信赖。在过去的中国农村,常有退职的仕宦或隐居的学者,设帐授徒,形成了全村思想的中心。自从现代学校制度建立以后,农村只能设小学,担任教师的是普通中学或师范毕业生。他们同过去的先生比,年纪轻、资历浅,难以成为一乡领袖。要改变这种状况,农村小学应办成农村服务的中心。小学为知识的主宰,教师为农村的先觉,学校的农场应办成示范农场,农业教师要指导农业,学校的医生也要替农民诊病,学校的操场、教室、书籍都应供村民使用,以推广知识。④ 在农村组织方面,美国的村

---

① 参见杨开道:《农村政策》,上海:世界书局,1931年初版,1932年再版,第28~33页。
② 参见杨开道:《农村自治》,第75页。
③ 参见杨开道:《农村政策》,第38~42页。
④ 同上书,第51~66页。

镇是经理制,背后有委员会或代议会,含商业色彩。为了更适合中国国情,同时实行现代管理,建议采用村长干事制,由一个年长有威望的领袖,加上一个受过现代训练的年轻人相配合。①

总之,在杨开道看来,中国自古便是一个自给自足的农业国,要从根本上谋求国家的发展,仍要"以农立国"。借鉴中西制度之所长,从技术、经济、组织三个方面出发,综合治理农村的问题,实行地方自治,开办小型工厂,让农民过上小康的自耕农生活,最终目的是实现全体农民的幸福。这些思想对后来的学者如他的学生费孝通产生了很大的影响。当然,解决农村问题不能单靠理论,就像诊病的医生,必须明白人体的生理和构造,才能判断所患的病症,开出药方。喊几句口号、贴几张标语,就像打吗啡针一样,可以刺激镇定一下,但结果治不了病。为了改良农村社会,一定要先了解农村。②正是在此一时期,杨开道所任教的燕大社会学系,在北京郊区清河设立了一个社会学"实验室",这使他有机会尝试实践自己的理论。

1928年,燕大社会学系获得美国洛氏基金会捐款,于是决定选择一个村镇,作社会学的教学、研究、服务之用,即建立一个社会学的"实验室"。他们找到距离北京德胜门18里的清河镇。清河位于燕大北边8里,步行1小时可到。社会学系部分教师组成委员会,其中许仕廉任主任,杨开道任调查主任,下设三个调查员。第一步的工作,是对清河的历史、地理与环境、人口、婚姻家庭、经济组织、政治、教育、宗教等方面,做一次普查,其成果为调查报告《清河——一个社会学的分析》。③

这个调查报告对当时清河的社会、经济、政治等方面的基本状况作了描

---

① 参见杨开道:《农村政策》,第83~84页。
② 参见杨开道:《农村社会》,第2页。
③ 中文报告为《一个市镇调查的尝试》,许仕廉著,载《社会学界》,第5卷,1931年6月,第1~10页;英文为 Ching Ho: A Sociological Analysis, Department of Sociology and Social Work, Yenching University, 1930。

述和分析。在历史上,清河极具战略地位,北平通向张家口及蒙古等地的大道经过镇的中心。但自从北平——绥远铁路通车之后,清河的重要性已被削弱。铁路在清河设有一站,原本期望有利于清河的发展,但火车站距镇中心尚有一段路程,加上停车时间所限,旅客及货物一般不在此地停留。当地人的交通工具则有人力车、骡车、自行车、驮子等。一条河将镇分为两个性质不同的区域。北面是典型的农业区,村庄之间相距较远。南边人口密集,是一个受北平影响大、与北平关系密切的区域。镇的范围约0.23平方公里,人口为2 437人,因此人口密度为每平方公里10 572人。清河镇作为一个农、工产品集散地,有各式各样的店铺。所调查的122家店铺,规模为1～18人,平均5人。经营方式几乎全部为传统作坊。报告中列出多个统计表,并将某些数字与其他国家作比较。例如,中国的大家庭制度是一流行多年的说法,但此次调查显示,清河最普通的家庭是由夫妇及其子女组成。每户平均4.9人,每个家庭平均4.8人(家庭只包括有血缘、婚姻关系的成员,一般比"户"小)。1920年,美国家庭平均4.3人,英国4.5人。相比之下,中国的家庭并不比英美家庭大很多。

调查的最终目的是要改善当地的社区生活。为此,燕大社会学系根据调查结果,提出了五条措施:一、成人教育。鉴于当地居民的文盲率较高,男子为45%,妇女为96%,应开办成年人识字班、图书室等。二、儿童教育。6～11岁的学龄儿童入学率仅为45%,可将早先停办了的小学重新开放,由燕大师生义务教学。三、医疗。因清河除药店外,没有其他健康服务设施,也没有受过训练的接生人员,应开办一个卫生诊所。诊所每周有一个下午专门为妇幼检查、看病。四、应帮助农民办销售合作社。五、当地政府部门应与人民合作,修建道路及排水系统,并最大限度地利用河水灌溉,最终将清河建成为本地区的模范镇。①

在调查研究的基础上,1930年2月,"清河社会试验区"正式成立。试验

---

① Leonard S. L. Hsu, *Study of A Typical Chinese Town*, Peiping: The Leader Press, 1929.

区隶属燕大社会学系，工作人员由社会学系委派，工作计划与当地人协商制定。试验期限为七年。经费每年约需七八千元，前四年为燕大社会学系负担，之后逐渐增加自筹比例，计划七年后即全由本地筹办。燕大社会学系的学生经常来此实习，或选一专题作调查、写论文，或参与各项改良活动。这些活动分为三个方面：一、在经济方面，与华洋义赈会救灾总会协作：（一）试办农村信用合作社及其他各种合作社（如合作商店、合作工厂、运销合作等）。（二）设小本借贷处，试验放款，以改进生产事业，消除高利贷，并为将来设农业银行作参考。（三）提倡家庭工业，例如，因试验区的家庭毛织业规模最大，于是，1932年派2名学生至北平华北工程学校学习毛织工艺，然后回清河开设家庭毛织业训练班，改进技艺。（四）改良牲畜品种。（五）农业改良，如引进优良品种、凿井、植树等。二、在社会服务方面，开办了幼稚园、幼女班、女子手工班、母亲会、家政训练班；还办了图书馆和阅报室；出版清河旬刊与壁报等。三、在农村卫生方面，开展防疫工作、环境卫生、新式助产、医疗门诊等。①

当然，任何社会的变革都非易事。以现代科学方法治理乡村，究竟给乡村生活带来了什么改变？美国人爱德华兹参观清河实验区之后，对现代科学与古老习俗的冲突，作了如下生动的描述：

"清河中心的目标，是研究组成人口85%的农民的实际生活状况，以试验的方法改善乡村生活，并鼓励大学师生面向乡村……在这里，社会工作者所遇到的（障碍），是千百年来形成的传统生活方式，以及生活水准低到没什么节余以冒试验之风险。……你若给农民解释，他便礼貌性地点头，可到做的时候他就不见了。因此，尽管社会工作者受过理论训练，出发点很好，还有博士学位，但却发现自己也能从非常实际的小农的

---

① 参见张鸿钧：《燕京大学社会学系清河镇社会实验区工作报告》，载章元善、许仕廉：《乡村建设实验》，第1集，上海：中华书局，1934年初版，1935年再版，第62～92页。

保守心态中学到很多东西。

例如，要建一所简朴而有住院设施的乡村医院，自然是一件适当的事情。全世界都有医院，清河当然也需要一所。于是在友人们的赞助下，医院建了起来。举行开业典礼，官员讲话，致颂词，献上各种美好的祝愿。可接下来，农民却点破了医院的治病方法。他立即看到一个十分荒谬的事情，荒谬得简直难以形容。一天8分钱的住院费，包括所有治疗、药品、医生、食物等，这对我们来说太便宜了。但从他的角度想，怎么会有人干这样的傻事。一个好端端的能作田间重活的男人，其开销只需此数的一半。而既然谁都知道一个病人仅能吃健康人的一小部分，所以为什么要付三倍的钱作为正常人的一半或三分之一的饭费？！再说医疗费，当地的中医用经过长期检验证明有效的草药治病，每年每人才要10分钱，而为什么让西医治病每天却要花……

另外，……当地有个迷信，放死人的棺材不能马上从人死的地方移开，但医院却不许尸体继续停放在医院，花几个月的时间办丧事，直到算命的择一吉日出殡。因此，医院尽管在官方很有面子，实际上却没有病人，成了一个农民可以拿药的诊所。因为看病的人数太少，诊所只好上午半天开门，下午医生进村协助那些推行现代医学的接生婆与合作社的社员。"①

社会的逐步改造最需要的是稳定的环境和充裕的时间，而这恰恰是近代中国所最缺少的两个条件。燕大的清河试验，于1937年因日本攻占华北而告结束。抗战期间，燕大曾于成都的校区附近开办类似的试验区，抗战复员返回北平之后，又到清河有60户人家的平郊村续办。② 然而，这些实验区最终都没

---

① *Letter from D. W. Edwards (Executive Secretary in China) to Members of the International Committee, Princeton-Yenching Foundation*, April 6, 1936. PU.

② 赵承信：《平郊村研究的进程》，载《燕京社会科学》，第1卷，1948年11月，第107～116页。

能获得持续发展的条件。值得一提的是，无论是杨开道的农村社会思想，还是燕大社会学系所举办之清河调查及先后数个试验区，都仅为当时农村调查、研究、试验的一盘大棋中的几颗小棋子。对于这场运动总体的论述及其成败的评估，尚需留待下面相关章节讨论。

第二节 认识农村，改造农村

自20世纪20年代末至抗战开始，出现了一大批以农村为研究对象的调查报告和专著。其中为社会学者所作或与社会学关系密切而又比较有代表性的，包括李景汉的《北平郊外之乡村家庭》（1929）与《定县社会概况调查》（1933），卜凯的《中国农场经济》（1930）与《乡村社区调查》（1931），言心哲的《农村社会学概论》（1934）、《中国农村人口问题之分析》（1935）和《农村家庭调查》（1935），乔启明的《江宁县淳化镇乡村社会之研究》（1934）与《中国农村社会经济学》（1945）等。①

大致上说，在这一时期，对农村社会的调查是普查性质的，即运用统计方法，对某一区域的历史、地理、人口、婚姻家庭、财产收入与支出、生活程度、经济、教育、宗教、娱乐等，作概括的描述。综合多种局部调查的结果，可以勾勒出中国农村各方面在20世纪30年代初的基本状况：

在人口方面，中国农村人口约占全国人口的74%。农村家庭的平均人口数目为5.26，每家以4口或5口人占多数。家庭结构以夫妻子女为主。人口年龄分布呈金字塔状，下宽而上尖，这是人口的常态分布。但中国农村出生的婴儿多，死亡率高，生育率平均为36.6‰，死亡率平均为25.5‰，两者均较高；人均寿命短，因而金字塔的梯度较大。男女性比例为109∶100。在婚姻方面，结婚年龄最多的是在15～19岁之间；平均初婚年龄，男子为22.20，女子为

---

① 尽管乔启明的这部著作是1945年出版的，但其内容是总结抗战前一段时期的农村调查和观点，所以也放在这里一并讨论。有关马克思主义者对中国农村的研究与认识，将在第九章讨论。

18.46。① 中国乡村人口密度为每平方公里 307 人，人均土地 5.3 亩。② 乡村人口的职业以农业为主，但副业极普遍。在农民生活程度方面，因各地人口、经济、物价等不同，生活程度也有差异。中国北方农村，平均每家全年收入约在 114～393 元之间，平均约 218 元；食品费占总支出的比例，介于 50%～77% 之间，平均为 64%；杂费占 14%。中部和东部地区，平均每家全年收入约 192～493 元，平均约为 316 元；食品费占总支出的比例，平均约占 56%；杂费平均约占 21%。这说明，中国农民的生活程度极低，但就地区差别而言，中部和东部比北方要高一些。③

当时从技术的角度着重研究的是农村经济活动的各个方面，包括农场的大小、土地的利用、土地的占有与租赁、借贷关系、农村副业等，金陵大学农业经济学院美籍教授卜凯所著《中国农场经济》④一书可为代表。此书的材料是根据 1921—1925 年间，卜凯所主持的 7 省 17 县共 2 866 个农家的调查而成，是当时公认在中国做的历时最久，调查地域最广，调查项目最详，比较而言最具科学性的农村调查之一。卜凯认为，农业经济的中心问题，在于求得并比较各种农场的收支关系。他用收入减掉支出后的纯利，来衡量各种农场的优劣。因此他在讨论土地的利用，地块的分布，农场的大小，地权的关系及肥料耕畜等时，都完全以农场纯利的多少衡量。卜凯注重研究农场的大小与农本的分析，看它们与各种收支因素的关系，因此得到结论：大农场经营在人力、畜力的利用，资本运用，产量等方面，均比小农场经营效率高、获利丰厚。

但是，中国农村地少人多，是如何以少量而有限的土地养活众多人口

---

① 在这里，婚龄的范围和平均初婚年龄有矛盾，是因为两个数字所依据的调查不同。
② 参见言心哲：《中国乡村人口问题之分析》，上海：商务印书馆，1935，辑入《民国丛书》，第 3 编，第 17 册，上海：上海书店，1991。
③ 参见言心哲：《农村家庭调查》，上海：商务印书馆，1935，第 140～148 页。
④ J. L. Buck, *Chinese Farm Economy*, Chicago: University of Chicago Press, 1930; N. Y. & London: Garland Publishing, Inc. 1982.

的？卜凯对此的解释是，中国农民90%的食物热量是从种子类的农产品中直接获取的，另有9%从根茎作物，主要是番薯中获取。而美国农民则主要从动物制品、糖、水果及蔬菜中获取所需食物热量。这样，中国农民生产的粮食绝大部分直接用来消费，而并非转化成肉类产品，在此意义上，他们的土地利用率很高，但维持着非常低的生活水准。那么，如何在小农场占大多数的前提下，提高生产效率和收入呢？卜凯提出的办法包括改良农田、增加肥料、改善灌溉、控制虫害、消除坟地、移民殖边、集约式种植、改善交通与销售等。他也特别提出，从长远来看，为了能够充分利用大量低廉的人力，并灵活协调农业生产的季节性特点，应该在调查、实验的基础上，发展乡村小型工厂。

卜凯对中国农村问题的研究无疑是有价值的。然而，他的著作在材料的搜集与统计上，也存在着缺陷。他采用任意选样法，以调查员的籍贯为准，而调查员都是金陵大学的学生和聘请来的助手，这些人的家境远在一般水平之上。有时调查的村户占该村的总户数太少，如150户中的11户，84户中的2户，因此调查员自身的经济地位对研究结果影响极大。在统计上，绝大多数的平均数是从以各个调查县份为一个单位的办法计算出来，即是平均数的平均数（average of averages），结果忽视了调查材料的比重问题。另外，因调查规模大，搜集材料前后相距四年多，各地物价、工资、田地价格及田权的分配等，都存在着差别，或已产生了变化，影响结果的准确性。

在调查方法上更为可靠、研究亦更偏重农村社会问题的成果，是李景汉的《定县社会概况调查》，这部著作代表了中国当时社会调查的最高水平。《定县社会概况调查》为一巨著，共828页，17章，314张表格，68帧照片。1928年，中华平民教育促进会选河北定县为实验地点，李景汉担任社会调查的工作。他计划用一年的时间，用系统、科学的方法调查全县一切社会情况，发现农村的各种问题，不但为平教会在农村建设的计划提供可靠的根据与参考资料，并对社会学学科有所贡献。然而到定县以后，他原先的勇气消失大半，农村老百姓看见穿长衫的先生感到害怕、怀疑。知识分子与农民之间的隔阂很深。他举例说,曾有一位农学博士去定县农村调查,这位博士不认得荞麦,叫它"长得好看而整齐的草"。农民也幽默,以后就管荞麦叫"博士草"。①

李景汉为了打消农民的顾虑及其与学者之间的隔阂,在定县一住就是七年,经多次尝试,汇集数项调查的成果,成就此书。这部调查报告,其材料的搜集与整理准确可靠。首先,李景汉从事城市、乡村调查多年,工作严谨,经验丰富。其次,调查与实验工作同时展开,如设立平民学校,普及农业科学知识,农民因对实验工作的兴趣和信任而配合调查。另外,同西方社会调查相比,这个调查不但有精确的统计资料,而且充分利用了中国地方志的格局,对于民风礼仪,习俗信仰等,都有详细且生动的记录。这弥补了一般社会调查过于重视物质文化的缺点。又因为注重实地调查,所以同时矫正了原有地方志闭门造车的弊病。

定县是中国当时1 900余县中的一个,位于北京西南约500里。全县面积1 211平方公里,可耕田合计160万亩,有70 034户居民,大小共45个行政村,人口40万,约等于全国人口的千分之一。定县作为一农业区域,人民的职业以务农为主。男子除种地以外,兼干各种副业,如织布、卖木料、做小贩等;女子多半在田间与男子一同工作,其主要副业为纺纱、织布。定县农民的生活,代表了中国北方农民的基本生活状况。对此,李景汉作了如下描述:

"……大多数农民仅能饱粗食暖粗衣,在最低生活水平线下面活着,以不挨饿为侥幸,视饱食暖衣为福境。农民食品以小米、白薯为大宗,所食菜蔬有白菜,萝卜等物。所用调和甚少,除盐不得不用外,仅能吃少许之香油和醋。除元旦,端阳,中秋三节外,全年几不见肉类。所吃食品和所穿衣服多为本县土产。有地30亩左右6口人之农家的全年各种生活费大略如下:食品170元,燃料20元,衣服15元,其他房屋,应酬,烟

---

① 田彩凤:《李景汉(1894—1986)》,载《清华人物志》(三),第95页。

酒，家具，娱乐，拜神，卫生，教育，公差，兵差及各项杂费约计四十余元，一切费用总数约计二百四十五元。公众卫生及个人卫生习惯尚谈不到，三房（厨房，卧房，茅房）情况，一塌糊涂。农民之营养既然不足，对于天然良好空气，日光及饮水不能充分利用，疫疠疾病又任其传染，致身体显衰弱状态。……全县肯为人治病之医生约四百余人，平均每村一人，本事自然都不很高明。"①

接下来他又分别细致地描绘了农民的吃、穿、住。在食品方面，普通农家的食品在全年各季中颇有不同，大约可分三个时期。阴历九月至次年正月为一时期，二月至四月为一时期，五月至八月为一时期。所用食品的种类和数量在三时期不同。在工作忙的暖季，农民每日吃三餐，早饭在八点钟，午饭在一点钟，晚饭在七点钟。在没有用力气工作的冷季，则大多数农家每日改吃两餐，午饭在早九点钟，晚饭在下午五点钟，午间可以吃点白薯。九月至正月，因为少有工作，多吃小米粥和蒸白薯。此外有各种豆类、高粱、荞麦、玉米等。所用的菜有白菜，晒干的红萝卜叶子和白萝卜叶子，此外间或有蔓菁、黄菜、酸菜少许。每日食品数量中白薯约占十分之四，小米十分之三，杂粮十分之二，菜占十分之一。贫苦的家庭把这几种东西都放在大锅内，放上盐，用水煮成粥，也有时加几滴油在里面。然后各人拿大碗取食。只求吃饱，不能谈到滋味和营养的分配。二月至四月，农人渐渐忙起来，也得多吃颇能耐饿的东西。此时期小米的数量增加，约占食品总数量十分之六，杂粮占十分之二，晒干的白薯片占十分之一，萝卜干占十分之一，渐有小葱、菠菜、小白菜、韭菜、豆芽等青菜。五月至八月，农民终日田间工作，食品尤须耐饥，小米数量增到食品总数量的十分之八，杂粮占十分之一，青菜占十分之一。青菜有北瓜、豆角、茛莲、黄瓜、茄子等。②

---

① 李景汉：《定县社会概况调查》，第259页。
② 同上书，第260页。

李景汉描述农民的衣着，分男女孩童，春夏秋冬四季。例如，他这样描述农民男子夏季的衣着：

"夏天天气炎热，农民就穿单衣服，粗布小汗衫。普通白色最多，淡黄的次之。夏天农民多赤脚，不穿袜子，也有不穿鞋的。单裤也是白色最多，淡黄色次之，也有穿灰色的，不过极少。下地工作时多穿破的，补的或旧的。普通农民在地里工作多不穿小汗衫，只穿一条裤子，露着胸背，太阳曝晒，汗流全身。普通小汗衫一件值洋六毛，单裤一件也值洋六毛。每年一人穿两身裤褂，也有穿三身裤褂的。"①

在住房上，分富农、普通农民与贫农三种，我们看一看普通农家的住房：

"普通农家有一个院子，也有有两个院子的，有院墙，屋顶也是抹灰的平顶。房子的下层是用砖建筑，约离地一尺多高。房子离地一尺以上的墙壁是用土坯建筑。房屋里边是土地。从外边量每间长1丈3尺，宽1丈1尺，高1丈1尺。从里边量，每间长1丈1尺，宽9尺，高9尺。每间价值普通约50元，可用四五十年。这种农家的住房约有10间上下。院内有卧房，厨房，堆房，车棚，厕所，猪圈，大门。卧房里都有土炕，普通约长9尺，宽5尺5寸，高2尺2寸。朋友来的时候让在卧室内谈话。夏天因为常下雨，炕发潮湿，所以隔几天要烧干一次。冬天寒冷，每天要烧一两次。上房普通都是三间，两边两间是卧房，当中的一间是厨房，也往往同时是牲口房。所以有时这一边做饭做菜，那一边就喂马喂驴。这一边骡马粪尿，堆了满地，臭气熏人；那一边小菜水饭，萝卜菜粥。夏天天气炎热，苍蝇满屋，提不到卫生。我们也就可以想像那旁边的两间卧房的空气与卫生怎么样。较好的农家就另外盖一间牲畜房。买不起牲口的人家耕

---

① 李景汉：《定县社会概况调查》，第268页。

种是用人工,有时短期借用邻人的牲口。堆房专堆各种农具与破烂东西,有时也堆草,萝卜片子和山药片子。没有仓房的农家往往把粮食存在卧室里。他们的厕所是土坪建筑的,与猪圈相连,猪可以吃人粪。车棚就在大门洞里。普通每间卧室都有一个窗户,窗户多是纸糊的,在下端当中有一条玻璃。普通长3尺5寸,宽3尺。夏天开窗,冬天不开。夏天的苍蝇蚊子出入颇便利。"①

对于农村问题的研究,除描述农民生活状态以外,最核心的问题之一,就是土地。李景汉通过数次调查,特别是1931年定县土地调查,发表了有关土地问题的研究成果。②他认为,土地为农业的基础,为生产的根本工具,土地问题足以撼动农村社会的基础。土地分配包括三方面:一、田权所属(即土地所有权),二、田产面积,三、耕田大小。他将农户分为完全自耕农、自耕农兼租种他人土地、自耕农兼租出土地、佃农、非地主亦不种田、雇农、完全租出之地主,共七类。调查结果显示,全县70 034户中,92%的家庭是有田产的,91%的农家是耕者有其田的,62.5%的农家是自己耕种自己的一切田地,使用一切自有田地而兼租种他人田地的半自耕农占24%,使用一部分自有田地而兼租出一部分自有田地的占4.7%,佃农占4.65%,雇农占1%,地主占0.7%,无田产亦不以种田为业者占1.9%。

就田产面积而言,全县平均每家有田约20亩,人均约3.5亩。在有田产的农户中,三分之二农户的田产面积在25亩以下,田产在100亩以上的农户占近2%。调查还显示了一个值得注意的现象,即田产面积与家庭人口数成正比例。如有田产5亩以下的农家平均每家人数为4.5。随着所有田地亩数增多,家庭人口也增加。有田产300亩及以上的农家,平均每家人数为32人。因为

---

① 李景汉:《定县社会概况调查》,第277页。
② 李景汉:《定县土地调查》,上,载清华大学《社会科学》,第1卷,第2期,1936年1月,第435~467页;下,载清华大学《社会科学》,第1卷,第3期,1936年4月,第803~872页。

拥有田产并非等于自己耕种,所以李景汉进一步研究了农家所耕土地面积与家庭人口的关系,也发现了相同的规律。定县的土地问题,除人多地少外,尚呈极分散的状态。不足5亩的小田块占71%。大多数农家的田地都不是连在一起的,而是包括数块,甚至数十块大小不齐的田地。农民的住家多聚居于村落,而不是与所耕种的田地连在一起,因此生产效率极低。总之,尽管李景汉在调查中提出田地的所有和耕种的分配不均,但人口多而土地不足且分散,似是一个更为根本性的问题。

农村调查的目的是为了改造农村,对此,大部分农民是不理解的,他们也不理解调查的意义。在农民看来,调查与他们知道的"清乡"和"警兵查户口"差不多。社会学者说,"我们来调查,是要知道你们的苦楚"。农民回答,"先生,你们知道了我们的苦,怎么办呢?"[1] 农民为什么"苦",如何解决他们的"苦",这些问题的确一直困扰着许多人。中国的农村问题积淀太深,很难有什么灵丹妙药能在一夜之间解决问题。而乔启明所著《中国农村社会经济学》[2],较为系统地阐述了当时"资源论"派学者对中国农村问题的看法。

乔启明在金陵大学农学院讲授农村社会学,他曾经多次或协助卜凯或自己带领学生,调查农村状况。乔氏在书中的基本论点,是认为中国农村经济衰弱,主要是由于人口、土地、文化三者失调。具体地说,中国并非如一般国人以为地大物博。殊不知,我国处于中亚细亚高原地带,有三分之二地区为高原或沙漠,不能利用,余下三分之一亦受气候限制,因此可耕地面积有限;人口数量大、素质低;在文化方面,教育不发达,传统大家庭制有种种弊病等。对于人口和文化问题,他所提出的解决办法有:制定合理的人口政策,鼓励迟婚迟育,改良人口品质,提倡男女平等,注重学校教育。

土地问题极其复杂,可分为土地利用与土地分配两大部分。乔启明认为,

---

[1] 刘堃闿:《调查江苏江宁县农家印象记》,载《中央日报·社会调查》,第56期,1936年6月8日;第57期,6月22日。

[2] 乔启明:《中国农村社会经济学》,上海:商务印书馆,1945。

由于土地分配问题容易引人注意，解决时成效迅速，因之倡导改革者多；而土地利用问题须要投入相当资本，成效又难立见，所以注意土地利用问题者少。其实，前者仅是解决土地问题中的一个过程和手段，而后者乃为最终目标。

在土地利用上，要充分采用科学方法，使用优良种子、肥料，改进土壤，开垦荒地。具体来说有四个办法：一、调整土地利用，例如，调整农业、林业、牧业三方面的比例，并根据特定的环境适当安排；二、扩张土地利用，即垦荒；三、经济土地利用，即化零散的小块地为大的整块地等；四、精密土地利用，即改良农业技术，除虫害，改良水利、农具、种子、肥料等。乔启明的观点与卜凯有不少相似之处，他们都认为农民生活程度低是由于：一、收入微薄。之所以如此是因为农场面积小且经营不善，农业技术与运销方式落后，交通不便；二、家庭人口多；三、文化落后。改善的途径则包括扩大农场面积，发展交通，增进农业生产，改善经营方法，发展小规模工业，普及农村教育。

在土地分配问题上，从田地产权的分配看，乔启明采用了当时较普遍的分类方法，即将农民分为自耕农、半自耕农及佃农三类。中央农业实验所的调查显示，1937年中国自耕农占全部农家的46%，半自耕农占24%，佃农占30%。全国各省因土壤的肥瘠、气候、人口、工商业发达程度的差异，三者比例不同。低的如山东省，佃农仅占10%；高者为四川，佃农占52%。从大的区域看，华北自耕农比例大，占69%，佃农少，仅占13%；华南自耕农仅占32%，佃农则占40%。再看地租的问题，在地租的形式、租率、缴租方法、租期等方面，各地差异极大。据中央农业实验所调查，在中国，谷租为最普遍的纳租形式。一般地租租额占产量之半数。然而，因为土地等级及其生产能力、土地价格、农产品价格等，各有不同，所以仅就租额难以辨明地租的轻重。数项调查表明，中国普遍租额较高，应当实行减租。然而从地主的角度看，钱租率仅合一分一厘至一分四厘左右，远不及一般放债利息，且有时还需供给种子、农具，甚至提供房屋和修理费给佃户，获利不算多。金陵大学农业经济系曾作公允租额（fair rent）的研究，提出按主佃双方总支出的多寡，决定分配田场总收入的标准。

当时大多数人都认识到，农佃制度的最大弊端，是田地的所有权和耕种者分离，造成有田者不耕，而耕者不能有其田，其直接受害者是农民，社会经济基础亦因此动摇。所以说，农佃制度在表面上似仅为农村局部问题，但实际上同整个政治、社会、经济都有密切的关系。从各国的情况来看，解决这个问题的方法极不相同。欧美各国的办法，其激烈者，如苏联废除土地私有制，完全推翻地主；其缓和者，则运用政治力量，来改进农佃制度及主佃关系。例如，美国政府曾将公地分配给无地农民耕作，并制定廉价认购办法，设立长、中、短期各种农业贷款，使佃农经过若干年后得以进为自耕农。英国等也曾制定法规保护佃农利益，并协助佃农转变成自耕农。

中国当时在农佃制度的废存问题上，也分为两大派别。一派主张彻底废除农佃制度。他们认为，中国农民约占总人口75%，而其中佃农占30%以上，若不革除农佃制度，使耕者有其田，整个中国经济与社会问题必难解决。况且土地原为自然产物，根本不应私有，尤不应为不使用者所有。农佃制度是一种土地所有与土地使用之间矛盾的生产关系，含有封建社会的遗态，不适于人权平等的社会。地主与佃农处于对峙地位，前者竭其力于地租的榨取，后者或竭其力于地力的榨取，或因地非己有，不加改良，以致影响地利。而一般地说，自耕农生活安定，易图农业改进，而佃农多无佃权保障，流徙无定，故生活难期改善，文化无由进步。且农佃制度能造成地产投机之风，致使佃农难于进为自耕农，而土地任其自由分化，欲施行土地统制亦不可能。

另一派是赞成保留农佃制度而加以改革者。他们主张农佃制度有其存在的价值与需要，仅须改善其制度，而不必整个推翻。地主对土地是一种投资，与工商投资性质相同，后者既然合法，前者自不能例外。地主的田地虽有一部分继承而来，但也有以其工作报酬购置，故收取地租不能说是非法。只需地租不超过合理标准，无非法剥削，那么农佃制度对于佃农未尝无所帮助。再者中国佃农资本微薄，以之购买田地，面积过小，反而不合于经济利用，不如分租田地，较为易行。同时佃农自己既无田地，在租佃制度之下，正可自由选择耕种，不受地权限制。

乔启明等大多数社会学者支持第二派的意见。他们主张，中国土地问题的症结是土地利用。他们视土地分配问题为如何帮助农民由佃农上升至自耕农的过程。这一看法源于欧美的农业阶梯理论（详见第六章第二节），他们主张，由国家采纳一些措施，协助农民由雇农转为佃农，由佃农转为半自耕农，由半自耕农转为自耕农。农佃制度难以废除，而应针对需要及其弊端进行逐步合理的改革。乔启明说：

> "一种制度的优劣固由于其本身的完缺，同时与其社会环境亦有莫大关系。世界各国几无不有租佃制度的存在，而其结果则千殊万变，有主佃均能获得优美生活者，有地主利厚，而佃农处于被剥削地位者，更有主佃两败俱伤者。……我国情形，除特殊原因外，大体主佃两方几多陷于困苦的状态中，固由于租佃制度本身之有缺点，而其他影响之可述者：第一、工商业未能普遍发展，剩余资金大部投于土地，故土地价格高至与生产力不平衡的程度。第二、年来农产价格低落，农家终岁辛勤，所得无几，自耕农尚感生活困苦，佃农当然更感窘迫，即与其共同依赖土地生活的地主亦受影响。所以今日我国佃农问题不在租佃制度的废除，而在租佃制度的改良。"①

由此可见，乔启明等人认为，农佃制度本身不一定导致农民生活的贫困。在中国因为人多地少，工商业不发达，加上当时因世界经济大萧条，导致农产品价格低落，结果地主与佃农的日子都不好过。他所提出的改良农佃制度的办法，是通过立法，限制租额，制定标准租约，废除押租苛例，由主佃双方共同承担土地改良的费用，设专门机构调解主佃纠纷等。总之，农村问题的根本解决，要依靠政府参与，实施农村社会改进政策，将农民组织起来，举办经济事

---

① 乔启明：《中国农村社会经济学》，第264～265页。

业，改良土地利用，发展社会文化，增进人口品质，使人口、土地与文化三者得到协调，以谋求整个农村生活的改进，农村社会经济的发展。

第三节　民族文化之再造

　　社会学者进行农村调查，并参与计划农村改良，其工作的大背景，是从"深入民间"逐渐汇聚起来的"乡村建设"运动。在 20 世纪二三十年代，农村社会学研究同乡村建设运动是密不可分的。一方面，社会学者以多种方式积极参与了乡村建设运动（详见第四节）；另一方面，乡村建设的主要领袖如晏阳初、梁漱溟，尽管都并非职业社会学者，但他们对中国问题的基本看法，包含了社会学的内容，也能代表社会学界、甚至整个知识界一部分人的看法。

　　晏阳初（1890—1990），四川巴中县人，曾留学美国。第一次世界大战期间，他去法国为赴法华工服务，教工人识字，回国后继续从事识字运动。1923 年成立以"除文盲，作新民"为宗旨的中华平民教育促进会（简称平教会）。在开展平民教育的过程中，晏阳初所秉持的是中国传统"民为邦本，本固邦宁"的信条和基督教的服务精神。他很快意识到，中国的文盲大部分在乡村，应将工作的重点放在广大的农村地区，于是选河北定县为"华北实验区"。而早在平教会到来之前，定县翟城村绅士米鉴三及其留学日本、受日本"新村"概念影响的儿子米迪刚就曾办教育，实行村治，提倡村民互助、移风易俗、凿井造林、救济贫困等，使翟城成为模范村。定县县长孙发绪以此为基础，提倡教育，宣讲，办理警察、实业、交通、财政、司法等事，力促建立模范县，定县因此有一定的实验基础。

　　起初，平教会在定县设立了平民学校。随后他们感到仅教农民认识文字，使其取得求知识的工具而没有机会运用这套工具，对于他们是没有直接效用的。定县人民当时普遍贫穷。据瞿菊农说，定县有 20%～40% 的人民终年不吃食盐，有的只吃些犯法的硝盐而已。农民又真安分得可怕。他们吃不起面食就吃白薯，一天吃不起三顿就吃两顿，吃不起两顿就吃一顿，连一顿都没有了，就索性紧紧裤腰带不吃了。① 为了使教育真正在人们生活中起作用，就必须解决他们的生活问题。教育必须与生活打成一片，根据社会的实在情形，人民的实际需要，以一定的步骤与方法，才能救治社会生活的病痛。② 因此平教会将文字工作进一步扩大为整个的乡村建设工作。

在平教会负责人晏阳初看来，农村问题千头万绪，最根本的是人的问题。人民是国家的基础。中国固然需要建设铁路、工厂、强大的军队，但是最迫切需要改变的，是贫穷、愚昧、饥饿的人民。任何改革，无论是经济的或政治的，要想有效而持久，必须扎根于人民。在近代中国几乎所有的办法都尝试过，只是没有为人民做些事。为解救目前的危机，也为将来的建设打基础，最重要的就是改造中国的人民，使这片"文盲农民与苦力的土地"，成为充满"有知识的公民、现代的农民和技师"的"强大而民主的国家"。③ 他说：

> "中国今日的生死问题，不是别的，是民族衰老，民族堕落，民族涣散，根本是'人'的问题；是构成中国的主人，害了几千年积累而成的很复杂的病，而且病至垂危，有无起死回生的方药问题。这个问题的严重性，比较任何问题都严重；它的根本性，也比较任何问题还根本。我们认为这个问题不解决，对于其他问题的一切努力和奋斗，结果恐怕是白费力，白牺牲。近数十年来一切的改革建设失败的经验，已经够给我们认识这个问题的根本性与严重性了。
>
> 农村运动，就是对着这个问题应运而生的。它对于民族的衰老，要培养它的新生命；对于民族的堕落，要振拔它的新人格；对于民族的涣散，要促成它的新团结新组织。所以说中国的农村运动，担负着'民族再造'

---

① 据吴半农：《河北乡村视察印象记》，载千家驹编：《中国农村经济论文集》，上海：中华书局，1936，第 417～418 页。

② Letter from James Y. C. Yen to Dr. J. T. Shotwell, Jun. 10, 1936. RAC.

③ James Y. C. Yen, *How to Implement the American Policy for a "Srong and Democratic China"*, 1947. p. 2. RAC.

的使命。"①

晏阳初的上述"民族再造"之思想,可具体分为"四大病根,四大教育,三大方式"。"四大病根"是指中国人在现实中的生活,有四种基本的缺点:愚、穷、弱、私。"愚"是指人民不识字,缺乏知识,更谈不上享受文化。"穷"即在生计上,大多数人民生产低落,经济困难,挣扎求存,没有增加生产、改善经济组织的知识和能力。"弱"意味着人民身体衰弱,对于公共卫生毫无办法,是一个病夫的国家。"私"即人民不能团结,不能合作,缺乏道德的陶冶和公民的训练,不能自立自强。针对这四种缺点,平民教育运动主张"四大教育",以文艺教育救"愚",以生计教育救"穷",以卫生教育救"弱",以公民教育救"私"。四大教育的工作就要在文化教育、经济、卫生、道德与政治各方面谋基本的建设。同时,教育不能仅着眼于个人——这是以前教育的错误,更要着眼于个人所处的社会生活环境。因此,四大教育实施的方式有学校式、社会式、家庭式三种,三者结合,综合治理。平教会所立下的志向,是以十年的实验工作,建立一套以县为单位的教育与建设之原则、方法、技术与制度,推行到全国各县,最终建立新型的农村文化。②

平教会在定县进行平民教育,在保健、修桥、筑路、改良水井、引进优良牲畜品种等方面,做了大量细致的工作。仅以艺术教育和公民教育为例。他们利用图画、音乐、戏剧、无线电、摄影等多种方式,启发农民。例如,为农民编排、上演戏剧,不但能启发农民向上的意识,抒发农民情感,还可介绍一般常识,改进农村的语言。同时,借着演戏剧,教他们排队入场,脱帽,不要吐痰,不要咳嗽,不要谈笑,不要交头接耳,既教他们遵守秩序,也使他们得到

---

① 晏阳初:《农村运动的使命》,原载《民间》,第1卷,第11期,1934年10月10日;辑入《晏阳初全集》,第1卷,长沙:湖南教育出版社,1989,第294页。
② 参见晏阳初:《中华平民教育促进会定县工作大概》,载章元善、许仕廉:《乡村建设实验》,第1集,第53～63页;李景汉:《定县社会概况调查》,附录《中华平民教育促进会定县实验区》,第785～814页。

一种公民训练。再如过新年的时候,开"化私为公"会。即让村里六十多个女孩子为全村七百多人做了一千四百余朵花,分红白两种,新年那天,把全村的男女老幼请到一起,父母双存的戴两朵红花,父母双亡的戴两朵白花,一存一亡的戴一红一白。这样把全村的人分成三组,这时大家看左边一组,许多两鬓斑白的人戴着两朵红花,八九十岁的老父母双双健在,大家替他们高兴,拍掌恭贺。再看右边一组,许多三四岁的小孩,戴着两朵白花,引起大家对他们的同情。这时平教会的人演讲,提倡大家共同负责帮助这些可怜的小孩。平教会工作人员还用挂图的方法,提倡博爱的精神。挂图上面一共画着四个人,身体一个比一个大,中间最小的一个写着"一家之人",稍大的写着"一乡之人",更大的写着"一国之人",最大的写着"世界之人。"① 如此做的目的,就是要培养人们的公民常识和政治道德,以确立地方自治的基础。

另一位与晏阳初同期从事乡村建设运动的领袖人物是梁漱溟。梁漱溟(1893—1988),祖籍广西桂林,生于北京。1929年,河南村治学院成立,梁氏受聘任教务长,并接办北京的《村治月刊》,开始投身社会改造运动。村治学院不到一年停办。1931年,梁氏到山东邹平创办乡村建设研究院,下设训练部和研究部,他任研究部主任。② 本来,"村治"意即"求治必于乡村",但他提出"乡村建设",因为他认为这比"村治"通俗易晓,后来"乡村建设"便成为这场声势浩大的社会改良运动的代名词。③ 同晏阳初一样,梁漱溟也是从民族、文化的改造出发,着眼于中国农村,力倡乡村建设。但两者相比,晏氏受西方基督教影响,主张从教育出发,要改造的是社会中的个人及其生活方式。梁氏则受传统儒家观念的影响,倡导从组织构造上重建文化体系。在众多乡村建设参与者中,梁氏的思想最为系统,并因其注重社会组织结构和制度,

---

① 参见吴半农:《河北乡村视察印象记》,载《中国农村经济论文集》,第404～408页。
② 参见梁漱溟:《梁漱溟自传》,南京:江苏文艺出版社,1998,第122、336～337页。
③ 参见梁漱溟:《山东乡村建设研究院工作报告》,载章元善、许仕廉:《乡村建设实验》,第1集,第31页。

所以更可看作是一种社会学理论。

首先，梁漱溟通过中西比较，阐明中国文化和社会的基本特点。他认为，中国人与西方人的思维方式不同。中国人讲学说理必要讲到神乎其神，诡秘不可以理论，才算能事，成为玄学。玄学所讲的是一而变的本体，而且不能界说。西方人注重科学，科学所研究的是固定的、具体的现象。在他看来，世界文明有三大体系，即西方、中国和印度文明。西方文化所走的是向前的路，主张征服自然，采用科学方法和民主政治。中国文化是以意欲自为、调和、持中为其根本精神。印度文化是以意欲反身向后要求为其根本精神。西方文化虽然很发达，但只能解决人的生存问题，解决不了人的精神问题，而中国文化可以解决人的精神问题。因此，世界发展的方向是中国文化的复兴。①

再进一步看，中西方社会也极不相同，其中宗教起了关键的作用。西方基督教教义宣扬神绝对唯一，兼爱同仁，超脱世俗，所以形成集团组织；社会秩序靠法律维系。中国人则崇拜祖先，以家族体系形成宗法社会。中国人徇情，缺乏组织能力，毫无纪律，个个都是顺民，又个个都是皇帝，国家观念淡漠。中国不是靠法律，而是靠伦理维系的社会，国和家一体。中国社会不存在阶级，因为土地可自由买卖；土地集中垄断情形不显著，存在着大量的独立生产者；有科举制度保证政治上的人才流动。中国疏于国防，缺乏户籍和地籍，一切国势调查不清，重文轻武，因此不像一个国家。从历史的发展来看，中国社会循环于一治一乱之周期而无革命发生。②

其次，如何解释近代中国所遇到的困境，特别是乡村衰败的原因在哪里？有人说是在"帝国主义与军阀"，又有人说是在"贫、愚、弱、私"，梁漱溟认为这二说都不正确。他提出，外界问题（帝国主义）虽是有的，但中国内部问题大过外界问题；个人的不健全也是有的（贫、愚、弱、私），但社会的不健

---

① 参见梁漱溟：《东西文化及其哲学》，载《梁漱溟全集》，第1卷，济南：山东人民出版社，1989，第358～359，382～383，528页。

② 参见梁漱溟：《中国文化要义》，载《梁漱溟全集》，第3卷，济南：山东人民出版社，1990。

全大过个人的不健全。他的看法是由于近代西方势力入侵，破坏了中国传统的社会文化。乡村遭破坏表现在两方面，一是天灾人祸，日子不好过；二是风气改变。本来在一个社会里最要紧的，就是由法制和风俗等组成的社会制度。这种社会制度或风俗习惯的崩溃破坏，实在是最重要、最深刻的破坏。别的破坏还好办，这种破坏最没有办法。延续数千年的社会秩序，一旦遭破坏，便无法恢复原状。中国的问题就是文化失调，极严重的文化失调，其表现出来的就是社会构造的崩溃，以及政治上的无办法。①

梁漱溟主张，乡村建设即为自根本上建设中国。每个国家的现代化都应以其自身的历史传统为背景，不能轻易模仿他国。中国一直以乡村为本，然而近代实行的历次变法维新、革命等，都先从上层中央政府改变起，再逐渐延到乡村，因此未能从根上解决问题。社会是有机的，要为社会开生机，必须从根上开，即重建一套组织系统，并使之与中国社会相配合。不能急功近利，要从小范围着手，慢慢做到大处。在乡村中培养新组织，使其生根发芽，吸收先进的生产技术、组织方式。除了从乡村着手以外，其他没有合适的地方。将所要做的工作归结起来，就是创造新文化，救活旧农村，开出新道路，救活老民族。因此，乡村建设运动起源于救济乡村运动，或乡村自救运动，起源于积极建设的要求、重建一新社会构造的要求。中国政治问题的解决、经济问题的解决，必走乡村建设的路，必走振兴农业以引发工业的路。所以，乡村建设实非仅建设乡村，其目的在于整个中国社会的建设，也可以说是一种建国运动。而乡村建设最要紧的，是要培养农民自觉和乡村组织。在这场运动中，有外国机构、中国政府、银行界、社会团体等帮助并支持乡村，但农民自身必须动起来。②

乡村建设具体的组织办法为村学乡学。梁氏主张师法古人，采用历史上的

---

① 参见梁漱溟：《乡村建设大意》，载《梁漱溟全集》，第 1 卷；《乡村建设理论》，载《梁漱溟全集》，第 2 卷，济南：山东人民出版社，1990。
② 参见梁漱溟：《乡村建设大意》；《乡村建设理论》；《山东乡村建设研究院及邹平实验县工作报告》，载章元善、许仕廉：《乡村建设实验》，第 2 集，上海：中华书局，1935 年发行，1938 年再版，第 177～178 页。

乡约制度，对其进行补充和改造，成为"村学乡学"。古代乡约的四大纲领为：德业相劝、过失相规、礼俗相交、患难相恤，其根本的目的是引导人的精神向上。近代西方政治是以个人权利为出发点，从个人生活出发而不从人生向上出发，提倡的平等是一种机械的平等。例如，当时地方自治模仿西方，规定凡公民都有选举权，结果让一个品行很好、读书的老先生，与妓女一样投票，这不一定合理。①再如，当时地方自治重事不重人，等人犯了错送去官办，只是惩罚，其目的是解决事情，毫无爱惜人之意，而最终也解决不了事情。这种体制使彼此牵制防制，构成一种对抗之势，违反伦理情谊，实在是地方自乱。

中国的村庄像一个大家庭，应提倡尊长爱幼，克己让人。实行村学乡学，即用村学代替村公所，用乡学代替区公所。这样，县自治机关的系统就是县政府——乡学——村学，一方面是乡村自治机关，另一方面是乡村教育机关，使得行政机关教育机关化。传统乡约需要补充和改造的地方有四点：一是将消极的彼此顾恤，变成积极的有所作为，如合作生产，合作运销。二是发挥理性，提振志气。三是乡约非仅一乡之约，要往外发展。四是乡约不可以借政治的力量来推行，要依靠社会团体的提倡，以社会运动的方式来推行，自发自愿。乡村建设是建设社会组织；而此社会组织，"是一个生长的东西、慢慢开展的东西，从苗芽而生长，从端倪而开展。其苗芽端倪在乡村，从乡村慢慢开展成一个大的社会"②。这就是说，社会组织不能凭空造出，而一定是从社会生活的需要产生的。

梁漱溟强调，乡村建设运动与农民革命运动不同。农民运动为中国当时必定要有的，谁若忽视农民运动，便是不识时务。然而，乡村建设与农民革命有三点不同：一、中国社会散漫和平的特质。因为散漫，斗争就无从斗起，斗亦斗不出结果来；因为中国人习性和平，所以对于斗争破坏深恶痛绝，遂不见容于社会。更重要的是，农民运动的要旨在于培养起农民自身的力量，对向来缺

---

① 参见梁漱溟：《乡村建设理论》；《答乡村建设批判》，载《梁漱溟全集》，第2卷。
② 同上书，第337页。

乏团体生活的中国农民，必须从正面做慢功夫才有结果。二、中国革命的特殊性，即从外引发而非内部自发，以及中国革命现在所走到的阶段，即旧秩序已遭破坏，正处在无秩序，并非有一不平等的秩序。现在需要以建设完成革命，以进步达到平等。斗争破坏只会将中国淹滞在纷乱和不进步的状态中，革命反而不得完成。三、改造中国手段的特殊性。今日中国社会需要整理改造，而不是阶级革命；农民地位需要增进，而不是翻身。因为在经济上中国与西方近代国家所走的路不同，西方近代是从商业到工业，我们是从农业到工业，从农业引发工业是中国的翻身之路；西方是自由竞争，我们是合作图存。在政治与社会关系上，为了增进社会关系，必须避免个人营利，以他人为手段；必须避免彼此竞争，造成偏颇集中之势；必须避免阶级分化，增加社会间的矛盾。中国问题的解决不在于消除不平等，而在于民族解放，社会改造。①

梁漱溟非常看重社会组织的整体性，他说："社会构造好像一架大的机器，一架大机器的各个机件如果配合好了，向前转动起来才能进行顺利；如果配合不得当，则马上动转不得。硬要动转它，会把全盘机器弄坏的。简单的机器还好办，越是复杂巧妙的机器越难办，其中有一个小螺旋钉配合不好，全盘大机器便不能动。"②他的这一观点，与西方社会学界流行多年的结构——功能主义理论有异曲同工之妙。

简言之，中国社会的改造在于乡村改造，而乡村改造的根本在于人、组织、文化的改造，这就是晏阳初、梁漱溟的基本主张。

第四节　求治必于乡村

乡村建设最初是由一些高等学校、社会服务机构、开明乡绅等依各自的背

---

① 参见梁漱溟：《乡村建设理论》，载《梁漱溟全集》，第2卷，第409～411页。
② 梁漱溟：《中国社会构造问题》，载《乡村建设》半月刊，山东乡村建设研究院出版，第6卷，第3期，1936年9月16日，第4页。

景与理想，本着改善农村生活的目的，分别建立实验区、平民学校、模范村或县等开展起来的。后来连不少国家行政机构、地方政府也参与其中。据国民政府内务部报告，至 1936 年，在全国已形成大大小小八百多个乡建中心。① 可以说，这是到抗战为止，中国近代历史上影响最广泛的一场社会运动。与政治军事革命不同的是，它是在承认现政权、法律和社会秩序的前提下，通过渐进的改良或改造而推行的一种和平且理性的建设事业。它旨在以实验的方式改造经济、文化、社会组织的基础。许仕廉在评价乡村建设运动时说：

"中国十年来的乡建运动，是由中国民族内发的，由社会主动的，求改进乡村社会经济的一种建设。是中国社会计划中一重要部分。其意义之重要，与苏联的五年计划，与美国的'New Deal'（新政）相同。"②

他进一步总结，乡村建设运动的意义在于：第一，中国乡建运动是由社会发动的一个民族自救的运动。第二，中国乡建运动是努力要将现代科学方法运用到中国社会，深入民间，普及到最低的社会单位如村庄等。第三，中国乡建运动是基于中国社会自身的需要和利益，是求经济自给的建设。第四，中国乡建运动是集农业、合作、卫生、教育各方面综合计划的，是顾及整个社会组织的全部而不是片面的。只有乡村经济稳定，工业才能发展，国家经济才能充实。国家经济充实了，中国才有实力和列强交涉，改善国际关系，求民族自由平等，促进世界和平。③

这也是一次中国历史上从未有过的大规模的教育、学术与现实生活相结合、知识分子下乡运动。当时所提出的"大学——社区"的概念，强调理论指导实践，实践反过来促进理论，就像是医学领域中的实习，或如英国伦敦经

---

① *To Mr. R. B. Fosdick (President of the Rockefeller Foundation) from James Y. C. Yen*, Oct. 17, 1945. RAC.
② 许仕廉：《社会计划与乡村建设》，载《社会学界》，第 8 卷，1934，第 264 页。
③ 同上书，第 267 页。

济学院对英国劳工运动的有效指导。在参与者当中，有大学教授、洋博士、老秀才、青年学生等。许多人放弃城市优厚的待遇和舒适的生活，自觉自愿到落后乡村，为的是给古老的民族注入生机，自最下层建设民主的基础。全国有数百个乡建中心或团体，其中规模、影响较大的，在华北有：河北定县的中华平民教育促进会，邹平与菏泽的山东乡村建设研究院，阎锡山在山西主持的各级自治系统及其"土地村有制"，华洋义赈救灾总会的乡村救灾、防灾及合作事业，燕京大学开办的清河实验区以及组设的乡村建设科，南开大学成立的经济研究所，协和医学院以定县、清河等处为乡村卫生实验场所。在华南有：金陵大学农学院乌江实验区，江苏省立教育学院所设无锡实验区，陶行知主持中华教育改进社的晓庄学校，江恒源、黄炎培所在中华职业教育社的徐公桥等实验区。上述团体中的大部分都是在学者或高校的主导下进行的。他们自下而上，从乡村教育、农业改良、地方自治与自卫、乡村工业、农村金融、卫生保健、移风易俗等基本方面入手，努力使中国农民摆脱贫困愚昧，推动中国农村走向现代化。

社会学者在乡建运动中所起的作用，主要体现在以下五个方面：

第一，设立实验区。如前述燕大清河实验区，是在许仕廉、杨开道的主导下，由燕大社会学系师生办理。

第二，为乡建培养人才。燕大社会学系一直注重农村问题，1932年设立了一个社会与人口研究委员会，由许仕廉任主席，杨开道任书记，专门进行农村社会研究。1933年，社会学系教师张鸿钧获得洛氏基金会资助，遍游欧亚两洲，考查各地农村工作实况，为训练学生做准备。1934年燕大成立农村建设科，汇合社会、经济、政治、教育、家政、化学、生物等系有关农村研究、农村工作的力量，以便集中培养乡建人才。①

第三，主持农村社会调查，使调查成为实验的基础，如前述李景汉等在定县进行的多项社会调查。定县的工作依据调查结果制定出长、中、短期的详细

---

① 参见杨开道：《燕京大学农村建设工作》，载《乡村建设实验》，第2集，第119～120页。

计划，然后根据计划进行小范围的研究实验，取得实际经验后，再在大范围内推广。山东邹平县乡村建设研究院亦开展了类似的工作，请定县平教会社会调查部干事李柳溪主持调查工作，并聘许仕廉和杨开道担任指导，编有《社会调查与邹平社会》。1932年秋，成立社会调查股（后改为社会调查部），请燕大社会学系教师万树庸主持，助理有学生张玉山等人。1932—1933年间做了六项调查，包括两次选样农户经济调查、两次户口调查、全县概况调查、农村经济及医疗疾病调查。其中全县概况调查编辑成《邹平概况调查》一册。①

第四，在舆论界造成影响。当时出版的各种报章杂志，常刊有《农村经济专号》《乡村教育专号》《各地农村调查》《各地乡村运动报告》等。在这些专刊上，时常见到社会学者发表的文章。天津《大公报》的《乡村建设》副刊（乡村建设学会办），曾由杨开道主编。

第五，参与整合乡村建设力量。1936年，由协和医学院、南开、燕京、清华、金陵各大学及平教会共六个单位，组合成立华北农村建设协进会。这些单位各按其所长分工，其中燕大负责教育和社会行政。社会学者如许仕廉、杨开道、李景汉、张鸿钧等参与协进会的工作，并协助组织了三次全国乡村工作讨论会。

在参与乡村建设的过程中，社会学者们一方面推动学科发展，奠定了中国农村社会学的基础；另一方面，他们同社会各界合作，并借助政府的行政力量，将自己的主张付诸实践，进行了一次社会变革的有益尝试。更进一步从观念上看，此前，中国人更关注社会的根本问题，爱谈理想原则，要求总解决，要有所破坏推翻，如革命、立宪等。而乡村建设和社会调查不求总解决，注重小的实际问题，力求踏实、细致地去做培养和建设工作。

20世纪30年代前期，乡村建设运动的力量逐渐扩大，发展到了高潮。乡建运动原本为一个知识分子下乡，运用自己的专业知识与技能，试图帮助农民

---

① 参见张玉山：《山东乡村建设研究院社会调查工作述略》，载《中央日报·社会调查》，第42期，1935年11月25日。

改变其生活、生产方式的活动。这种深入民间的工作，因其效果显著引起国民政府关注，进而加以支持与推动。有些政府部门如实业部与全国经济委员会，开始积极参与乡建。国民政府专门成立了农村复兴委员会。这一咨询机构的职能是进行农村调查与研究，以结果或建议送行政院备其查考。在农村复兴委员会的提议下，设立了中央农业实验所和中央农业银行，展开各种有关农村产销、金融等状况的调查（参与者包括陈翰笙、孙晓村等马克思主义者），编制农业年鉴等。①

为了进一步促进乡村建设工作，1933年，全国内政会议通过《县政改革案》，批准成立五个县政建设实验县，即河北的定县、山东的邹平与菏泽、江苏的江宁及浙江的兰溪。后来全国又陆续成立了一些实验县。这样做，实质上是给予进行乡村建设的学者和专家们行政甚至立法权力，使他们不但可利用政治力量实行文化、经济改革，而且能推进政治体制本身的改革，改变"中国政治，为上下交相欺，以利交相诱之政治"。②以定县为例，定县平教会、河北省县政建设研究院、实验县三者的关系是，平教会的工作着重教育与学术方面，研究院则研究县政兴革事宜，并以定县为实验区，作为河北全省县政改进的先导。研究院内分调查、研究、实验、训练四个部分，实验县县长由研究院实验部主任兼任，平教会干事兼研究院院长。因此，在事实上，定县的行政工作由平教会主导。③

乡建运动本是不同背景的组织分别发起的，为了便于相互交流经验、汇聚各方面的力量，连续三年组织召开了三次全国性的乡村工作讨论会。第一次是1933年7月，在山东邹平乡村建设研究院开大会，发起人共11位，其中有李

---

① 参见孙晓村：《行政院农村复兴委员会一年来之工作》，载《乡村建设实验》，第2集，第255、262～263页。

② 山东菏泽实验县县长孙廉泉语，见徐宝谦：《全国乡建运动之现状与问题》，载《乡村建设实验》，第2集，第493页。

③ 张群：《调查乡村建设纪要·序》，国民政府军事委员会委员长行营、湖北地方政务研究会调查团编，湖北地方政务研究会发行，1935。

景汉、梁漱溟、晏阳初、许仕廉、张鸿钧、杨开道等,到会代表70余人。第二次会议于1934年10月在定县平教会召开,有来自11个省76个团体机关的150余位代表,较第一次增加一倍。第三次大会于1935年10月在无锡江苏省立教育学院举行,出席者有169人,代表19省市的104个团体,包括政府机关、学校、民间团体、学术单位、教会等,旁听者每次均在100人以上。其中杨开道代表燕大,许仕廉代表实业部,言心哲代表中央大学,乔启明代表金陵大学。大会主席团7位主席,包括梁漱溟、晏阳初、许仕廉等。[①]

定县平教会的文艺教育负责人孙伏园,把这场蔓延至全国的"实验"与太平天国、戊戌变法、辛亥革命、新文化运动、1925—1927年大革命相提并论,并称这第六次运动是弥补前五次运动之缺陷而发生的。[②] 美国记者埃德加·斯诺干脆称之为"定县主义",可见其在当时影响之大。[③]

乡村建设运动在其高潮时期,因日本全面侵华而告结束。千千万万人费尽十年心血建立起来的功绩,被一场极其深重的国家民族危机所吞没。抗战开始后,有些乡建工作者辗转至后方,继续其未竟之事业。例如中华平民教育促进会撤到湖南,后到四川,于1940年在四川成立了一所培养乡建人才的高等学府——乡村建设学院。然而,作为一场大规模社会运动的乡村建设是结束了。

对这场社会运动进行总结和反思,可以发现,乡建工作者尽管对乡建的目标、步骤、方法等意见不一,工作各有侧重,然而有一个共同的特点,就是他们都认为乡村建设工作是唯一至高无上的救国事业。他们所遇到的困境,从客观上看,有内外两方面的因素。在外因方面,面对的是极其不利的国际环境,

---

[①] 参见江问渔、梁漱溟:《乡村建设实验》,第3集,上海:中华书局,1937年,1938年再版,第2～15页;西超:《全国乡村工作讨论会的印象》,载《中国农村》,第2卷,第1期,1936年1月,第39～47页。

[②] 孙伏园:《全国各地的实验运动》,载《民间半月刊》创刊号,转引自千家驹,《中国的歧路——评邹平乡村建设运动》,载《中国农村》,第1卷,第7期,1935年4月,第2～3页。

[③] 据吴半农:《论"定县主义"》,载千家驹编:《中国农村经济论文集》,第16页。

其中最大的危机是日本侵华，中断了包括乡村建设在内的无以数计的文化、建设事业；另一不利因素，是西方国家20世纪30年代经济大萧条波及中国，使中国的农村、城市呈现经济衰退。在内因方面，因所推行的各种建设工作属改良性质，需要长期不懈的努力和巨大的人力、物力、财力的投入，所以进度缓慢。

乡村建设的工作成效，也遭到了各界批评。批评者认为：一、乡建工作过于肤浅。二、有些工作如抵御外力，整理田赋，改革地权，垦荒殖边，修缮水利及道路等，绝不是一省、一县或一村之力所能完成的，必须由中央政府通盘筹划，并督促地方官民进行。三、重农轻工，世界上没有一个国家可以绝对地闭关自守，回避走工业化的途径。[①] 四、定县的工作是美国的金圆铸成的。[②] 在批评者看来，乡村建设最大的问题，是选定一地方为试验区域，集中专家的力量，为之设计筹划各项建设工作，向国内外公私个人和团体筹钱，进行品种、农具改良，发展经济合作、卫生事业，改善教育、交通和自卫。通过诸外力的帮助以及雄厚财力的支持，农民表面上生活较以前改进许多，农村破产之危机似可从此解除。谁知一旦环境变迁，或因财力中断，或因主事者他去，结果数年或十几年的建设事业荡然无存。农民贫困如故，愚昧如故，衰弱如故，散漫如故，并未达到"乡村救济"或"乡村自救"的目的。

在各界的批评中，以来自马克思主义者方面的批判为最猛烈。在马克思主义者看来，乡建派最根本的问题是不反帝反封建。[③] 对此梁漱溟辩称，他们并不是不反帝、不反封建，他不同意"以封建社会、资本主义社会这类公式范畴，加于中国社会史上"。中国的政治问题关键在于国权建立不起来。军阀武力横行，法律无效，政府腐化贪污，下情隔膜，民间痛苦万状，内战连绵。这

---

① 毛起俊：《从各地乡村建设说到河南辉县乡村建设》，载《中央日报·社会调查与研究》，第68期，1936年10月12日；第69期，10月26日。
② 中华平民教育促进会曾获得美国各界捐款多年，其中最大的资助来自于洛氏基金会。
③ 例如千家驹、李紫翔编：《中国乡村建设批判》，上海：新知出版社，1935。马克思主义者对乡村建设运动的批判，详见第九章第三节。

些问题在梁看来，是国权建立不起来的结果，并非因军阀割据而国权不得建立。中国此刻的问题不在于阶级间的不平等，而在缺乏秩序。因此，关键是要使社会从散漫趋于联系，从矛盾转向协调；使社会凝聚于一共同意志；使社会真正有力量。另外，应区别地主和土豪劣绅的问题。地主与佃农之间算是乡村内部的矛盾，而土豪劣绅却不算。地主固然有时兼为土豪劣绅，但后者却不必皆是地主，有时地主正是豪绅敲剥的对象。社会中有土豪劣绅并非由于制度之不公平，而主要是因个人为人的不好，同贪官污吏是一类问题。[①]

然而，在回应马克思主义者批评的同时，梁漱溟也承认乡建运动的致命弱点，即"两大难处"：[②]

第一点是高谈社会改造而依附政权。乡建工作有时不得不依附政权。乡建所做的是能慢不能快的建设和教育功夫，所以需要长期稳定的财源，而乡建运动自己没有财源。国内各地乡村工作的经费，不外是从政府或外国来的。另外，乡建常常需要借行政力量推动才有较大的成效。当时的乡建讨论"政教合一"，即要一面借行政力量办教育，尤其是办民众教育；一面拿教育的方法，教育的功夫，来推行政府所要推行的各项新政。但如此下去，乡村工作有行政化的趋势，若乡村工作果真变成这样，那还谈什么社会改造呢？梁氏提出，要建设中国，就应加强社会运动团体和现政权两大系统的合作。乡建同政府是彼此相需而非不相容的，但绝不能因为与政府合作而失掉了自己。

第二点是号称乡村运动而乡村不动。农民并不太欢迎乡建工作，至多是不反感而已。除个别地方是本地人起来自救自卫之外，在大多数地区并未真正调动起农民。开会时有技术人才，有地方、中央政府的人，但最多的还是教育界的人，乡村农民的代表几乎没有。如果农民不动，那乡村运动算怎么一回事呢？为什么与农民应合而合不来？梁氏认为，乡建同农民处于对立的地位，农

---

① 梁漱溟：《答乡村建设批判》，重庆中国文化服务社印行，1941年，载《梁漱溟全集》，第2卷，第587～658页。
② 梁漱溟：《我们的两大难处——二十四年十月二十五日在研究院演讲》，载《乡村建设》，第6卷第14期，1937年4月1日。

民是被改造的对象。乡建工作者在本质上有和乡下人天然的不能一致之处。另外，农民为苛捐杂税所苦，但乡建不能马上替他减轻负担；农民没有土地，但乡建不能分给他土地。他所要求的好多事需要从政治上解决，乡建工作者开头下乡工作时，还没有解决政治问题的力量，当然抓不住他的痛痒，也就抓不住他的心。

如此看来乡村建设的核心，是要能把握乡建的主动力量——农民本身。如何才能做到这一点呢？当时不少社会学者认为，关键是建立有效的农村基层组织。前述杨开道、梁漱溟提出实行乡约。乔启明则认为，当时农村中已经有各种专门的组织，如在经济方面有产销、金融合作组织，政治上有自治组织，教育、卫生、娱乐等方面也有各自的组织。但这些组织只能办理一种事业，代表一部分农民的利益，范围狭小。今后应打破组织的分化和孤立现象，注重组织间的联络与协调，形成一个有法律地位，融合政治、经济、社会事业为一体的总组织，即社会学者所称的社区组织。乔氏称之为农会。[①]

从后来的历史发展来看，如何建立有效的农村基层组织，的确是仍需不断探索的中国农村发展的基本问题之一。

---

① 参见乔启明：《中国社会经济学》，第445～450页。

第五章 人口——社会的基本元素

人口，是组成社会的基本元素。人口问题，是社会研究的基本问题之一。许仕廉在《中国人口问题》一书中说："人口是社会与国家的原料，是文化与财富的生产者。所以要研究各种社会问题、经济问题、政治问题、教育文化问题，必从人口入手。"[①] 中国人口问题对社会的影响，并不亚于某些重大政治事件或思想运动。事实上，生活在20世纪末至21世纪初的人们，都能深切地感受到人口对社会作用之巨大，影响之深远。而围绕着人口问题及其相关政策，一直有不同的意见与争论。

在关注人口问题的社会学者中，陈达是下了深工夫的一位。自20世纪20年代始，陈达便力倡"生育节制"。抗战时期，他在云南主持了以现代统计方法进行的较大规模的人口普查与人事登记。陈达等社会学者认为，人口问题的研究可以给中国社会科学的发展打下基础，并为中国的现代化建设打下基础。

第一节 乐观？悲观？

20世纪初期中国知识界对人口问题的认识，是围绕着对英国经济学家马尔萨斯（T. R. Malthus, 1766–1834）人口理论的阐释、争论展开的。这场争论时断时续，一直持续了大半个世纪，直到20世纪70年代末，中国政府将"计

---

① 许仕廉:《中国人口问题·序》，上海：商务印书馆，1930，辑入《民国丛书》，第3编，第16册，上海：上海书店，1991。

划生育"定为基本国策为止。

马尔萨斯的人口理论,简言之有两个基本出发点:一、人类的生物性,即性欲不变。二、食物是维持人生存的必需品,人口的增加要比食物的增加迅速。在马氏看来,阻抑人口增加的因素,有"天然的限制"和"预防的限制"两种。所谓"天然的限制",是指战争、灾害、疾病等自然力量;"预防的限制"指的是人类自身的节制,如不婚或晚婚。值得注意的是,从1798年到1834年,马氏的《人口论》一书印行六次之多,每个版本多有增删和修订,因此不能仅以第一版为标准,后几版中的论述更为周到。例如,在第一版中,食品与人口的增加速率分别以算术级数与几何级数表示,两者的关系说得很确定;在第二版中提到级数,以后便再也没提。又如在最初的版本中,他认为预防限制的力量小于天然限制,但后来逐渐重视、强调预防限制。另外,他还把食物改成较为宽泛的"生活素",大致相当于现今所说的生活资料。

马尔萨斯的《人口论》有一章专门论述中国人口,其材料源于耶稣会士和其他在华外国人的著作。马氏认为,中国土地虽广,资源虽丰,人民勤俭耐劳,但因人口稠密,所以贫穷与罪恶盛行,大多数人终日辛苦却不得饱食暖衣。中国人口繁盛的主要原因有三:一、地处温带,土地肥沃,多江河湖沼,有利于耕植。二、历朝历代重视发展农业,人民的劳力集中于此,所以农业技术发达,土地利用普及,能生产出大量的生活资料。三、中国人崇祀祖先,繁衍种族之心极强,因此鼓励结婚,甚至早婚,以无后为不孝,形成蓄妾的风气。而人口的增加使食物与人口比例失调,已经可见疾病、杀婴等限制方式在起作用。①

那么,中国人是怎样看待自己的人口问题的呢?人口理论是由特定的生存环境所决定的。中国古代地广人稀,因为军事或农业生产的需要,统治者和思想家多主张奖励人口增加。人丁兴旺,多子多福,象征着个人与国家的发达。

---

① 以上两段,参见陈达:《人口问题》,第二章,上海:商务印书馆,1934年初版,1935年再版,辑入《民国丛书》第1编,第19册,上海:上海书店,1989。

而到了清初乾嘉年间，天下太平，人口繁殖，生产不增，物价昂贵。清代学者洪亮吉"为治平之民忧"，于1793年在其所著《意言》中发表了人口论。洪亮吉（1746—1808），江苏人，进士。洪氏著作丰富，其《洪北江遗书》共220卷。《意言》为其中一卷，共20篇，他的人口思想集中表达在《治平》《生计》两篇中。洪亮吉提出的基本观点如下：社会安定，人类依自然法则一定要生育，但可养育的人口数受环境所限是有限的。物产的增加不能与人口的增加相适应，人口于百数十年间可增5～20倍，物产则因可能开垦利用的荒地越来越少，只能增加1～5倍。人口调剂的方法有两个，即"天地调剂之法"和"君相调剂之法"。前者即天然的调剂，指水旱灾疫；后者指以政府的力量，充分利用田地、民力，垦荒移民，禁浮靡，控制土地兼并，减税，赈灾。然而，这两种调剂方法对生育的控制均有限。另外，全体人口中未必都从事生产，财力分配也不平均。因人多而财寡，所以人口愈多，人民所入者愈微，所出者益广。人口愈多，劳力愈贱，物价愈贵，生计愈艰。财富少而消费多，失业及游手好闲者众，成为社会不安的隐患。①

洪亮吉的《意言》比马氏的《人口论》早五年，两人的观点有许多不谋而合之处，而洪氏不但指出人口与环境的矛盾，更提到因财富分配失衡，可能危及社会安定。尽管如此，他们两人的影响却不能同日而语。洪亮吉的论著被深埋于历史，最终因学界对马氏的兴趣而挖掘出来。② 马尔萨斯的人口论则在世界范围内引起了极大的关注，成为近代思想界最富争论性的议题之一。

在20世纪初期的中国，围绕着马尔萨斯的人口论，分成了三大派。第一大派是支持他的人，被称为人口过剩派或悲观论者。这派人注重人口数量与人生幸福及社会安定的关系。他们以为，社会中的种种罪恶痛苦，如贫穷、疾病、内乱、革命、犯罪、饥荒、水旱灾等，归根结底，都是因为人口过稠而食

---

① 转引自陈长蘅《补遗一，洪亮吉之人口论及物竞论》，载《中国人口论》，上海：商务印书馆，1918年初版，1928年再版，辑入《民国丛书》，第3编，第16册。

② 近代首次介绍洪亮吉人口思想的，为张荫麟《洪亮吉及其人口论》，载《东方杂志》，第23卷第2号，1926年1月25日，第69～74页。

物不足导致的结果。要根本解除这些痛苦，必从生育节制做起。

在中国，最早系统地介绍马尔萨斯的学说，并支持其观点的中国人是经济学者陈长蘅。陈氏曾于1911—1917年在美国学习经济学与商业管理，获哈佛大学学士学位。在哈佛留学期间，陈长蘅写了《中国人口论》。这是近代第一部系统论述中国人口问题的中文专著，于1918年由商务印书馆出版，后多次再版。此书由蔡元培作序。蔡元培在文中批评中国"号为文章国，读书者恒斤斤于文辞之工拙，而理论之精确与否转非所注意"；而陈氏书中则以若干统计表格，列出各国出生率、死亡率及婚姻率，并进行比较，一目了然，很能说明问题。

陈长蘅在介绍马尔萨斯理论的同时，还引用孔子、韩非等中国先哲关于控制人口数量，提高人口质量的观点。例如韩非以为，生育尽管是民众为建国保种之必需，但"存之在虚实不在众寡"。如何才能解决中国的人口问题，陈氏主张从婚姻改良入手，废除一些不利人口发展的制度，如一夫多妻、早婚、大家庭等，并改变传统注重子孙满堂的习俗。他强调，"利国福民有三大道，曰强，曰富，曰教。一国之富强教化，不应限于少数之人民，而贵能普及。必全国民众皆富皆强，咸沐教化，庶国以永立，民以永昌。"[①] 他总结欧美先进国家裕国富民的方法，除了重视实用科学，发展经济（特别是工业），拓地广土，殖民通商外，还有人口学发达，养生有术。

在其另一部著作《三民主义与人口政策》[②]中，陈长蘅更明确提出，在三民主义革命实现之后，要倡导一场"生育革命"。他强调，这场生育革命应不同于欧美国家自上而下不彻底的革命，而应让百姓都参加，这样才能收到良好的效果。他看到在西方社会，自觉控制生育的往往是上层阶级，越贫穷的人子女却生得越多。穷人和被压迫民族不知限制生育，自谋解放，而这正是资本家和帝国主义者所最乐见到的事情。他引哈佛大学经济学教授嘉佛尔的话说，"狐狸都是喜欢提倡野兔应该有大家庭"。英国曾于18世纪末实行"拯贫

---

① 陈长蘅：《中国人口论》，第1页。
② 陈长蘅：《三民主义与人口政策》，上海：商务印书馆，1930年初版，1933年再版。

制度",其本意是为了保证贫民的基本生存权,让他们按照家庭人口多寡向地方政府领津贴,却更助长了贫民早婚繁育,劳工数量增多,导致工资跌落,资本家的赢利因此增加,效果就像是政府补助资本家一样。陈氏以此说明,限制生育应该是一个普遍实行的政策,这样做尤其有助于改善下层人们的生活。①

应当指出的是,在当时的中国,能够意识到发展科学和军事对国家的重要性的人不在少数,但像陈长蘅这样明确提出研究人口问题,并将之提到国家发展战略高度的人,却是较为鲜见的。

另一大派是反对马尔萨斯观点的人,被称为乐观论者,即指这派人坚信人类征服自然的能力无穷,因此对人口与食品关系的发展前景持乐观态度。在众多反对马氏理论者当中,马克思主义者的观点最为鲜明。例如,中国共产党的创始人之一李大钊于1917年发表《战争与人口问题》一文。②李大钊最早是在日本接触到马氏理论的。当时,他常听日本政界人士依据达尔文进化论与马尔萨斯人口论,主张日本欲图生存,非向外发展不可。李氏对此提出批评,马氏人口论为近代侵略者提供口实;而达尔文进化论则有助于战争之恶,这一是由于此学说本身不完善,另一是被野心家所利用。在《战争与人口问题》一文中,他提出四点看法,对马氏理论进行批驳:一、各国实际情况不但没有人口过剩的问题,而且从长远来看甚至有减少的担忧。二、即便人口真的会过剩,以人类的生产能力,配之以丰富的自然资源,解决生存之道应该不是问题。再者,以限制出生的方法预防人口过剩,其效果也值得怀疑。三、土地报酬递减率是可以用发挥人的主观能动性来加以对抗,甚至将其完全抵消的,文明程度的提高终可战胜自然。四、马氏既然认为人口的过剩不能避免,又认定土地报酬的递减也是不可抗拒的,则战争、瘟疫等灾祸必然发生。但这一方面抹杀人类反抗自然之本能,助

---

① 陈长蘅:《三民主义与人口政策》,第91~92页。
② 参见李大钊:《战争与人口问题》,原载1917年3月30日《甲寅》日刊,辑入《李大钊选集》,北京:人民出版社,1959年第1版,1978年第2次印刷,第83~85页。

长了消极被动、听天由命、任由宰割的思想，另一方面则为侵略者发动且美化战争提供口实。由此可以看出，李大钊坚信科学文明、人定胜天的思想观念。

在李大钊、陈长蘅等发表上述论著之后，由于人口问题开始逐渐引起中国社会各界的关注，《新青年》杂志遂于第7卷第4号（1920年3月）出版了《人口问题》专号，让各派观点得以讨论。这一专号上共有8篇论文和1篇书评，书评是顾孟余简介陈长蘅所著《中国人口论》，论文中有马寅初《计算人口的数学》、陶孟和《贫穷与人口问题》等。支持马氏理论，并主张实行生育节制的观点，以顾孟余《人口问题，社会问题的锁钥》一文为代表。顾氏提出，人满为患会给经济、文化、社会造成恶果。解决的办法则包括规定最低婚龄，禁止纳妾，改革某些造成人满为患的伦理习俗，提高人民的生活水平，提倡科学、美术教育，定期救济穷人，并实行各种保护劳工的政策。

在同一专号上，提出马克思主义人口观，明确反对马尔萨斯人口论的是中国共产党的另一位创始人陈独秀。他所作的《马尔萨斯人口论与中国人口问题》一文，同李大钊持类似的看法。陈独秀认为，过去若干年间欧洲人口变动的情况表明，人口并未按几何级数每25年增加一倍，一些国家至今仍感人口不足，因此随着科学的发达，生产技术的进步，食物不可能成为人口增长的障碍。此外，陈独秀特别强调贫困的原因主要是由于财产私有、分配不均所造成的，即"一阶级人底占据有余造成一阶级人底不足"。① 在他看来，马氏只注重食物一项，将贫困归结为人口过剩而食物不足，结果把分配不均、科学不发达、生产技术不精、劳动力数量不足、交通不便这五大原因都忽略了。包括人口在内的种种社会问题的根本在于社会制度。社会制度的缺陷导致贫穷，并使得贫民子女不能受教育。若不看社会制度而专门限制人口，就是限制下层贫民的生存、生育权利，是劫贫济富的办法。这办法可能会造成贫民子孙中的人才被埋没，而富人的游惰子弟却把持资源，祸害国家。中国人口过多的现象并非是按土地比例的人口过多，乃是不生产而消费的游惰人口过多。要改变这个

---

① 陈独秀：《马尔萨斯人口论与中国人口问题》，载《新青年》，第7卷，第4号，1920年3月。

"游惰神圣"的社会制度,解决中国人口问题,就要发展生产、交通事业,推动科学和生产技术,增加劳力的数量,消除游惰的上流阶级,平均分配财富。应当限制人口,但不能仅限于贫苦的劳动者,应着重限制上流社会人口。

当然,马克思主义者也并不都反对节制人口。1922年,通过在美国留学的社会学者陈达介绍,美国新马尔萨斯主义者山额夫人(Mrs.Margaret Sanger)到中国宣传节育,虽有很多反对她的人,但也有不少人支持她的观点。此时,马克思主义者、中共"一大"代表李达,即表示赞同节制生育。李达专门翻译了日本人安部矶雄的著作《产儿制限论》。他希望唤醒大家,并说服反对者,节育可在三个方面补救社会的弊病:第一,在资本主义统治下,无产阶级男女只有生育本能,没有教养的资力,他们若能实行生育限制,则为一缓解艰难生活的有效方法。第二,资本主义的发展靠的是剩余劳动力,实行生育限制,则不为资本家生产劳动预备军,从而限制资本主义发展。第三,无产阶级妇女常常因养育儿女而遭遇不幸,实行生育限制可以减免她们的苦痛。鉴于许多马克思主义者不赞成生育节制,怕因此而忘却社会改造的根本目的,李氏亦同意推翻资本主义制度的"根本的方法"比新旧马尔萨斯主义者的方法更为有效。然而他仍旧主张,在此过渡时期,生育节制可以救助无产阶级,是社会问题的临时补救方法。①

自从山额夫人来华宣传,她的演讲记录遍载全国报纸,论著在中国出版,②中国知识界便有越来越多的人鼓吹生育节制。如前所述,在农村社会经济的研究领域,原本便有一批人认为中国农村最核心的问题就是人多地少,人口素质低下。到了20世纪30年代,主张生育节制的观点在舆论界占了上风。1930年,上海设有生育节制研究会的组织。1932年,北平成立了妇婴保健会,注重实际指导,会中设有指导所,由女医师主持,并由社会服务人员担任家庭

---

① 李达:《〈产儿制限论〉中译本译者绪言》,载《李达文集》,第1集,北京:人民出版社,1980,第143~145页。

② 珊格夫人(即山额夫人):《家庭性教育实施法》,封熙卿译,上海:商务印书馆,1922年初版,1925年第3版。

访问及记录等事。该会在北平《晨报》出《人口》副刊，每月一期，向中上层人士宣传节育。1933 年，北平《实报》辟《节育讯》专栏，以工人阶级为对象宣传节育。1934 年，北平《全民报》辟《节育须知》一栏，作广泛的宣传。在南京，中央医院、鼓楼医院均设有社会服务室，派专员指导节育。①

对于这种影响日益广泛的节育宣传，马克思主义者再一次进行反击。1936 年 4 月，在马克思主义的农村经济理论刊物《中国农村》第 2 卷第 4 期上，发表了薛暮桥以"余霖"为笔名所写的《从山额夫人谈到人口问题》。②这篇文章针对人口、农村问题和帝国主义之间的关系，表达了三点看法：

第一，中国农村的种种问题不是由人口过多引起的。粮食入超是因为帝国主义的经济侵略，而并非是因为人口膨胀，不能怪农民不知节育。荒地年年增加，也并非是人口繁密所造成，而解决办法是发展农业生产，并打破束缚中国农业生产的重重锁链，绝不是"节制生育""限制人口"这些慢性自杀的政策。再有，假使中国农民真的分到"三亩有半"耕地，不受剥削，那么他们可勉强过着小康生活。但实际上，中国农民收获的一大部分，要被帝国主义和地主豪绅们所剥夺，这是问题的主要根源。

第二，马尔萨斯的人口学说丝毫不能解释当时资本主义各国所经历的经济恐慌问题，不过是替有钱人剥削贫民制造理论武器。资本主义世界中的人口问题，是存在着几千万的失业工人。这并非由于人口的增加超过了食品的增加，而是由于资本主义经济的发展，使大部分的财富集中到少数资本家的手里，许多小生产者因此纷纷破产。同时，大资本家为追逐利润，努力提高生产技术，用机器代替人工，结果许多工人被他们自己所制造的机器排挤到生产圈之外。他们捧着空腹，眼睁睁地望着资本家大规模地销毁"过剩生产"，这就是资本主义世界"相对的人口过剩"问题。

第三，解决人口问题的唯一办法不是节制生育，而是废除为了利润而生产

---

① 孙本文：《现代中国社会问题》，第 2 册，上海：商务印书馆，1943，第 157～158 页。
② 余霖：《从山额夫人谈到人口问题》，载《中国农村》，第 2 卷，第 4 期，1936 年 4 月。

的资本主义经济制度。而支持这个论点的最有力的事实就是苏联。由于社会主义经济建设获得成功，苏联人口的增加达到了空前的速度，同时也消灭了资本主义社会所不能消灭的贫困和失业问题。在那里看不到人口增加和食品增加之间的矛盾，人口问题得到了彻底解决。

综合上述多位马克思主义者的观点，其主要意见是，在半封建半殖民地的中国，人口问题是同民族解放密切联系在一起的。帝国主义的经济侵略和地主豪绅的苛重剥削，使中国的农业衰落，手工业遭破坏，新式工业发展困难，成千上万的劳动大众经常陷于失业或半失业的深渊里，在饥饿和死亡中挣扎。马尔萨斯、山额夫人等资产阶级学者所做的一切，都是为掩饰这些事实。因此，中国所面临的最大、最根本的问题是消除帝国主义和封建剥削，使生产力获得解放，而人口问题最终将会随着这些问题的解决得到解决。

在中国，针对马尔萨斯人口论的第三派意见，是所谓"民族主义派"。这一派也反对马氏理论，但其出发点是强调人口增加与民族生存竞争的关系。他们主张迅速增加中国人口，以抵御列强因其本身的人口压力而入侵中国。其实这一思想与做法在中国历史上早有先例。战国时期，约公元前495年，越国被吴国所灭，越王勾践退到会稽（今浙江绍兴）。他鼓励老百姓增加人口，如果女儿到了17岁或儿子到了20岁尚未结婚，其父母便会受惩罚。这项政策受到百姓的大力支持。公元前473年，越国终于灭了吴国。在近代，民族主义派最有影响的代表是孙中山。孙中山的著作中多次述及人口问题，但前后矛盾之处不少。他曾提到中国有人满之患，但总体上，他受进化论影响，深怀中国"亡国灭种"之忧。孙氏在论述"民族主义"时提出，往日中国民族繁众，不受异国的政治、经济压迫，但近百年来，中国人未见增加，而美国人口增加十倍，英国三倍，日本三倍，俄国四倍，德国两倍半，法国四分之一。他说：

"用各国人口的增加数，和中国的人口来比较，我觉得毛骨悚然！譬如美国人口百年前不过九百万，现在便有一万万多，再过一百年，仍然照旧增加,当有十万万多。中国人时常自夸,说我们人口多,不容易被人消灭。在元朝入主中国以后,蒙古民族不但不能消灭中国人,反被中国人同化。……殊不知百年之后,美国人口可加到十万万,多过我们人口两倍半。……如果美国人来征服中国,那么百年之后,十个美国人中只参杂四个中国人,中国人便要被美国人所同化。……如果我们的人口不增加,他们的人口增加到很多,他们便用多数来征服少数,一定要并吞中国。到了那个时候,中国不但是失去主权,要亡国,中国人并且要被他民族所消化,还要灭种。"[1]

孙中山以为,百年之后中国人将寡不敌众,被异族人侵略,有亡国灭种之祸,因此要救中国不可不增加人口。这作为鼓舞民心的政治口号,不能说不可,但如作为制定政策的依据,则与事实相去甚远。而且,因为这段话流传甚广,国民政府怕背负有违"总理遗训"的骂名,所以在相当长的时期内一直不提生育节制。

总之,20世纪初期中国关于人口问题的争论,包括上述从资源与技术、政治、民族等多个角度出发所表述的不同看法。社会学者多强调人口和环境的关系,认为中国已经人满为患,非节制生育不可。但他们当中有少数人如孙本文,持折中看法,即提出人口应适度发展。孙本文不认为中国人口已经过剩,人民的困苦贫穷也不是由于人口过剩所造成的;人口分布不均,实业落后,教育不发达,才真正是主要原因。他也提倡生育限制,减低死亡率,但同时主张以改良农植、奖励移民殖边的方法增加粮食生产,并发展工商业,普及教育,改善卫生条件等。[2] 然而无论如何,在没有精确的人口与生产统计数字以前,各方面关于人口问题的论断,是一种半科学半哲学的推论,充满了臆测,

---

[1] 孙中山:《民族主义》,载《三民主义》,长沙:岳麓书社,2000,第11、13页。
[2] 孙本文:《人口论》,载《社会学讲座》,第2集,台北:启明书局,1961,第107页。

流弊多端。1929年9月，在东京举行的第19次国际统计会议上，中国代表陈华寅同美国康乃尔大学教授韦尔考克斯，为了中国人口究竟是三万万四千万，还是四万万四千万的一个问题，舌剑唇枪，争辩两日，各有各的理由，谁是谁非，不能下一个公平的判断。[①] 这件事对中国的人口问题研究，是一个深深的刺激，也使得相关学者开始将注意力投向人口统计。

第二节 现代人口统计之路

在中国长期的历史发展中，历代统治者出于政治经济考虑，需要统计人口数量，但这主要是通过间接估算获得的。有时也举办户口调查，但其范围有限，如不包括老人和儿童；僧尼、奴仆、乞丐等下层人民多在摒弃之列；权贵们大量隐匿人丁；少数民族常未列入版籍，可不入户口册内。人民因为惧怕征收田赋、丁赋或力役，所以调查人口时常常逃避。另外，在调查中官吏作伪，传抄有误，历代疆域不同等因素，均使得人口统计不太可靠。

在现代社会，毫不夸张地说，人口统计是一个国家的立国之本。人口普查与登记所揭示的有关国民状况，如人口总数与密度，人口增长率，农村人口与城市人口的数量与比例，人均期望寿命，可服役人数，受抚养人数，家庭大小、结构，男女性比例，婚姻状况，教育程度，职业等，为基本国情的重要组成部分。同历史上的户口调查相比，现代人口统计有三个主要特点：一是针对全体人口直接清查个人，避免估算。二是采用系统的统计和分析方法，使结果更为精确。三是扩大人口统计的范围，使统计的结果不仅用于行政管理，而且也能用于学术研究。

自20世纪初开始，中国便尝试进行人口统计。社会学者在展开农村调查时，曾把调查农村人口特征作为主要项目之一。例如，李景汉的《北平郊外之

[①] 张履鸾:《江宁县481家人口调查的研究》，载中国社会学社编《中国人口问题》，上海：世界书局，1932，辑入《民国丛书》，第1编，第19辑，上海：上海书店，1989，第302页。

乡村家庭》和《华北农村人口之结构与问题》，乔启明的《山西清源县143农家人口调查之研究》，张履鸾的《江宁县481家人口调查的研究》①等。这些调查涉及农村社会经济生活的各个方面，其中对家庭结构、家庭人数与田地关系、人口密度、年龄分布、性别比、生育率、死亡率、婚嫁率、婚龄等，均有所描述，然而它们尚不能视作专门的人口普查。

1909—1911年，清政府为了改革政经体制，尝试进行人口普查。开始时仅为户籍调查，随后又加上人口的调查。不过，这次人口普查只在四省进行，因为辛亥革命的爆发而中断。这次普查的缺陷是像过去一样，清查户口的人员仍为各级官员、警察等。他们未经培训，工作方法上失误较多。警察、乡长及村长敷衍责任，不是在指定时间直接访问，因而无法获得准确的结果。民国成立之后，特别是从1932年到1937年抗战爆发前，曾举办过多次以县为单位的人口普查，分布在江苏、河北、山东、浙江、福建等省。但这些工作有的范围较小，有的存在种种方法上的缺陷。

中国社会学者一直在探讨运用现代统计进行人口普查的方法。1931年2月，中国社会学社召开第二届年会，集中讨论"人口问题"，会后出版《中国人口问题》论文集。这说明人口问题已成为当时社会学界最关注的问题。从论文集的内容来看，社会学者开始感兴趣于如何将西方现代人口统计引入中国，在这方面有两篇论文特别值得注意。

一是陈长蘅的《研究中国人口问题应行注意的几个要点》。陈氏首先提出，在中国研究人口问题面临五大困难：无精确可靠的人口统计；无关于出生、死亡、结婚、离婚、性别、种族、职业、疾病等人事登记；无国土面积、天然富源的测量；中国的社会学者、经济学者、统计学者、人种学者、优生学者，对中国人口的研究尚无多少成果，以供大家研讨而引起政府及百姓的关注；中国币制和度量衡乃至计算年龄的方法，向来不统一，难以作比较。接着，他就中

---

① 李景汉：《华北农村人口之结构与问题》，载《社会学界》，第8卷，1934，第1~18页；乔、张二文均见中国社会学社编：《中国人口问题》。

国人口研究提出了九个具体的问题：

关于人口数量方面有五个问题：

一、中国现在的人数大概有多少？

二、中国现在的人口究竟为渐增的、静止的或渐减的？

三、中国地大物博的真相如何？能容纳人口若干？

四、中国现时所受马尔萨斯所指示的人口压迫与马克思所指示的人口压迫孰重孰轻？

五、最低生活的最大民数和最高生活的最大民数，孰为适于国家种族的生存发达？

关于人口品质方面有四个问题：

一、人种是否有改良的可能？

二、遗传与环境于人生孰为重要？

三、遗传与环境，优生与卫生是否相反而不相成？

四、如何预防轩轾生育率的发生？

上述九个问题中有两个需要解释。一个是有关人口数量中的第四个问题。陈氏提出："人口过剩的压迫大概可分为两大类：一为因土地与资本太少，生产不够，分配不敷而发生的人口过剩。二为因土地与资本过于集中，生产虽多，分配不均而发生的人口过剩。"第一种即"马尔萨斯所指示的人口压迫"，第二种即"马克思所指示的人口压迫"。他认为在人浮于地而资本主义并不发达的国家如当时的中国，第一种的人口压迫特别严重。"欧美是不患寡而患不均"，中国是"固患不均而尤患寡"。另一个需要解释的是有关人口质量方面的第四个问题。所谓"轩轾生育率"又称作差别生育率，是指社会中的人们生育子女的数目，因经济、社会或教育的因素而有显著差别。大致而言，社会经济地位越高，受教育程度越高的人，结婚较迟，生育也较迟、较少；反之，生活贫困，受教育低的人，结婚早，生育子女也多。在当时的人口学者看来，这是一种反优生现象，在欧美诸国已是颇严重的一个人口问题，在中国尚不严重，但已渐发生。陈长蘅认为，如果不预防，此种现象迟早必在中国重演。他提出预防的办法，包括实行民生主义，避免财富分配过于悬殊；普及教育，并提高一般人民的生活水平；普及节育和优生常识；节育运动应与救灾拯贫、失业救济、农民运动、劳工运动、妇女运动等并重；收养社会中有遗传缺陷的低能人，善待他们，但不让他们生育；城市设计应有长远的眼光，如美国人口学家托玛森（W.S.Thompson）所说，为了避免西方工业化和城市化的缺陷，如大城市的拥挤、污染等问题，应多建100万~150万人口以下中小的城市。

陈长蘅所提上述九个问题，无疑为在中国建立人口学划定了基本范围。此论文集中另一篇值得注意的论文，是言心哲的《中国全国人口调查之商榷》。言氏参照各国人口普查的经验，特别是美国的经验，并结合中国社会的习俗特点，提出在中国实行人口普查的具体方法：

一、人口普查应以十年为间隔，可于1936年试办，1940年正式普查。

二、普查日期宜订在冬季，因为中国农业人口众多，冬闲时进行此项工作较适合，可暂定于12月31日或1月1日。

三、调查方法，因中国大多数人受教育程度低，自己填表困难，应由政府派人直接调查。

四、经费宜由国家负担。

五、具体列出调查项目共17项（略）。

六、文盲与非文盲标准的界定问题。

另外，言氏还谈到人口普查之前所要进行的各种准备工作，包括培训调查员，大约须六七十万人；还应整理疆界与厘定各地区域名称。这些具体的建议，为后来中国的人口普查工作奠定了基础。

而在近代中国，真正为现代人口普查树立典范的，当推陈达及他在抗战期间于云南主持的清华大学国情普查研究所。

陈达于1923年从美国留学回国后，任教于清华学校，后担任清华大学社会学及人类学系教授、系主任。这位中国杰出的人口问题、劳工问题研究专家，有一个极为可贵的素质，就是做事一丝不苟，有一个小故事很能反映这一点。1924年《清华周刊》第332期登载了一条消息，题目为《黑暗演讲》：

"本星期二晚现代文化课上课时，电灯忽灭，而陈达博士照常演讲，精神倍加，同学亦寂不作声，静心听讲。迨下课时，灯尚未明，幸有本刊总经理王君士倬等携烛而来，一线光明，同学咸感戴不置云。"①

贯穿陈达一生学术生涯的正是这种执著的精神，而进行人口统计这一看似枯燥、实则很有意义的工作，也恰恰需要这种精神。陈达曾提到，学者的治学方法有两种，第一种是"天生的学者"，其治学方法是不可以学的；第二种学者的治学方法是可以经过训练掌握的。中国的学者如梁启超，英国社会学家斯宾塞等都属于前者。他们是天生的大思想家，涉猎广泛，博闻强记，才华横溢。另一种学者所用的方法，是随时、随地写笔记，按日期按题目将笔记反复排列，以期理出线索、因果或结论等，此种治学方法可以学亦应当学。②这后一种学者往往是某一领域的专家，陈达本人便属于第二种学者。他研究问题不求面广，坚持抓住一点就锲而不舍地钻下去，务求深透。他常说："我自己除本行之外其他都是外行。""我觉得一个人不容易通。我的办法是一条路，要走一条路才有成绩和贡献。"在研究中，他最为重视资料的搜集与运用。他常说："你有一分材料便说一分话，有两分材料，便说两分话；有十分材料，可以只说九分话，但不可以说十一分话。"③

陈达做学问如此，生活上也很简谨，不喜交际，工作上分秒必争，认真刻板。他曾受聘到南京当国民政府户政司司长，可视事不久就悄然挂冠回到了清华园，原因是"过不惯官场生活，也看不惯官场习气"。④陈达一生专攻

---

① 《黑暗演讲》，载《清华周刊》，第332期，1924年12月26日，第26页。
② 陈达：《浪迹十年》，第210~211页。
③ 袁方：《现代中国人口学的拓荒者——忆陈达先生》，载北京大学社会学系编印《社会研究》第4期，1988，第34页。
④ 全慰夫：《记陈达教授》，载《观察》，第2卷，第8期，1947年4月19日，第19页。

两个领域，一是人口问题，二是劳工问题。在这里将着重介绍他对人口问题的研究。

陈达对人口问题的研究，以抗战开始作界限，可分为两个时期。战前，他的成果为《人口问题》一书。①这是以陈达在清华授课时不断扩充的讲义为基础的一部教科书。书序开篇即引英国经济学家凯恩斯的一段话："因于最近的将来，人口不仅是经济学者的问题，将要变成最重要的社会问题，这个问题可以惹起人类最深奥的本能的反应与情感。且人类对于这个问题所表现的情绪，可与早年对于宗教战争一样的任性的。人类的历史将起始有一个大转变，如果文明人对于他的将来，自己预备实行有意识的控制；不和以前一样，采用盲目的天然淘汰。"在这里，陈达借凯恩斯的话，表明他本人对人口问题的基本观点，即认为这是关系到人类前途的大问题。

陈达认为，作为世界上人口最多的国家，中国人口问题研究意义重大。首先，人口研究应采取科学方法，搜集事实，并整理、分类、解释事实，再作结论，这样可以引导社会学走上实际科学的正路。其次，因为中国人口在世界人口中占有重要位置，所以中国人口的研究有国际意义。第三，中国过去缺乏准确的人口资料，国家的重要政策，不论对内与外，往往缺乏稳实的基础。如今国事日急，社会现象日繁，所以更急切地需要有关人口的资料，以便推行政治、经济、社会的改革和建设。

陈达是一位坚定的马尔萨斯主义信徒，《人口问题》一书清楚地反映出这一点。此书共四编，分述理论、人口数量、人口品质以及人口与国际关系。第一编理论，分析马尔萨斯以前的人口理论，马氏学说、马氏以后的人口理论，其中也谈到马克思的人口思想。马尔萨斯主义占一章，为最基本的人口理论。陈达认为，每个国家应根据自身的天然资源、文化特点、国政及民情，制定相应的人口政策，而马尔萨斯主义的观点最适合中国的国情。在最后一章"人口

---

① 陈达:《人口问题》，上海：商务印书馆，1934年初版，1935年再版，辑入《民国丛书》，第1编，第19册，上海：上海书店，1989。

政策"中，他对此有更详细的说明：一般而言，人口政策分两种，一种是鼓励人口的增加，优点是增加军士，如德国和日本；另一种是限制人口的增加。就中国的国情看，应采取生育节制的人口政策，这样可减低生育率和死亡率，改善人口品质，提高人民的教育程度和生活水平，进而稳定社会环境，解除国家患难。陈达写此书时，日本已侵占东北等地区，对于生育节制如何能够解除国家患难，他说了一句令他后来多年备受批判的话。他说：

"为求四省的恢复，我国必需要有军事的准备，这是无疑的；但比较根本的问题恐怕还不是军备而是人口的减缩。人口的数量务求减少，人民的知识务求提高，人民的体力务求强健。易辞言之，我国立国的基础，要建设在有职业，有教育，有爱国心的民众之上，那必须要改良人口的品质。目下国土日蹙，外患日急，我们应该减少人口的数量，提高人民的知识，然后可以实行巩固国防的工作。"①

抗战开始以后，陈达将上述观点付诸实践，努力推动科学的人口普查，并积极参与人口政策的制定。

第三节 生活难，工作亦难

抗战胜利前夕，时任美国驻华大使馆文化联络官的费正清夫人费慰梅（Wilma Fairbank），访问了坐落在云南省呈贡县文庙的清华大学国情普查研究所之后，写了下面这段话：

"清华大学国情普查研究所坐落在一所破旧的、杂草丛生的孔庙里。

---

① 陈达：《人口问题》，第 430～431 页。

第五章 人口——社会的基本元素 171

在这个令人伤感的倾圮中住着研究所所长、清华大学陈达教授。陈达五十多岁，美国社会学者们知道他研究中国人口问题很出名。他曾接到去美国的邀请，但却执意在此坚持到战争结束。他手下的研究和调查人员不断缩减，可他仍继续工作。他的主要目的，是要发展出一套最适合于在大量无知且迷信的人群中进行人口统计的技术。这需要（在设计问卷和调查时）谨慎地措辞，适当地安排提问的顺序。他们采用这套技术，正在抽选若干村和县做调查，以便获得中国将来作为现代国家所需要的基本人口信息，至少是样本信息。他们还将绘制关于土地所有制与人口密度关系的一系列图表，以反映这一领域科学、精确的知识。

评价：若是在正常的环境里，专业人员能开展工作的话，研究所的工作无疑是很重要的。而在目前贫困和完全隔绝的条件下，至少他们的勇气可钦可嘉。"①

抗日战争爆发后，清华、北大、南开三所学校共组西南联合大学，在云南昆明建校，陈达便在西南联大社会学系任教。在这一时期，陈达所做的工作及贡献有两个方面：一是主持清华大学国情普查所，在云南进行了严格运用科学方法的人口普查及人事登记，研究成果大部分总结于英文《现代中国人口》一书。二是同国民政府合作，借政府的力量推动人口普查与人事登记，并制定相关的人口政策。

清华大学国情普查研究所成立于1938年8月，主要目标是：一、试验并采用比较科学及比较经济之方法，搜集并整理中国人口及相关问题的材料。二、推广上述工作，以期全国可以采用此项方法。三、研究及发表相关成果，以期对于中国政府及中国社会科学有所贡献。② 国普所由陈达主持，其他研究

---

① W. Fairbank, *Memorandum Regarding Visit to the Yenching-Yunan Station for Sociological Research and Census Research Institute of Qinghua University*, July 2, 1945. RAC.

② 《国立清华大学国情普查研究所工作概况》，1941年3月，载《清华大学史料选编》（三·上），1994，第173页。

人员有戴世光、倪因心等。最初，国普所设在昆明市青云街169号，在联大校区附近。后因日机轰炸频繁，于1939年7月迁至昆明郊区呈贡县文庙。陈达每周三天乘火车到联大授课，另外四天在文庙进行人口研究。陈达曾以日记的形式，为这一段艰难的岁月作了详细而生动的记录。他是如此描述那一边躲警报，一边上课的教书生涯的：

> 轰炸机下读书声（1940年12月3日），"昆明北门外联大新校舍一八甲教室内，学生陆续来到，准备上人口问题课，时为晨十时三十五分。忽闻空袭警报。有人提议到郊外躲警报兼上课，余欣然从之。向北行，偏西，过苏家塘及黄土坡，见小山充满树林，前面海源寺在望，此地离北门约六里。学生十一人即在树林中坐下，各人拿出笔记本，余找得一泥坟坐下，讲 C. Gini 氏及 R. Pearl 与 A. M. Carr-Saunders 氏的人口理论，历一小时半有余。"①

在抗战期间，陈达一家的生活比战前可谓艰苦，因营养不良而影响到健康。他患神经衰弱，几次昏厥，后来又患痢疾，且目力衰退。他夫人患慢性肠炎，身体虚弱。抗战前，陈家雇女工二三人料理家务。入滇以后，女工工资每月从国币一元涨到三百多元，且有续长之势，便雇不起女佣。为了改善生活，他们一家在文庙大成殿后檐下，砌鸡窝养鸡，在崇圣祠前，挖地种菜。②

这所柏树浓荫下的老式建筑物，是一个隐蔽而幽静的地方。陈达选定文庙大成殿外面走廊西墙角光线较亮的地方，放上书案，一把藤椅，就成了他办公、写作的书斋，从清早到傍晚。只有星期天，他独自提着渔具、干粮到昆明湖（滇池）畔钓鱼，这是他唯一的消遣。③这样自甘寂寞的学者生活，同当时

---

① 陈达：《浪迹十年》，第201页。
② 同上书，第300～304，309～310页。
③ 廖宝昀：《现代中国人口·译后记》，《现代中国人口》，天津：天津人民出版社，1981。

的官场气派形成了鲜明的对比。例如,当时凡有高层官员到达呈贡县,各机关便派代表欢迎。1942年夏,内政部某次长路过呈贡,小学生排队欢迎,陈达九岁的小女儿旭清也在学生队列。第一日在烈日下等候三小时,"贵宾"未到。第二天继续去等,又没来。第三日才等到。小女孩对母亲说:"爸爸做的事,真教没有意思!天天在文庙读书,没有人理他。这位客人多威风!"①

除了专心研究,陈达有时不得不用一些精力与时间,应付各种生活琐事。对这些日常琐事的描述,也显示了他作为统计专家的独特观察。1943年1月8日日记,他记载了"呈贡寓所的老鼠":

"云南的老鼠,大如松鼠,重约十二两者常有,能由庭柱直上,上爬时四腿支开。分两排,一口气能爬上约两丈。余寓三台小学楼上,共三间,夜间时闻屋外的扶梯有老鼠上下,但主要进口是由土墙挖洞。余见洞即堵塞,大致以树杆、竹枝或石片为材料,随堵随挖,一洞堵好后别处又见一洞,有时每日堵,有时隔三日堵塞,夜间时闻鼠声,余有时起床活捉。某次见大鼠上蚊帐,由帐爬上粗绳,余用手杖击之,中头部坠地死。楼下厨房内老鼠特多,一日下午以打鼠机打之,一机于半小时内得五鼠。厨房内有木头水桶一对,俱被老鼠咬一孔,圆径约一寸。水桶一副,三年前购入计七元,现价约须二百元。

昨夜三时,有物自门上坠下,彭然有声,忽惊醒,知为大鼠,今晨六时半起,闻卧室内笋衣中作声,在墙壁间视之,见大鼠,以手杖击中之,受重伤,不久即死,重约十二两。"②

再看他记述1943年7月6日"厨房漏雨":

---

① 陈达:《浪迹十年》,第247页。

② 同上书,第294~295页。

"昨日晨六时起,天昏黑,但阶前各桶、盆、缸、俱未接着雨水,因前一夜并未下雨。余入厨房预备烧洗脸水,甫点着松毛,听雨声,接着就是崇圣祠前檐滴水声,接着就是厨房草披漏雨声,余用饭碗接漏,灶上共摆五碗,各碗很容易漏满,余忙于倒水,辗转倒换,周而复始,此外有一漏甚大,另用铝饭锅接之,如是者一小时半,雨渐小,余才开始煮稀饭。厨房长十步宽七步,今日有漏十四处。余杭有谚描写贫人的住屋云:'晴天十八个日头(太阳),雨天十八个钵头(接漏用)',我们的厨房离此标准已不远。"①

当时,陈达痛切地感到,中国人普遍不重视事实,特别是对统计数字更为马虎,且无健全的会计、审计制度,账目不公开,以至造成政商界贪污腐败盛行。而他所做的工作,就是记录事实,用事实说话。他随时随地记录社会事实。遇有婚丧事,他设法请管账先生抄示所用的物品,估计市价。因他经常骑马去视察各地人事登记情况,所以在他的日记中,可见到这样的记载:"今日马费国币550元,民国二十八年时一日马费国币七角正,五年半之内约增八百倍。"②又如当时教育部规定,各学校报领粮食补贴金以学校为单位。因西南联大位于昆明,教师所领补贴按昆明市米价折算,但国情普查所工作人员住在呈贡县,而呈贡米价要比昆明高。为了"请以私米售价折",陈达让国普所人员进行呈贡龙街米价调查,记录了一个多月中等米和下等米波动的价格,求得平均数,将报告盖上呈贡县县长的图章,并据此报请教育部。③

战争不但带来生活上的艰难与动荡,它对研究工作有时更会造成直接的干扰或损失。某次敌机轰炸北碚,清华大学藏书被焚。内有陈达自1923年开始,

---

① 陈达:《浪迹十年》,第299页。
② 同上书,第329页。
③ 参见《梅贻琦函教育部——为国普所请以私米售价折发代金》,1943年8月9日;国情普查所《呈贡县龙街米调查》,8月11日;《教育部函梅贻琦》,10月6日。均见清华大学档案。

近二十年时间所搜集的剪报材料两万余册,俱成灰烬。① 在呈贡期间,军人有几次到文庙,要求"借用"国普所的房舍作驻兵用。为此,陈达通过清华校长梅贻琦致函云南省警备司令部,要求"严厉取缔以重学术之研究"。② 然而还是挡不住。据一封国情普查所给清华大学办事处的信称:

"日昨有陆军第五军军官二名前来敝所视察房址,扬言该部奉令调驻呈贡,因有骡马数十匹,需要房舍宽敞之地。经同人等一再解释,置若罔闻,竟将陆军第五军政治部驻条(加盖国防)粘贴于大门上。同人等鉴于骡马驻扎影响同人工作生活卫生,不得已前往呈贡县政府请求设法协助。据县府负责人称:'本府曾据理辩护,并派人领导四出寻找空房庙宇多处,均可驻扎。无奈该军人员表示文庙极为适合驻扎骡马,希望能让与一部房舍等语'。"③

由此可以想见,国普所的工作人员在文庙与粗暴的军人及其骡马共处的难堪情形。

在20世纪40年代的中国,除了生活、工作条件上的艰辛,进行科学的人口普查与人事登记工作更是极不容易的。人口普查是在某一地区范围、在某一时间点上对全部人口进行直接计数。人事登记是要记录经常性的人口出生、死亡、迁移等变更情况。陈达先后选择了数个县市,进行人口普查与人事登记工作。在开始工作之前,一般先要取得地方上各级行政部门的支持。鉴于中国的国情,调查员多由小学教师担任,这要有教育部门的允许,因此上自教育厅厅长、县长,下至乡长与保甲长,均需配合工作。开始时先召集当地各小学教

---

① 陈达:《浪迹十年》,第452页。
② 《清华大学国情普查所函清华大学文书组》,1945年10月19日;《梅贻琦函云南省警备司令部》,10月24日。均见清华大学档案。
③ 《国情普查所给清华大学办事处的信》,1945年12月7日,见清华大学档案。

员,经过培训成为调查员(在人事登记中为登记员),由保甲长领导调查(在人事登记中为报告),国情普查所人员负责训练指导和监察。征召训练合格的调查员,并非一件容易的事。1941年8月昆阳县人事登记前,先办讲习班,全县小学教员60余人及另21人参加培训,之后测验,成绩及格者不及五分之一。有的学员作弊,还有的连"教育程度"都不明白。1944年8月,海晏县人事登记,陈达在视察时发现户籍员填表格的种种错误,如给新生婴儿填职业,包括"农""工""吃乳"及"吃如"等。甲长自家死人都不报告,开会请孩子代替等。[①]

再如昆明市的调查工作,于1942年2月2日至4月30日,进行了整整3个月。工作包括训练调查员,编户与调查,填写户籍登记申请书等项。仍以全市的小学教员充任调查员,培训一个星期。当时昆明市有市立小学25所,计有小学教员150余人,算来应是不成问题的。不料因工作自寒假期间开始,市小学教员因待遇过于微薄,这时都存着改行与观望的心理。再加上学校都疏散到离城一二十里外的乡村去了,让他们日间进城受训,晚间回家,亦颇困难。若集中住宿,因教员多系女性而尤为不便。又因经费的限制,委员会在调训时不能供给一日二餐的伙食费,每天每人仅发给伙食津贴国币3元。按照物价,就是加倍发给也是不足的。因此种种缘故,2月2日办理全市小学教员报到编组时,仅到了40余人,同所需调查员的数目相差甚远。国普所只得改变办法。他们请市政府召集各区镇长、各小学校长及小学教员等开会,当场议决:全市339保,需调查员339人,由市立小学派教员100人,由各区镇分派壮丁239人,充任调查员。然而培训一开始,就发现派来的人都是乌合之众,有商店的老板伙计,有工厂的职员工匠,有在家休闲的学生,有保公所的干事,各有各的出身、职业、教育。培训五天后举行了一次调查实习,结果成绩甚劣。经一再与市府当局商洽,市府决定将市小学教员的待遇提高一倍,重新调集全市小学教员。国普所工作人员从经验中体会到:以小学教师充任调查员,实在

---

① 陈达:《浪迹十年》,第225~226,332~334页。

是比较合适的。同时，为了避免父亲有事就派儿子来代替，或者丈夫代妻子受训等问题的发生，在训练时集中食宿与严格管理，也都很重要。①

在工作中经常要面对的，还有拖拉、敷衍的作风。1942 年 2 月在晋宁办调查员与管理员的训练班，陈达是这样记述的：

"1 月 31 日毕正祥（同事）与余自呈贡骑马赴晋宁，约 25 公里，共行 4 小时半，暂居于民教馆，揣其情形，以为余等决（绝）不至到得如此之早，因余住处事前毫无准备，余等至后，自己打扫房屋，整理毕，至县府，适有人打长途电话云：'告诉呈贡陈所长，晋宁训练班各事全多准备好了。'余闻此言，不觉一笑，因余等已看过文庙，地点虽经指定，但室内空空，全无准备。第二日晨起，毕与余往文庙清扫，余取树枝及小刀开旧式铁锁五把，然后将屋内打扫干净，取出草席晒之，旋拿铁锤钉好饭桌两张，并接洽借铺板 60 副。……2 月 2 日全县小学教员应该报到。是日县城是街期，但午前无人报到。下午一时以后，两三人成群到文庙内来观望，有人吸草烟，有人持旱烟管，无一人带铺盖者。本县的通令业已说明每人须自备笔墨及铺盖……今日来报到的人数中，有三分之一未拿铺盖……"②

调查所遭遇的另一大困难，是老百姓怀疑调查的目的，设置种种障碍。昆明的某个棉织厂有工人百余人，风闻户籍调查，以为是政府征兵或抽壮丁。因此，当调查队到附近时，工厂经理便带领全体工人下乡疏散，黄昏始归。日间关门，晚上开工。在调查中遗漏多的是老人、小孩、佣工、房客、贫民等。老人和小孩疏散在乡村，佣工则因主人以为不是一家人，无须填写。房东怕增加房捐，

---

① 周荣德：《记昆明市户籍示范调查》，载《新经济》半月刊，第 7 卷，第 5 期，1942 年 6 月 1 日，第 97 页。

② 陈达：《浪迹十年》，第 412～413 页。

隐瞒租屋情况。贫民则因保长为了想减轻派款，向来就没有编进保甲里去。有某军事机关负责人，认为调查是"汉奸行为"，竟扣押保长，并撕毁调查表。①

调查最不准确的项目是年龄。或因迷信，或因抗战时期一般乡民误认为借调查来抽壮丁，所以便隐瞒与谎报年龄。一次，某调查员见一妇人，就问长女几岁？答：19岁。问她在哪里？答在地里摘菜。调查员随后见一小姑娘，问：几岁？答：11岁。调查员转而再问妇人，答曰："我们对于年龄，大半是随便说的，她报11岁。你就填11岁好啦！"②又有一户填报四子女，长子11岁，据称已死。调查员取出死亡登记书作死亡登记。三日后该户主到保公所对保长说："长子未死，请撤销死亡登记。"保长问他，为什么调查员来时报告长子已死？回答说："妻见穿军服者入门，疑是办兵差者。此长子年纪20岁，正值壮丁年龄。俗有迷信，拿活人报作死人，于本人及家中不利，故请改正。"③

多少次，因怀疑人事登记的数字不准确，陈达与研究助手一道雇了马到乡下核实。有一次，他发现某村子出生婴儿报上来的全是女婴，没一个男的，值得怀疑。结果他们来回几十里路程，逐个按地址上门查访，都没有差错，才放下心。人事登记人员和调查员深知陈达的脾气，恐怕重复返工费时劳累，故对待工作不得不认真。④

第四节 中国现代人口普查的开端

国情普查研究所在高峰时期，有研究人员8人，调查员、统计员、练习生共18人。所研究的题目包括：云南环湖市县户籍示范，呈贡县农业普查，呈

---

① 周荣德：《记昆明市户籍示范调查》，载《新经济》半月刊，第7卷，第5期，1942年6月1日，第96～97页。

② 陈达：《浪迹十年》，第399页。

③ 同上书，第407页。

④ 廖宝昀：《现代中国人口·译后记》，载陈达著，《现代中国人口》，第121页。

贡县社会组织，呈贡县汽车路的研究，滇省三县社会行政，呈贡及昆阳人事登记，各国及中国人口普查方法的研究，我国人事登记制度的研究，我国战时移民运动与社会变迁，农民家庭的出款与入款，昆阳农民的阶级流动性，呈贡县的民风等。① 最有代表性的成果就是陈达的《现代中国人口》。②

陈达当时任世界人口学会副主席、国际劳工局专门委员。1944年上半年，陈达接到美国普林斯顿大学邀请，前往该校参加建校二百周年纪念学术讨论会，于是便为此准备论文。他以云南呈贡县四年多的人事登记实验资料，云南环湖示范区普查工作，昆阳县人事登记工作等为基础，并与中外相关资料作比较，写成《现代中国人口》，1946年由芝加哥大学出版社出版。随即以专题报告发表在《美国社会学杂志》1947年增刊号上。陈达的老师、美国社会学家乌格朋为之写了导言，称其"开中国现代人口普查之端"。

这部书的贡献主要有三个方面：

第一，总结中国历史上人口发展的规律。在陈达看来，中国历史上关于人口的资料有四大缺陷，一、人口数字或仅包括全部人口的一部分，或夸大虚报。中国历史上的人口资料不系统，只鳞片爪的资料主要来源于《通典》《文献通考》《通志》等。在行政事务中，官员仅需知道有关耕者的人数，特别是除耕种私田外，究竟有多少能耕种公田的人数；壮丁的人数，以定平时服劳役，战时服兵役的人数；能完纳税赋的人数。但这些仅是人口的一部分。官方对了解全体人口的状况毫无兴趣，也从未试图搜集有关资料。因此，中国的人口数据主要是与征税及强迫劳役制度相连。直至1712年，清康熙帝查出人口报告失实甚多，自此以后，才由谕旨"盛世滋生人丁永不加赋""摊丁入地"等，令今后所呈报的人口数不再作为摊派人头税的根据。但这又导致地方官吏虚报人口，特别是各省为表彰其地方上物阜民丰，而与人口滋长繁茂相提并论。二、对于人口数字缺乏直接调查，仅使用间接方法估计，如在某一区域确

---

① 清华大学国情普查所：《研究所三十一年度工作报告及三十二年度工作计划》，清华大学档案。
② T. Chen, *Population in Modern China*, Chicago: the University of Chicago Press, 1946.

定人数、家数，以此估计全国人口数目；由可耕地的面积来推算人口；利用食盐的消费量来估计人口。这些估算不太准确可靠。三、在明清两代，社会上或因犯罪被剥夺公民权，或被认为无文化、地位低下的人，都不准列入人口报表（即黄册）。四、记录、校对疏忽贻误。

尽管历史资料有上述多种缺失，但陈达仍试图对中国人口的发展规律作出总结。他认为，中国人口的变动是循环而非直线式的。大致上说，每当新朝代开基立业，社会安定与和平，出生数高于死亡数，人口因而增长。同时，因社会分工趋于发达，文化的发展也迅速得到提高。随着时间的推进，人口渐渐地增加，人口密度也渐次地增高，一直达到饱和点，即循环曲线的顶点。但人口仍继续不断地增加，因缺乏农业技术的发明与改良，所以对大多数人来说，生存竞争不断加剧。这么一来，瘟疫和饥荒等人口过剩的现象便接踵而至。直至人民的生活困难到无可容忍的地步，爆发革命或战争，这是暂时解除人口压力的办法，而新的朝代亦趋势而起。至此人口继续减少，直到达可能的最低水平，即循环曲线的基底。然后另一个循环开始。这种循环趋势不断反复发生，每一次循环可长达数百年，其时间的长短多由王朝衰落前人口压力的严重程度决定。中国人口变化的非直线趋势，正是由于中国从有史以来，农业没有很大的发展，生产方式无革命性的改变，耕作工具也很少有所改进。自公元初年至现在，中国的人口有五个循环周期，而20世纪40年代为第五个周期的高峰。

第二，阐述国情普查所的基本观点与工作方法。一、在中国进行人口普查，应充分考虑中国的国情和习俗。根据已有的实地经验，陈达提议将农历新年定为普查日，这对中国最合适，因为这一天人口流动最少，而且这一天对大多数居民来说也最好记。人口普查应循序渐进，自一县或一市开始，推广至一省，最后到全国。人口普查不应与保甲户口或警察户口混淆。保甲制度注重个人的财力，因此穷人及受抚养人常常被漏记。警察主要注意流动人口，因为这些人可能对社区的秩序与安全构成危险。这两种制度与人口普查的目的不同，都不是要统计在某一时间地点的全体人口数目。中国是以农为主的国家，基于一般居民的居住习惯，应采用住所制的人口调查，而工商业大城市则可采用实际制。二、因人口普查与人事登记的关系非常密切,应在同一机构的计划与指导下进行。而在当时的中国,两者分属不同的机关,缺乏效率,并浪费人力、物力、财力。三、科学的人口数据将会改善政府的决策质量,进而实行高效率的行政管理,也有利于社会科学特别是社会学的健康发展。在人口普查刚起步的时候,国情普查所有责任协助政府设计搜集和分析人口资料的各种方法。

第三,国情普查所严格运用现代人口普查方法,并结合中国国情及地方特点,取得了比较可靠的调查结果。1939年春天,在呈贡举办了人口普查。接着,1940年2月至1946年1月,在呈贡进行了长达六年的人事登记工作。这项当时规模最大、时间最长、结果最可靠的人事登记工作,包括了全县16 116户家庭,共71 223人的出生、死亡、婚嫁、迁移状况。在陈达的提议下,由国情普查所与内政部、云南省政府、云南省经济委员会合作,于1942年进行了"昆明环湖示范区人口普查",包括整个昆明湖沿边地区的一市三县,面积2 880平方公里,总人口507 216人。这次大规模的人口普查,从地理特征上包括了市区、平原区、丘陵区和山区。过去小范围的普查实验仅限于农村人口,这次普查中的城市人口占三分之一,并有一定比例的少数民族。调查表格的内容有11项,包括了现代人口普查所必需的各种问题。此外,还收集了有关战时移民问题和残疾人的资料,前者可进一步研究社会流动问题,后者便于研究人口品质。这次普查所花费用极省,甚至比当时同中国社会经济状况类似的印度的人口普查还低好多。因此,这次普查对全国性的人口普查具有示范作用。

调查结果显示,男女性比例尚平衡,而不是像以前认为的偏高。在年龄方面,有几个难以获得准确数字的障碍,如阴、阳历混用;战争期间,男子到达法定年龄后,常虚报年岁以图逃避兵役。结婚年龄普遍较低。在家庭人数方面,中外人士以前相信中国家庭较大,但此时已有下降趋势,且因出生率、死亡率均较高,实际上,家庭平均人口仅4.84人。人口密度为每平方公里280人,这对农业社区来说,是一个非常高的人口密度。在差别生育率方面,教育程度高的人往往推迟结婚,导致生育率下降;但有一个有趣的现象,即社会地位越高，生育率也较高。这或许是因为，中国人普遍愿意多生子女，然而只有那些有钱、有地位的人才能供养更多的子女，也更有可能纳妾，以生养更多的子女。在死亡率方面，因不少人对儿女的死亡讳莫如深，所以婴儿死亡率的调查登记极其困难。仅就所知，发现婴儿死亡率很高。在死亡原因中霍乱症最多，而当地的治疗方法则包括往寺庙拜神求佛、剖取雄鸡血等。在健康方面，1940年2月以前，有七万多人口的呈贡县没有一名西医。国普所介绍了一位大夫到呈贡给百姓治病。国普所的医师每年为人事登记员开设短期课程，讲授各种死亡原因。据以呈贡人事登记资料首次编制的《经验生命表》显示，人均期望寿命男女分别为31.9年和34.2年。在同一时期美国为59.31年和62.83年，日本为42.06年和43.20年，印度为26.91年和26.56年。与发达工业国比，中国的人口自然增加率同样很低，但贫穷与文盲充斥，医药落后，公共卫生设施贫乏，人民生活水平低，生育节制未普遍实行。

除人口状况以外，调查还涉及社会经济生活的其他方面。抗战期间农民经济拮据，战后，昆明及呈贡县的农民负债比例增加。在农民生活费方面，食品费占整个生活费的56%～75%，依地区不同有所差别。在物价方面，据国情普查所编制的呈贡县零售物价指数，以1937年1月份昆明17种商品批发物价为基数，以各年12月份的数字为准：1939年为368.8，1940年为844.2，1941年为2 695.9，1942年为13 712.0，1943年为38 123.0，1944年为109 258.8，可见物价增幅之大。在移民方面，抗战时期，多个沿海城市约25%的人口迁出，来到后方。昆明市原为一农村市镇，1937年以后人口大量迁入，迅速发展成一工业城市。从1938年到1941年底，昆明市人口约增加35%，平均每年递增8.75%。大量移民的迁入对当地文化风俗产生了很大的冲击。初时移民被视为"外来人"，不被接受，中央银行的钞票在当地某些商店使用要打折扣，怕这些国币自由流通对本地不利。移民与当地人发生冲突，无论有无道理都会被警察不由分说带到警局去。当然，最终本地的风俗受移民文化的影响而慢慢地改变。

陈达深知行政力量在人口研究与实践中的作用，因此他借行政力量推动人口调查，而且积极参与人口政策的制定。1941年2月20—27日，国民政府主计处召开第一次全国主计会议，以重庆的国民政府大礼堂为会场。此礼堂半年之内被炸八次。已炸各处随时修理，但尚有数屋无顶，以席棚盖之。为防敌机空袭，本会议预先准备了三处会场，以便随时转移。参加者包括主计处所属岁计局、会计局、统计局职员及各省主办会计统计人员，共150人。陈达参加统计组讨论，并为召集人之一。正是在这次会上，通过了陈达、陈长蘅等提出的人口普查案，议决以1941年起各县试办人口普查，自1943年起各省试办人口普查，自1947年起，全国试办第一次人口普查，以后每隔10年举行一次。此外，由刘南溟提出，陈长蘅、郑尧及陈达副署，经大会通过，提议以我国人寿保险公司的资料为根据，进行统计、编制《经验生命表》。在开会之余，陈达抽空同几个省统计长详谈人口问题。当时福建、广西、四川等省的统计长，都曾在清华修过陈达的课，陈达通过他们设法在各地推行人口普查和人事登记。①

另一个推行人口政策的途径是通过社会部。为了加强研究、推行各种社会政策，1940年国民政府成立了社会部，之后不久，由社会部组织了一个人口政策研究委员会，邀各大学教授、专家及政府中人士参加。委员会成员包括立法院委员陈长蘅（兼重庆区主席），陈达（昆明区主席），中央大学教授孙本文，重庆卫生署医师许世瑾，西南联大教授潘光旦，社会部研究室主任张鸿钧等。委员会于1941年3月1—3日在重庆开会，讨论人口政策的目标、原则、范围及内容。该会驻昆明的委员，除红十字会医师庞京周外，其余如李景汉、潘光旦、吴泽霖、陈达（召集人），均为社会学家。昆明组与重庆组多次分别或联合召开会议，针对人口问题提出了数项建议。例如，昆明组在陈达的主持下，于3月28—30日开会，提出了四点建议：一、关于人口教育，小、中、大学都应增设人口问题的常识及课程。二、关于社会立法，应增加或修改关于婚姻以及弱智与精神病的法律。三、关于增设机构，暂设人口政策委员会以资

---

① 陈达：《浪迹十年》，第380～384页。

计划,由社会部主持,但应与主计处及内政部取得联系。不久的将来应设人口署,隶属于行政院,以便掌握计划、研究、实施各要政。四、关于生育品质和增进人民健康,主张设婚姻指导所和保健院。①

上述四点建议,可以说是极具前瞻性的。此外,委员会归纳了对于人口政策的总体观点与原则,希望以此作为制定人口政策的基础:第一,在人口数量上,面对贫穷、无知的大众,国家不应该也不能鼓励无条件、普遍地增加人口。人口增加的前提是,社会环境有利,父母身心健全,能给予儿童适当的教养。决定抚育儿女的数目要兼顾多方面的因素,既要考虑父母的技能与收入,又要考虑到当地社区的风俗及社会的整体资源和财富状况。第二,在人口品质方面,应提倡优生。消极的方法是要隔离身心有遗传缺陷的人,必要时令其绝育;积极的方法是鼓励身体健康、有才智的人结婚,可能的话,婚前要有健康证明书。第三,在婚姻与家庭方面,应鼓励男女自由社交、恋爱,应在家庭与学校中推广性教育。第四,有关移民运动。农村男青年往往只身前去城市谋求职业,为使男女性比例平衡,应鼓励移民尽可能与家庭一起迁移。在一些地区的某些行业,因技术进步造成了工人过剩从而失业的问题,应通过更好地组织劳工市场并改善交通设施加以解决。迁往国外的移民,政府要加强保护其利益的法规,并同移民侨居地政府讨论协定,维护各方合法权益。中国政府对待外国迁往中国的移民,除行使主权外,应根据国际法平等相待。向边疆的移民运动,政府要采取措施保障其人身安全,并促进交通发展。对于边疆的少数民族及他们的迁移,政府应首先发展经济,然后提供适当的卫生与教育,鼓励汉族与少数民族通婚,以便在一定的时期内使边疆地区的人口得到合理的增加。②

然而,政策实施与学术研究毕竟不同,除了要以事实为根据,尚需顾及政治因素。人口节制在中国一直是极富争议性的问题,抗战期间争论再起。有人以"总理遗训"为根据,认为孙中山主张增加人口,因而不赞成将生育节制定

---

① 陈达:《浪迹十年》,第443页。

② T. Chen, *Population in Modern China*, pp. 75~77.

为国策。还有人主张人口是抗战救国的基本力量，抗战时期应增加人口。甚至许多以前认为人口太多的人也转而觉得人多一些或许更好。1941年，国民党五届八中全会通过了一条奖励生育提倡优生的议案。正是面对这样大的阻力，上述人口政策研究委员会的纲领草案中不提节育，仅以人口适中论为根据，但在实施方案中仍有生育节制。另外，许多国民党元老反对性教育，但人口政策研究委员会认为，此问题有基本的重要性，仍列入纲领草案中。①

针对抗战时期增加人口的主张，有学者理性地分析其弊端：一、战时奖励生育，若说其主要目的是弥补人口损失及增加兵力，所需要的人口是青壮年，而当时所能获得的仅是婴儿。所以当时奖励生育的结果，须在15年或20年后始能生效，无法马上获得人力的供给。二、凡是实行奖励生育政策的国家，若要使这种政策成功，政府必须对增加生育给予实质上的补助，但国家当时无此巨款来执行这个政策。三、在物资缺乏、卫生设备简陋的状况下，增加生育会使已经很高的婴儿死亡率更高。四、依世界各国惯例，战后工业化时期人口死亡率必然骤减，导致人口数量增加。所以，即便因这次战争使人口数量一时减少，或使其增加的趋势减缓，但反而可使工业化的成果不致被新增的人口消耗，以收到改进国民经济状况，提高人民生活的实效。那时如确实感到人力缺乏，更可促进机械化的发展。再者，人口品质的改善是一个见效迟缓的过程，为补充战时和战后所缺的人力，应采取减低死亡率的政策，这同增加生育一样可获增加人口数量的效果。②

在学者们的共同努力下，1945年5月5日，国民党全国第六次代表大会终于通过了生育节制与性教育的议案。这些政策虽然在动乱岁月中很难推行，但学者们仍然坚持不懈。1948年，在讨论中国的人口政策时，陈达再一次提议建立国立节育机关及节育指导所。吴景超则批评那些仅主张改良生产，而不

---

① 陈达：《浪迹十年》，第445页。
② 刘鸿万：《战时的人口政策》，载《新经济》，第5卷，第4期，1941年5月16日，第76~80页。

重节制人口的人。他引经济学家汤纳（R.H.Tawney）的话说，就是将喜马拉雅山铲平了，把泥土平均分配给全球的陆地，也不能使其增高几寸，因为陆地太大。同理，中国的人口基数太大，即使生产发展了，人均生产额也难以增加太多。① 同年，国民政府提出，要动员一百万人进行全国户口普查。陈达、潘光旦、吴景超等学者则认为，社会动荡，时间仓促，训练大量的调查员不易，此时举办人口普查不现实，不如先举办选样调查，让失业的大学毕业生担任此项任务，较为切实。②

当然，这些计划无一能实行。有关人口问题的争论，在1949年之后仍将继续。

---

① 《论坛：论我国今后的人口政策》，载《新路周刊》，第1卷，第5期，1948年6月12日，第9页。
② 刘大中等：《我们的意见：一个解决大学毕业生失业问题的具体建议》，载《新路周刊》，第1卷，第12期，1948年7月31日，第3页。

第六章　出山作得许多声

在20世纪上半叶，另一个同农村、人口问题并行的重大基本问题是工业化。与乡村建设派的"重农"思想不同，"工业化派"主张，集中一切资源发展工商业，以此带动农村的改进，这是能够提高人民生活，并使国家跻身于世界强国之列的唯一途径。在众多主张工业化的学者中，社会学家吴景超是最有代表性的一位。吴景超的重要贡献，是提出了一套在中国实行工业化与社会建设的方案，并探索一条融合市场经济与计划经济的"新路"。

第一节　吴景超的为人与治学

吴景超于1928年从美国留学回来，起初在南京金陵大学社会学系教书，后于1931—1935年间担任清华大学社会学系教授。1935年，吴景超跟随翁文灏入阁行政院，翁任院长，吴任秘书。1938—1943年，吴景超在国民政府经济部工作，参与经济政策的制定与执行，并兼任重庆国际最高委员会参事。1945年他在重庆国民政府战时生产局任秘书处长，1946年任善后救济总署顾问，1947年后回清华大学社会学系任教。[1]

吴景超在社会学研究上专攻都市与工业化问题。1929年，他出版了第一部著作《都市社会学》，此书是孙本文主编的14册《社会学大纲》之一，为大

---

[1] 周叔俊:《吴景超》，载中国人民大学高等教育研究室校史编写组编:《中国人民大学人物传》，第1卷，北京：中国人民大学，1993，第322～323页。

学教材。他主要介绍西方都市社会学的原理和方法，并引用了一些中国都市发展的材料。对于如何解决各种都市问题，吴景超坚决反对以行政命令禁止的办法，书中给人留下深刻印象的是这样一段论述：

"在制定政策之前，不可不有一番研究的功夫。科学中有一信条，就是世间没有无因的果。贫穷有贫穷的因，罪犯有罪犯的因，娼妓有娼妓的因，其他一切的社会现象，都有他的原因。我们如把他们的原因找到了，才有解决他们的门路。非实地调查研究不为功。一个都市中的政府，要有研究都市的机关。一个都市中的大学，要有研究都市的工作。此外如都市的报纸，杂志，以及其他一切机关，都应当鼓励研究，并宣传研究出来后的成绩。有铁硬的，靠得住的事实作根据，然后我们才可以谈都市改良，谈都市控制。如想理想的都市实现，须从研究都市下手。"①

制定社会政策要从事实入手，探求社会现象之间的因果联系，这便成了吴景超工作、研究的总体思路。

以什么样的方法来研究社会事实？吴景超非常推崇两个方法。第一是英国社会学家查尔斯·蒲司（Charles Booth）所开创的"社会调查"。在19世纪下半叶的英国，社会科学研究尚且幼稚。虽然著书立说者不少，但不空谈，言必有据，语必有本的学者还不多。社会问题人人爱谈，许多人把改良社会的方法，在椅子上想出来，纸上写下来。那些有心救贫的人都会说贫穷是要不得的，是应该想法救济的。人人都有高见，说贫穷问题应该这样或那样解决。但如果问他们：伦敦的穷人有多少？穷人所过的生活如何？穷人的生活程度怎样？也就是说，若问他们的问题所需要的答案是事实而非意见，他们便哑口不能措辞，并不知道贫穷问题的真相。蒲司觉得这是庸医的办法，不了解事实就开药方是医得死人的。于是他花了18年的时间做调查，克服重重困难，写成

---

① 吴景超：《都市社会学》，辑入《社会学讲座》，第1集，台北：启明书局，1961，第81页。

《伦敦人的生活与工作》这一巨著。①

吴景超主张模仿西方经典社会调查,如蒲司所做的伦敦贫穷调查,利物浦大学举办的利物浦调查,美国匹兹堡调查,芝加哥大学对于游民、犯罪、贫民、离婚等的研究,克利福兰市的多个调查等。他认为,中国的社会调查应分两条路走,一方面是农村调查,另一方面是城市调查。农村调查可以依靠学生,中国当时的学生大半从农村来,他们可以回家乡调查自己的村庄。城市调查则需要有较强的财力和毅力。如果中国都市的富人中,有些人能像西方人那样捐款做研究,这比留下给子孙浪费好得多。他建议成立北平文库,搜集古今中外所有关于北平的书籍、论文、报章、图画、照片等,使它成为世界上最完备的文库,凡是研究北平的人都非用此不可。他还希望参考美国社会学家林德的《中镇》,举行大规模的北平调查,描写北平人的职业、家庭、教育、娱乐、宗教、政治等六个方面,系统探讨北平人的生活状况。②

吴景超所推崇的第二种方法,是美国社会学家孙末楠的"笔记法"。孙末楠对于一切人所作的文章或所说的话,都要从三方面评价。第一,他要问说的是什么;第二,他要问说话的人有无证据;第三,他要问所说的话有何意义。换句话,要言之有物,要人看得懂;既要有证据,还要有实际意义。但说话要有证据,这一点真是言易行难。孙末楠的代表作《民俗论》,事实之后还是事实,最后才来一两句结论。孙末楠之所以能用事实说话,是因为他平日勤做笔记。他死后留下了52箱卡片,每箱约3 000张,共约15万张卡片。③

尽管吴景超积极提倡社会调查,他自己却没能亲身参与,中国当年也难有条件举行大规模的城市社会调查。吴景超做学问主要采用上述孙末楠的"笔记

---

① 吴景超:《几个社会学者所用的方法》,载《社会学界》,第3卷,1929,第17~23页。
② 吴景超:《社会调查与市政改革》,载《中央日报·社会调查》,第44期,1935年12月23日;《都市研究与市政》,载《独立评论》,第148号,1935年4月28日,第9~15页。
③ 吴景超:《孙末楠的治学方法》,载《独立评论》,第120号,1934年9月30日,第14~17页;《几个社会学者所用的方法》,载《社会学界》,第3卷,1929年,第17~23页;《孙末楠传》,载《社会学刊》,第1卷,第1期,1929年7月。

法",以此记录事实,阐述观点,言之有物,清楚明了。同其他社会学者相比,吴景超更大的特色在于,他非常热心、积极地议政、参政。他深深地感到,在研究社会与改良社会的过程中,必须要众人共同进行,既要有合作精神,也要有所分工。他说:"我们要殷勤的耕耘自己的园地,不要听到别处的呼声,便抛下我们的锄头,跑到别人的田园中去凑热闹。"① 作为学者,他有自己明确的研究领域;同时,为了推动合作,他先后通过办刊物的方式,集众人所言,整合大家的力量,在社会上造成了广泛的影响。

吴景超在舆论界极为活跃。他曾参与编辑《社会学刊》,并先后主编清华大学《社会科学》、《新经济》半月刊、《新路》周刊等。1933年3月至1937年5月,四年多的时间,吴景超仅在《独立评论》上发表的文章便达43篇,内容涉及经济建设、农民问题、劳工问题、法制、军事、妇女与家庭、政治体制、东西方文化等。

《独立评论》是20世纪30年代由胡适主编,代表自由主义知识分子观点的政论性刊物。当时全国有近400种杂志,《独立评论》是其中影响最大的之一,在其四周年纪念时,发行量高达13 000份。② 此杂志一反知识界鄙弃政治、标榜清高之习俗,而开过问政治、热切政治革新之新风。内容多议论时政,申述学术独立的理想,讨论建国原则,争论独裁与民治及西化等问题。从杂志的风格看,文章的言论高度理性化,不作刺激性的文字,不说时髦的话。有青年读者批评"读《独立评论》总觉得不过瘾!",胡适答:"是的,我们不供给青年过瘾的东西,我们只妄想至少有些读者也许可以减少一点每天渴望麻醉的瘾。"③ 社会学家陶孟和、吴景超、潘光旦等人,都经常在上面发表文章。

对于解决中国社会的问题,吴景超提出了许多具体的办法。这些办法的

---

① 吴景超:《社会学观点的应用》,载《独立评论》,第111号,1934年7月29日,第13页。
② 毕树棠:《中国的杂志界》,载《独立评论》,第64号,1933年8月20日,第9页。
③ 胡适:《独立评论的一周年》,载《独立评论》,第51号,1933年5月21日,第2~3页。

思想基础，是既参照世界各国的经验教训，又同时考虑中国的历史与现实状况。他说："我们在建设的过程中，不但要保存中国的优美文化，及采纳西洋的优美文化，有时还要创造一种新的文化，来适应新的环境，或满足新的要求。"① 正像所有议政、参政的学者一样，吴景超有时也被一个基本的矛盾所困扰。一方面，参与社会经济政策的制定，可学以致用；但政治的黑暗、官场的腐败，又使饱受科学浸淫的学者，不时生出走出"污泥"的向往。1936年1月26日，胡适写信给此时正在行政院工作的翁文灏、蒋廷黻、吴景超三位好友。他说，在这个时候，国家需要的是一班"西折廷争"的诤友诤臣，因此期望他们努力做 educate the chief（教育领袖）的事业，锲而不舍，终有效果。胡适又说，"行政院的两处应该变成一个'幕府'，兄等皆当以宾师自处，遇事要敢言，不得已时以去就争之……"。吴景超正是这样，毅然选择了在中国社会的改造之中"作得许多声"。②

第二节 "第四种国家"的出路

20世纪30年代初，吴景超在清华大学教书时期，将他对中国社会经济问题的思考，写成多篇论文，先后发表在《新月》《清华学报》、清华大学《社会科学》《大公报》《独立评论》等报刊上。为了系统地总结自己的思想，他从中选了16篇文章，汇集成《第四种国家的出路》一书，1937年由商务印书馆出版。书分为导言、经济建设、人口政策、分配问题等四章，可以说，是一部

---

① 吴景超：《建设问题与东西文化》，载《独立评论》，第139号，1935年2月24日，第6页。
② 在信中，胡适说明，刚得到好友丁文江作的诗《麻姑桥晚眺》：红黄树草争秋色，碧绿琉璃照晚晴。为语麻姑桥下水，出山要比在山清。胡适由此想到宋人杨万里的一首诗（即《宿灵鹫禅寺》）：初疑夜雨忽朝晴，知是山泉终夜鸣。流到前溪无一语，在山作许多声。见中国社会科学院近代史研究所中华民国史组编：《胡适来往书信选》，中册，北京：中华书局，1979，第302页。

"社会建设论"。①

吴景超的出发点是先将国家分类。他认为，国家分类的方法很多，可以从政治、经济、宗教、教育的角度划分，而他则着重于资源，按照"人口密度"与"职业分布"两个标准，将世界上的国家分为四种：

第一种国家，人口密度高，但农业人口在总人口数中所占比例低。这类国家因其农作物生产不足以维持本国人民的生活，要在农业之外发展实业，特别是工业，靠出口工业品赚的钱向其他国家购买粮食，以维持过剩的人口。英国、德国、日本、意大利都属于这类国家。他们过分依赖海外贸易，有很大的潜在危机。

第二种国家，人口密度低、农业人口比例也低，如美国、加拿大、阿根廷、澳大利亚、新西兰等。这些国家从事农业的人虽少，但每家农场很大，机械化程度高，生产效率高。农产品不但可自足，还可向其他国家出口。例如，美国一个工人的生产力，相当于 30 个中国工人。美国人民的生活水准在世界上最高，这有三个原因：一是人口与土地的比例适当，二是各种职业分布合理，因此农业可自给，工业也很发达，三是美国工业品的消费主要靠国内市场，其基础较稳固。这类国家可算是模范。

第三种国家，人口密度低，但农业人口比例高，如俄国。这类国家的问题是如何降低农业人口的比例。如果这个问题解决了，俄国人民的生活程度会提高很多，从而变为第二种国家。那样的话，俄国和美国在人口密度与职业分布上相仿。且都是资源丰富、人口众多的大国，所不同的只在经济制度一点上。那时比较两国，便可看出资本主义国家和社会主义国家中的人民，究竟谁更能享受较高的生活程度。

第四种国家，人口密度高，农业人口比例也高，人民的谋生方式是以农业为主体，如中国、印度、保加利亚、罗马尼亚等。这类国家人民的生活水平最低，人民多陷于贫穷。由于人口繁密，户均农业面积小，生产效率低，辛苦劳

---

① 此节内容除特别注明，均参见吴景超：《第四种国家的出路》，上海：商务印书馆，1937。

作，最多只换得温饱。这类国家的问题最为艰难，人口密度与职业分配都需要改进。

吴景超将国家分成上述四类，其目的是要提出，中国所代表的"第四种国家"的出路何在？在他看来，一个国家有两大根本问题，一是财富的积累，要使之达到充裕；二是财富的分配，要使之公平合理。前者是国家强大和人民生活质量提高的前提，后者是其可靠的保障。针对第一个大问题，吴景超认为，国家发展的最终目的，是大力提高人民的生活程度。中国农民的生活程度究竟有多低？他以美国农民的生活作例子，一项有关美国东部402家农户的有关调查显示，美国相当一部分农民家庭有自来水、浴室、电灯、电话、洗衣机、暖气、钢琴、汽车等；同时，美国农民也能享受文化生活，平均每家订阅一份报纸、两份杂志。相比之下，中美农民的生活程度差异确有天壤之别。吴景超认为，造成这种差异的原因有很多。中国广大的农民之所以生活困苦，有土地太少，生产方式落后，交通不便，副业衰落，地主剥削，高利贷，苛捐杂税，股匪与劣兵骚扰，奸商欺诈，子女太多等十大原因。这其中最大的原因是中美两国土地面积的差异。一般而言，美国农民户均土地面积远较中国农民户均土地面积大，大面积的土地更便于改善耕作技术和提高劳动效率。

可以说，吴景超基本上是从纯经济的角度来看待农民的困境的。因此，他不太注重"帝国主义"或"封建残余"的影响。他认为，农村副业的衰落，是由于竞争不过现代工厂出的产品或外国农场出的产品，受优胜劣败原理的支配而被淘汰。这在经济进步的过程中是不可避免的结果，农民只可适应潮流，在新局面下谋新发展。在他看来，当时中国的主要问题，是国防建设与经济建设，特别是经济建设，应当看作是政治工作的一个主要目标。

为了摆脱"第四种国家"的困境，吴景超开出了一系列的"药方"。首先，他提出提高生活程度的途径有：充分利用本国的资源，改良生产技术，实行公平的分配方式，节制人口数量。归结成更简洁的16个字，即利用资源，改良技术，公平分配，节制人口。对于其中第三点，吴景超特别解释，为什么不提倡平均分配，而是要公平分配。公平分配是承认各人的收入可以有差异，但不能差异得太大。应当运用政府的力量,实行各种税则,如所得税、遗产税等,把富人的一部分财富转移到政府手中,政府再用之兴办教育、卫生、娱乐等各种社会事业。这样,大众的生活程度便可以共同提高,因贫富差别过大而产生的社会动荡因素也可无形地消失了。

其次,吴景超认为,既然农民的最大压迫是人多地少,要扩大农场的面积,除了开垦荒地、实行生育节制以外,最根本的办法是发展实业。实业在此不仅指工业,还包括矿业、商业、交通业等。从更广泛的意义上说,不但要发展工商业,还要扩充金融机构,并发展都市。若现代都市及工商业发达了,便可以吸收农业人口,从而减少农业人口,扩大农场面积,同时利用工业化的成果改善农业生产技术,最终提高农民的生活程度。这就是吴景超"发展都市以救济农村"的基本思路。

在吴景超看来,中国所面临的许多政治经济问题,其根源都在于实业不发达。例如,当时给农民造成困苦的一个因素,是税收负担过重,而同税收问题相关的是地方财政问题,即收支不能相抵,入不敷出,因此加重了人民负担。为什么财政收支不能平衡?在中国历史上,地方政府多采取消极无为的策略,不做什么事情。但自 20 世纪 20 年代以来,地方政府开始转向积极有为的"新政",如加强行政管理,实行义务教育,兴建各种公共设施,并开展合作事业,如修路、农作物改良、军训等,即"管、教、养、卫"。这些工作的完成需要强大的财力支持,而以传统的生产方式,实难以支撑现代化的行政工作。换句话说,问题就在于以一农业国的基础,却试图办工业国的事。吴景超算了一笔账:当时中央政府的收入约 10 亿元,地方政府的收入以全国各省县及特别市合计,有 6 亿 5 千万元左右,合计 16 亿余元。以中国 4 亿人口分派,每人平均负担不过 4 元,同一些先进工业国家比较,如英国每人平均负担 135 元,美国为 102 元,加拿大为 76 元,德国为 65 元,法国为 51 元,意大利为 35 元,日本为 23 元,相差巨大。如果生产方式不改变,即使中国人平均负担增加一倍,改为 8 元,这对政府而言仍杯水车薪,但百姓则将疲不堪命,甚至大部分的家庭都会因此倾家荡产。所以,中国的经济基础支持不住新的政治。为巩固新政的基础，除整理田赋外，最重要的是积极培养税源，即发展各种实业，中国人民的经济生活非彻底现代化不可。因此，国民经济建设可以说是目前最基本、最迫切的工作。①

要最终从根本上解决中国的问题，是发展实业。然而如何使留在乡村的农民，特别是使佃农尽快摆脱困境？吴景超提出，佃户在中国乡村中是一个受压迫的阶级，他们一年的辛劳所得，有一半或一半以上要交给地主，应当设法使他们变成自耕农。这种"从佃户到自耕农"的办法所依据的，是西方学者提出的"农业阶梯"理论。在美国，农民一生要经历雇工、佃户、负债的地主、无债的地主四个阶段。一个人初入农业时替人家当雇工，把工资的一部分积累下来，经过数年之后，便可以买农具、种子、牲口，租田耕种，成为佃户。在佃户时期内，自己可有积蓄，也可从亲友处或金融机关借一部分资本，便可自置田业。再经数年的努力，把债还清，才算是真正的地主。有关统计材料表明，美国的自耕农有四分之一是从佃户出身的，又有五分之一是经过雇工与佃户两个阶段的。从雇工到自耕农的时间约需15年。若按年龄划分，美国25岁以下的农民，佃户约占75.8%，而无债的地主，只占10.2%。但是65岁以上的农民，佃户只占16.5%，而无债的地主却占64.1%。美国农民之所以能够靠自己的努力往上升，原因是美国的雇工工资高，除维持生活外，可积资而为佃户；佃户所耕的农场很大，产量多，收入高，可积资购地而成为地主。中国的雇工与佃农绝少有此经历，若无外力的帮助，他们的身份很难改变。

在这样的情况下，如何帮助中国的佃农成为自耕农？吴景超参考了世界上许多国家的经验，认为丹麦的经验可适用于中国。自1875年始，丹麦政府贷款帮助农民购地，结果使国内佃户的百分数从42%降低到10%。中国可参考丹麦的办法，但根据中国的国情，仍有三个问题需要解决：一、政府除帮助农民购田之外，还要设法使地主售田。中外都实行过的办法是限制地主的土地数

---

① 吴景超：《地方财政与地方新政》，载清华大学《社会科学》，第2卷，第1期，1936年10月，第51～74页。

量，超过这个数目的田地，须由地主自行售出，或由国家按价收回，再售与佃户及其他农民。中国自汉代起历代都有限田的议论，但行之有效的不多。第一次世界大战以后，东欧各国多实行限田的政策。另一个使地主售田的办法是征收累进税，但这样做的困难是，地主以多报少怎么办？他用几个人的名字来登记怎么办？如欲登记准确，政府须添多少官吏，民间要添多少纷扰，这在幅员辽阔的中国不易实行。最经济的办法是实行减租，使得地主觉得投资土地无利可图。在这点上，应效仿爱尔兰减租的方法，使地主售田。二、为了防备地主故意提高土地的价格，应以东欧的成例为鉴，由政府以公平的方法规定土地的价格，如由各县的土地委员会调查，以过去五年土地价格的平均值作为地主应得的报偿。三、购买土地所需之款，各国大多规定由佃户自筹一部分，但中国的佃户无力这样做，因此应由政府借给农民全部所需款。这笔款的来源或由政府举债，将举债所得的款借给农民，政府的信用比私人的信用好，举债所负的利息可以较低。另一个办法是由政府出面替佃户购地，罗马尼亚与捷克斯洛伐克便采用这种办法。购地所付之款不是现金而是土地债券，债券的本息由佃户分作数十年偿还。这样政府不过利用其信用与权威，做一个中间人而已，佃户亦可用比纳租为轻的负担获得土地。

  吴景超的这一主张，在社会上引起了极大的反响。他接着又写了数篇文章，如《耕者何时有其田？》《关于佃户的负担答客问》等，[①] 回答各界的提问。他强调，他所提出的上述办法有三个长处：一、不增加政府财政上的负担；二、不剥夺地主的既得利益，只是对于其私产施以统制；三、不加重佃户的负担，佃户每年所摊还的本息，与平日所缴的地租相等，但在若干年以后，佃户可成为地主，地主与佃户之间有相互流动。根据吴景超的计算，这个过程要33年完成。为什么不对地主以革命的方式实行"剥夺"？他说，"我觉得中国的所谓地主，与东欧的大地主，性质并不相同。中国的地主，有一大部分，其

---

① 吴景超：《耕者何时有其田？》，载《独立评论》，第165号，1935年8月25日，第5~9页；《关于佃户的负担答客问》，载《独立评论》，第168号，1935年9月15日，第12~13页。

所有的土地并不很多，平日虽靠收租度日，但并没有多少盈余。……用'收买'代替'没收'，便是要给这些地主一些时间，使他们另谋出路……这不是剧烈的革命，而是和缓的改革，可以避免许多痛苦。"[①] 在不加重佃户负担，不完全剥夺地主既得利益，不增加政府财政负担的原则下，使耕者有其田，这似为一个既不守旧又不过激的办法。

发展实业，控制人口，并以国家的力量帮助农民购得土地等办法，为的是积累财富。财富积累之后，还必须建立一套公平合理的分配制度，使得社会上大多数人能够享受所创造的财富；也可以人尽其才，物尽其用，从而创造更多的财富。吴景超正是以这样的思路，论述了他的阶级观与社会改造的理想，《第四种国家的出路》一书中的《阶级论》和《新税制与新社会》两文是他思想的代表。

吴景超认为，阶级是社会生活中一股不可忽视的力量。在某一时期，任何阶级都有其中坚分子，但在边缘上，也有许多流动的、跨级的人。学术界对于如何划分阶级一直有多种意见，如按是否对生产工具有支配权，或按财产的多寡，或按收入的来源，或按生活程度，或按人与人相处的主观感受，或按对现存经济制度的态度等。吴景超认为，这些划分方法每一个都很片面，难以概括阶级的全部含义。他尤其不同意用二分法划分阶级，因为社会上的人，有许多既不是资本家，又不属于无产阶级。例如一个寡妇，她用以维持生活的只有丈夫遗留下来的1万元股票，按年息6厘计算，她可以拿600块钱。根据收入的来源论，她是一个资本家，但如看她的生活水平，实在还比不上福特汽车公司里的一个小工。

吴景超主张采用一个综合的定义，用三分法划分阶级，就是除资产阶级、无产阶级之外，还有一个中产阶级。中产阶级包括小店主，小厂主，中上级的官吏，公司及工厂中的经理及高级职员，自由职业者如教员、医生、牧师、工

[①] 吴景超：《关于佃户的负担答客问》，载《独立评论》，第168号，第13页。

程师、音乐家等。西方自从工业革命以来,这些人不但没有减少,而且有随实业发展而增多的趋势。他们的收入是多方面的,一方面要靠工作,另一方面也有少量存款可以投资。他们对于现存的社会组织,既不顽固地维持现状,也不盲目地主张根本推翻。他们既不逢迎资本家,也不鄙视劳动者。从生活享受、收入、经济影响力等方面看,他们总是介乎资本家和劳动者之间,所以称之为中产阶级是最适宜的。当然,即便是三分法,也不能把社会上所有的人都包括在内。

现代社会中许多矛盾的产生,是由阶级问题引起的。阶级问题的焦点集中在下层阶级,一是下层阶级的上升机会问题,二是下层阶级的生活保障问题。如果这两个问题逐步得到解决,便可使阶级矛盾日趋缓和。对于下层阶级的上升机会问题,吴景超提出,一个理想的社会是一个公平的社会。在公平的社会里,人们有同样的生存机会,但依贡献的不同所得报酬不同,收入并不相等,然而上下层的距离相差不致过远。实现公平社会的最重要的途径之一,是要保证教育机会的均等。他说:

"公平的社会,应使人人都能得到充分的发展,可能的都变为实在的,同时一个人在社会上的地位,应与他天生的才干相称。能者在上,不肖者在下,才是我们的理想。但这种理想,只有在机会均等的社会中才达得到,否则社会中一定有许多能者因无机会而屈居下流,许多不肖者因有援引而扬眉得志。前者可使社会恶化,而后者可使社会腐化,都是社会中一种病态,应当设法改良的。"[①]

下层阶级的生活保障问题,因牵涉广大人民的基本生活,是一个更为重要的问题。吴景超提出,为了解决大多数人的生活问题,应当重征所得税和遗产税,用以举办各种社会事业。这样做目的是保障下层阶级的生活,同时能缩短

---

① 吴景超:《第四种国家的出路》,第 211～212 页。

上下阶级的距离。国家用政治的力量，用抽税的手段，把社会上集中在少数人手里的财富，转移到国家的手里。在民主社会里，中产阶级和无产阶级在社会中占多数，他们支持上述政策。资产阶级虽然反对这种政策，但因为所得税与遗产税的税则即使定得很高，离没收私有财产的程度还远，所以他们绝不会因此起而革命，破坏社会的统一。

国家集中了社会上的剩余财富之后，可让学龄儿童接受义务教育，设立公共医院，举办各种社会保险，以应付人民生活与工作中的各种危机，如失业、灾难等。若遇严重的经济不景气，失业保险金不足以应付那种大规模的失业局面，国家便应兴办各种公共事业，如修路、造林、建平民住宅等，以吸收失业的工人，使无业者变为有业者。在工人的工资方面，国家应制定最低工资标准，并应当控制工资，使其随生产力的提高而增加。这样，科学进步带给社会的利益，便不致为少数人所独占，而为大众所公有了。在这种社会里，私产依旧存在，阶级仍未消除，但私产的收获如超过某种限度以上，便要被国家收去，为大众谋幸福。阶级虽然仍有上下之分，但阶级间的敌视态度，可以减弱很多，因为他们的距离近了，生活程度也相差不太大。

上述吴景超的"公平社会"思想，并非他的独创，他根据的是当时西方学者的理论和社会现实而阐发的。他特别强调，实现公平的社会不需要消灭阶级制度，这一见解完全不同于马克思主义的阶级观。马克思主义者认为，理想社会里是没有阶级的，其目标是废除阶级制度。针对马克思主义理论中关于发生革命时机的几种说法，吴景超也提出了疑问。第一种说法，以为资本主义的生产是毫无计划的，所以每隔若干年必发生一次经济危机。无产阶级平时的生活已经很痛苦，经济危机时其痛苦更深，这便是发生革命的时机。但从历史的观点看，美、英、法、德等国经历了多次经济危机，可并没有革命的发生。第二种说法，以为工人的生活随资本主义的发展而下降。到某一个时期，工人的生活实在苦得难以忍受，革命便会爆发。但事实上，随着资本主义的进展，工人的工资不但没有下降，反有上升的趋势，他们的生活也在得到逐步改善。第三种说法，以为资本主义的发展经过三个阶段，即商业资本主义、工业资本主义、金融资本主义。资本主义发展到第三个阶段，一定要走上帝国主义的路，进而引起国际战争。此时，生活最痛苦的劳动阶级在共产党的领导下便会发动国内革命。国际战争到国内革命的转换这一革命时机的理论，比较不涉于空想，俄国已经因此走上了共产主义道路。然而吴景超又提出怀疑，苏俄革命成功的条件，在其他国家是否可以一一实现。后来中国革命的发生却成了另一个例证。

另外一种当时流行的说法，即通过非暴力的手段，特别是议会选举，和平地实现社会主义。吴景超认为，这条途径并非易事。首先，社会主义的政策不一定能得到大多数人的拥护。劳工阶级中并不完全是无产阶级，许多技术工人的阶级意识是很模糊的。中产阶级虽然赞成节制私产，但并不赞成没收私产。再者，在社会主义声势浩大的时候，资产阶级有实行法西斯主义之可能，那时社会主义者或许会转而同共产主义者合作，走向暴力革命的道路。最重要的是，资本主义也时时在进行修正，而不是一个固定不变的东西。

他进一步提出，即使共产主义或社会主义实现了，阶级是否便可消灭？所谓无阶级的社会是否便会降临？为了讨论问题起见，要回到阶级的定义。假如以收入的来源划分阶级，那么在社会主义社会里，一切生产工具公有，没有人靠利润及地租过日子，大家都要工作，所以大家都属于劳动阶级，阶级自然是消灭了。然而，吴景超不同意如此简单地看待阶级的含义。如前所述，他主张采用综合的定义，如收入的多寡、生活程度的高低、社会地位的高低、权力的大小等划分阶级。以此思路考虑，则阶级现象在社会主义国家里也依然存在。他说："我们如细察人类无穷的欲望，同时再顾到地球上有限的物质，就知道'各取所需'真是一种乌托邦的理想，无论如何是达不到的。"[①] 既然人类社会是一种有组织、有等级的生活，既然人类在生物方面有天然的差别，那么就不得不承认阶级社会是不能改变的现实。

总之，在吴景超看来，资本主义的现实状况必须逐步加以改良，而社会主

---

① 吴景超：《第四种国家的出路》，第227页。

义的理想远景必须逐步加以实现。他主张用渐进、和平的方法,由政府出面,对富人实行累进的所得税、遗产税,并运用这种税款,为广大的劳动者举办社会事业。同时,生产资料也可以股票的形式逐渐社会化。最终实现一种"新社会"或"公平的社会":人人生活有保障,人人上升机会均等,贫富差距缩小,阶级矛盾缓和。

第三节 中国工业化的途径

20世纪30年代后半期,吴景超更加具体地研究中国工业化问题。1936年,他到中国南方各地考察了三十多个工厂,同工业界人士讨论,将结果写成《中国工业化问题的检讨》[1]一文,论证实现工业化的各种条件。后来,吴景超进一步针对工业发展的三个重要问题,即资本、人才与组织管理,提出更系统的分析,完成了《中国工业化的途径》一书。[2]他在书中依然强调,工业化"是使中国由贫弱到富强最重要的工作"。

吴景超提出,一个国家的工业化需要很多条件,其中最重要的是资本。缺少资本的确是中国工业化所面临的困难之一。如何才能取得所需的资本?他参照欧美和日本的经济发展史,并根据中国工业发展的经验,提出中国工业化的资本可以有四个来源:一是由现有的工业积累资金投入再生产,以创造新的资本。二是由政府取缔投机事业,用保息或减税等奖励的方法,引导社会上的游资投入生产事业。三是鼓励华侨投资,并利用华侨海外汇款,引导其中的一部分注入工业中。四是利用外资。吴景超着重说明利用外资是工业化的一条有效途径。在中国工业发展的过程中,有许多成功的案例证明,不论是采取合伙、借贷或独资经营的方式,只要国人肯自己努力,结果都可获得很大的利益。但

---

[1] 吴景超:《中国工业化问题的检讨》,载《独立评论》,第231号,1937年4月25日,第3~13页;第232号,5月2日,第17~20页;第233号,5月9日,第14~17页。

[2] 吴景超:《中国工业化的途径》,上海:商务印书馆,1938。

其中的独资方式,即让外国人在华设厂,利弊互见,一直备受争议。弊的方面,如外国人在华经营事业,时常不肯接受中国的公司法及其他法律的限制。又如一些国家常因经济问题而牵涉政治问题。所以一般人总怀疑外资背后有不良动机。对此,吴景超主张,利用外资的弊病可通过外交途径消除,而且,如果中国国家力量增强了,所有的弊端都不难一扫而空。更重要的是,独资经营有许多有利之处,"外国人在中国投资,除加速中国的工业化外,还可使中国金融市场的利率降低;农民的产品,添一顾主;失业的工人,多一谋生的机会;空虚的国库,多一税源。"①因此,在外商获得利润的同时,中国也得到了利益。美国曾因利用外资得当,在15年内完成了英国用一个世纪所取得的成绩。中国人在利用外资的同时,应设法积蓄财富,以便有机会时将外资企业变为华资企业。现在外人开设的工厂,将来可变为国人自己经营的工厂。当然,倘若中国人自己不努力,那么中国也可能因利用外资而加速殖民地化。

如何对待洋货竞争的问题,当时有一种流行的见解,以为中国工业化之所以困难,是因为中国市场上充满了外国货,所以中国厂家的产品无法与其竞争。吴景超不同意这种观点,并举出大量的实例证明,中国的工业大有可为。经营好、有实力的工厂,可以与国外企业竞争,关门的工厂大多都是自身腐败所致。他接着分析,外国货与本国货在中国市场上竞争,其实各有所长。外国货的优势包括:因资本雄厚而借款少且利息低;因大量生产则成本低;原料的采购方便;科学发达,技术进步;政治已上轨道,秩序安宁,法治深入人心,故非法税捐、土劣敲诈、军队破坏、土匪骚扰等事,可谓绝迹。在这些方面,中国工业界的负担格外重。但国货的优势则有:受关税保护;洋货运华需付运费及保险费;外国工人工资高,因此生产成本高;营业开销比中国大;洋货在中国行销需借助于买办阶级,而国货工厂可直接与各地商人交易;外国人对于中国内地市场不熟悉,且有语言障碍、文化隔阂;中国人民族思想发达,喜用国货的人已渐增加;政府提倡用国货,并对优良国货有免税、减运费等优惠。

---

① 吴景超:《中国工业化问题的检讨》,载《独立评论》,第231号,第5页。

其实，正是因为国货的上述优势，外国人才纷纷来华设厂，但仍难以享受完全的利益。

除资本外，吴景超还对工业中的技术、人才、组织管理等问题进行了分析或提出建议。他认为，中国的技术设备极其落后，而要改善机器设备，面临的困难除缺乏资本、重工业落后等因素，人口众多是一大障碍。有些工厂为了避免工人失业，不能更新设备，因而影响生产效率。在技术人才方面，高级技术人才的培养有赖于留学政策，但在根本上应充实中国的大学及研究院。中级技术人才的培养，应当开办职业学校。在工业管理方面，许多工厂的失败是由于管理不善。吴景超引用中国工业发展史上成功与失败的例子，特别说明将会计、出纳、稽核等分开，使得职责分明，并互行监督之效，以杜绝腐败。吴景超还代表工业界对政府提出了多条建议：制定有关工业的法律时，应尽量采纳工业界的意见，切于实际；取消或调整某些税项，以利工业发展；培养技术人才，特别是中级技术人才；加强检验工作，对于原料加以严格检验，以免购入劣货；扶助各业，实施统制，计划生产，同时保护消费者的利益；发展水陆交通；集中专家为新兴事业设计；多设试验工厂，以解决制造过程中的各种难题；设立产业股票交易所，以便更容易获得和交换工业资本；在海外出售国货之后汇钱回本国，应给予较优的汇率；政府或其他金融机关应向工业界提供低息贷款。

抗战开始后，国防建设以工业为基础，工业化变得极为迫切，持续多年的重农重工之争成为过去，"工业化派"占了上风。即便是主张"以农立国"的杨开道先生，也郑重申明"中国应该工业化，应该机械化，就是农业也应该工业化，应该机械化。"[①] 作为"工业化派"的代表人物，吴景超更加感到经济建设的急迫性。此时，他一面担任经济部部长秘书，参与政府的经济决策；一面在公余之暇，创办并主编《新经济》半月刊。这是一份偏重经济问题的社会科

---

① 据吴半农：《我国经济建设之目标问题》，载《新经济》，第4卷，第1期，1940年7月1日，第19页。

学刊物，于 1938 年 11 月 16 日在重庆创刊。由于战时印刷条件的限制，文章篇幅都不长，注重实用，撰稿人多为大学教授、专家或从政学者。

仔细阅读《新经济》的《发刊的志趣》，可以深深地感受到吴景超等人在一片战乱中，对自己国家期望之殷，参与建设决心之坚定："抗战时代我们求国命的生存，建设时代我们定国基的稳固，与国力的进展。"他们确立了五个基本信条：

第一，中国要独立生存，及得到近代世界中国家应有的地位，须使中国充分近代化，彻底革新。

第二，中国的思想与精神，须向新的实的方面前进，不宜沉陷于过去的陈言，亦不可消縻于虚伪的空论，同时，一切工作及事业以公益公利为重，做实事说真话。

第三，经济建设是复兴国家唯一的途径，生活的改良，教育的提高，国家基础的巩固，国际关系的安定，这一切都仰仗经济建设，须用最大的力量以促建设的成功。

第四，建设国家要参考近代各国的新方法，也要适合我国实际的情形与最迫切的需要，按照这一基本精神，规定真实建设的方针，制订分期施行的计划，依照程序积极前进。

第五，三民主义是我国最有价值的根本法则，但要制定实际推进的纲领与具体执行的途径。①

从以上信条可以看出，吴景超等人将经济建设作为根本国策，并主张借鉴西方经验，兼顾中国国情，扎扎实实地实现国家的现代化。在同期《〈新经济〉的使命》一文中，吴景超强调国家经济实力的重要性。他说：

"我们必须深切认明一个民族必须有事实上足以自立的基础。有此基础，虽不幸而遇世界上危险潮流，努力奋斗，仍能自立。无此基础，势必

---

① 《发刊的志趣》，载《新经济》，第 1 卷，第 1 期，1938 年 11 月 16 日。

依靠他民族的提携与保障。但他民族自有他民族自身之利害,彼此利害相同的时候,自可引为同志,但到另一时候,彼此利害并不相同,则此项保障即不可靠。所以此种事实上自立基础的重要,实远过于其他一切。"

在当年的一片战火中,吴景超极为冷静而清醒地指出,世界上最大的问题是各民族间的资源分配。解决此问题不外两种方法,一种方法是武力争夺,以战争来抢取他国的领土和经济开发的垄断权力。这种方法不幸有少数国家正在使用,成为破坏和平的根源,但战事绝不能解决经济问题。另一种方法是各国各自努力,开发本国的资源,有必要时,在不侵犯主权、不一方独断的前提下,各国各尽所长,互相协助,以增加开发的功效与速度,所有的出产根据实际需要,不筑关税壁垒,悫迁贸易,以合作的精神进行互助的贸易,如此方能使国际关系建立在合理的基础上。中国当然应采取后一种方法。中国人做人的教训是修身齐家治国平天下,而平天下的方法,尤在以经济的途径达到各国的供求均衡。①

《新经济》所发表的论文都是围绕着如何为增强国家的经济实力出谋划策,内容涉及经济理论、政策、战时经济、物价、战后建设、政治体制、人口、劳工、国际政经问题等。其中有多篇是关于工业化的资本,这是一个长期颇具争议性的问题。有些人认为,外国人在华直接投资,将使民族资本无法与之竞争,使外国人有机会用利润的方式吸收中国的财富,或多或少地控制中国的国民经济,因此对中国的经济非常不利。甚至有一种观点认为,鼓励资本家在华投资,就是鼓励帝国主义侵略。如前所述,吴景超是反对这种看法的。于是《新经济》发表了数篇文章,由其他学者撰写,阐述与吴景超相似的观点。这些文章均认定,中国的出路离不开工业化,而要快速工业化则一定得利用外资。根据历史的经验,过去各国工业化所需的资本,除向外直接或间接掠夺其他国家或民族外,不外自行集资和利用外资两种途径。在英国的工业化过程

---

① 《〈新经济〉的使命》,载《新经济》,第1卷,第1期,1938年11月16日,第2页。

中，因其最先进行产业革命，只能靠自己的力量去积聚资本；又因其发展是由农业到轻工业到重工业，所以较容易自行集资。但工业化较晚的国家，包括美国，其产业革命大都是靠外国资本协助完成的。当然，苏联的经验表明，一个落后的国家也能靠自己的力量筹措经济建设的资金。不过那样的话，需要国民节衣缩食，压低生活水准。吴景超等不同意这种使国民的生活过于痛苦的集资方法，因此主张应尽量利用外资，将之用于中国战后的建设事业。

针对吸收外资就是鼓励帝国主义侵略这一提法，《新经济》所表明的态度是应避免盲目排外，反对口号标语式的外交观念。他们认为，诸列强对中国的意图是有差别的：一类是以通商为目的，如英美，希望中国富强，从而形成一个更大更有益的市场；另一类是在远东有领土野心的，恐怕中国富强，如日俄。因此主张亲英美，远日俄。在筹措外资方面，有学者建议向外国政府和私人贷款，亦可鼓励外国私人投资。后者既可直接投资，如开设工厂或经营事业，也可间接投资，如购买中国公私债等方式。他们认为，平等新约已经订立，只要中国政府能够拟订合理的工厂许可法，成立管理工矿投资的机构，使一切投资与经济建设计划相配合，则外国人在华设厂利多弊少。从长期来说，一个工业化已经完成的中国，在政治方面可以与英美合作，巩固世界和平，维持亚洲安定；在经济方面成为英美商品的巨大主顾。因此，中国的工业化对于英美是有利的，它们会乐观其成。① 在国际舆论方面，应推动有关中国经济的宣传，这包括一般的政治经济的宣传及具体的经济状况的宣传。特别是后者尤为重要，但一直未做过。这一切的目的都是为了吸引外资。大资本家看惯了大企业，不一定愿意到华投资，应先设法吸引美国小资本家，集资作尝试性的投资。②

在《新经济》上，吴景超本人还以个案的方法，分析中国工业的发展史，

---

① 伍启元:《战后经济建设的外币资本问题》，载《新经济》，第9卷，第3期，1943年6月1日，第45～50页。
② 冀朝鼎:《利用美国资本的途径》，载《新经济》，第1卷，第3期，1938年12月16日，第63～65页。

发表了关于中国钢铁工业的一系列文章:《汉冶萍公司的覆辙》《龙烟铁矿的故事》《安徽售砂公司的始末》《国营钢铁厂的前奏》《记湖北象鼻山铁矿》等,目的是从中总结经验教训,引以为戒。他还发表了《六十年来的中国经济》一文,将1881—1941年的中国经济各部门,如商业、工业、交通、矿业、农业,十年为一期,勾勒出一个基本轮廓。① 在吴景超的笔下,可以清楚地感受到他对中国工业发展的正面、乐观的看法:

第一,商业竞争或优胜劣败的规律主宰经济发展。例如,18世纪中叶,中国出口英国的货物除了茶叶、丝绸,就是土布。那时,英国的手工织布比不上中国的土布。但工业革命之后,英国的机器织布物美价廉,英国人不但不买中国的土布,而且把大批的棉货运往中国。棉织品的输入打击了中国的手工纺织业,但却同时刺激了机器纺织业。到1936年,中国输出的棉货已超过输入的棉货。再如,中国的茶叶和丝绸均曾独霸世界市场,但后来因竞争失败,茶叶被印度和新西兰所超过,而丝绸也被日本所取代。

第二,中国的工业受外国的刺激之后,有了长足的进步。例如,在第二个十年,即1891—1900年,影响中国经济发展最大的事件,便是《马关条约》。其中一条是允许外国人在中国的口岸开设工厂,这激发了新式工业的建立,并为外国人在华投资开了方便之门。到1931年,外国人的投资在工商业中占80%;中国政府的贷款仅占13%。

第三,短短六十年的时间,中国的经济发展从中古时代逐渐走向现代化。在国际贸易进口方面,自有海关报告以来,总是以鸦片居第一位。但自1885年起,鸦片的位置便让给棉织品,此后鸦片进口逐渐衰落,到1917年完全禁止。中外贸易的商品总量和种类也大大增加。其他还有铁路、公路的建设,煤、铁矿的开采,农业的改良等,都给中国经济的进一步发展打下了坚实的基础。抗战前的数年是中国最进步的几年。尽管卢沟桥的炮声打破了经济的

---

① 吴景超:《六十年来的中国经济》,载《新经济》,第5卷,第3期,1941年5月1日,第58~64页。

正常发展轨道，但同时促成了内地的开发和建设，且统一了从事经济事业的人们的信仰和意志。

根据以上的分析，吴景超对中国工业化的基本思路，简言之，即依靠政府制定切实的政策，借助外资，遵循经济规律，自强自立，积极参与竞争，最终的目标是实现国家的现代化。

第四节　从"新经济"到"新路"

从 20 世纪 30 年代到 40 年代末，吴景超逐渐将注意力投向宏观经济体制、政治制度以及社会、外交政策，试图探讨从根本上解决中国问题的办法。他在创办《新经济》时提出，《新经济》是要研究和促进经济政策及一切建国的方案。在这里，"经济"的含义非常广，不但包括实业、交通、金融，而且指其他与建国有关的原则与方法。所谓新经济的"新"，也有很丰富的含义，一是"革新经济"，即源自古语"周虽旧邦，其命维新"。诚如《〈新经济〉的使命》一文所言：

"中国要能自立于近代世界，须有立国的根本方略，我们以为革新经济便应作为中国极重要的方略。用这个方略，我们要使中国产业发达，生计优裕，也要使社会组织，工作精神，生产能力，都因而充分改善与提高。我们应尽最大的力量来筹划与执行，使文化悠久的古国，同时更成为气象焕然的新邦。"[1]

新经济的另一层含义，也是更为关键的，即试图"从自由经济与计划经济中找出一条融合的道路"。在吴景超看来，"现在全世界都闹着各种主义的论

---

[1] 《〈新经济〉的使命》，载《新经济》，第 1 卷，第 1 期，1938 年 11 月 16 日，第 2 页。

战,但很少有人从这些矛盾冲突的思想中,找出一种共同的趋向来。"[1]为此他不但深入了解西方社会经济的发展,而且一直关注苏联、德国等以国家的力量有计划发展经济的经验。在《〈新经济〉的使命》一文中,他首次肯定这个经验,并在此后的许多年中,就比较"自由经济"与"计划经济"两种经济形态,写下了不少论著。

吴景超试图探索一条融合"自由"与"计划"的经济思想。早在1935年,吴景超便以书评的方式,介绍美国知名记者李伯蒙(Walter Lippmann)的著作《自由的方法》(*The Method of Freedom*)[2]一书。此书为李伯蒙的演讲集,当年在美国出版时极畅销。全书讨论的一个中心问题,就是繁荣与自由如何能并存于一个社会中。实践表明,19世纪的经济自由主义(即市场经济)弊病多端,不得人民信赖,需要政府干涉。但是政府应该用什么方法矫正市场经济的缺点,改善人民的生活状况?李氏认为办法有二。其一是实行计划经济。第一次世界大战期间,许多参战国都实行了计划经济。战后,莱茵河以东的国家或实行共产主义,或实行法西斯主义。这些国家在战时实行计划经济,靠的是武力及爱国心。在和平时期之所以能继续贯彻这种计划,是因为取消了言论自由,新闻舆论、教育文化完全为政府所控制,人民只能得到官方的观点,而听不到反面的声音。一切的经济行为都要照着计划进行,不许个人意志掺杂其中。李氏反对这种为繁荣而牺牲自由的办法,他认为这种办法不可能在英、美等经济发达国家实行。苏联实行计划经济之所以不感觉困难,是因为那里的人民太穷了,所有的收入都要用于购买生活必需品。这种必需品的生产相对来说是容易计划的。然而,如果人民的生活超过贫穷线以上,收入中有一部分要花在以享受为目的的奢侈品上面,便不易计划生产了。

李氏提出,英、美等国家为解决这个问题,采用了另一个办法,走上一条

---

[1] 引自卢郁文:《新经济的三个原则》,载《新经济》,第1卷,第2期,1938年12月1日,第31页。

[2] W. Lippmann, *The Method of Freedom*, 6th ed. New York: The Macmillan Co, 1935;吴景超:《〈自由的方法〉书评》,载《独立评论》,第160号,1935年7月21日,第19~22页。

"新路",既不是共产主义,也不是法西斯主义,更不是经济自由主义,而是"自由集团主义"(Free Collectivism),即经济事业依旧掌握在私人手中,但政府用政治的力量来矫正私人自由经济所造成的种种恶果,改善社会经济状况。具体地说,由政府推广教育、卫生、住宅、娱乐等社会事业。这样,人民大众不必自己花钱,便可享受以上事业所带来的利益。这个办法对于维持大众的生活水平是很有用处的。再者,承认人民有工作权,正如现在文明的国家承认人民有言论自由权、参与政治权等一样,政府须得保障人民有工可做。在经济不景气时期,可由政府投资兴办公共事业,以吸收社会上失业的人。李氏的立场,他自己说得很清楚,是替中产阶级说话。中产阶级是自由社会的基础,这个阶级最好能够扩大,把两个极端的人都吸收进来,这样的社会便成为一个中庸、安定的社会,也是自由可以生根的地方。吴景超极为赞同李伯蒙的观点。

应当指出的是,在20世纪三四十年代的中国知识界,主张"自由经济"与"计划经济"融合的,并非吴景超一个人。事实上,吴景超的观点代表了一批学者的看法。抗战后期,他们看到胜利在望,于是便开始设计战后的建国蓝图。1943年3月,社会学、经济学、历史学者共23人召开了一次"战后经济问题座谈会,"①其中社会学者出席的有吴景超、李树青、费孝通。座谈会的主要议题有三个:一是战后在中国实行放任经济(自由经济),干涉经济,还是计划经济;二是战后中国应有的工业政策及其他对内经济政策;三是战后中国应有的对外经济政策。与会学者认为,这个座谈会是要讨论中国战后经济问题,但当时战争尚未结束,因此,他们做了两个假定:第一,假定在这次中日战争中,中国将在两三年间得到最后的胜利;第二,假定战争结束后,中国可以有20年的时间和机会来改造国家经济。第一个假定他们相信是正确的,至于第二个假定是否能够实现,当时大家还无法断言,只能假定和平建国的时间为20年,在此前提下,讨论怎样改造中国的经济,如何把中国建成一个现代化国家。

---

① 参见《战后经济问题座谈会》,载《当代评论》,第3卷,第15、16期合刊,1943年3月28日。

在学者们看来，一个国家要成为一个现代化国家，通常应具备两个条件：对外它是一个"权力国家"，要有足以保障国家生存、维护国家利益、抵抗外国侵略的能力；对内它是一个"警察国家"，要能维持社会安定、公共秩序和全国统一。中国必须迅速工业化，实现工业革命、交通革命及社会革命。为达到此目标，在经济制度方面既不宜采取放任主义，也不能采取苏联式的计划经济，而应该结合两者，采取一种"有计划的干涉主义"，一方面对经济建设拟有一定的计划；而另一方面在实施计划时只用干涉主义的方式而不用全面管制的方式。

用干涉主义的方式去实施经济计划，应从发展国营事业和干涉私人经济两点着手。凡关键性的事业如交通事业、矿业、冶炼工业、机器制造业、电器工业、汽车制造业、飞机制造业、造船业、兵工业、动力及燃料工业、基本化学工业，都应用国营方式依照计划予以发展。为了使国营企业能担负这重大的使命，所有的国营事业都应采取公司组织，彻底商业化与合理化。此外应采取健全的人事制度，其他事业可由私人经营，但政府要采用管制投资、金融控制及租税制度等间接但有效的办法对其加以管理与干涉。

中国因面积广阔，战后生产建设可分区进行。只要交通建设能与分区计划配合起来，则分区的办法是可行的。生产的区位应采取"在分散中求集中"的原则。战后中国可建立七个生产区，即东北、华北、西北、华东、华中、华南、西南。每一区域中的工矿区位应依照经济的原则集中发展。在对外商业政策方面，战后既不应采取19世纪的自由主义方式，亦不宜用高度关税、输入定额、贸易统制、外汇统制、清算协定等过分阻碍商品流动及违反平等待遇原则的方法来保护新兴的工业。应采取有计划的干涉主义，干涉的工具可以侧重于租税制度（特别是消费税）和生产奖助制度。在社会革命方面，要实行平均地权，节制资本，改善劳工阶级的生活，保障全体国民的生存权利，并使财富分配能够符合社会正义的原则。

为了进一步研究和融合两种经济制度，吴景超自学俄文，关注苏联工业化的过程，并将之同美国做比较，在20世纪40年代末发表了一系列文章。然而，他当时对苏联的认识主要还是通过阅读西方学者的著作。例如他曾介绍剑桥大学经济学讲师导伯所著的《苏联战时与和平时期的计划与劳工》及《苏联经济与战争》二书[①]。这两部书的内容涉及苏联战时与和平时期的经济，经济计划的机制，五年计划编制的方法，工农业生产，财政，工人工作的报酬等。当时苏联实行五年计划成绩显著，但同时也引发了外界许多疑问，许多人觉得其过程是个谜。因为苏联官方不公布数字的来源和计算方法，而西方国家统计数字是公开的，政府发表统计报告的数字来源均有详细说明，除政府之外，尚有民间学术团体、私人机构等独立搜集材料，与政府公布的数字相互印证。另外，在资本主义国家，生产是由市场需求、进而由价格决定，而在苏联是由计划委员会决定。当然苏联的方式有利于资本积累，从而加快工业化速度。但是有一个问题尚未解决，即生产的最终目的是为大众谋福利，大众要有机会和途径表达他们的需求。在生活水平低的国家，人们需要的仅仅是衣食住行的基本满足，这比较好办。之后怎么办？计划经济是否能够满足将来人民生活水准提高后更多的要求，这是当时西方学术界深表怀疑的一个关键点。

吴景超本人此时正在撰写一本书，以苏联和美国为例，更加系统而充分地论述、比较两种经济制度，书名是《苏联经济与美国经济》。此书后来并未有机会出版，但其中的几章先行刊载，例如《计划经济与价格机构》[②]一文即其中的一章。在这篇文章中，吴景超阐明这样一个观点，即经济制度不过是一种工具，用这个工具来达到某种目标，其中包含着价值判断和选择取舍的问题。这就意味着一个国家若把提高人民生活水平放在第一位，便要实行市场经济；若为了在短时间内提高国防能力，就必然要推行计划经济。在第二次世界大战

[①] 吴景超：《书评：Maurice Dobb, *Soviet Planning and Labor in Peace and War*, N. Y.: International Publishers, 1943; *Soviet Economy and the War*, International Publishers, 1943》，载清华大学《社会科学》，第4卷，第1期，1947年10月，第127～136页。

[②] 吴景超：《计划经济与价格机构》，载清华大学《社会科学》，第5卷，第1期，1948年10月，第55～77页。

时期，德国、英国、美国等均以提高国防能力为由，推行计划经济。

他接着论述计划经济的起源，着重分析苏联是如何实行计划经济的，并分析其利弊。苏联实行计划经济已经很多年，要了解苏联推行计划经济的动机，就要看一看苏联的历史。斯大林曾说，旧俄罗斯的历史，就是一连串挨打的历史。因此，苏联推行计划经济，主要的目的是为了增强国防力量，将来实现更远大的目标——推动世界革命。因为其世界革命的使命才刚刚开始，不知何时能完成，所以苏联的计划经济还要继续推行下去。相比之下，英、美等国在"二战"之后便废除经济计划，因为在和平时代，国家的目标就是提高人民的生活程度。

从表面上看，苏联这种新的生产制度是行得通的，而且还可取得相当的成绩，但仔细考察就会发现其问题。如斯大林在《列宁主义问题》中列举了五年计划的基本任务，但并没有提到提高人民的生活水平。而且，苏联在编制五年计划的过程中，五年计划中的主要生产任务由中央政治局决定之后，国家计划委员会把初步计划送给下级机关讨论。参加讨论的人都以生产者的资格参加，并未考虑或征求消费者的意见。所以整个计划的编制完全忽视了"消费者的主权"（consumers' sovereignty）。

吴景超明确地表示，任何一种经济制度，如果忽视了消费者的主权，不以消费者的偏好决定生产要素的安排和各种产品的生产数量，而想提高人民生活到最高水平，那是做不到的。苏联在开始实行计划经济时是一个生活水平低下的国家，大多数人民在穷困中过日子。在这样的国家中，人民的初步要求是免于饥寒，是基本生物需要的满足。这种基本需要因为有生物的基础，比较客观，较易计算，然而这只是提高生活程度的起点。基本的生活需要满足后，人类的文化需要是无穷尽的，且主观成分极强。将来有一天，苏联发展到第二个阶段，很令人怀疑，计划经济能否胜此重任。

美国的生产工作与苏联截然不同，基本上是在价格机制的调节下进行。依照价格的指示，消费者于无形中指挥生产资料的分配，并决定某种物品或劳务生产的数量。但是，美国政府通过实行"社会安全"对经济进行干预，如规定最低工资，推行就业法、失业保险及老年津贴。再有，美国社会财富的分配经过两个阶段，第一阶段为价格机制所进行的分配，即地主得地租，资本家得利息及利润，劳动者得薪资（其实严格地说，各生产单位在分配所得之前已向政府纳税）。政府在此基础上课以累进的税，再以税收所得作为各种政务的开销。美国政府还对于无竞争对象的独占资本，实行价格管制。比较苏美两国体制，吴景超提出的出路，就是苏联取消计划经济，美国取消私有财产制度；苏联运用价格机构（或价格机制），而美国亦实行社会主义。这样，两个国家的经济组织必会更加完美，人民的生活水平必呈现一更高的水准。那么，如何使公有制和自由的价格机构并存？下面将会看到，吴景超在其主办的《新路周刊》上，对这个问题进行了回答。

吴景超进一步将对苏美经济制度的思考，结合早年的有关阶级问题的研究，写成了《从四种观点论美苏两国的经济平等》[①]一文，提出"经济平等"的四种含义，这个分析对认识社会极具警示作用。

"经济平等"的第一种含义，是指社会中各人收入的来源相同，这是正统的社会主义者对于平等的解释。在理想的社会主义国家，取消了私有财产制度，人民的所得仅有一个来源，便是劳务的收入。虽然各人的劳务所得有多寡之分，但不劳动者不得食。大家都靠劳务的收入来维持生活，即表示阶级已经取消，也就是表现出经济的平等。如果以这个定义来衡量美苏两国，那么这两个国家的经济都是不平等的，但美国经济不平等的程度超过苏联。美国作为资本主义国家，不同阶级间的收入存在着极大的差距。虽然政府以税收的方式进行调节，但阶级之间收入的差别尚未达到社会改良者所希望的那样小。苏联人民按理说并无财产的收入，可是有一点需要考虑的就是利息。吴景超算了一笔账：1937年，苏联付出的薪资为82 247兆卢布，同年人民投资于政府公债的数目为18 274兆卢布，储蓄银行的存款为3 985兆卢布。人民的总储蓄约占薪

---

① 吴景超：《从四种观点论美苏两国的经济平等》，载《观察》，第5卷，第13期，1948年11月20日，第5页。

资总额的四分之一以上。公债与储蓄的利息平均约为 4 厘,因此利息的收入约为 8 亿 8 千万卢布。于是有人提出疑问,在这种情况下,苏联是否会产生新的资产阶级。苏联学者贝柯夫(A. Baykov)指出:苏联的公债为 5 千万人所保有,每人平均分得 365 卢布;银行储蓄为 1400 万人所保有,每人平均储蓄额为 285 卢布。因为人均储蓄数量不多,所以不可能专靠利息维持生活。但在吴氏看来,这种假定每人所持公债或储蓄款额相同的推论是站不住的。据统计,苏联 1937 年 1 月的储蓄存款有 67% 是在 10% 的人手里,这 10% 的人的利息收入相当可观。当然,利息收入在苏联不能变成资本,也就不能投入再生产。

第二种经济平等,是指判断一个社会的平等与否,不注重收入的来源,而是看人们收入的数量是否有很大的悬殊。美国和苏联同样存在这种不平等,美国不平等的程度有甚于苏联,但吴景超强调,过于重视收入数量的均等可能会因而忽视第三种经济平等——经济权力的平等。他引用了英国经济学家希克斯(J. R. Hicks)的一段发人深省的话:

"在讨论平等问题时,说是铲除不平等,是一种乌托邦的思想。收入的不平等,只是外面的表现。社会上还有更深刻,更基本的一种不平等现象,就是权力的不平等。这种不平等弥漫于各种社会之中,我们很难想像一种有组织的社会,权力的分派,是平等的。在人类演化的过程中,这种权力的不平等,曾以各种不同的姿态出现;主人控制他的奴隶,贵族控制他的佃奴,地主控制他的佃户,资本家控制工人,组织者控制被组织的群众,官吏控制人民。从各种不平等的现象中去观察,比较收入的不平等还是坏处最少的。这种不平等,可以测量,因而也有方法控制。现代的社会,必须控制这种不平等。但是为人类的自由著想,我们不要前门拒狼,而让后门进虎。"[①]

[①] 吴景超:《从四种观点论美苏两国的经济平等》,载《观察》,第 5 卷,第 13 期,1948 年 11 月 20 日,第 5 页。

吴景超清醒地意识到，现代社会为谋求某一种的平等，很容易陷入另一种不平等。例如为求收入的比较平等，很容易陷入经济权力的更不平等。而在经济平等这个名词的含义中，经济权力平等这一个概念极为重要。经济权力在资本主义社会中，同私有财产有着密切的关系，谁掌握着财产，谁就掌握着经济权。经济权力包括财产所有权和财产使用权，这两种权力在以前的社会中曾集中在相同人的手中，在现代社会中则可以分开。像美国的大公司，股东多至几十万人。握有公司股票的人，不能行使财产的使用权。公司经理则指挥权力大、薪水多、地位高。

用同样的观点来看苏联的经济组织，可以看到其特殊而有深刻意义之点。在苏联，生产工具是公有的，私人对于资本没有所有权，但生产工具或财产的使用权仍然集中在少数人手中。苏联财产使用权的集中程度超过美国，所以经济权力不平等的现象，苏联大于美国。在苏联工作的人不敢得罪政府，比在美国工作的人不敢得罪资本家尤甚。在美国，因为经济权还不十分集中，做工的人得罪了一个资本家，还可在别的资本家手下谋一个位置，甚至自立门户小本营生。在苏联，一个人得罪了政府，还有什么别的政府可以收容他呢？！

第四种经济平等的含义是机会平等，机会平等的核心，就是教育机会的平等。一个人如果在受教育方面获得与别人相同的机会，因而得到其天资所能吸收的教育，再按他所受的训练，在社会中谋取一个合适的位置，他对于这个社会便会无怨无悔。从这个角度看，一个社会如能为所有的公民提供平等的教育机会，这个社会也就是平等的。比较美苏两国公立学校的就学人数和人均教育经费，美国均高于苏联。但美苏两国教育机会都并不平等。教育机会如不平等，也不可能达到收入的平等或经济权力的平等。

比较美苏两国的社会经济制度，最终的目的是设计中国的现代化道路。1948年3月1日，吴景超与钱昌照、邵力子等同人成立了"中国社会经济研究会"，并创办《新路》周刊（5月15日）。这代表了吴景超等人当时尝试融合两种社会经济制度，谋求一条"新路"的最后一次努力。

在"研究会"的成立会上，代表们通过了对于中国政治、外交、经济、社会四方面的主张共32条。可以说，这是中国当时除国共两党之外的"第三种力量"所制定的一套建国大纲。政治方面的内容有九条，主张实行民主，包括"政治制度化，制度民主化，民主社会化"；"执法与制法并重，宪政尤重于宪法"；确立文官制度；军队属于国家；实行多党制度，互相批评与监督；推行选举；保障人民的基本自由与权利等。外交方面的内容有六条，包括实行和平互利的外交政策；遵循国际法；拥护国际组织；赞成国际经济文化合作等。经济方面的内容有十条，极为强调国家在经济发展过程中的作用，主张国家应筹划适当的方法，开发资源，实现全民就业，促成公平分配，提高生活水准；收归土地；改进农业生产与农民生活；独占性、关键性的工矿、交通、金融事业应为国家经营；国家赋税政策应平均私人财富，创造国家资本，促进资源开发，维持经济繁荣及达成社会安全；欢迎不带政治因素而能配合我国经济政策的国外投资，在互惠的条件下参加我国经济建设。社会及其他方面的内容有七条，包括充实教育经费，扩大教育机会，实行国民义务教育；在法律、教育及就业机会上男女平等；制定劳工福利之立法，如规定最低工资和最高工时，保障劳动环境的安全；推行各种社会安全制度，使人民在疾病、失业、老年、残废等状况下，不受贫困的威胁；扩充医药卫生设备，并逐渐推行义务医药制度，使人民获得平等的保健机会；推广节育；逐步提高人民生活水平。

当时在国共双方的激战中，各界对关系国家命运的重大问题争论之激烈，亦达到了顶点。《新路》周刊准确地反映了这一局面。此刊物最大的特色，便是其中有分量的文章，大都以"讨论""辩论"或"论坛"的形式出现。一系列专题讨论均选择当时最富有争议性的问题，表述正反两方面的观点。如《论耕者如何能够有其田》《关于美国经济制度》《苏联是否民主》《论我国今后的人口政策》《用和平方法能否实现社会主义》《中国工业化的资本问题》《现政府是否有改善的希望》《政治民主与经济民主》《社会主义的经济是否需要计划》《美苏和平是否可能》《现行保甲制度应否存在》《美国前途的展望》《论公务员的法律地位与政治权利》《论经济自由》等。

吴景超此时清楚地意识到中国政局的走向,一方面,他要顺从整个形势的发展,另一方面,他仍竭力申明自己的主张,并煞费苦心地试图修正自己的观点以适应形势。例如他提出:鉴于形势的紧迫性,对于解决土地问题,自己以前设想的需33年完成的"从佃户到自耕农"的方案,现在不等那么久。而是规定地价为租额的七倍,由佃户分七年交纳,取得土地所有权之后再用七年的时间,建立合作社,实现土地国有。[1] 再如有关涉及经济制度的根本问题,吴景超主张,在社会主义社会实行公有制不但能避免私有制所造成的贫富差距悬殊,还可避免因财富掌握在私人手中所造成的失业及经济萧条。然而他坚决反对计划经济。他说,计划经济最大的问题是生产资料的分配与使用,因不受价格控制而不符合经济原则。苏联便存在着这一问题,其缺陷尚未暴露,主要是因为苏联同外界隔绝。假如苏联所生产的货品,在国内外可以自由地参与竞争,由价格决定优胜劣败,这个问题便会暴露。[2]

　　吴景超认为,在实行公有制的前提下,为了让价格机制发挥作用,其根本的解决办法在于保证经济权完全分散。大的生产单位应依然维持公司的形式,董事会可吸取法国国营事业的经验,从政府、生产者、消费者三方面产生,经理由董事会委派。生产方针尽管不以谋利为目的,但仍须符合经济原则,即须将生产成本减至最低的限度;生产的数量要到边际成本等于价格为止;生产要素的成本要等于边际产品的价值。[3] 这样做的好处是可以保持经济自由,使生产资料可以按供求关系得到合理的利用;消费者可以按价格和需要购买商品;工人不同政府发生关系,而是与经理有契约关系,因此有择业的自由。生产单位获得的利润,以税、租的形式缴给政府,存入银行,创业者可向银行贷款。为保证全民能得到最低生活的必需品数量,保障就业,不必靠计划经济,只需

---

[1] 吴景超:《论耕者有其田及有田之后》,载《新路》,第1卷,第2期,1948年5月22日,第2～5页。

[2] 吴景超:《私有财产与公有财产——美苏经济制度述评之一》,载《新路》,第1卷,第15期,1948年8月21日,第4～7页。

[3] 《社会主义的经济是否需要计划》,载《新路》,第1卷,第16期,8月28日,第4～8页。

政府立法，规定最低工资，并实行社会保险。"社会主义是人类的一个很高的理想，经济自由，也是人类文化史上一个辉煌的成绩。如何兼而有之，是第一次（世界）大战以后，欧洲大陆以及英美社会主义者所常辩论的问题。"在此，吴景超提供了他对于这个难题的解答。①

《新路》这个主张走"第三条道路"的刊物，难以见容于主流政治。学者们试图在中国建立一套理性的政治经济体制，在当时也很难实现。他们苦于仅有方法而无统计资料，产生不了解决问题的方案，因而呼吁政府及民间的研究机关多下功夫，搜集、整理及公布有关资料。②他们要求政府公开经济行政，公开货币发行量、政府及各机关收支的详细决算、所得税资料、富人缴税额等。③然而，1948年11月2日，杂志社接到北平市政府社会局通知，说此刊刊发多篇文章，"言论反动，诋毁政府，同情匪军，袒护匪谍，破坏币制，煽惑人心"。内政部也对《新路》提出严重警告。面对极大的政治压力，编辑部回应说：宪政之下，人民是主人，有批评的权利；政府是公仆，有虚怀接受的义务。政府过去在一党专政之下，养成傲慢的心理，把自己放在人民之上，忘记政府是为人民服务的，而批评时事是人民的基本权利与自由。政府只有接受人民的批评，才可避免更深的腐化。④《新路》周刊最终未能免遭停刊的厄运。吴景超等一批自由主义知识分子，也经历了满怀抱负却有志不得申的悲剧。

---

① 吴景超：《论经济自由——美苏经济制度述评之一》，载《新路》，第1卷，第24期，1948年10月23日，第4～6页。
② 吴景超：《中国工业化的资本问题·总答复》，载《新路》，第1卷，第7期，1948年6月26日，第9页。
③ 刘大中、吴景超等：《我们的意见：经济行政应即公开——一个考验政府效率和廉洁程度的具体建议》，载《新路》，第1卷，第15期，1948年8月21日，第3页。
④ 参见《本刊对于"严重警告"的答复》，载《新路》，第2卷，第1期，1948年11月13日，第2页。

第七章 乡土中国

1949年前，中国社会学者所奋斗的目标有三，一是社会学的本土化，也就是将源自西方的社会理论与方法，有效地运用到对中国问题的认识上；二是在研究中国社会变迁的过程中，找到一条连接传统与现代、融合东西方文化的道路；三是将研究中国社会所取得的成果，贡献于世界学术界。自20世纪30年代中期始，特别是抗战期间，在吴文藻的主持下，燕京大学社会学系的一批青年学者，以燕京—云南社会学研究工作站为基地，围绕上述三个目标，尝试建立比较社会学。他们以"社区研究"为方法，以"功能主义"为理论基础，产生了一批有价值的成果，形成了鲜明的"燕京学派"。

燕京—云南社会学研究工作站设立的大背景，是1937—1945年的抗日战争。抗战给中国的政治、经济、社会各方面造成了深远的影响。就其对文化教育方面的作用而言，战前众多集中于沿海地区的高校及研究机构，纷纷迁往西南内地，形成近代史上一次壮观的"文化长征"。在西南一隅，学者们克服物质生活的匮乏，坚持学术工作。从题目的选择到材料的搜集，都更加立足于本土，这对于学术研究的中国化无疑是一大促进。中国的社会学研究也正是在这一时期，开始走向成熟。

第一节 建立比较社会学的基础

燕京—云南社会学研究工作站，是在吴文藻的努力下成立的。1929年，吴文藻自美国留学回来后，便一直在燕京大学社会学与社会工作系任教，后兼任系主任。如前所述，燕大社会学系一直有中西文化交流的传统。吴文藻在燕大近十年的教学与研究生涯中，继承和发扬了这一传统，明确提出在中国建立比较社会学的基础，并为此做了许多具体的设计和推动工作。然而，与早期一些社会学者不同的是，吴文藻认为，研究社会固然需要搜集、描述社会事实，但仅以数量统计的方法描述社会表象是不够的。为了深入认识社会，揭示社会生活的本质，应进行"质"的分析，以理论为指导，对社会现象作出解释。通过对西方学术界的考察，他主张把社会学与文化人类学（或社会人类学）结合起来，借鉴当时在西方文化人类学领域盛行的"功能学派"理论及"社区研究"的方法，将它们有效地应用于中国社会的研究。

在当时的西方文化人类学界，"功能学派"理论的代表人物为马林诺夫斯基与拉德克里夫－布郎（Alfred R. Radcliff-Brown, 1881-1955，现多译作"布朗"，以下简称布朗）。"功能学派"的基本观点，简言之，即将社会生活看作是一个体系，体系的每个部分各有其功能或作用，此体系在其各部分相互影响、适应外界环境中达到平衡与稳定。"功能学派"的研究一般以"社区"为单位。"社区"即英文 community，早期曾被杨开道称作"共同社会"，孙本文译为"区域社会"，后由燕大社会学系学生黄兆临译作"社区"，① 并为吴文藻、费孝通等采用，逐渐流传开来。社区是指某一地区人民的实际生活，包括三个基本要素：人民，人民所居处的地域，人民的生活方式或文化。② 换句话说，社区的三要素即人口、环境、文化。其中"文化是社区研究的核心，明白了文化，便是了解了社会"。③

西方学术界主要是从两个角度对社区进行研究的。一是社会学的"区位学

---

① 兆临（即黄兆临）：《关于社会学名词的翻译》，载北平《晨报·社会研究》周刊，第30期，1934年4月11日。
② 吴文藻：《现代社区实地研究的意义和功用》，原载燕大社会学系编，《社会研究》，第66期，1935年1月9日，辑入《吴文藻人类学社会学研究文集》，第144～145页。
③ 吴文藻：《社区研究与社会调查的近今趋势——在中国社会学社第五届年会宣读之论文》，载《中央日报·社会调查》双周刊，第27、28期，1935年4月29日和5月13日。

派",以派克等为代表,将地域作为观察单位,目的是寻求各种社会现象在某一地区中的分布规律,从而了解社区的结构;二是"文化学派",包括上述人类学的"功能学派"。文化学派注重研究社区文化的功能和变迁。① 吴文藻非常强调功能学派的价值。他说,现代社区的核心为文化,文化的单位为制度,制度的运用为功能。这四个基本概念,即社区、文化、制度、功能,组成一个"概念体系"(conceptual scheme),可以作为分析的基础。以功能的观点研究社区,就是把社区看作一个有机整体,考察它全部的社会生活。因为社会生活的各方面是密切相关的,是一个统一体系的各部分,所以,为了了解其中的某一方面,就要从它同各方面的关系上来探索穷究。② 运用社区研究法进行实地调查,可以研究偏远部落社区或殖民社区、农村社区、都市社区等。静态的社区解剖能深入了解社会结构,动态的社区分析能认识社会组织和变迁。③ 然而,若单独研究某一小型社区,其结论难以具有普遍意义。要使用比较法,从各地选择一些典型的社区,进行系统的分析、比较,这样才能对整个社会有深入的认识,这就是比较社会学。吴文藻说:"所谓比较社会学,简单言之,即应用类似自然科学上的方法——即比较法,对于各地现存的社区,做系统而精审的考察。""社会学便是社区的比较研究,文化的比较研究,或制度的比较研究。"④

在社会学研究方法上,"社区研究"是相对于早期"社会调查"而言的。社会调查着重记录、描述社会实况;社区研究则侧重于事实的解释,探讨社会事实存在的原因,并分析社会各部分的相互关系和作用。可以说,社会调查相当于照相,社区研究就像是电影。照相所代表的生活是横断的、一时的、局部

---

① 吴文藻:《西方社区研究的近今趋势》,辑入《吴文藻人类学社会学研究文集》,第151～158页。
② 吴文藻:《社会学丛刊·总序》,甲集,见瞿同祖《中国法律与中国社会》,上海:商务印书馆,1947。
③ 吴文藻:《中国社区研究的西洋影响与国内近状》,载北平《晨报·社会研究》周刊,第101期,1936,第447页。
④ 吴文藻:《社会学丛刊·总序》,甲集。

的、静态的;电影所代表的生活是纵贯的、连续的、全形的、动态的。社会调查是社会服务人士的观点,其主旨不在认识社会,而在改良社会,故注重社会问题的诊断。社区研究是社会学者的观点,其主旨不在控制社会,而在了解社会,故关心社会历程的探索。① 早期的社会调查为应付实际问题而产生,因此大多限于社区生活的物质方面;社区研究则更注重风俗礼仪与价值观念。在西方经典社区研究中,吴文藻非常推崇美国社会学家林德的《中镇》②。他认为,林德最大的贡献是对于现代文明做全相的研究,像民族学家讨论原始部落的生活方式那样,来分析一个美国都市中的生活习惯和风尚,其着重点是放在那纵横交错的复杂情境和相互关系之上。吴称之"为今后一切社区研究的模范"③。

吴文藻非常了解当时西方社会学、人类学界有关社区比较研究的最新成果,希望能在中国展开类似的工作,为此他向洛氏基金会提交了一份研究计划,阐述其意义和价值,希望能获得资金支持。他当时的设想是,在燕京设立一个社会科学研究机构,即搭建一个开放式的平台,能够让中外学者进行跨学科的合作研究,并将学术工作、培养人才以及实地调查结合起来,以此推动学术的发展和社会实践。他提出,在中国各地包括少数民族地区,选择若干个社区,展开系统的实地调查研究。④ 对于吴文藻的这项计划,马林诺夫斯基也去信给洛氏基金会,表达他"全心全意而无条件的支持",因为"人类学只有用于研究高度发达的社区以及相关的社会学问题的时候,才能实现其真正的价值"。⑤ 马林诺夫斯基认为,对印度、法国、德国或变迁中的中国等进行实地

---

① 吴文藻:《西方社区研究的近今趋势》,载《吴文藻人类学社会学研究文集》,第157页。
② R. S. Lynd & H. M. Lynd, *Middletown: A Study in American Culture*, N. Y.: Harcourt, Brace, and Co., 1929.
③ 吴文藻:《社区研究与社会调查的近今趋势——在中国社会学社第五届年会宣读之论文》,载《中央日报·社会调查》,第27期,1935年4月29日。
④ W. T. Wu, *Proposals for the organization of an institute for research in the social sciences in Yenching Universilp*, 1937; *Methodological notes on the adaptation of functional anthropology to the study of village life in China*, 1937. LSE.
⑤ *Letter from Malinowski to Gunn*, May 25, 1937. LSE.

调查，要远比研究那些正在消亡的太平洋部落重要得多，而从各种角度来看，对中国文化的了解则是解决这个世界将来许多问题的关键。

为了将计划付诸实践，吴文藻费尽心血，特别是在抗战时期的艰难条件下亦坚持不懈。具体的实施办法，用他自己通俗的话说，主要是"请进来"与"派出去"。"请进来"包括：首先，从西方引进有价值的教学方法培养学生。吴文藻深受西方通才教育的影响，为了培养博约兼长的人才，他建议燕大法学院，模仿实行英国牛津大学的"导师制"。1937年，他去英国，同牛津大学副校长林叟（A. D. Lindsay）商妥，林叟派儿子林麦可（M. Lindsay）和另一位青年学者戴德华（G. Taylor）到燕大法学院授课，并个别指导学生。"导师制"计划从本科三四年级挑选成绩优秀的学生，由导师予以个别指导，着重培养学生的科研能力，毕业时授予荣誉学位。但因战争爆发，这项"社会科学荣誉学位导师制"未能贯彻下去①。

其次，邀请世界一流学者到中国讲学、指导学生。20世纪30年代中期，吴文藻邀请数位世界知名学者访华。1935年10月，吴文藻请正在日本访问的人类学家布朗到燕大讲学三个月，开设"比较社会学"和"社会学研究班"的短期课程。布朗担任林耀华的硕士论文《义序宗族研究》的导师，② 还指导本科生李有义做深入的实地研究。作为比较社会学的提倡者，布朗对于在中国开展社区研究提出了自己的看法。他建议以村庄为单位，或剖析其内部结构，或考察其动态变迁。他提到，研究社区变迁理想的方法，是在若干年间反复观察同一个乡村，但此方法在应用上较困难。另一个间接的方法，是选择数个受某种相同因素影响，但影响程度不同的社区，加以观察、分析及比较。③ 据此，燕大社会学系准备在布朗的领导下，进行一个实地调查课题，并将它同世界上

---

① 吴文藻：《吴文藻自传》，载《晋阳学刊》，1982年第6期，第47页。
② 同上书，1982年第6期，第47页。
③ 拉德克里夫－布郎著：《对于中国乡村生活社会学调查的建议》，吴文藻编译，载燕京大学《社会研究》，第116期，1936年，第523～527页。（拉德克里夫－布郎为旧译法，现多译作拉德克里夫－布朗）

其他地区当时正在进行的实地调查联系起来①，以论证比较社会学的理论和方法。而上述布朗所提出的研究社区变迁的两种方法，后来都为中国社会学者所采用。

1936—1937年，吴文藻到欧美进行学术访问，在芝加哥大学，他通过布朗的介绍，结识了社会人类学家瑞斐德。②吴氏向瑞氏提出"联合实地调查"的计划，引起芝大的兴趣。③在这次访问期间，吴文藻还邀请耶鲁大学语言学家萨皮尔（E. Sapir）和哈佛大学青年人类学者阿伦斯堡（C. M. Arensburg）到燕大讲学并做田野调查，后因卢沟桥事变发生而未能实现。④本来，如果不是战争全面爆发，马林诺夫斯基也是要到中国做学术访问的。

第三，中西同行展开合作研究。1937年初，英国人类学者、曾与布朗及马林诺夫斯基学习过的瑞蒙德·佛思（Raymond W. Firth, 1901-2002）向吴文藻提出，希望同燕大合作，到中国做人类学的实地研究，特别是研究中国边疆的少数民族问题；同时也可帮助指导训练燕大的研究生进行实地研究。⑤经过协商，1937年5月，佛思正式向洛氏基金会提出申请，研究题目则改为"华北农村生活的社会稳定性"。他打算花一年的时间，到离北平不太远的某个北方农村如山东，做实地调查，由燕大派一个熟悉当地情况的学生当助手。此时，佛思夫妇已开始学习中文。佛思认为，当时大多数有关中国乡村的研究都属于"宏观社会学"类型，而他自己则打算选择一个1 000人左右中等规模的村庄，进行"微观社会学"考察。所要研究的范围，包括乡村的社会组成、家

---

① *Research Project for a Sociological Study of Village Life in China, 1936–1937*, College of Public Affairs, Yenching University, Program for 1936-1937 in College of Public Affairs, Yenching University, Summary Report, 1935-1936, Jan. 1936. RAC.

② Letter from W. T. Wu to R. Redfield, Mar. 13, 1944. RAC.

③ Letter from H. T. Fei to W. T. Wu, December 7, 1943. RAC.

④ 吴文藻：《吴文藻自传》，载《晋阳学刊》，1982年第6期，第47页；Letter from C. Arensberg to W. T. Wu, Jun. 8, 1937. LSE.

⑤ Interview by T. B. Kittredge with Dr. R. Firth, fellowship candidate, London, Feb. 6, 1937, Yenching University 1936-1937. RAC.

族结构、经济组织、乡村政府、教育及宗教制度。他准备运用功能理论,对维持社区的稳定与整合及推动变迁的各种力量进行分析;并从微观的角度,研究在各种关联的社会环境中人们的行为与相互关系。作为人类学者,佛思尤其关注经济活动中的非经济因素,如家族关系,他准备围绕家族来进行地方性的、具体的观察,并与相关文献做对比。① 然而,由于局势的动荡,计划几经修改和延迟。吴文藻曾根据当时的现实条件详细制订了多种方案,一是建议佛思去兰州,那里由中英庚款资助设立了一个边疆教育研究所,并计划请陶孟和、顾颉刚等人开展相关研究;二是去昆明附近的西南边疆研究所,佛思如能做田野调查的话,可以同法国学者对印度支那以及英国学者对缅甸等相邻国家的研究成果做些比较;三是到厦门附近,研究那里的海外移民问题,而陈达已经以统计方法做过10个县的普查,佛思则可以进一步做微观研究。吴文藻进一步提出,出于对政治局势不稳定性的考虑,建议佛思还是到云南去,相对来说,在那里的实地研究工作最少受干扰。吴氏还提出,让费孝通协助佛思在中国做田野工作。② 然而,由于中国的战乱,洛氏基金会不打算支持任何新的与中国有关的项目,佛思最终没能成行。尽管他将实地调查转到了马来西亚,他仍满怀希望地对吴文藻说:"我们并不把我们的中国计划看作取消,只不过是受条件所迫推迟了而已。"③

吴文藻的另一个办法是"派出去"。他与洛氏基金会及欧美多所著名大学联系,为有培养前途的学生申请洛氏基金会的资助,并联系导师,送他们出国学习。他对派哪个学生,去哪个国家,哪个学校,拜谁为师,吸收哪一派理论和方法等问题,都做了具体的、有针对性的安排。他曾说:"我花在培养学生身上的精力和心思,比花在我自己儿女身上的多多了。"④ 吴文藻的学生李有义曾深入西藏考察,他的妻子生孩子时死在那里。吴为李向洛氏基金会申请奖

---

① R. Firth, *Project for Research: Social Stability in North China Village Life*, May, 1937. RAC.
② *Letter from W. T. Wu to R. Firth*, Dec. 8, 1937. RAC.
③ *Letter from R. Firth to W. T. Wu*, Jan. 6, 1938. LSE.
④ 冰心:《我的老伴——吴文藻》,见《吴文藻人类学社会学研究文集》,第8页。

学金。① 吴还与美国芝加哥大学的人类学教授瑞斐德商量，让李有义去芝大学习，由瑞氏指导他学习社会人类学。他甚至具体建议李有义学习藏语或蒙语，为继续研究西藏或蒙古做准备。② 吴文藻安排的其他学生还有李安宅、林耀华、费孝通、黄迪、瞿同祖等。正是接受了吴文藻的建议，费孝通自燕大社会学系毕业，考进清华大学研究院，跟随俄裔导师史禄国学习人类学，获硕士学位后去英国留学，③ 进入伦敦经济学院。通过吴文藻的引介，马林诺夫斯基将费孝通收到自己的门下，加以悉心指导和提携，费孝通后来对社会学和文化人类学做出了重要贡献。吴文藻不但派学生出国进修，对学生们的研究成果，也帮助联系在外出版。例如，吴文藻访美期间，同耶鲁大学出版社、太平洋关系研究所、洛氏基金会等联系，出版了林耀华的《金翼》（此一研究1934年受洛氏基金会资助）。④

上述所谓"请进来"与"派出去"的做法，体现了吴文藻宏大的学术抱负。对外，他与众多国际一流学术机构或学者保持密切的联系；对内，他将燕京的年青学者和学生组成团队，积极提倡"合作精神"。他曾提出中外合作计划的三部曲：第一步是由国外资深学者带领中国研究生做实地调查，第二步是由经验丰富的中国学者与国外同行一道带着外国研究生做，第三步是由中外水平相当的学者共同进行合作研究。这样的工作，即便是在今天也是难能可贵的，而在当年动荡的中国，其施行之难是可想而知的。可是吴文藻并未放弃努力，在战乱岁月仍继续探索中外合作研究的各种可能性。⑤

1937年，"七七事变"发生，吴文藻打算离开已遭日军占领的北平，于是

---

① *Memo by RFE*（Roger F. Evans），Feb. 27, 1945. RAC.

② *Letter from W. T. Wu*（Division of the Social Sciences, University of Chicago）*to R. F. Evans*, Mar. 27, 1945. RAC.

③ 费孝通：《留英记》，载中国人民政治协商会议全国委员会文史资料研究委员会编：《文史资料选辑》，第31辑，北京：中华书局，1962年10月，第42页。

④ *Memo by RFE*, Feb. 27, 1945. RAC.

⑤ W. T. Wu, *Proposed research projects and research set-up*, 1937. LSE.

同云南大学联系，以中英庚款在云大设置社会人类学讲座，由他去任教。吴文藻自燕京告假一年，于1938年9月初到达昆明。①他本来计划建立云南大学社会学与人类学系，而教育部批准成立的是社会学系。吴文藻多方奔走筹款，其最终得款来源主要有：教育部拨款10 000元，并特批每年3 000元作为边疆教育研究经费；中英庚款委员会给予15 000多元作为人员开支；国家农业银行资助10 000元进行云南乡村社会经济研究；由于吴义藻仍保留燕京的职位，洛氏基金会因一直资助燕京而应允提供20 000元。②

起初，吴文藻同南迁的学者一样住在昆明市区，后因敌机轰炸频繁，吴文藻一家搬到昆明市郊呈贡县，住在"华氏墓庐"。这座祠堂式的房子，原为照看华氏家族墓地的人居住，吴的夫人冰心给它起名为"默庐"。③在主持云南大学社会学系的同时，吴文藻着手筹建一个小型社会学研究机构，因为是由燕大和云大合办的，所以称之为燕京—云南社会学研究工作站（以下简称"工作站"）。"工作站"的宗旨是继续贯彻中国社会学者建立比较社会学的设想。而此时，正值战争期间，吴文藻调整了研究计划，提出用1938—1940两年的时间，在西北和西南边疆地区开展实地社会调查，如甘肃、四川、云南、广西壮族自治区等地，注重于自然和人口资源、历史演变、社会结构、生产活动、财富的积累与分配、市场及消费、劳工状况、教育等方面。研究人员包括佛思夫妇、李安宅、杨庆堃、许烺光、郑安仑、费孝通等，每个人负责一个地区，按照共同拟定的研究方案进行，既有分工又有合作。这样的实地调查一方面可以推动社会科学理论的发展，另一方面从实际政策的角度来看，可为战时动员和战后重建提供科学依据。④

1940年底，吴文藻离开云南到重庆，在国防最高委员会参事室担任研

---

① *Letter fron W. T. Wu to R. Firth*, Aug. 28, 1938. LSE.
② *Letter from W. T. Wu to R. Firth*, Aug. 7, 1939. LSE.
③ 冰心：《我的老伴——吴文藻》，载《吴文藻人类学社会学研究文集》，第9～10页。
④ W. T. Wu, *A memorandum on the researah project of the social conditions in the frontier provinces in western China*, 1938. LSE.

究工作。自英国留学回来不久、任教于云南大学社会学系的费孝通主持"工作站"的工作。吴文藻仍担任"工作站"的荣誉主任,为"工作站"向洛氏基金会申请各项资助,并通过费孝通继续探讨中西"联合实地调查"的计划。1943年,费孝通到美国访问,同哈佛、密执根、哥伦比亚、芝加哥等大学接触,期望建立一些学术合作关系。哈佛大学以研究工业文化著称的梅奥(Elton Mayo)教授准备同"工作站"合作,在中国推动类似的研究。[1] 华盛顿大学远东研究所也表示对研究现代中国极感兴趣,拟定的计划包括出版一系列有关现代中国研究的英文书籍,向"工作站"提供五年的资助,出版介绍美国社会的中文单行本,以促进中国知识界对美国的了解,并协助中国实行民主和工业化。[2]

然而,对于这种学术合作兴趣最大的,仍是芝大的瑞斐德教授。于是,费孝通与瑞氏就吴文藻多年前提出的"联合实地调查"计划继续商谈。之后,瑞氏向美国国务院文化关系司提出申请,由瑞氏本人或芝大社会学教授布鲁默去中国考察。[3] 这项以芝加哥大学和"工作站"为主导,中美多所大学参与的中美学术合作计划有两项内容,一是由美方向中国的学术机构介绍西方特别是美国社会科学的最新发展,以协助中国社会科学的战后重建。另一项内容是联合实地调查。具体地说,就是制订一份社区研究的工作计划,选派数名美国研究生到中国,让他们同中国学生一起,在美国资深学者与"工作站"学者的指导下做实地调查。调查结束后,中美学生一起到美国用中英文写出报告。同时,中国学生在美国也有机会与美国学生一起研究美国的社区。这种调查团队的工作方式,以及由几个团体对不同社区有组织、有系统地观察,不但可以改进文化研究的方法,由孤立的社区研究到比较的社区研究,而且是一种国际教育合

---

[1] *Letter from H. T. Fei to Dr. J. H. Willits, the Rockefeller Foundation*, Nov. 23, 1943. RAC.

[2] *Memo attached to the Letter from G. E. Taylor (University of Washington) to Joseph Willits of the RF in NYC*, Apr. 18, 1944. RAC.

[3] *Letter from H. T. Fei to W. T. Wu*, Dec. 7, 1943. RAC.

作的新形式。①

参与合作的学者主张，这样的中西合作一定要互惠，使双方受益。从西方学者的角度看，中国社会对于社会科学研究具有极大的价值。中国有着丰富的传统，历史地理形态多样，是进行文化与社会比较研究最好的、活生生的实验室。再有，中国在从传统的乡土文化向现代城市文明转变的过程中，产生了许多复杂而有趣的问题。对这个过程的认识，有助于其他即将经过相同过程的社会从中获得宝贵的经验教训。因此，研究中国社会在社会科学理论与应用两方面都有望做出贡献。②而对中国来说，从中国去西方留学的学生，对技术问题的学习很有成效，但对人的问题关注甚少，而后者在中国急速发展的过程中显得至关重要。在西方文明史上，曾有很长一段时期所要解决的问题，便是在急速的工业化初期，由于管理阶层没有认清技术变化所带来的社会后果而付出的巨大代价。若把西方的技术强加于中国的社区，也会造成不可弥补的伤害。所以，中国应当尽一切努力，研究、解决工业化中人的问题，避免重复同样的错误。③

瑞氏夫妇原计划于1944年到中国访问一年，但因为战乱，一波三折，直到1948年才成行。而这一宏大的中西教育和学术研究的合作计划，受动荡时局的影响，最终也未能实现。但吴文藻的学生们，自20世纪30年代中期，特别是在"工作站"时期，依然取得了一批富有价值的研究成果。

第二节　黑暗中的探索

在吴文藻的主导下，燕大社会学系的青年学者们运用"功能学派"理论，采取社会学的"参与观察法"（或人类学的"田野工作法"），出产了一批

---

① *Letter from H. T. Fei to W. Fairbank*, Dec. 7, 1943. RAC.
② H. T. Fei, *A Proposal for International Co-operation in Social Science Research*, Dec. 7, 1943. RAC.
③ *Letter from W. B. Donham, Graduate School of Business Administration, to H. T. Fei*, Nov. 3, 1943, attached to *Letter from H. T. Fei to Dr. J. H. Willits*, Nov. 23, 1943. RAC.

实地社区研究成果,可称其为"燕京学派"。抗战前比较有代表性的著作有林耀华的《金翼》和费孝通的《江村经济》,抗战期间有蒋旨昂的《战时的乡村社区政治》。而"工作站"人员的成果,包括出版与未出版的中英文著作共有十几部。关于乡村经济方面的,如费孝通的《禄村农田》,张之毅(又名张子毅)的《易村手工业》《玉村农业和商业》,这三个调查报告合起来,以英文 Earthbound China 为题出版(中文本为《云南三村》)。关于工业化中的劳工问题,有史国衡的《昆厂劳工》《个旧矿工》、田汝康的《内地女工》,关于地方政治的有谷苞的《传统的乡村行政制度——一个社区行政的实地研究》、胡庆钧的《呈贡基层权力结构》等,关于宗教信仰或家族制度的有田汝康的《芒市边民的摆》,以及许烺光的《西云南的巫术与科学》《祖荫下》[①]等。现选几个有代表性的研究评述如下。

林耀华的《金翼》[②]是1934—1937年间,他在燕大社会学系读硕士学位时,回老家福建作的。林耀华受美国社会学家柯莱(Charles H. Cooley)的影响,注重柯莱所提倡的"精细的观察法"(method of intensive observation)或"生活研究法"(life-study method),因为这种个案方法"是一种活泼的叙述和有生气的描写"。[③]同其他"燕京学派"的学者一样,林耀华也不太看重统计方法,他认为,社会学者最重要的素质是敏锐的观察力。他说:"一个社会研究者的主要资格,在乎同情的观察,在乎敏慧的眼光,在乎鉴别事物大小精粗的能力;最好研究者能够设身处地,好像自己也在所研究的事物中生活一般。只

[①] Francis L. K. Hsu, *Magic and Science in Western Yunnan: A Study of the Introduction of Modern Medicine in a Rustic Community*, Distributed by the Institute of Pacific Relations, New York, 1943; *Under the Ancestors' Shadow: Chinese Culture and Personality*, New York: Columbia University Press, 1948.

[②] Y. H. Lin, *The Golden Wing, A Family Chronicle*, N. Y.: Institute of Pacific Relations, 1944. *The Golden Wing, A Sociological Study of Chinese Familism*, London: K. Paul, Trench, Trubner, 1947. 中文版《金翼——中国家族制度的社会学研究》,北京:生活·读书·新知三联书店,1989。

[③] 林耀华:《柯莱论生活研究法与农村社会研究》,载北平《晨报·社会研究》,第4期,1933年9月27日。

有如此，社会科学才可自立方法，而不为物质科学的方法所支配、所限制。"①《金翼》正是这样一部以"活泼的叙述和有生气的描写"见长的作品。它以类似于小说的形式，记述两个有亲戚关系、一起做生意的家族在30年间的兴衰；其中一家度过逆境而繁荣，另一家兴旺之后却衰落。这部书不仅仅描述了中国农村的家庭生活与人际关系，而且书中发生的每一个事件，都成为中国农村社会某些进程的缩影，如农业周期、婚丧礼仪、教育、分家、打官司、商业活动、地方政治等。佛思在为此书写的"导言"中，阐述了本书功能主义的理论基础：人际关系作为一个系统是处在一种持续均衡的状态之中，但这种均衡不时被外界力量所打破，直至建立新的平衡。人类生活就是在平衡与失调、均衡与不均衡之间摆动。人际关系网络的每一点都代表着一个个体，其变动都对整个体系发生影响；反之，它也因其他个体的变动而改变。人生命运的变迁，便反映了系统的破坏，而恢复或建立新的系统主要依靠四种力量：物质环境、技术变迁、人的因素及系统外部环境的影响。

另一位燕大社会学系毕业生蒋旨昂，于1940—1941年间在四川重庆附近选择了两个乡，使用参与观察、访谈等方法，对它们进行研究、比较，完成《战时的乡村社区政治》一书。②这部书以功能观点分析中国的地方政治，是当时中国少数政治社会学研究之一。作者的出发点是将乡看作一种社区，分析社区的环境、人口、生活程度等结构问题，进而讨论实行社区政治的条件，同时也考察社区政治的变迁，特别是各种制度的功能、演变及其相互间的连锁性与整体性。蒋旨昂对社区的理解是，社区是在某一地域内，人与人以及制度与制度之间所形成的联合体。具体来说，社区的形成需要具备五个条件：一群在某一区域里居住的人，他们有着共同的背景与经验，有数种满足人们基本生活需要的制度，一种地方团结的意识，能共同努力解决地方上的问题。这也就

---

① 林耀华：《社会研究方法上的形相主义与体验主义》，载北平《晨报·社会研究》，第23期，1934年2月21日。
② 蒋旨昂：《战时的乡村社区政治》，重庆：商务印书馆，1944年重庆初版；1946年上海初版。

是说，社区是在共同的物质环境、历史文化背景、生活方式、社会制度基础上自然形成的。作者以功能主义的观点指出，社区就像一个人似的有其生命脉络和生活方式，不能轻易改变。例如在外人看来，自外界引进的各种现代化机构或设施如报纸、邮局、较高水准的小学、卫生机关等，都对改善社区生活有好处。然而，生活在社区里面的人们非但不体会这些新机构的便利，反而认为它们很累赘。因此，社区政治计划要从社区的需要出发，社区试验建设计划也尤其要考虑其实际用处。

这部著作的意义在于，它首次以实地调查为基础阐明地方政治与社区的关系。这种"社区政治"，应是"营谋各种共同生活于一地区内的人群中，充实其组织，发展其福利，以求社会进步的一种有意控制"。① 或者说，中国的地方政治要建筑在社区的基础上，才能有健全发展的社会基础，才能有社会化的地方行政。以社区为单位，建立起一套有效的地方福利事业的管理体制，这应是发展现代化政治制度的出发点。

除抗战前或抗战期间出版的一些社区研究成果外，"燕京学派"最重要的研究成果主要是由"工作站"人员做出的。

"工作站"坐落在呈贡县古城村的魁星阁，被研究人员们简称为"魁阁"。魁阁始建于清朝嘉庆二十三年，即1818年，1922年重修，系三重檐四角攒尖砖木结构建筑，高约19.5米。② 魁阁上下三层。最上一层设有"魁星"的神像，费孝通在他的英文著作里曾把他描写成 monkey-like god（长得像猴子的神）。在"魁星"的旁边，一张书桌横窗摆着，费孝通在此研究写作。第二层，四面窗户两两相对，每面窗户前各摆着两张桌子，在这里工作的是费孝通的同事们。最下一层，一张大圆桌是他们的餐桌，厨房便在室内的左侧。③ 魁阁的

---

① 瞿菊农：《战时的乡村社区政治·序》。
② 云南省呈贡县魁星阁前碑文说明，作者于2000年7月14日考察时抄录。
③ 胡庆钧：《费孝通及其研究工作》，载《观察》，第4卷，第23、24期合刊，1948年8月7日，第23页；费孝通：《乡土中国·后记》，北京：生活·读书·新知三联书店，1985。

周围环绕着古松与稻田。

"魁星"是文曲星,"魁星点状元"曾是旧日科场士子猎取功名的绮梦。然而,在费孝通等看来,"工作站"所进行的社区研究代表了全新的思想观念,与中国传统学术截然不同。中国传统学者相信所有的知识和智慧都能从书本中获得。费氏提到,他自己做学生的时候,功课不少,可所学的内容却严重脱离实际。他从书本上熟悉了美国芝加哥的犯罪团伙与俄国移民,却对中国城镇的士绅与村庄里的农民一无所知。这种情况的改变发生在战时的云南,尤其是1940—1942年间,敌机频繁轰炸,书籍变得如此宝贵,以至于真的需要把它们埋入地下保存起来。与外界隔绝的环境,书籍的缺乏,都更加激励了研究人员转向现实问题研究。他们所采用的工作方式,是每个人选定自己的专题,同时也进行集体讨论。这些年轻人反对那种单纯的知识传授。他们以为,探求真理,澄清思想概念,激发对科学的兴趣,献身于一条毫无物质利益的道路——这需要密切的互动与互助才能完成。古希腊的学者,传统中国的秀才,印度的僧侣,都曾走过这条道路,他们也正在走在这条艰难却意义非凡的道路上。费孝通曾很感性地描述"工作站"的状况:

"如果有人到我们小小的工作站去参观的话,他就会为我们原始而简陋的设备感到惊讶。在这所光秃秃的庙里,狭小的书房装着同事们学生时代所积累的旧书。偶尔,我们有个帮佣,大多时候则没有。我们得自己做饭、担水。没有秘书,所有的讲义、手稿都是我们自己抄写、油印。去调查时往往要翻山越岭,步行几十英里。记得有一次,我们到了一个村子,村里人对我们不友善,便安排我们住在一个鬼气森森的房子里,与马尸为伴……研究经费极少,在过去的5年中,我们的日常开销与研究费用,只花费了已计入通货膨胀的5万元——约合2 500美元,即相当于600盒骆驼牌香烟的开销,也就是说,我们全部的田野调查开销和维持工作站的费用,比一个人在这样的时间里抽掉的美国香烟的花费还要少。……我们要承担超负荷的工作量,同时还面临着缺乏受过良好训练的研究人员的严重问题。……当然，这些还只是物质方面的缺陷，我们最大的弱点是缺乏理论指导。……我们没有比较研究资料。……五年多以来，我们处于孤立的状态，没有收到一份新的出版物，也没有学者来进行访问交流。我们在黑暗中摸索。"①

先后参加"工作站"的有十多个人。"工作站"人员同时是云南大学社会学与人类学系的教师，在教书之余展开各项实地调查研究。他们的生活和研究条件非常艰苦。在调查中，没有照相机，更买不起胶卷，因而不能拍摄实地调查的图片。请不起专家绘制地图和测量图，只好自己动手绘制草图。营养不足，医疗设施缺乏，大家常常生病。一次，全体人员都得了痢疾，工作中断了数个星期。②还有一次，费孝通在与马林诺夫斯基的通信中半开玩笑地提到，自己就要到西部藏区做调查，据说汉人一旦被当地人俘虏就会沦为其奴，并被称为"黑骨"，而"黑骨"经过一段时间的驯化可以"晋升"为"白骨"，所以旅途中自己的"骨头可能会变颜色"。马林诺夫斯基回复说，他会在藏式祈祷盘上祷告，请求费不要被俘，也不要变成"黑骨奴"。③吴文藻、费孝通等还曾多次在与国外学者如瑞斐德、佛思、马林诺夫斯基等的通信中请求对方邮寄书刊，以期尽量了解外界同行们的工作成果。中国学者们一方面坚信抗战必胜，另一方面则因得到国外友人的支持和帮助而钻研的劲头十足。再者，工作站人员的研究及出版亦曾多次获得过各方给予的资助，如云南大学、云南富裕企业家缪云台、美国太平洋关系研究所、洛氏基金会、中国农业银行、英庚款董事

---

① *Development of Sociological Research in War-Time China*, a report of the work of the YYSSR read before the Social Research Society, University of Chicago, attached to *Letter from H. T. Fei to Dr. J. H. Willits*, November 23, 1943. RAC.

② H. T. Fei & C. I. Chang, *Earthbound China—A Study of Rural Economy in Yunnan*, Chicago: University of Chicago Press, 1945, p. xiii. 中文版见费孝通、张之毅:《云南三村》，天津：天津人民出版社，1990。

③ *Letter from H. T. Fei to B. Malinowski*, Mar. 15, 1940. LSE; *Letter from B. Malinowoski to H. T. Fei*, May 9, 1940. LSE.

会、中国基金会、国民政府教育部和社会部等。

"工作站"所做出的重要成果之一，是对于工业化过程中劳工问题的研究。战前，云南本是一个工业落后的地区，没有什么现代工厂。抗战期间，沿海地区的工厂纷纷迁至包括云南在内的西南地区，大量的资本与技术也转移过去。短短数年中，云南省特别是昆明地区，兴建了许多工厂，发展成为内地工业中心。在这急速工业化过程中产生的各种劳工问题，则成为社会学者特别关注的对象。

战时劳工问题表现在几个方面。战争初期，从沿海到内地的交通尚通畅，有些技术工人从沿海来到内地，但是不久交通就中断了。这些自沿海移民来的技术工人，受利于人员短缺，经常从一个工厂跳到另一个工厂，大大地降低了工作效率。因为劳工短缺，所以必须在当地招工。乡下的农民劳力被招进工厂，大多为躲避征兵，是权宜之计，对工作本身没什么兴趣。他们在乡下未受过纪律的约束，工作散漫，缺勤率高，因此于工厂管理极为不利。有些女工集中的工厂尚有其特殊问题。大量的女工进厂做工，为工业提供了充足的劳动力资源，且在一定程度上打破了传统家庭制度，使女子获得了经济上的独立。但是，女工们并不把工作看作是自己的事业，而仅仅是生活困境的暂时避难所。再者，相对而言，由于战时从各地来的男性劳工数量大，女工们有条件很快跟他们结婚，辞职回家。有一个棉纺厂，女工的平均工作期是六个月，结果工厂成了婚姻中介机构。针对战时的各种劳工问题，"工作站"的研究人员史国衡，做了深入的考察和分析，出版了《昆厂劳工》①一书。书后并附有田汝康对女工问题的调查报告——《一个棉厂的女工》。

这部书最大的特色，是从工业文化的角度，对劳工问题进行了精细的剖析。史国衡于 1940 年 8—11 月，用两个半月的时间住在昆明某国营工厂的工

---

① 史国衡：《昆厂劳工》，上海：商务印书馆，1946；英文版：K. H. Shi, *China Enters The Machine Age: A Study of Labor in Chinese War Industry*. Cambridge, Mass. Harvard University Press, 1944.

人宿舍里，与工人共同生活，使用"参与观察"法搜集材料。1941年他又回到这个工厂进行追踪调查。他研究的范围，包括工人的家庭与社会背景，工人的工作动机，待遇（工资、福利等），以及工人之间、工人与管理阶层之间的差异与矛盾，劳工的扩充和继替等。作者提出，工厂中人的问题很复杂，绝不仅仅是劳资双方就工资待遇等经济问题所发生的冲突。工人的籍贯、原有职业、家庭状况、教育背景、入厂动机、对技术的掌握程度等因素，都对他们的工作态度、工作效率、生活方式以及他们之间的互动发生影响。例如，仅因为籍贯不同，工人在厂里所干的工种、地位、工资均有差别。厂里的技工全部来自外省，而帮工、小工则都是本地人。有些昆明人去外地做工，回来后就将自己的籍贯改报如"江苏"，如此可获得较高的待遇和地位。调查结果还显示，内地工人缺乏"工业传统"，他们尽管掌握了现代技术，但在观念与行为上仍未脱离旧式手工业，因而难以适应工厂的环境。他们满脑子师徒兄弟的关系，对大规模生产制度下讲标准化、重分工合作不适应。特别是内地农村出身的工人，手脚笨拙，受不了团体行动和刻板操作的约束，工作效率低，缺乏时间观念，常常抱怨厂方太认真，一刻钟也不肯放过。另外，工人的消费水平和方式也不一定与收入成正比，反而受家庭因素及其消费观念的影响更大。

　　作者进一步指出，在现代西方国家及中国沿海地区，工厂中较突出的问题是资本家与无产者的对立，但是在内地，主要矛盾则集中于体力工人与职员间的差异。职员的范围比资本家宽得多，包括经理、部门主管、工程师、文员等整个管理阶层。工人同职员之间的关系非常紧张。这种矛盾，一方面是由于两者在工资、福利、地位方面的差别所造成；另一方面，是由于工人的行为与观念同现代工厂管理之间存在着距离。工人们虽然在现代工厂中做工，但他们的行为和思想还处在农场上或手工业店铺里。他们习惯于富有人情味的亲朋关系，因此对职员的冰冷、不近人情感到大失所望。工人出身而颇有江湖气的管理人员深得工人欢心，反之学校出身的管理人员则不受工人欢迎。工人说他们经验不够，只有从书本上学来的知识，不屑于同工人多来往。可是工厂负责人却觉得这样的人刚直不阿，是实行标准化管理的好干部。

史国衡的调查对象是工厂中的男性工人。与此同时，田汝康使用分组访谈法（focus group），对某一棉厂的女工进行研究，从另一个角度补充说明传统生活方式对现代工业管理的影响。这项调查因敌机轰炸、工厂被毁而被迫中断。仅从已经搜集的资料来看，这个棉厂中女工占大多数，其中90%以上未婚。她们进工厂的目的，多是为了逃避各种家庭困扰或其他束缚妇女的传统枷锁。而工厂的确提供给了内地的中下层女子一个获得解放的机会，使她们享有相当的独立和自由。女工们回家时把工厂生活描绘得非常美好，她们告诉亲戚们，现在的处境比从前好多了。可是在现实中，她们对工厂的期望却得不到满足。有些女工抱怨工资低，更多的人却抱怨精神与感情上的烦恼。她们觉得，工厂应该是一个大家庭，她们应能从"家长"那里享受到家的温暖。她们搞不懂，为什么职员与工人之间有如此深的隔阂。为了补偿这一缺憾，女工们在工厂里依血缘、出生地、宗教等因素，组成了许多工作关系以外的小团体，有些更依年龄长幼重组了新的"家庭"。她们期望工厂是一个"理想的家"，但这在高度标准化的现代工厂里是不可能实现的。田汝康提出，要解决工人流动性高的问题，管理阶层应探讨除工资以外的女工心理及社会背景方面的因素。

根据上述研究结果，社会学者从工业文化的角度，提出了三个有关中国工业化的重要建议。①

第一，在工业化过程中，要建立中国独特的工业传统，目的是改善大多数人民的生活。中国为了实现国家的富强，一定要推行工业化，但工业化的结果并不一定能使大众过上富裕的生活。如果按西方工业化的模式发展，便会造成许多农民赖以为生的乡村手工业破产，从而使千百万农民因经济压迫离家进城，19世纪英国暗无天日的工业中心就可能在中国重现。同时，工业生产若不能吸收全部的劳动力，便可能会导致失业、饥民暴动，引发社会动荡。再有，如果财富集中在少数人手里，工业产品缺乏市场需求，那些从工业发展中获利的少数人也可能会消失。因此，在中国的工业化过程中，既要学习西方的

---

① 参见史国衡：《昆厂劳工》以及费孝通写于书后的补充。

技术，同时也应考虑到中西文化传统的差异，绝不能整个移植西方工业管理的原则。在西方工业管理中，管理人员同工人的关系是理性而非个人化的。反之，中国的工厂管理可采用传统家庭组织的方式。这样即使在大规模的工厂里，也能体现团队的完整性与合作精神。

第二，发展后方工业要与相应的劳工政策配合。在西南建立现代工业基地，其能否持续发展，从劳工方面来看，在于是否能招募并维持足够数量的劳工，能否保持和提高劳工的技术水平与工作效率，这些都取决于劳工的来源、招工机构、工作动机、待遇报酬、工人的生活、组织、营养、健康等多种因素，不但涉及工厂内部的状况，还受厂外环境的影响。具体地说，劳工的来源往往受他们所来自社区的组织和经济状况的影响。招工机构常利用亲属、同乡等关系进行活动，工作动机同工人的期望和工作态度有关，工作效率则受工人的生活习惯、营养、健康等因素制约。因此，一定要从社会、经济、心理、营养、医疗等多方面入手，方能解决劳工问题。此外，就建厂的百年大计而言，厂址越偏，吸收且维持工人越困难。因此在提倡工业疏散时，应注意在交通和生活设施上给予工人方便，还应设法训练本地劳工接替外来技工，因为若不能及时建立起当地的人力基础，即使全部外来技工都留在内地，亦解决不了将来的技术人才短缺问题。总之，必须使人事管理与技术管理相联系，人力资源与工业化的步骤和目标相配合。

第三，中国的工业化应分步实现，而且应更深入地研究中国工业化过程中的农工关系问题。工业化的第一步是要提倡工业下乡，将制造业分散到乡镇中去。虽然乡镇中的小型合作工厂生产成本高，难以同大规模的生产竞争，但其长处是能保留传统的互助意识与社会关系，更适合目前中国的社会经济状况。过于急速的工业化和城市化，难免会造成社会经济的动荡，还可能因剧烈的矛盾冲突而流血。急剧的文化变迁则有导致社会解组、分裂的危险，从而引起社会动乱与个人痛苦。缓慢的、确定的进步比高速度的发展更为安全可靠，也可以有充裕的时间在发展过程中尝试并修正各种方案。

从农业到工业的转化过程，这既是工业化的关键点，也是社会学研究的重点。有许多问题需要回答：从农村中出来的是什么人？男还是女？他们与土地的关系如何？在农村中的地位如何？打算离乡多久？为何离开农村？农民离乡对农业的影响怎样？是否造成了田地的荒芜？对土地制度的影响如何？家庭关系有什么变化？他们寄钱回家吗（即都市资本的流入对农业的影响如何）？已有的研究显示，农民在工业中的行为，其工作效率、工作动机同其价值观念之间有着密切的联系。他们往往在生活程度上自划一限度，达到后就不再劳作，结果工资愈提高，请假的日子愈多。因此，农民成为工人之后，可能有一部分人因适应工业环境而得到选择，另一部分人则被工业所淘汰。后者是重返农村，还是在各种工业之间流动，形成工业中一批无赖的工人，还有劳工升迁的途径等问题，都值得进一步研究。

总之，中国工业化的基本问题，是农民转变为工人的问题。这"变"既是指地域上的由乡村到城市，也是指生活习惯的由独立到合作，由散漫到紧张。这是一个社会问题，是有关工业组织的问题。或者说，是如何在工厂里形成一个使工人甘心效力的社会情境，建立一个相互合作的生产团体的问题。现代西方工业社会产生了种种弊病，如工业化导致社区解组，人们对物质享受过度追求而放弃了人生意义的探索，技术进步未能使人们在心理上、感情上与之相适应。因此，工业建设绝不仅是盖厂房、装机器，而是要建立一个新的社会组织。在这新的社会组织中，需要一切参与的人有高度的契合，用所发明的新技术去谋取人类共同的幸福。

第三节　乡土重建

在"工作站"人员中，费孝通是一位重要的代表。费孝通（1910—2005），江苏吴江县人，1933年获燕京大学社会学系学士学位，1935年获清华大学社会学硕士学位。同年，在去英国留学前，他接受导师史禄国的建议，为搜集实地调查材料到英国做论文用，携新婚妻子王同慧到广西瑶山考察瑶民的生活习俗。结果费误入猎人所设捕虎陷阱，费妻独自下山求援，落入激流，未获生还。费孝通得救后返回家乡江苏省吴江县开玄弓村。在家养病期间，他以本村为对象进行调查，搜集资料。到英国后，他在佛思和马林诺夫斯基的指导下，撰写论文。最初，他拟定的题目包括"中国家庭组织""一个中国村庄的家庭生活""开弦弓——中国乡村生活研究"等①，但最终定名为《中国农民的生活》（中文名《江村经济》）出版。②1938年，费孝通获伦敦经济学院社会人类学博士学位后，回到战时的祖国，到云南大学教书。抗战胜利后，他受聘到清华大学社会学系任教。

从费孝通的学术生涯来看，他的兴趣集中在文化、社会结构和社会制度。他曾翻译过两部西方文化研究的代表作，即乌格朋的《社会变迁》（与王同慧合译，1935）与马林诺夫斯基的《文化论》（1944）。而他本人的研究主要涉及三个领域。一是作为人类学工作者，对边远地区少数民族文化的考察。他曾与王同慧合著《花篮瑶社会组织》（1936），但因遭遇上述不幸，使他在这个领域的研究中断了。1951年以后，他任职于中央民族学院，在这方面的工作有所恢复。二是对中国的传统文化、社会结构、制度礼俗等问题的研究。对此他在《江村经济》中有所涉及，更多则体现在其《生育制度》（1947）《乡土中国》（1948）《皇权与绅权》（1948，合编）等③。关于费在文化问题上的研究成果将于第八章第三节详细论述。三是对乡村社会经济制度的关注，即本节的重点。

从江苏到云南，费孝通写成了他有关乡村社会经济研究的三部曲：第一部，他描述了一个村庄的社会经济状况，即《江村经济》。第二部，他比较不

---

① "Supervisor's Report on Application for Registration for Higher Degree", Interview of H. T. Fei by R. Firth, September 28, 1936; *Letter from H. T. Fei to R. Firth*, Oct. 2, 1936 with an outline "A Chinese Family Organization"; London School of Economics and Political Science, Admission Application Form for Higher Degree Students in Second and Subsequent Years H. T. Fei; Doctorate Report Form H. T. Fei, Session 1936–37. LSE.

② H. T. Fei Hsiao-tung, *Peasant Life in China*, London: Routledge, 1939.

③ 费孝通、吴晗主编：《皇权与绅权》，上海：观察社，1948，辑入《民国丛书》第3编，第14卷，上海书店，1991。

同地区、不同阶段的农村社会经济，从农业到手工业的发展过程，即他同"工作站"的另一位研究人员张之毅合作完成的三本调查报告：《禄村农田》《易村手工业》《玉村农业和商业》，三书合称为《云南三村》①。第三部，他提出解决中国农村人多地少、资源匮乏问题的方案，以《云南三村》、《内地农村》（1946）、《乡土重建》（1948）三部著作为代表。

上述调查报告都是以村落为单位，以土地制度和雇佣关系为重点，所关注的核心问题，是现代工商业发展过程中农村社区所发生的变迁，并由此说明：农村土地制度为一种动态现象，能适应特定环境的状况；土地问题并非孤立的问题，土地制度形态是整个社会经济状况的反映。费孝通和张之毅通过研究江村、禄村、易村、玉材的四个个案，对这一主题进行论证。

江村离都市近，受现代工商业影响较深。因为人多地少，大多数农民需要靠手工业补贴农业生产的不足。江村曾因生产生丝一度富裕，但这种手工业生产方式终敌不过现代机器生产。现代工商业的发达导致传统手工业崩溃，使得农民不得不以出售土地为生。江村是一个以佃户为主的社区，1936年，70%的人家为佃户。大部分土地掌握在离地地主手中，而这些地主住在较大的市镇上。

禄村位于昆明西100公里，它几乎完全以农业为主要生产事业。众多人口挤在狭小的地面上，用简单的农业技术，靠土地的生产来维持极低的生计。在这里土地分割得很细小，每家平均5.7亩耕地。最大的地主只有25亩地。因为人多地少，又没有其他生产事业，加上传统的兄弟平等继承田地的原则（不继承土地则无其他出路），所以导致遍地的小农。也就是说，禄村中住着的不是大量佃户，而是大量的小土地所有者。再加上劳力供大于求，使得许多小土地所有者可以雇佣便宜的劳工，不必自己劳动，所以雇工自营的农田经营方式非常发达。而且，在人口压力下，生产不但不能使用机器，就连最简单的技术改良都无法着手。

禄村同江村相比，江村受现代工商业影响较深，禄村则代表现代工商业发

---

① H. T. Fei & C. I. Chang, *Earthbound China—A Study of Rural Economy in Yunnan*.

达前期农村的一般现象。江村是佃户占多数，而禄村是小土地所有者占多数。在禄村，租佃关系只发生在团体地主（宗教及公共事业）的农田上，租得田地是一件幸事。江村的地主住在市镇上，而禄村的小土地所有者多住在村子中。江村的地主是由工商业积累资金，转而投资土地，因此可以有很大的田产，而禄村因工商业不发达，不能积累资金，所以土地占有分散且面积极小。禄村土地利用的特点，还产生了一种中国农村特有的文化现象——消遣。资本主义产生了一种"消费"文化，即以消耗物资来获取快感；而"消遣"则不必消耗太多的物资，土地所有者只是将生活程度压低，以雇人做工来换取自己的清闲，拥有许多空闲时间。

同江村、禄村相比，易村又代表了另一个典型。易村有几户大地主，其他则是小土地生产者，全村没有佃户，但乡村工业在易村却极发达。易村有两种乡村工业，即织篾器与造纸，但这两者的性质截然不同。织篾器代表传统家庭手工业，不需要什么成本，一把砍刀费不了几块钱，用上十几年也不坏，竹料自己家里可以准备，主要的成本是劳力。织篾业最大的长处，是可以充分吸收过剩的农业劳力，以补土地产出的不足，从而养活庞大的乡村人口。这是因为，一方面手工业市场小，运输难，利润少，人们不能离开土地单靠手工业谋生；另一方面，农业的周期性特点以及在现有的技术条件下存在的矛盾：既要拖住大批的人口，又不能在农业中利用所有的劳力，更不能完全以农业收入来养活他们。所以，张之毅把易村织篾器的工业称作是"在农闲基础上用来解决生计困难的工业"。[①]

易村的造纸作坊，则是在土地贫瘠的乡村中对过剩资本的利用。作坊有专门的场地与设备，利用较先进的技术和人力以外的动力，大批购进原料，大批生产和销售商品，利润较高。然而获利的是工具的所有者，不是生产劳动者。因此，作坊不同于家庭手工业，它是资本主义经济的起点。易村只有五十多户人家，但有九个造纸作坊，显示出在中国传统经济中，资本主义已经萌芽，但

---

① 见《云南三村》，第215页。

毕竟受原料、运输、市场的限制而受到遏制。

玉村有大量的佃户，大地主则住在附近的市镇里。玉村的棉织业显示了从传统手工业到现代商业的发展过程。从前，农民种棉花、染色、纺线到织成衣服出售，自己参与从原料到成品的全部生产过程。后来由于交通和商业发达了，别处出品的棉纱物美价廉，玉村人便仅将购得的棉纱织好成品送往商店出售，不再参与其他环节。这样做的结果是，生产和销售的控制权愈来愈脱离农民，转到商人手中。商业和交通的进一步发达，最终会使得乡村工业竞争不过现代机器工业，从而导致乡村的经济萧条，土地逐渐集中到居住在市镇的地主手中，贫困的农民失去土地，靠向大地主租地维生。在商业越发达的地方，土地租佃也越普遍；反之，商业不发达的地区便存在着许多小农生产者。

以上江村、禄村、易村、玉村，都是现实中的村庄，研究者按照"文化分类学"的方法，给它们分别起了学名，将其从具体的社区中抽象出来，于是它们各自成为某一类型社区的代表。通过比较它们之间的异同，可以印证某种功能上的相互关系或某种社会变迁趋势。如前所述，布朗、吴文藻等人曾在中国提倡这种社区比较研究法。而正是社会人类学家瑞斐德在二十世纪20—40年代，通过对墨西哥的郁卡坦（Yucatan）地区的四个社区的比较，论证了从"乡土文化"到"现代文明"的文化变迁理论。[①] 费孝通和张之毅也用此法分析中国乡村社区，提出了一般性的论断：由于受到现代机器工业的影响，传统乡村工业衰落，农民收入减少，导致农村中土地占有的集中和雇佣关系的变化。

费孝通、张之毅的乡村社会经济研究，是当时世界上仅有的数个结合理论与实地调查的社区比较研究之一，它对于社会学和人类学的贡献是毋庸置疑的。更重要的是，在当时的中国社会学者们看来，学术工作最大的价值，是能

[①] R. Redfield, *The Folk Culture of Yucatan*, Chicago: University of Chicago Press, 1941. 关于费氏的研究与瑞氏的关系，详见本书附录《"差序格局"探源》。

够为中国的现代化和世界的文明与进步做出贡献。抗战后期，吴文藻一家去重庆后，费孝通一家搬到"默庐"。为了改善生活，他利用周围的空地种蔬菜、养鸡，并将瑞斐德夫人玛格丽特寄去的花籽沿墙种下，但鸡却把花籽当食物吃掉了。费孝通说，他意识到自己"必须在让眼睛享受还是让肚子享受之间做选择，"结果是，"我们比需要鲜花更需要鸡蛋，所以我没有向鸡提抗议。"① 毕竟，灾难深重的祖国就像营养不良的学者一样，也迫切需要补充珍贵的养料，而容不得欣赏鲜花般的奢侈。费孝通感到，他自己再也不是悠闲的绅士，面对人类的危机，有太多的事情要做，而最重大的使命，就是发展并传播能重建乡村、重建中国的社会学。② 他把自己看作是某种意义上中国农民的代言人，有责任为改善他们的生活而工作。为此，他提出了一系列的看法和主张：③

首先，对中国农村问题的基本认识。在费孝通看来，中国农村问题尽管错综复杂，但正像英国经济学家汤纳（R. H. Tawney）所说的，"底子里却十分简单，一言以蔽之，是现有资源不足以维持这样多的人口。"④ 在传统的乡村经济中，土地是最重要而稳定的收入来源，是唯一真正安全的来源。但是，由于土地有限，任何想扩大自己农场的企图便意味着剥夺他人的资源。农民紧紧地握住土地不放，宁愿借高利贷，也不愿出售土地。但在中国现有的生产技术和分配方式条件下，一方面农民单靠土地很难维持生存；而另一方面，土地又不能有效地吸收农村劳力。

如何解决乡村经济问题？有些人主张从农业入手，例如从农业技术出发，改良农作物与土壤，控制虫害，扩大农场面积，提高农业生产率。费孝通认为这个办法可以改善农业，但效果有限。还有人主张改革土地分配制度，如多年来社会各界人士提倡实行的"耕者有其田"。在费孝通看来，这项主张是针对

---

① Letter from H. T. Fei to Greta, Jun. 19, 1945. UC.

② Letter from H. T. Fei to Greta, Sep. 3, 1945. UC.

③ 参见费孝通:《易村手工业·序》，辑入《云南三村》；Earthbound China, "Conclusion"；《内地农村》、《乡土重建》；费孝通等:《人性和机器——中国手工业的前途》，上海：生活书店，1946。

④ 转引自费孝通:《内地农村》，上海：商务印书馆，1946，第41～42页。

沿海各地所存在的土地所有权同经营权分离的问题提出的,内地农村的主要形态是自营的小农经济,耕者大多有其田,但农民生活依然贫困。最根本的问题是,在中国平均每人仅有三亩田地的情形下,即使将所有土地平均分配,造成遍地小农,结果还是难以提高农民的生活水平。而且小农制度有种种弊端,如农场大小受限于自有劳力所能耕种的面积,难以改良农业技术等。所以,单单获得土地权并不能解决农村问题。倘若佃农能租到较大的农场,雇农有较多的工作机会和较高的工资,其获利会比有一小块土地大得多。以饥饿换取地主的身份是不值得的。

如果说农业中国等于是一个饥饿中国的话,那么农村的出路究竟何在?费孝通提出,农村问题的最终解决是与工业化问题联系在一起的。但与前述工业化派主张不同的是,费孝通认为,尽管都市工业的发达是世界经济史上的普遍现象,但在中国应反其道而行,为了改善广大农民的现实处境,中国的工业化应先大力发展乡村工业。虽然中国是一个农业国,农业是中国人的主要职业,但是中国从来都不缺乏工业,大多数农民同时也是手艺工人。乡村工业在传统中国农村经济中一直起着支柱的作用。传统乡村工业分散在千百万农家中,以小本经营,帮助维持了不能完全靠农业为生的人口,且为农业淡季的剩余劳力提供就业机会。由于近代西方工业的侵入,乡村工业在竞争中衰落,所以土地问题才变得更加严重,重建乡村工业则可以缓解农村的土地问题。另一个需要发展乡村工业的理由是,发展工业的根本目的,并非建立最有效率的工业组织,而是要考虑到,新建的工业组织是否符合广大农民的处境与需要。中国若采用欧美工业化模式,即工业集中在大都市,利益为少数资本家所控制,将会使乡村进一步衰落,农民生活更加困苦。为了避免这种不幸的发生,一个计划周全的工业化计划,应该考虑产品、利润及市场三方面因素。而提高大多数人民的生活水平,从市场的角度来看,对工业发展是有利的。

发展乡村工业并非简单地恢复传统乡村工业,而是要将传统的乡村工业改造成一种新型的"乡土工业"。乡土工业的形式可以是手工的,也可以是机器的;可以是家庭性的,也可以是工厂性的。关键是这种工业不同乡村隔离,在原料、劳工、资本等方面以乡村来源为主。既要通过引进机器改进手工生产技术，更重要的是提倡经济组织的合作。新技术只有同新的分配方式相配合，才能嘉惠于广大人民的生活。

费孝通特别强调，中国工业化的过程中，一方面要引进机器，另一方面仍要保持乡村工业分散的特点。西方工业发展已经表明，制造业由分散而集中，再由集中到分散已经成为一种趋势。中国作为后来者，若自始就坚持工业分散的原则，则或许有迎头赶上的优势。发展乡村工业，还有一个更高远的目的，即创造一个切实的但却合乎理想的社会组织方式。西方工业化弊病的核心——劳资冲突，从根本上说是因机器控制人，从而产生人与机器的冲突。机器文明之短正是手工业之长，在手工业中，人是主，工具是客。因此，大目标是在现代工业中恢复人与机器、人与人之间的正确关系。

在费孝通看来，中国工业化所需要注意的另一个问题，是沟通乡村和都市的联系，形成两者之间良性的互动。他认为，城乡本是相关的一体，它们之间的商业贸易愈繁荣，双方居民的生活水平也愈高。如果要提高中国人民的生活水平，这个城乡相成论是十分重要的。中国最大多数的人民是住在乡村里从事农业的，要使他们的收入增加，只有扩充和疏通城乡之间的往来，极力从发展都市入手去确保和扩大农产品的市场，乡村才有繁荣的希望。但是从过去的历史看，中国都市的发达似乎并没有促进乡村的繁荣。相反的，都市兴起和乡村衰落在近代像是一件事的两面。这是因为，传统市镇在中国并非生产基地。西方经济侵入以来，产生了一种工商业社区——都会。现代都会一方面把大批洋货运进来，一方面又用机器制造日用品，结果造成农村手工业崩溃，农民生活陷入困境。现代交通业只沟通了几个都会，并不深入农村，结果都会需要的粮食，向海外购买比向国内的乡村中去购买和运输还便宜。抗战初年，重要都市被敌人占领之后，乡市往来被封锁了，后方的乡村反而曾一度出现生机。为了形成乡村和都市间的互利关系，都市工业和乡土工业之间应当有一个分工，分散的乡土工业仅限于消费品的生产，重工业则有必要集中在都市中生产。都市所要解决的问题，是怎样能成为一个生产基地，生产中积累的资本能够投入扩大再生产，而不必继续不断地向乡村吸血。在乡村方面，则是怎样能逐渐放弃对手工业的依赖，而从农业中谋取繁荣的经济。

费孝通最后指出，今后经济复兴的根本纲领，是保证每个人能得到不饥不寒的小康生活水准，同时也要保证在此基础上有效地积聚和利用资本，投入到重工业之中。他进一步提出，在利用资本的问题上，地主、农业生产者还是政府，谁去投资最为有效？谁掌握这资本对于国家的战后重建最有效？对于中国人民生活改善的保障最大？财富集中到少数地主手里，并不一定能成为资本用在再生产中。而若把这个权力交给政府，则必须有一个前提，这政府不会滥用权力，而且不会比地主们更腐化。能做这个保证的不是某某少数人或少数集团的良心，而是一般人民的政治警觉性。事实上，中国有几千年专制政治的传统，期望人民一下子就担负起现代国家公民的责任，监督政府的行为，不大可能。在人民尚没有能力来控制政府的情况下，把政府的权力扩大，必然会引诱获得权力的人滥用他的权力。一个没有工业经验的国家，一上来就从国营企业入手是难以胜任工业化的任务的。而如果人民看不到政府用征收的财富所做的事对他们有利，他们也会反抗政府的强迫纳捐。

更进一步说，如果政府以收税的方式积蓄财富，投资于不能马上使人民生活获得改善的重工业，在相当长的时期中，要人民节衣缩食，便很可能会遇到类似苏联早年所碰到的那种困难。而要广大农民理解吃不得，穿不着，摸不到，看不见的重工业的重要性，是一件极繁重的教育工作，不是能轻易做到的。结果是为了加速工业化，要很快地积累所需要的资本，不能不加强政治压力，在这种情况下，民主的幼苗最容易被遏制。对此，费孝通说了一段发人深省的话：

"一个工业落后的国家，政治程度较低的人民，很可能产生一个强有力的集权政府，用政治力量积聚资本，计划工业，等这经济基础安定之后，再讲从来没有享受的政治自由等一类在生活上比较了饥寒为次要的权利。如果这个国家能有这个机会不能不说是幸运，因为一个人民所不能控制的权力能为人民服务是一件奇迹。奇迹可以有，但不能视作当然，所以为了要保证一个权力不能不向人民服务，还得先由人民控制住这权力，这才是政治上的常轨。"①

因此，工业化所需要的资本，既不能靠地主，又不能靠政府，只能由生产者自愿储蓄。费孝通认为，中国老百姓传统上没有什么国家观念，而是以家族为重。尽管家族范围内的经济有很大的局限性，但是若要老百姓忍受一些痛苦，就得让他们能看到"光明希望"。他们所看得到的，不是绕了大圈才回到自己利益的国家经济，而是比较贴近他们家族的前途，例如"光耀门楣""创立家业"等。通过这传统的意识来完成工业化的任务。这就是说，生活中节约下来的财富他们自己能支配，然后通过家族合作的道路去兴办集体的生产事业。集体性的生产和经营的基础，在于使每个成员都明白他本人的利益是与集体利益紧密相连的。中国并非贫乏到毫无积聚资本的能力，这能力还是在乡土的基层，从土地里长出乡土工业，在乡土工业里长出民族工业。这条路线比较慢，但也比较稳定。

当然，中国战后将着重发展重工业还是轻工业？是采用苏联还是西方的模式？这在很大程度上取决于国际秩序。倘若战后的世界再一次仅受权力所控制，中国便会被迫优先发展重工业和军事工业。国防工业耗费巨大，且不易在短时间内获利。中国人民的生活水平已经低到仅能维持生存，进一步下降就意味着饥饿与死亡。如果国际秩序使然，中国政府为国家安全而必须备战，则不可避免地从人民身上榨取至最后一分钱，结果一定会阻止民主机制在中国的发展。这对中国、对世界都会是不幸的。

费孝通以上的观点及主张，千言万语，可以归结成一句话，就是复兴乡土

---

① 费孝通:《乡土重建》，观察社，1948，辑入《民国丛书》，第3编，第14册，上海：上海书店，1991，第140页。

工业，这样不但可以解决土地问题，还能使中国人民特别是广大的农民过上小康生活，并在此基础上聚积工业化所需资本，这是解决人多地少，重建乡村，重建中国的一条切实可行的道路。这种看法的前提，是认为社会发展有连续性，中国不能从一个相传了几千年的农业经济阶段，立刻跳入工业经济阶段，而只能逐渐过渡。新的工业经济应该由现有的农业经济蜕化出来，而不能另自产生。如前所述，这不是费一个人的看法，而是代表了一批中外学者的共同主张与实践，如当时有华北工业改进社等机构专门研究如何发展乡村工业。

与前面章节中对于中国出路的各种看法相比较，如乡村建设派和工业化派，费孝通的观点显然是不同的。费与乡建派同样都立足于农村，但费认为农村、农民、农业问题，绝不像乡建派认为的那样，是技术或行为观念的问题。在他看来，以往乡村建设太偏重文字教育、卫生等一类工作。在农民负担重、生活困苦的状况下，这些工作不能直接增加农家收入，是没有太大作用的。它们是消费性的，没有外力资助就不易继续。发展乡土工业，就是要让农民在自力更生的原则下求得重建，所以可能是一种最有效的入手处。①

费孝通也不同意吴景超的工业化理论。尽管费与吴都注重生产方法的改良，都以提高人民生活水平为目的，但费强调乡村手工业的地位，而吴认为手工业是没有前途的。吴主张改良生产方式，要以机器来代替人力。费认为生产方法不但包括技术，而且包括社会组织；利用机器时可以有不同的社会组织方式，并不一定要走西方所走过的路。费主张分散工业，为的是利用乡村的原料、人力，并保留传统手工业中的"手艺精神"。吴也主张分散工业，可他是考虑原子弹对都市工业的威胁。吴景超力主在中国工业化发展中吸引外资，而费孝通主张工业化所需资金靠乡土工业积累，乡土工业有这个能力。②最后，吴景超提出，国家可以用税收的方式，积聚财富，建立社会保障体制，发展社

---

① 《乡土重建》，第167～168页。
② 费孝通:《小康经济——敬答吴景超先生对〈人性和机器〉的批评》，载《观察》，第3卷，第11期，1947年11月8日，第8～11页。

会福利，造福于广大的人民。费孝通则不相信在从来没有民主传统的中国，集财富和权力于一体的政府不产生腐败问题。他主张以家族合作为起点，兴办集体生产，让人民达到小康生活水准，然后自己支配自己的剩余资金，由乡土工业里慢慢地生长出民族工业。

本章所着重论述的"燕京学派"的社区研究，其价值曾得到过芝加哥大学社会科学院院长、人类学家瑞斐德的肯定。瑞氏从世界文化发展的角度，提出"大传统"与"小传统"的概念。一般人类文明史是由宏观的"大传统"记载的，而世世代代生活的老百姓，积累了许多微观的"小传统"。历史学者一般研究大传统，人类学者和实地社会学者研究小传统。而比较社区研究正是能将这两个传统结合起来的有益尝试。社区研究特别是对于认识中国社会有三重意义：一是描述中国社会文化中带有普遍性的特点；二是在实践上提供一些解决现实问题的具体方案；三是在理论上论证某些社会现象一般的本质特征，如费孝通等的《云南三村》，从土地、人口、职业分工与资本形成的关系出发，刻画中国乡村社区的社会经济生活，这便使得一个小村庄的变迁，同整个国家发展的命运连接起来。[①]

[①] R. Redfield, "Community Studies in Japan and China: A Symposium", Introduction, *The Far Eastern Quarterly*, Vol. 14, No.1, Nov., 1954, pp. 3~10.

第八章 人·环境·文化

社会学，从根本上说是关于人的科学。人类在漫长的群居生活中，在对自然界及人们相互关系的不断适应中，积累了各种物质的产品、制度的安排和精神的理念，这些内容总称为文化。文化及其相关问题是1949年前的中国社会学界较为重视的领域之一。中国社会学者一方面受西方社会学的影响，将文化看作社会学研究的基本问题；更重要的是，他们认识到，文化研究对于解决中国的现实社会问题极为重要。因为从大的思想脉络来看，中国现代化道路的行进，面临着如何对待自己过去的传统，如何处理好东西方文化的关系，这是近代中国知识界的一个争论热点；而社会学者认为，其关键在于旧文化的取舍和新文化的建设之衔接。此外，中国社会的特殊性即包含在其漫长而丰富的文化历史传统中；他们相信，对中国社会文化的研究，可以为世界文化做一份独特的贡献。①

第一节　社会的文化基础

在西方主流社会学界看来，社会现象归根到底是人有意识地创造的文化

---

① 文化研究的领域之一——少数民族问题，因同民族学或人类学重叠，故本书不准备涉及。在这个领域较有成就的学者及其成果，如李安宅和李有义对西藏的研究，林耀华《凉山夷家》（上海：商务印书馆，1947），刘锡蕃《岭表纪蛮》（上海：商务印书馆，1934），陈序经《疍民的研究》（上海：商务印书馆，1946），吴泽霖《民族研究论文集》（北京：民族出版社，1991）。相关的研究机构，有岭南大学于1932年设立的社会研究所（1937年更名为西南社会调查所，1948年更名为西南社会经济研究所），以及抗战时期成立，由李安宅主持的私立华西大学社会学系的边疆研究所。

现象。1949年前的中国社会学者深受这种观点的影响，也将文化看作是社会形成的基础，他们当中比较有代表性的是孙本文。孙本文于1925年获美国纽约大学博士学位，次年回国。他起初任教于复旦大学，后长期担任南京中央大学社会学系系主任、教授，并曾一度任国民政府教育部高教司司长。孙本文对文化问题的观点，受美国社会学家、文化学派的开创者乌格朋（William F. Ogburn）影响最大。1926年12月，孙本文在上海《东方杂志》上发表《美国社会学现状及其趋势》一文①，介绍乌氏的理论。随后，他出版了更系统、深入的专著——《社会学上之文化论》（北平朴社，1927），书中除了介绍乌氏学说以外，还阐述其他几位学者有关文化的观点，其中包括凯史（C. M. Case）、卫莱（M. M. Willey）、海史各费（M. Herskovits）等人的观点。此书是孙本文于1922年至1923年在美国哥伦比亚大学受教于乌氏期间，在课余写作完成的。

什么是文化？文化是如何产生的？对于这类基本问题的回答，孙本文同意一般文化学派学者的观点，认为人类在适应环境的过程中为满足生存需要而创造了种种事物，经过众人的模仿成为社会群体的产物，这就是文化。文化是一个复合体（complex whole），包括一切有形的实物，如房屋、衣服、工具等，即物质文化；也包括知识、信仰、风俗等非物质文化或精神文化。从历史的角度看，自有人类即有文化。从地理的角度看，世界上无一民族没有文化。从人类生活的角度看，人自出生至死亡，无时无处不在文化环境中生活，经历的不过是创造文化、学习文化、应用文化的生活而已。所以，文化是人类社会最根本、最普遍的一种力量。文化并非社会生活的唯一基础。社会生活的基础有地理的、生物的、心理的、文化的等多方面，但仅从地理、生理或心理方面去研究，不足以了解社会现象的真义；唯有从文化方面去探究，方可得到较完全的

---

① 孙本文:《美国社会学现状及其趋势》，载《东方杂志》，第23卷，第12号，1926年12月，第73～88页。但这并非是在中国最早对乌氏学说的介绍。更早的为陶孟和对乌氏《社会变迁》一书的书评，见国立北京大学《社会科学季刊》，第2卷，第2号，1924年2月，第289～291页。

了解。文化对于社会的重要性在于：

> "文化为人类社会普遍的要素，无文化即无社会。人类之所以异于禽兽者以其有文化故，文化为人类的特产，亦即为人类所不可或离的要素。自衣、食、住、行、用、玩以及待人接物、婚嫁、丧葬等等活动，莫不受文化的支配。换言之，此等活动，即文化活动；除去文化，即无活动。……故文化实为社会成立的基本因素。"[①]

孙本文还指出，没有文化便没有社会，诸多社会现象是可以用文化活动来解释的。文化的变迁与发展，无非是新文化的增加或旧文化的改变。新文化的产生是通过发明创造与传播实现的。以传播方向来看，物质文化有优劣之别，一般是优质文化向劣质文化传播，这是进步的方向。但非物质文化未必总是走向进步，历史上常发生文化倒退的现象。文化一经创造即有惰性，趋于保守，因而可以积累。但这并不意味着文化形成之后就不会消失，人类通过比较和选择，可以留下更优质的事物。因为在社会发展中，各种文化变迁的速度不同。一般来说，物质文化容易改变，非物质文化改变较慢，表现出"滞后"现象（cultural lag）。这种文化之间的不协调、甚至冲突，即文化失调的现象。社会问题的产生往往是由于文化失调。

孙本文根据上述一般原理，对于如何研究中国文化，提出了自己的看法。首先，他竭力倡导对中国文化的研究。东方文化原为世界文化体系中的一大系统，中国文化作为东方文化的主要一支，本身具有重要的地位与作用。但在近代欧美文化充斥都市，遍及乡僻，可谓无孔不入，无微不至。在此潮流中，究竟中国固有文化有无保存的必要？欧美文化又有无全盘接受的必要？这些都是中国急需研究的重要问题。[②] 为了稳妥地解决这个问题，需要深入研究中国文

---

① 孙本文：《社会学原理》，上，第226页。
② 孙本文：《中国文化研究刍议》，载《社会学刊》，第1卷，第4期，1930年9月，第4页。

化，进而决定对东西方文化的取舍。抗战期间，孙本文又提出，研究中国文化的另一个作用是在当时国难深重、百废待兴的情况下，迫切需要恢复民族自信力。而宣扬中国文化在世界上的地位，证明中华民族历史的伟大，实为恢复民族自信心的最好方法。[1] 在他看来，社会学者有责任参与推动中国文化的发展：

> "我国自革命以来，社会组织，顿呈剧激之变迁，外有环境之侵迫，内有人民之需求，盖正当民族生存危疑震撼之秋。如何满足人民之需求，解除环境之侵迫，以谋妥善之调适，此则有俟乎文化之发展。谋中国文化之发展，以求中国民族更优胜之生存，此则社会学者与有责焉者矣。"[2]

孙本文接着提出研究中国文化的具体方案，包括目标与计划两个方面。其目标是：分析中国固有的文化，并了解其各种特性；根据现代世界发展趋势，对这些特性的价值加以评估；了解固有文化的特长及缺陷，作为文化改造的依据。这方面的计划主要包括：分析文化特质，辨别文化模式，划分文化区域，分析文化中心和文化区域的关系，推论文化的特性。为了能对文化进行实地调查，他还根据美国人类学家为了研究北美印第安人文化所编制的研究大纲，并经过修正，提出了一个包括14类、共45项针对中国文化的研究大纲。[3] 这些西方人类学和社会学中有关文化的概念都有其特定的含义。所谓文化特质是指一种文化单位，包括风俗、习惯、语言、服装、民性、态度等物质或精神生活的状况，其中每一项都是可以通过观察、比较加以描述的。多种文化特质之间有系统的相互联结便形成文化模式。文化特质和文化模式在地理上有集中的

---

[1] 孙本文：《中国文化在世界上之地位》，载中央政治学校研究部，《政治季刊》，第2卷，第1期，1937年5月，第11～20页。

[2] 孙本文：《社会学原理·序》。

[3] 孙本文：《中国文化研究刍议》，载《社会学刊》，第1卷，第4期，1930年9月。

趋势，形成文化区域。① 例如，应用文化区域的概念，可以说明江苏、浙江两省之间的关系。以政治区域划分，江、浙两省是两个独立省区，但从语言、风俗等文化特质看，两省各有其文化分布的自然区域。江苏省以长江为界，分为江南、江北，浙江省因仙霞岭山脉的横亘，分为岭南、岭北。再以文化特质来看，苏之江南与浙之岭北，隶属于同一文化区域；浙之岭南一带与福建北部，隶属于又一文化区域；苏之江北与山东则隶属于另一文化区域。② 使用上述大纲调查文化特质，对中国的文化区域进行更精细的研究，这是一个有价值的工作，但后来并未有机会开展。

孙本文还运用"文化失调""态度"等概念，对中国社会变迁中产生的社会问题做出解释。中国社会正处于剧烈而快速的变化时代，文化的各个部分，或在变与不变之间，或变化的方向、速度相异，所以随时随处可见因文化失调而产生的社会问题。以婚姻问题为例，婚姻自由和社交自由是两个相配合的制度，传统的包办婚姻不需要男女社交自由。若允许婚姻自由但社交不自由，结果并不能实现真正意义上的婚姻自由。又如社会上若许可离婚，便应该允许再嫁。如果只许男子再娶却不许女子再嫁，便会给妇女造成经济、感情上的各种问题。再有，离婚应当同女子经济自立相配合，否则离婚之后，女子的生活便可能陷入困境。③

社会问题产生的另一种解释，是"态度"的改变。所谓"态度"是当时西方社会学中的一个概念，接近于现在所指的价值观念。造成社会问题的因素有很多，可能是客观的社会状况，或是主观的社会态度，但仅有不良的社会状况不能产生社会问题，社会态度的改变才会产生社会问题。换句话说，凡是社会上许多人认明是必须调整的社会状况，才成为社会问题。过去，即使妇女不识字、无知识、缠足、迷信等，却并未成为问题。妇女问题的产生，是因为同西

---

① 孙本文：《社会的文化基础》，第7章，上海：商务印书馆，1929年初版，1932年3版。
② 孙本文：《社会学原理》，上，第248～249页。
③ 孙本文：《文化失调与中国社会问题》，载《社会学界》，第2卷，1928年6月，第19～31页。

方文化接触以后,社会上许多人观念转变所造成。所以,社会态度的变化,常源于和异种社会制度或文化的接触,且常常由少数人影响到多数人。

任何新态度或新观念产生时,社会上一般有三种反应:一是保守派,绝对地实行压迫政策,抑制任何新态度。二是急进派,绝对地主张推翻旧政策,毁弃一切旧制度或旧习俗。三是因势利导派,采取一种诱导进步的政策,了解新态度必要找寻出路,于是顾及新态度的酌量容纳和正当发表,旧态度的设法转移,进而实行旧制度的改革和新制度的建设。孙本文主张采用第三种办法,因"惟其能够酌量容纳新态度、转移旧态度,所以能使新态度不致走入歧途,而旧态度亦不致发生反动。"① 他这种折中观点的基础,是认为社会改造绝非咄嗟间的事。人类社会是无数交互关系的复杂体,各种社会制度的转变有其连带性,一种制度发生变化,其他制度也随之改变,因此需要特别注意新旧制度的相互关联。再有,社会制度常常具有"惰性",其建立之初似乎影响极微,到了年深月久便扎下根,改变起来倍感困难。将这样的思路应用在东西方文化的关系上,孙本文主张取长补短,认为这是文化建设最适当的途径。他比较中西文化,将其各自所长分列如下:②

类别	本位	特点	元素	内容	目标
中国文化	人伦中心	重人与人间的调适 内心休养	理性 伦常 礼教	家族 农业 乡村	齐家治国平天下
欧美文化	经济中心	重人与自然间的调适 控制环境	科学 机械化 组织	民族 工商 都市	富国强兵

在现实中能否真正结合东西方文化的长处,建立理想的社会组织,是至今仍在探索的一道难题。然而孙本文却在理论上进行了一次有益的尝试,这也成为他对中国社会学最重要的贡献之一,即他编著的《社会学原理》。他自1926年讲授社会学,初时采用西方教本,觉得不适合中国学生使用,便自编讲义

---

① 孙本文:《社会问题》,载《社会学讲座》,第1集,台北:启明书局,1961年,第26页。
② 孙本文:《中国文化建设之初步研究》,载《政治季刊》,第2卷,第2、3期合刊,1938年7月,第164~166页。

成此书，被教育部定为大学教材。《社会学原理》分上、下两册，修订后有5编，共28章。他按照当时美国大学社会学概论的通例，将5编分为总论、社会因素、社会过程、社会组织与社会控制、社会变迁与社会进步。这部教科书博采欧美各家之长，对当时中外社会学重要著作均有述及，并引证了大量丰富的中国历史典籍和统计资料。他在给某一社会学概念下定义时，不但介绍西方学者的观点，还引《说文》等中国典籍加以比较。某些概念或现象，若在中国社会生活中特别发达的，他便引用中国的材料进行发挥。例如本书开篇第一句话，即引用荀子"人生不能无群"，接着引《诗经》、晏子、管子等语，说明社会生活对于人类的必要性，然后根据中国的文化传统，论述社会生活发源于家庭。又如第18章"社会组织的形成"，其中第3节"礼与行为规则"，仅就"何谓礼"，便从各种中国古籍中引用了约30条对于"礼"的论述。再如第19章"社团组织"中的第1节"家庭"，阐述中国人关于家庭和家族的概念，列出"九族系统图"；叙述宗族与宗法的含义，说明"宗法系统图"是周代重要社会制度之一；并以中国的古籍、文字论证母系家族曾一度存在。书后附中英文重要参考书籍数百种，并附学名人名汉译表，堪称中国迄今最翔实、最精细的社会学概论教材。

在文化问题上，中国近代思想界所最关注的、也是争论最激烈的，莫过于东西方文化的关系，以及中国文化的出路问题。因这个题目已超出了本书的范围，故不作全面论述，在此仅将中国社会学者的看法，作一简略介绍。大致而言，他们当中有主张完全保持中国文化的"复古派"代表，如梁漱溟；有主张"全盘西化"的代表，如陈序经；绝大多数社会学者则同孙本文一样，属于主张取长补短的"折中派"。

梁漱溟对东西方文化的基本认识和主张，已经在第四章第三节讨论过，无需赘述。陈序经（1903—1967），曾留学德国和美国，获博士学位，先后任教于岭南大学、南开大学、西南联大社会学系，曾担任岭南大学校长等职。他对文化的基本观点及重视程度，与孙本文相似，但是他却坚决反对孙本文等人的

"取长补短"论。① 陈序经认为,"折中派"昧于文化的一致与和谐的真义,以为文化的全部好像一间旧屋子,可以拆毁它,看看有哪几块砖石或是木料可以留用。其实,对于文化各方面的分析,不外是人们自己的假定,而文化本身并没有这回事。他也反对"复古派",认为它昧于文化发展变化的道理,以为环境时代是不变的,圣人立法可以施诸万世而用于四海;其实圣人不过是特定时代和环境的产物。陈序经主张全盘西化的理由,说起来很简单:文化是一个整体,西洋文化代表世界文化的趋势,的确比中国进步得多!② 中国的问题,根本是整个文化的问题。为了改革中国的政治、经济、教育,要从文化着手③。

如上所述,中国绝大部分社会学者在文化问题上,都是属于"折中派"。然而正面回应陈序经的,似乎仅有吴景超一人。吴景超发表《建设问题与东西文化》一文④,批驳全盘西化的主张。陈序经说文化本身不能分开,西洋文化是一种系统,各方面有连带性及密切的关系。吴景超则辩称,文化有可分的,有不可分的;有世界性的,也有国别性的。其实,在"西方文化"这个名词下,包含着许多相互冲突,互不两立的文化集团。独裁制度是西化,民主政治也是西化;资本主义是西化,共产主义也是西化;个人主义是西化,集团主义也是西化;自由贸易是西化,保护政策也是西化。因此,"西方文化本身的种种矛盾,是主张全盘西化者的致命伤。"⑤

吴景超主张,不能抽象地空谈中西文化的折中或融合,要具体地研究与讨论,做三件事:第一,要继续发扬新文化运动的精神,重新评估旧文化各部分的价值,以决定中国固有的文化中,哪一部分还有适应环境的活力,因此应当保存。第二,指出西洋文化中,哪些部分对于建设新中国有用、有贡献,适合

---

① 陈序经:《东西文化观》,载《社会学刊》,第2卷,第3期,1931年4月。
② 陈序经:《中西文化的出路》,上海:商务印书馆,1934,第82页。
③ 参见陈序经:《中国文化之出路》,载《全盘西化言论集》,岭南大学青年会,1934,辑入《民国丛书》,第3编,第39册,上海:上海书店,1991,第1~18页。
④ 吴景超:《建设问题与东西文化》,载《独立评论》,第139号,1935年2月24日,第2~6页。
⑤ 吴景超:《建设问题与东西文化》,载《独立评论》,第139号,1935年2月24日,第4页。

于我们的历史背景、地理环境、人民的能力，采纳之后便可产生美满的结果。第三，在建设过程中，不但要保存中国的优秀文化，吸收西洋的优秀文化，还要创造一种新的文化来适应新的环境，满足新的要求。文化的创造并非凭空弄出，而是从旧的文化中选择出一些可用的来，给它一个新的安排，以解决新的问题。

吴景超更具体地论述了他的"分解文化"的观点。第一，文化各部分有分不开的，也有分得开的，在西化的过程中可以选择。第二，对于西方文化不同的部分，可以采取四种不同的态度：一、对于某一部分的西方文化，需要整个接受，而且用它来替代中国文化中类似的部分，如西方文化中的自然科学、医学等。二、对于某一部分的西方文化，整个接受，但只用以补充中国文化中类似的部分，而非代替，如哲学、文学等。三、对于某一部分的西洋文化，用它作参考，但绝不抄袭。或因这一部分的文化瑕瑜互见，不能把精华与糟粕一齐吸收过来，或因这一部分的文化，与中国的国情不相合，不能全盘接受。前者如资本主义，其大量生产的方法是可取的，但其图利高于一切的动机，为提高价格不惜焚烧存货的举动，却要排弃。后者如各国的关税政策，是各国经济文化中的主要部分，但没有一国的关税政策，是中国可以照抄的。中国政府只能以他们的办法为参考，并以中国的现实状况为根据，制定体现"中国本位"的关税政策。四、对于某一部分的西洋文化，要完全加以排斥，如迷信的宗教，儿戏的婚姻，秽淫的跳舞，过分的奢侈等①。

在社会学者当中，像陈序经、吴景超那样，公开阐述自己的文化观，并为此展开辩论的人是绝无仅有的。更多的人是将文化观渗透到自己的研究工作当中，尤其注重记录、保存传统文化中有价值的成分。以李景汉为例。早在1925年，李景汉便同甘博等几位美国人，调查北京郊区妙峰山"朝顶进香"

---

① 吴景超：《答陈序经先生的全盘西化论》，载《独立评论》，第147号，1935年4月21日，第2～4页。陈序经对吴景超的反驳，见陈序经：《关于全盘西化答吴景超先生》，载《独立评论》，第142号，1935年3月17日，第2～9页；《再谈"全盘西化"》，载《独立评论》，第147号，第4～9页。

的盛况。他据此生动地报告,每年阴历4月1～15日,老百姓上山许愿、还愿,有三步一磕头或一步一磕头的,有穿红衣或戴手铐脚镣的,有将自己扮成牛马等状的,有许愿按自己会做的工到山上做工的,有给庙里买应用之物。李景汉搜集这些资料有两个目的:在理论上,因为西风东渐,旧的风俗正在慢慢消失,有赶紧记录的必要。在实践中,当时许多人认为,进香是迷信,应当消除。而李景汉通过调查感到,进香是平民的一大幸福,不应以破除迷信为由消除之。中国大量的社会风俗习惯中,何者应存、应废,需要调查,否则被以破除迷信为理由完全消除,造成玉石俱焚,得不偿失。他说:

"我以为凡在社会中已成的各种习惯,都是由于人性中各部分的要求。若我们发现与社会不相宜的习惯,并且打算将它革除,必须在未革除已成的习惯以前,介绍或计划一样别的与社会适合的代替物,也能满足这一部分的人性。不然,不但不能革除社会中已有的害处,反倒添上别的害处;有时结果是所得不偿失,社会的幸福反到因此减少了,这是有心改良社会的人应当特别注意的。"①

后来在定县调查期间,李景汉继续关注民间风俗,编辑了《定县秧歌选》,②记录华北农村重要的娱乐形式——秧歌。当时在定县,无论男女老幼,都喜好秧歌,秧歌把农民的生活真相活跃地表现出来。人们不但在新年、节日及庙会的时候去看秧歌,而且在田间工作时、行路时、歇息时,不唱则已,一唱就是秧歌。它的表演简单而接近生活,唱的清晰感人。有许多故事结构写得好,辞句流畅,有的真是绝妙的平民文学,极有研究价值。但当时县政府以为,秧歌有伤风败俗的影响,提议禁止演唱。李景汉等人便赶快尽量搜集,以

---

① 李景汉:《妙峰山"朝顶进香"的调查》,载《社会学杂志》,第2卷,第5、6号合刊,1925年6—8月,第41页。

② 李景汉:《定县秧歌选》,台北:东方文化书局,1971。

期保存而免失传。因为唱秧歌的人大多不识字，所以靠口传，李景汉等请了几个善唱的人唱，随着记录。结果搜集了48出，内容有关男女爱情、孝节、夫妻关系、婆媳关系、谐谑等。除李景汉等人之外，1949年前中国各大学社会学系有相当一部分学生，以文化的某一方面为题目，用社会调查方法搜集民间风俗、婚丧礼仪等方面的资料，撰写论文。1933年暑假，燕大社会学系的学生，由吴文藻指导，在燕大清河试验区展开礼俗调查，包括婚嫁，如结婚年龄、订婚、迎娶、变例婚姻（纳妾、招赘、孀妇再嫁）；丧葬；祭礼等方面。[①]这样的研究，尽管在理论和方法上都有需要改进之处，但毕竟为在急速变迁中消失的中国传统文化做了见证。

第二节 民族的"位育"

1949年以前，中国社会学者中有不少人非常重视文化问题，他们当中，孙本文介绍并应用的主要是乌格朋的学说，吴文藻引进的是功能学派的观点。孙、吴二人有一个共同点，即以文化本身来解释有关文化的现象。此外还有一位研究文化问题的学者，但他是以生物因素解释文化现象，这就是潘光旦。

潘光旦于1926年留美回国，曾在数所大学教课或任职，1934年以后任清华大学社会学系教授，并先后担任清华大学及西南联大教务长、社会学系系主任、清华大学秘书长、图书馆馆长等职务。[②]虽然潘光旦长期在高校社会学系任教，但他涉猎却极其广泛。早在1922年，潘光旦还在清华学校做学生的时候，梁启超讲授"中国五千年历史鸟瞰"，潘光旦的习作《冯小青》很受其赞许。梁启超在论文上批道："对于部分的善为精密观察，持此泛以治百学，蔑不济矣。以吾弟头脑之滢澈，可以为科学家；以吾弟情绪之深刻，可以为文学

---

① 《礼俗调查的尝试》，载《晨报·社会研究》周刊，第40、41、43、46～50期，1934年6月27日，7月4日，7月11日，8月1日—9月5日。
② 《潘光旦先生生平》，载《潘光旦民族研究文集》，北京：民族出版社，1995年，第363页。

家。望将趣味集中，务成就其一，勿如鄙人之泛滥无归耳。"[1] 梁启超对潘光旦的才智给予肯定，同时他也看到，潘光旦的兴趣有"泛滥"的趋向，结果真的让他言中。

潘光旦在为人治学上，重通、达、广。他的论著总是洋洋洒洒，给人以一发而不可收的印象，但却始终围绕着一个字——人。他曾受过生物学训练，力倡在中国进行优生学的研究，并由此述及民族问题，这是关于人的生物性的。他曾深入探讨中国传统的思想、制度、规范等问题，这是关于人的社会性的。他还发表了大量关于教育、宣传、价值观、政治等问题的政论性文章，提倡"人文精神"，这也是同人分不开的。潘光旦甚至曾设想，建立一个关于人的综合学科或边缘学科，在清华大学设专系进行研究。[2] "人"的确在他一生治学中占据了核心的位置。

潘光旦研究人，首先是从人的生物性出发，竭力推动优生学在中国的发展。优生学因曾与法西斯主义的关系，名声一直不太好。作为其在中国的少数研究、鼓吹者之一，潘光旦对这点非常清楚。鉴于优生运动在西方的覆辙，他在论述优生问题时，"审慎又审慎"。然而他坚持认为，自己研究优生问题，从提高中国人口品质的考虑出发，实质上是要为中国寻求一条出路。这与挽救民族危亡的多条出路，如政治的出路、教育的出路、实业的出路、党治的出路、宗教道德的出路、打倒帝国主义的出路，都是一样的。他所主张的是，优生的出路。[3]

优生学的基本原理出自遗传学，即生物在同自然环境的互动过程中，有遗传、变异、选择或淘汰三种发展方式。最初，这是生物学者在研究动植物的过程中发现的，后来有人将它用于解释社会文化的变迁，便成了优生学。潘光旦

---

[1] 潘乃穆、张海焘主编：《寻求中国人位育之道——潘光旦文选》，北京：国际文化出版公司，1997年，第1页。

[2] *Letter from H. T. Fei to R. Redfield*, April 24, 1946. UC.

[3] 潘光旦：《优生的出路》，载胡适等著《中国问题》，上海：新月书店，1932年版，辑入《民国丛书》，第3编，第12册，上海：上海书店，1991，第213页。

正是从这个角度看待中国文化的。他之所以要站在生物学的立场来观察、解释文化现象，理由有三点：一、现象无涯，因果关系无穷期；现代科学分工细，能从某个角度进行深入的研究，便算尽了人事。二、生物现象比较基本，也比较可以用人力来左右；以社会、心理现象来解释，不能说不可，但缺少基本性和固定性。三、生物学的解释一直最不受注意，尤其是在科学发展尚属幼稚的中国。在讨论近代中国的国势问题时，中国的积弱是一种文化现象。但人们提出的各种解释，总是超不出政治不良、外交失败、生计穷困、教育不普及、帝国主义压迫——都是文化层次上的，偶尔还有以地理现象解释的。根据生物现象和原理解释的几乎没有。① 大家口口声声讲民族复兴，民族自救，民族出路一类的话，却根本没有考虑到民族的生物基础。而一个民族为了长远的发展，先得有比较稳固的生物基础。

应用优生学原理解释中国的文化衰弱问题，潘光旦主要借鉴了三位美国学者著作的观点：一是美国斯密士大学社会学教授汉金士所著《文化的种族基础》②，认为文化的发展是种族、文化及地理的三种因素之和；这三者之中，种族或生物的因素是最主要的。③ 另一是明恩溥的《中国人的特性》，论述了中国人的种种毛病，潘光旦时常引以为例。三是耶鲁大学教授亨廷顿的《种族的特性》④，此书有四章专论中国，认为中国历史上灾荒频繁，这对中国人的特性及中国文化有很大影响。亨氏 1923 年曾访问过中国。潘光旦的《民族特性与民族卫生》一书⑤，其中第 2 篇是将明氏上述著作中的 27 章翻译了 15 章，第 3 篇《自然淘汰与特性的由来》便译自亨氏著作。他根据这些著作中的观点，做

---

① 潘光旦：《文化的生物学观》，原载《东方杂志》，第 12 卷，第 1 期，1931 年 1 月 10 日，辑入《寻求中国人位育之道——潘光旦文选》，第 18～19 页。

② F. H. Hankins, *The Racial Basis of Civilization*, New York & London: A. A. Knopf, 1926.

③ 潘光旦：《再谈种族为文化原因之一》（1927 年），载《潘光旦民族研究文集》，第 1～3 页；《种族与文化机缘》（1927 年），载《潘光旦民族研究文集》，第 3～6 页。

④ E. Huntington, *The Character of Races as Influenced by Physical Environment, Natural Selection and Historical Development*, New York & London: C. Scribner's Sons, 1925.

⑤ 潘光旦：《民族特性与民族卫生》，上海：商务印书馆，1937。

了进一步的阐释和发挥。

潘光旦将英文中论述文化及优生最关键的词 adjustment 或 adaptation，译作"位育"。这两个词一般采用日译的"适应"。"位育"出自《中庸》，所谓"致中和，天地位焉，万物育焉"。有一位先生在此句的下面注解："位者，安其所也；育者，遂其生也。"潘光旦认为，"位育"比"适应"更恰当，因为这个概念原有动静两个方面，"位"代表静的一面，"育"代表动的一面；"适应"仅反映了动的一面。生物对于环境的位育有三种方式：一是消极的，即由生物迁就环境。二是半消极半积极的，即由生物选择环境中的某些有利的部分而加以迁就。三是积极的，即由生物改变环境。用这个原理来看中国的问题，可以说位育问题中的生物团体是中华民族，环境是 20 世纪的世界。中华民族面对 20 世纪的世界，一是不能不作迁就，接受一部分目前主宰世界的西方文化；二是要分析西方文化的各个部分，进行挑选，哪些值得全部接受，哪些可接受到相当程度，哪些完全不能接受。三是尽管目前的中华民族看似衰败，但几千年的阅历和经验，对其他民族不会全无贡献；可将之整理出来，以供世界的采择，这就意味着我们对世界环境的改变。①

在潘光旦看来，遗传、变异、选择或淘汰这三种因素，影响人口品质，进而影响文化。其中的选择或淘汰可以是自然造成的，也可以是文化造成的。中国人的体格特点是千百年来饥馑荐臻、人口过剩所造成的。其坏在没有相当的火气，可以做冒险进取的事业；其好在富有一种顺应性，干些、湿些、冷些、暖些、饿些、饱些，都没关系，看着柔弱，但在不良的环境中生活能力倒比西方人强。中国人团结能力薄弱，一半因为自然淘汰，一半因为文化淘汰。在自然方面，千百年来频繁的灾荒，在中华民族中间酿成了一种极为负面的心理品性，就是自私自利心的畸形发展。灾荒时大家都没有饭吃，而比较能够有饭吃的人，往往是自私自利的人。有饭吃的人也就是能够传种的人。在文化方

---

① 潘光旦：《当前民族问题的另一种说法》，原载北平《晨报·社会研究》，1935 年 6 月 5 日，辑入《潘光旦民族研究文集》，第 32～33 页。

面，中国发达的家族制度与"无为而治"的思想，导致中国人不团结，不善于组织。团体生活凭借的权威，是一个血缘的"亲"字，或是一个年高的"长"字。有时候一村即是一族所构成，村长也就是族长，于是这两重权威合而为一。在这种权威之下，偶有一二个富有领袖天才和组织能力的年轻人产生，若想施展才干，就会蒙上"不务本""犯上作乱"等罪名，遭抑制与淘汰。① 当然，中国历史上某些体制也具有正面的选择作用。例如魏晋六朝行九品官人法，讲门第、婚姻、品貌，分别流品。这种官员选拔制度，有政治的、社会的及种族的积极选择效用，其思想则发源于儒家的社会哲学，承认和看重差等现象，同近代人文生物学有不谋而合之处。②

潘光旦主张承认并利用人类的差等现象。世间的事物本是不平等的，世间不平等之事无过于不平等事物之平等待遇。③ 优生学特别重视少数人的智力与创造力对人类历史的正面影响或遭其淘汰。《三字经》上说，"玉不琢，不成器，人不学，不知义。"玉不琢固然不行，但前提是它的确是一块玉；若是砖石，琢成了也没有多大用处。人不学固然不行，但也先得了解他有多少学习的能力，才不至于白学。中华民族最初是块"玉"，是很成材的，虽经过一些不很健全的变化，若今后能控制得宜，希望还是很大。④

为了深入探求人才形成、转移的规律，潘光旦将历史研究同社会科学研究方法结合起来，取得了三项成果：一是《近代苏州的人才》⑤一文。苏州在中国历史上是一个人文荟萃的地方。潘光旦利用清朝（有些也涉及明末）的方志

---

① 潘光旦：《民族先天果无恙么？》，原载《优生》，第2卷，第2期，1932年3月15日；辑入《潘光旦民族研究文集》，第7～15页。

② 潘光旦：《人文选择与中华民族》，原载《新月》，第3卷，第2期，辑入《寻求中国人位育之道——潘光旦文选》，第47页。

③ 潘光旦：《平等驳议》，载《人文史观》，上海：商务印书馆，1937，第71页。

④ 潘光旦：《性与民族》，原载《年华·优生副刊》，第4卷，第46期，1935年11月2日，辑入《潘光旦民族研究文集》，第40～46页。

⑤ 潘光旦：《近代苏州的人才》，载清华大学《社会科学》，第1卷，第1期，1935年10月，第49～98页。

谱牒、人物汇传及私家笔记，分析"名见经传"的人才，包括科举产生的人才以及画家、官员、学者、诗人、戏剧人才等。他发现，人才发达有其地理、生物、文化多方面的原因。苏州山川风土秀美肥沃，吸引移民，因而出人才，就像现代的美国。许多移民到苏州后便留下来，最重要的原因是爱山水或避乱逃荒。他又以家谱考察血缘（生物因素）同科举和艺术人才的关系，并举了三例，即彭氏、潘氏及梅兰芳家谱。潘光旦对人才问题的另一项研究成果，是其《中国伶人血缘之研究》[①]。美国人缪塞斯（Montrose J. Moses）曾出版《美国的优伶世家》[②]一书，研究了10个演员世家，列出谱图，证明优生学中"类聚配偶律"（Law of Assortive Mating）。潘光旦受缪氏启发，认为有些领域人们成功可能靠社会关系，而伶人成才靠自身先天的因素比较大。于是，他分析了近代中国伶人受地理、血缘、阶级分布三因素的影响。此外，他还出版了《明清两代嘉兴的望族》（1947）。此书以13份家谱及会试的硃卷中的履历部分，考察这些世家的由来、世数和人数、婚姻关系、盛衰兴亡的过程，结论是古人称"君子之泽五世而斩"是不对的。潘光旦的研究对象的兴衰周期平均为8.3世，即216年，可见血缘网的力量之强。这种以家谱研究人才问题的方法，即以社会科学方法研究历史，或以历史资料论证社会科学假设，是潘光旦在中国开创历史社会学研究领域的有益尝试。

潘光旦对于优生以及中国文化的观点，无论是在学术界还是在社会上，都激起了很大反响，也同时引发了不少异议。在社会学界，有孙本文与潘光旦之间关于文化与优生的论战。孙本文首先发表《文化与优生学》一文，代表以社会文化因素解释社会文化现象的绝大部分社会学者，对潘的论断提出批评。潘光旦撰写了《优生与文化》，对此加以反驳。孙本文于是又以《再论文化与优生学》还击[③]。在孙本文看来，优生学有四个错误：一是误将人与动植物同等

[①] 潘光旦：《中国伶人血缘之研究》，上海：商务印书馆，1941年9月初版，1987年重印。

[②] M. J. Moses, *Famous Actor-Families in America*, New York: T. Y. Crowell & Co. 1906.

[③] 三篇文章均见《社会学刊》，第1卷，第2期，1929年10月。

看待。优生学是遗传学的一部分,遗传学有两种应用,用于动植物上称为育种学,用于人上称为优生学。育种学在改良品种上有相当成绩,但是人的行为特质是在社会环境里养成的,并非是与生俱来,所以不能应用遗传的原理解释,甚至改良之。二是误以文化影响为生物特性,换句话说,误认为后天的行为特质为先天的遗传特性。三是误以为智力测验法足以辨别先天优劣,其实智力测验只能测量后天习得的能力。四是误以财富与势力为判断能力优劣的标准,认为经济事业的成功者为社会上的优秀分子。经济事业的成功有许多原因,而其中社会环境的状况与个人在社会上原处的地位,关系尤其重要。

针对孙本文的四条批评,潘光旦辩解说:第一,优生学中的一部分原理,的确是从育种的经验得来的,但是优生学者不主张以育种的方法育人。他们只是主张借重一些社会制裁的力量,如教育、宗教、舆论、法律等,使人口中比较优秀的部分可以提早结婚,多生几个儿女,同时使不优秀的人口减少他们的婚姻率与生育率。第二,文化因素与生物因素互相作用,没有一种文化的影响没有一些生物特质做其基础,也没有一种生物特性多少不受些文化的影响。优生学者并非不承认文化的影响,文化与生物的影响是同行并进的。第三,世界上的确有"智力"这东西,且有遗传的倾向。智力测验可以在人力可能的范围里,用较客观的标准来衡量与判断人们天赋的智力。人与人之间智力有高下,若能预先估量,"用当其才,人称其职",则可以提高社会效率与正义。第四,优生学者至多说过财富的多少与能力的优劣,不无一些正相关之处。西方学者认为,资产的多少和智力的高下有正相关关系。此说在资源丰富,人人有正当职业的美国社会也许很对,在中国经济却不能作为划分阶级的标准。因为中国的生计紧迫,品质高一些的人不屑与民争利,转而形成君子安贫的道德观。中国穷书生之多为他国社会所不经见。如以财产作标准,穷困的世家当然归入下层阶级,但如以职业作标准,这种世家便属于一流了。中国人看得起穷书生,说他门第清高;看得起穷官员,说他清风两袖。反之,却极看不起暴发户,说他得的是不义之财,走的是侥幸之路,预测他不能持久,子孙也不能守成。这种言论有时也竟然说对了。能超脱物质的环境而言社会身份,是一种更具有优生属性亦很难能可贵的社会习惯。

潘光旦所言并非没有道理。但无论如何，优生学说仍需面对两个难题：在人类个体或团体的发展过程中，文化的力量与遗传的力量都存在。如何分清哪一个现象是哪一种力量作用的结果，这是迄今未能解决的一个问题。再有，社会文化中的各种现象、问题，其复杂性远远超过动植物世界。在对后者的研究中，比较容易观察到某些因果关系是否成立；但在研究前者时，多重因素交错在一起，如智力高低与财产多寡，何为因，何为果，这是迄今难以解决的另一个问题。

孙本文和潘光旦的争论，是一种学术之争。而潘光旦主张，学术研究固然重要，但绝不能为研究而研究，虽不必"文以载道"，但研究的成果应当多少有一些用处。为此，他经常在报刊上发表文章，并到各种青年、妇女组织中演讲。在面向公众的宣传中，他曾多次就有关家庭与妇女问题发表看法，主张妇女回到家庭，专心承担家庭的责任，这于妇女和儿童的身心有利。他的观点显然同知识界一些受西方影响的人的看法是背道而驰的。当时有人认为，家庭改革的唯一目的，是为个人的自由与妇女的解放。还有人提出，传统家庭制度已绝对腐化，亟宜完全改弦更张，甚至应放弃任何家庭形式。潘光旦反对这些观点。他提出，妇女运动反对积习造成的男尊女卑，有理；但在现实生活中不顾男女之间自然形成的差别，使得妇女的精神和体力不堪重负，适得其反。应尊重自然趋势和传统，承认社会的分工，男女各就其本位工作。[1]潘光旦关于优生、民族、妇女、婚姻等问题的演讲，被视作保守，时常引起人们的不解与不满。有一次他演讲回来，一位学生戏问他："潘先生，今天挨骂了没有？"他笑了笑说："今天很好，没有挨骂。其实，她们（指妇女界）对我的印象还是很好的，原因就是：骂，尽管她们骂；说，我还是得说。只要我说得有道理，终归她们总会信服的。"[2]

---

[1] 潘光旦：《妇女问题的一个总答复》，载《观察》，第5卷，第3期，1948年9月11日，第6～8页。

[2] 《清华暑期周刊》，第10卷，第7、8期合刊，1935年8月24日，转引自孙墩恒：《潘光旦》，载《清华人物志》（二），第233页。

其实，潘光旦的思想并不保守。他翻译英国优生学家霭理士的《性心理学》①，并于书后附一篇二万多字的论文《中国文献中同性恋举例》，这在20世纪三四十年代的中国不能不算是先进的。他最大的特点，是对传统持理性的看法，认为长期形成的传统自有其道理，不要轻言丢弃。他主张将某些风俗传统加以改造，以适应现代生活的需要。例如他提出，家谱从前是维持宗法制度的一种工具，女子不入谱，夭殇不成人的不入，不贤不肖、出走的、犯法的、出家的都不入，结果过于简单、粉饰。新家谱的做法，可仍以父系为主体，但娶入的和嫁出的女子都应当记录。有人必录，记录基本事实、身心品性、功业成就，并附照片。②改革后的家谱，可以为今后的社会科学研究提供更有价值的科学资料。他还强调，改良中华民族的人口素质，必得从结婚与生育两个途径，通过文化教育和政治法律方面的工作实现。尤其需要对旧的关于家庭、婚姻及生育的一部分礼教，加以合情合理的修正。潘光旦曾对当时的民法中关于婚姻的条文进行批评。民法中有"婚约由当事人自行订定"。潘光旦认为，婚姻关系到社会生活的安定与种族命脉的延续，绝不仅仅为个人之事，应设教育、指导与最后裁可之机关。但在这个机关成立以前，此责任仍宜由父母帮同负担。另外，民法中允许姑舅或姨表兄弟姐妹结婚，潘光旦认为这不对。他曾专门写文章，力言禁止中表通婚，但未获采纳。他还主张，考察婚姻当事人的生理、心理品性，重视疾病预防，禁止低能人结婚。欧美国家婚姻法中多有此条而中国却没有。③在潘光旦等专家学者的不断呼吁下，1941年，国民党八中全会通过了一条议案，即"奖励生育，提倡优生，发扬民族，以固国本"。

---

① H. Ellis, *Psychology of Sex: A Manual for Students*, London: Willian Heinemann Medical Books Ltd. 1933. 中文译本《性心理学》，上海：商务印书馆，1997。
② 潘光旦：《说家谱的作法》，载清华大学《社会科学》，第5卷，第1期，1948年10月，第91～108页。
③ 潘光旦：《优生婚姻与法律——论〈民法亲属编〉婚姻章之优生价值》，载《人文史观》，上海：商务印书馆，1937，第139～151页。

社会是由人组成的。为了改善社会环境，先要从改善人做起。潘光旦围绕这个主题，写下了大量有关治学、教育、思想、政治等问题的政论性文章，多收录在《读书问题》(1930)《自由之路》(1946)以及《政学罪言》(1948)三部论文集里。这些议题中贯穿着一条线索：做人，要通达，要实现完美的人格；为学，要积累广博的学识。一个学识广博而通达的人，对国家和社会要负起责任来，扮演督责的角色，这便是论政。做人、为学、论政，三者之间存在着密切的相互联系。潘光旦循着做人、为学、论政的线索，阐述了他对人文思想、学术和政治的关系，以及民主政治与中国传统等问题的观点，也抒发了他的社会理想——自由教育与民主政治。

在潘光旦看来，作为一个人，特别是一个知识分子，应该有独立的人格，不能随波逐流。对于人们常说的要顺应潮流，他则以比喻说明几种应付的方法。在激流涌进的山涧里，各种东西应付水流的方法是不同的。那些树叶、草根、落花，完全跟着水走；石块、大树根丝毫不动；涧床深处的鱼，头部一律向上流顶着，身子的方向和水流相反，竭力挣扎。社会上、思想界也是如此。潮流就是风尚，不一定是有价值的。尤其在这个只普及识字而未尝普及教育的时代，一种思想，一件货物，可以因广告的宣传手法而立刻有捧场的人，于是便造成一种浩大的声势，这种声势甚或可以历久不变。在这个时候，有人跟着潮流走，也有人食古不化。但作为一个学者，应当知所趋避取舍，做一个时代潮流主动的引导者、选择者，不做被动的顺应者，"庶几对山涧里的鱼可以无愧。"①

培养独立的精神和人格并非易事，最大的障碍是"偏蔽"；第一大难关是去"蔽"。潘光旦借比较英国社会学家斯宾塞和中国古代哲学家荀子的思想，对这个问题作了细致的阐述。斯宾塞与荀子，一个为近代社会学创始人之一，一个是先秦思想家中最重视社会思想的学者，两人虽相距两千余年，却对"蔽"有相似的见解。蔽，一般叫作成见，但是成见一词不足以尽蔽字所指。人们心理上一切先在的状态（比如意志与各种情欲）和先入的事物（比如

---

① 潘光旦：《学问与潮流》，辑入《潘光旦文集》，第2卷，北京：北京大学出版社，1994，第47页。

见解、记忆、习惯之类）都足以影响人对于后来刺激的反应，使之不能客观，因而都是蔽。群学之难，难在解蔽；群治之难，也难在解蔽。斯氏的《群学肄言》分十六章，其中有十三章同解蔽有关，有主体理解之蔽、主体情感之蔽、处境或际遇之蔽。《荀子》中的《解蔽》篇全文三千余言，先论蔽之由来与种类；分叙前代君臣因蔽得祸，因不蔽得福的若干例证；数说近来（春秋后期与战国前期）思想派别的各有其蔽，唯有孔子例外。两文的精要所在是议论解蔽的方法。荀子说要培养一个虚、壹、静的状态，兼顾明理之学与致用之学，也就是在学问求集成，在思想主综合。斯氏努力于思想习惯的自我培养和学问的融会贯通。荀子和斯氏两人所处的时代有相似之处——诸侯异政，百家异说；两人的学术背景和所欲应付的问题都很有几分相像，于是见解也就不谋而合。①

然而，荀子和斯氏的不同之处也在于两人解蔽的方法，尽管都谈到治心与治学，但所说治学的内容不同。荀子所说的限于人文学科，斯氏则注重自然科学。这当然是因为时代不同造成的。斯氏认为，只有自然科学最讲求客观地分析事实。然而潘光旦不同意这样的看法。他认为，自然科学之蔽不少，一是蔽于分而不知合；二是蔽于用而不知其更高的价值，即培养科学的精神并养成良好的人生态度与风格；三是蔽于一尊而不知生活多元；四是蔽于物而不知人；五是蔽于今而不知古，蔽于进而不知守。科学原本有三种作用——科学的精神能培养良好的人生态度和风度情趣；科学知识可以满足与发挥人的好奇心；科学知识的应用可造福人类。然而近代科学发展却忽略了前两个目的，而一味畸形发展第三个目的，结果从根本上忽略了人。②

去蔽，培养完善的人格，其根本出路在于复兴人文学科。人文学科包括

---

① 潘光旦:《荀子与斯宾塞尔论解蔽》，载《观察》，第1卷，第21期，1947年1月18日，第7～10页。潘氏此文之"解蔽"并非完全指做人和为学，其更深的意图，是在20世纪40年代后期，为解决政治纷争指一条路。

② 潘光旦:《人文科学必须东山再起》，载《观察》，第2卷，第8期，1947年4月19日，第11～13页；第9期，4月26日，第9～11页。

文学、哲学、历史等科目，广义的文学可以包括音乐艺术，广义的哲学可以包括宗教。人文学科，合而言之，"是一个人生经验的总纪录。"①但是，探索人文思想和精神，不能从西方传统中寻找。近代西洋文化重物轻人，工业化增进了物质福利，却摧毁了人格的发展。反之，中国则具有深厚、丰富的人文传统。全部中国文化史就是一部重人道的文化史。尤其是儒家思想中的人文精神，体现在四个方面：对人以外的各种本体，讲"中庸"；对同时存在的别人，讲"伦"；对自己，讲"节"和"礼"；对以往与未来的人物，讲"慎终追远""孝"等。人文思想的精髓，简言之就是一切从人出发，向人归宿；遇有二事发生冲突时，一切折中于人，守分寸，即中庸之道。仅仅是一个专家，一个公民，不能算人；人虽有职业，有阶级，有国，有家，但却不应被这些所限制。这个"人"是一个整个的人，囫囵的人。②

潘光旦进而提出，从人文精神出发，做人、为学与论政可以相互促进。青年人为学，特别是以社会学为专业的人，应对于各种自然、人文、社会科学都有一个广博的认识。既要看重事实经验，也要胸怀理想；先认识社会，再改造社会。③为学是打下基础，做论政的准备；而参与讨论"国是"，是一个公民的责任。学人论政本是中国文化的一大传统。远在先秦时代，即有君师并称，同为治本的说法。政治同文化教育有密切的联系，不是要政治来控制教化，而是要教化来辅导以至于督责政治。古代先哲之所以值得后人景仰，绝不仅仅因他们是学者、教育家，更在于他们是政论家。得其位则推行政治，不得其位则议论政治，不议论即不足以收辅导与督责之效。学人论政之风虽至今没有到达一个十分自由的境界，但舆论与清议的不可侮，却始终是历史上的一大事实。明末清初学者顾亭林曾说，"有体国经野之心，而后可以登山临水，有济世安

---

① 潘光旦：《人文学科必须东山再起》，载《观察》，第2卷，第9期，1947年4月26日，第9页。
② 潘光旦：《中国人文思想的骨干》，载《政学罪言》，上海：观察社，1948，第129～144页。
③ 潘光旦：《再论青年与社会思想》，载《自由之路》（1946），辑入《潘光旦文集》，第5卷，北京：北京大学出版社，1997，第284～289页。

民之志,而后可以考古论今"。一个人一面为学,一面必须有政治的志向与抱负,甚至于此种志向与抱负要在为学之前,是讲求学术的先决条件。任何人都有做人、做国民、做一种专业的身份与权责;而做人与做国民比起做专业来更要先决,更要基本。没有做一个完整的人的意识的专家,无论他的专业如何精深,他终究是一个匠人。①

在潘光旦看来,学人论政最大的特点是应从理性出发,为实现一个和谐而有秩序的社会而努力;要奠定个人与社群间的平衡,取得人格与群格间的协调,这是判定一切政治体制好坏的前提。从此点出发,他反对充满"主义"和"宣传"色彩的政治。他认为,凡"主义"都会有情绪的烘托,结果导致政治宗教化。哲学家"见理明",宗教徒则"信道笃"。政治,甚至政党,都应和"主义"分开,脱离教条的支配。②综观历史上已经有过的、目前正实行着的以及可能出现的各种政治体制,极权政治的根本错误,是完全漠视个人而只有社群;英美的民主制度又过于偏袒个人,个人主义的民主政治绝不是真正的民主政治。理想的民主政治,不但以理性作基础,而且应是个体与群体兼顾的一种政治。这种政治体制最富有综合性,因而也最健全。

民主政治的内容包括:民有,就是政治属于人民;民享,就是政治可以为人民造福,人民是福利的享受者;民治,就是人民可以直接参加实际政治,或间接通过舆论影响政治。其中的民治有四个要素,即自由、平等、人民参与、法制。自由,指的是在法律范围内不受其他任何外力之约束或强制。平等,准确地说应是公道,而不是绝对的平等。人民参与有多种形式,对一般民众而言,下情可以上达;对一部分有政智的人而言,可直接参与。法制最主要的一点,即宪法应是约束国家统治者的法律。民主的精神有两个试金石:对一般民众来说,他们可否在社会里自由浮沉,升降自如,即社会流动的程度和公平性。对国家来说,有无社会力量能在政权为善时加以辅导,为恶时加以纠正,

---

① 参见潘光旦:《说学人论政》,载《潘光旦文集》,第5卷,第499~502页。
② 参见潘光旦:《政治必须主义么?》,载《政学罪言》,上海:观察社,1948,第220~229页。

根本不足时加以推翻。潘光旦提出，在中国实行民主政治，其形式不一定是英美的，中国有自己的历史和国情。从中国的社会思想背景看，民有，类似于民本论，民为贵；民享，即民为父母论，其要义是一切为人民着想；民治，即贤人政治，贤人从民间出，其所代表的是民意的一部分。这不必是一般人民的共同意志，而往往是人民中最明白事理的一部分人的意志。民众在才品上是不齐的，因此谈笼统的民治没有意义。①

简言之，潘光旦思想的核心是人。复兴中国传统儒家文化，配之以西方民主体制，使人格得到充分发展，协调个人与社会的关系，实现社会的公正与和谐，这就是他指出的一个理想社会根本的发展方向。

第三节　从传统到现代的桥梁

在西方社会学发展初期，即社会从传统向现代的转变时期，社会学论著大量借助于其他学科的知识内容，特别是哲学和历史。这一方面是因为学科分工尚不精细，早期社会学者都是从其他学科转过来的，他们自然要利用自己已有的知识资源；再者，他们关注社会转型，就必然要研究传统社会的型式与特征，再将新旧社会形态进行对比。后来，随着社会学学科的发展，多数社会学者主要以当代社会为研究对象，不太涉及历史问题。从中国社会学的发展历程来看，早期中国社会学很重视文化问题，而中国的历史如此悠久，文化、历史、传统在中国交织在一起不可分，一起构成中国社会学研究的重要部分。他们当中有人甚至不仅将"现在中国的社会"作为研究对象，也把"过去中国的社会"纳入社会学的研究视野。②于是，他们采用现代统计方法或西方社会学

---

① 参见潘光旦：《民主政治与先秦思想》，载《自由之路》，辑入《潘光旦文集》，第5卷，第433～469页；《民主政治与中国社会背景》（上），《自由论坛》，第2卷第1期，1944年1月1日。

② 杨开道：《中国封建社会·杨序》，瞿同祖著，上海：商务印书馆，1937，辑入《民国丛书》，第4编，第72册，1992。

理论概念，梳理丰富的古代典籍，探究中国传统社会结构和社会制度，勾画中国传统社会的某些特征，并从中提取出基本概念。这就在过去和当代社会之间，在中西方学术沟通方面，架起了桥梁。

社会学者们对历史关注的程度不同，有主要兴趣点在现实问题，对历史题目仅偶尔为之的吴景超。他曾利用《汉书》中的记载，对两汉人口移动进行分析。[1] 孙本文曾以中国古代社会思想阐释社会学原理（详见本章第一节）。杨开道在研究农村问题的过程中，为了从中国历史中寻找现代民治思想的资源，详细考察了古代乡约制度。他本打算进一步探究中国乡治传统，但此愿望终未实现。广州中山大学社会学系教授董家遵（1910—1973）则一直专注于中国社会史的研究，尤其是中国古代婚姻制度的起源、形式及演变，如古代收继制度、内婚制与外婚制、国家婚姻政策、离婚与寡妇再嫁等问题。他曾运用现代统计方法，选择《古今图书集成》之《闺媛典》一书中的《闺烈列传》和《闺节列传》，共三百余卷，对所谓节妇烈女进行分代统计，说明女性守节或殉节的行为是宋代礼教森严以后才变得发达的，经历了社会对此行为的制度化过程。[2]

另一位专注于中国历史的社会学者是瞿同祖。瞿同祖（1910—2008），湖南长沙人。瞿同祖从小对历史有浓厚的兴趣，进入燕京大学后，在攻读社会学专业的同时，修习了不少历史系的课程。他先后获得社会学学士（1934年）和硕士学位（1936年）；在硕士阶段仍在社会学系，专攻社会史。瞿同祖于抗战期间执教于云南大学和西南联大社会学系，1945年赴美国访学，继续钻研中国社会史。1949年前，瞿同祖出版了两部著作：一是他的燕京硕士论文

---

[1] 吴景超：《两汉的人口移动与文化》，上，载《社会学刊》，第2卷，第4期，1931年7月；下，载《社会学刊》，第3卷，第2期，1932年10月。

[2] 董家遵：《历代节妇烈女的统计》，载《中央日报·社会调查与研究》，第74期，1937年1月18日；第75期，1937年2月1日。董家遵对中国婚姻史更加全面的研究，参见其《中国古代婚姻史研究》，广州：广东人民出版社，1995。

《中国封建社会》;[1] 二是他在云大和西南联大开设中国法制史和中国社会史课的讲稿《中国法律与中国社会》。[2]《中国封建社会》既是一部关于中国封建社会史的著作，却又不纯粹是历史研究。他没有按照年代顺序叙述人物与事件的发展过程，而是以社会学的"社会整体"观，考察封建社会从形成到崩溃的过程，解剖它的各种社会组织的功能及彼此间的关系。他对中国封建社会的考察，是以当时西方学术界对西欧封建制度的研究成果为参照的，指出周代为封建社会时期，其特征有：以农业经济为基础；政治制度是层层分封以相统属；社会制度方面，阶级和宗法作为两个最重要的组织形式。《中国法律与中国社会》这部书，在方法论上，同样是将汉代至清代两千多年间的法律作为一个整体来分析，所注意的不是历朝历代司法组织和程序的细微差异或变化，而是关注法律的基本精神及主要特征；重点是将法律作为一种社会制度，看它同社会结构和价值体系的密切关系。结论是：中国古代法律的基本精神是"儒家化"。儒家思想作为传统意识形态的主导，对古代法典起支配作用；儒家思想的核心、也即社会秩序的根基，在于家族主义和阶级概念，此为中国古代法律的主要特征。

如前所述，潘光旦的学术兴趣广泛，他将相当部分的工作重点放在中国历史的研究上。他曾利用古籍特别是家谱考察人才形成的规律（本章第二节），还分析周朝官制中的人口查计制度，并与现代人口普查和人事登记做比较。[3]他还从中国古代文献里发掘社会思想，并形成社会学概念。他提出，尽管中国以前没有"社会"这个名词，但在几千年的历史发展中，却未尝没有对社会现象的解释；以前没有社会学这一门学科，却未尝没有应付社会生活与社会关系的一些有组织的概念与准则。"伦"就是这样一个概念。为了深究"伦"代表的社会意义，他先从字义着手。他认为，读书必先识字，研究社会学和社会的

---

[1] 瞿同祖：《中国封建社会》。
[2] 瞿同祖：《中国法律与中国社会》，上海：商务印书馆，1947；北京：中华书局，2003。
[3] 潘光旦：《周官中的人口查计制度》，载清华大学《社会科学》，第5卷，第2期，1949年4月，第1～30页。

由来及演变更有识字的必要，因为一个字的形成，背后可能涉及一系列社会文化生活经验。"伦"字，从人从仑。仑，据《说文》："仑，思也，从亼从册"（亼读作集，也有会集的意思）。这句话可以这样解释，思想需要条理。伦，据《说文》："伦，辈也"，即人的类别序次、关系。①

在潘光旦看来，"伦"有两层含义：一是类别，二是关系。所谓类别的"伦"是指人们在社会中按年龄、智力、职业等，各有分工，各司其职，各尽其能，这样便建立了社会秩序，也因此产生了关系的"伦"，即人们之间交往的规则。②潘光旦进一步探讨"五伦"的由来。在漫长的历史中，"五伦"曾代表了中国基本的社会关系。提到"五伦"，人们往往会想到两段文字：一是《孟子·誊文公》所言："教以人伦，父子有亲，君臣有义，长幼有序，夫妇有别，朋友有信。"二是《中庸》所言："天下之达道五……君臣也，父子也，昆弟也，朋友之交也。"此两文以《孟子》为早。于是，潘光旦利用统计方法，系统地分析古籍中"伦"的使用，进而考察五伦究竟由哪来，何时通行？

潘光旦搜集了各种典籍中凡提到人际关系之处，共190条，再将论述各种关系的数目按时代排列，自先秦到清，分为春秋、战国与秦、汉至唐、宋至清初四个时期。结果发现，论述关系的数目，先由少而多，然后由多而少。春秋以前比五更大的数目几乎没有，春秋到秦任何数目都有，到清代才成"五"独占的局面。在第一个时期里，父子与兄弟两伦提到的最多。到第二时期战国至秦，父子关系仍列第一位，君臣关系跃居第二位。这主要是由于当时社会矛盾激烈，其解决的结果是尊君。秦汉大一统局面形成后，军权充分树立，君臣关系的重要性降低。在第三、四时期，父子、兄弟关系仍分别为第一、二位，这是因为传统中国社会的核心为家庭，而父子、兄弟的关系又为家庭的核心。在这两个时期，另外三伦，即君臣、夫妇、朋友被提到的比例大大增加。五伦一

---

① 转引自潘光旦：《说伦字——说"伦"之一》，载天津《益世报·社会研究》，第19期，1947年12月11日。

② 潘光旦：《伦有二义——说"伦"之二》，载《潘光旦文集》，第10卷，北京：北京大学出版社，2000年，第146～158页。

词的使用并非自始如此。最早曾有过五常、五际、五伦、三纪纲、五达道等说法。后来自宋代始，五伦的概念广泛流传。可以说，五伦概括了中国传统社会中所有自然的、社会文化的、政治的人际关系。①

　　研究中国传统社会制度，用以验证西方社会理论，这是当时中国社会学者所做的另一项有价值的工作。例如，社会流动问题，在20世纪三四十年代的欧美社会学界，是一个新兴的研究领域。俄裔美国社会学家索罗金（P. A. Sorokin）的《社会流动论》②的出版，使学者们更加关注这一问题。潘光旦与费孝通以中国历史上独特的官员选拔制度——科举为题目，据此考察中国历史上的社会流动问题。在传统社会中，科举制度的用意多少是在广开人才上进之途，这与依家世品定个人才能的原则是不相同的。在理论上，大多数人民都有应试的资格。然而，事实上科举制度为社会流动所开的门宽阔到什么程度，却是一个问题。有一种看法认为，中国社会过去缺乏明显的阶级划分，就是因为科举制度能不断从下层挑选出人才送到上层去。魏晋南北朝时期，不以考试选官，结果发生"上品无寒门，下品无世族"，分成了固定且不流通的阶级。后世科举注重普考，这种现象便得到改善。另一种相反的看法认为，一个普通依靠劳力维持生活的人，连读书的机会都没有，当然也没有应试的可能。读书人中若父兄没有功名，不熟悉考试的内容和门路，也同样不易中试。即使初试及格，上进更非易事，只好退下来在村里当启蒙老师，绝谈不到"学而优则仕"。所以中国的官场还是被少数世家所把持，科举不过是对读书人的束缚，并不是真正有效的社会流动的阶梯。

　　为了检验上述两方面的观点，将科举对于社会流动的贡献，做一个比较精确的评估，潘光旦与费孝通收集了清代从康熙至宣统年间，共915本硃墨卷，进行统计分析。依照当时的习惯，凡是优贡、拔贡、乡试及会式及格中榜的贡

---

① 潘光旦：《说"五伦"的由来》，载清华大学《社会科学》，第4卷，第2期，1948年4月，第89～140页。

② P. A. Sorokin, *Social Mobility*, New York, London, Harper & Brothers, 1927.

生、举人、进士，都要把中榜的卷子木刻印刷分送亲友。优贡、拔贡、乡试的卷子用墨印，所以称墨卷；会试的卷子用硃印，所以称硃卷。硃墨卷的主要部分是中试的文章、主考姓名和批语，但在正文之前一般都详细记载作者的履历。履历部分分谱系和师承两部分。谱系包括作者的亲属源流，凡是家世中有功名官职和德行著述的没有不尽量记上的；师承包括作者的学业源流。这些成了研究社会流动问题的极好材料。

潘光旦与费孝通利用这些材料，从科举人才居住地（城市或乡村）的分布及其家世背景两个方面，来分析人才流动的规律，所得结果主要包括：第一，凡是地主集中在城市的地方（如江苏省），在科举人才中城市居民所占比例较高；反之，凡是地主分散在乡间的（如山东、山西、河南等省），在科举人才中城市居民的比例较低。这里有一个前提，即以费孝通在第七章第三节中对乡村土地制度研究的结果为假定——在江苏等土地集中严重的省份，大地主多居住在城里，而在其他地方，大地主可能会不离村，雇工自营。这间接说明，有资格读书应考，借科举上升的，大多限于地主阶级。第二，有13.33%的贡生、举人和进士，出身于五代之内没有功名的人家，说明科举并不完全由已有功名的世家所垄断。但是，科举对社会流动的作用也并不太大。凡是能登进的人，多少总有一些经济能力与攻习举业的闲暇。他们中十有八九是大小地主，而不是自耕农；上世可能"力田起家"，但当事人自己已不再是"力田"的了。此外，费孝通和潘光旦又将研究结果同美国学者对美国的人才以及俄国学者对俄国人才的研究做比较，说明中国通过科举达到的人才流动，并不比俄国和号称自由之邦的美国为少。[①]

从西方社会学理论或假设出发，以中国传统的社会文化现象对其进行验证，这是20世纪40年代费孝通努力的方向。他的《生育制度》，正是这样一

---

① 潘光旦、费孝通：《科举与社会流动》，载清华大学《社会科学》，第4卷，第1期，1947年10月，第1～21页。

部运用功能学派的理论和方法,探讨中国社会最核心的家族制度的著作。他主要参照马林诺夫斯基、布朗以及涂尔干的学说,分析生育这一人类最基本的现象对中国传统社会生活的影响。他认为,马氏的文化理论以制度作为研究的单位,以个人作为出发点,将所有的现象都归结到人类的基本生物需求,这是他所不能同意的。他本人的观点更接近布朗及涂尔干,即认为社会大于个人之和,文化或制度的功能是为了满足社会群体的某种需要。从社会的需要出发,婚姻的功能并不是为了解决性的问题,因为即使没有求偶、婚姻和家庭,人类同样可以得到性的满足。反之,求偶、婚姻和家庭,正是为了限制人们获得性的满足,但求实现涂尔干所称的"社会完整"(social integration,也即"社会整合"),个人因此成为社会的一部分。然而,费孝通提出,在涂尔干的解释下,"社会完整"这个概念是"横向的",是同一时代中个人与社会的联系。若从中国的传统出发,需要把它"纵向化"。中国人把个人看成是连接过去和将来的纽带,个人的责任是光耀祖先,延续后代。在此意义下,"社会整合"应是纵向的,而非横向的。

对于中国的传统和文化的研究,除了利用历史典籍以外,通过实地调查并同西方社会学展开对话是另一条途径。例如,费孝通基于中国江苏和云南的乡村调查,并参考瑞斐德的"乡土社会"概念,提出传统中国是一个"乡土社会"。"乡土社会"类似于德国社会学家杜尼士(1855—1937)提出的"共同体"或"社区"(*Gemeinschaft*)。它不仅指生活状态,即大多数人民定居乡间,以村为单位,以农业为生,人口固定、较少流动,同外界隔膜;其另一层含义,是指与生活方式相对应的人际关系和价值观念,即人们之间的沟通采取面对面的直接方式,通过长期交往而形成了相互默契,社会秩序靠礼俗维持。同西方社会相比,中国社会结构的独特之处在哪里?费孝通对此问题的认识,可以归纳为"两大格局,四种权力"。[①]

---

① 参见费孝通:《乡土中国》。本书作者对"乡土社会"和"差序格局"的新的研究成果,请见附录《"差序格局"探源》。

两大格局是指中国的"差序格局"对应于西方的"团体格局"。西方的"团体格局"是指其社会组织是"社群",界限固定且分明,人们之间是权利与义务的关系,如家庭是指夫妇以及他们未成年的孩子。中国社会结构在儒家思想的影响下,以人伦为本位,以亲属关系为基础,形成的是"社会圈子"。"家"有极大的伸缩性,"家里的"可以指自己的太太一个人,"家门"可以指伯叔侄子一大批,"自家人"可以包罗任何要拉入自己的圈子、表示亲热的人物。"自家人"的范围是因时因地可伸缩的,大到数不清,天下一家。这种"差序格局",就像把一块石头丢在水面上所产生的一圈圈推出去的波纹。中国的亲属关系就是这种丢石头形成同心圆波纹的性质,每个人都是他的社会影响所推出去的圈子的中心,每个人都有一个亲属关系网。这个由私人关系搭成的网是一个范围,范围的大小依中心的势力厚薄而定,人们可能遍尝人情冷暖、世态炎凉。在"差序格局"中,不但社会关系可伸缩,人们的行为、态度及价值标准,也依其相对年龄、性别、辈分有所不同。

"四种权力"则是指,中国传统社会靠传统、皇权、绅权、时势等四种力量维系。费孝通重点研究了其中的两项——皇权与绅权,从而转向对传统政治结构的研究。他首先提出政治的基本原则,即一个健全的、能持久的政治,必须是上通下达、来往自如的双轨形式,不但在现代民主政治中如此,即使在所谓专制政治的实际运行中也是如此。政治不能只在自上而下的单轨上运行,人民的意见,是不论任何性质的政治所不能不加以考虑的,这是自下而上的轨道。西方政治史以宪法控制权力,使它向民意负责。中国传统的中央集权体制也有两道限制权力的防线。第一道是"无为"的政治哲学,以"无为"的思想"软禁"权力,使它不出乱子。反之,政府的"有为"只能在自上而下的单轨上开快车。第二道限制权力的防线是高度地方自治。中央所派官员仅到县官,其所做的事也极有限。县以下没有任何行政机构。乡村里有"公家"一类的自治组织,这是人民因水利、自卫、调解等公共事务的需要自发组织起来的。此外,自治组织还有一个任务,就是应付衙门。在自治组织里负责的是被称为管事或董事的地方领袖,他们一般是由有社会地位、可以和官员协商的绅士担任。绅士并不直接同衙门有政务上的往来，却能用自己的地位和威望，去同地方官以私人的关系交涉，通过社会关系把压力渗透到上层。①

　　费孝通的分析有这样的特点：首先，他将注意力放到基层权力结构方面。长期以来，研究中国历史的人，多只注重中央集权体制，很少人研究县以下权力的运行。其次，费孝通受他在燕大的老师、农村社会学家杨开道的影响，对地方自治很感兴趣。费孝通看到地方自治对集权政治的制衡作用，将中央集权和地方自治看作是中国传统政治结构的两个支柱。第三，在费的笔下，绅士是那种集财富、地位、学识而一身的长者，是地方上有号召力的魅力型领袖。

　　费孝通关于皇权与绅权的观点，在当时引起了争论。以历史学者吴晗为代表的另一派意见认为，绅权是皇权的延伸，是皇权统治人民的一种辅助机制。清华大学社会学系青年学者胡庆钧则根据云南农村实地调查，提出了一种折中的看法，说明绅权一方面的确是地方社会的代表；但另一方面，不能以现代民权的概念解释绅权，因为绅士毕竟不是由选举产生，所以不受人民的约束。正直的绅士不凭借办公事为自己揽财，劣绅则往往欺压人民。②

　　通过对中国传统社会、政治、经济、文化各方面的探讨，费孝通提出中国传统社会是"匮乏经济"与儒家思想的结合。"匮乏经济"不但指生活程度低，而且没有发展机会，是封闭的、静止的经济。中国人口多，技术不发达；技术愈不发达，人口也愈多，导致生活程度进一步降低。这个恶性循环持续了数千年。因为资源有限，所以发展出一套相应的位育方式，即修己以顺天，控制自己的欲望以应付有限的资源。传统儒家思想鼓励人们"知足安分"，知足是欲望的自限。理想的社会结构，如前面"乡土社会"所描绘的那样，以亲属关系为基础，以"礼"规范社会生活。孔子所关心的不在于人对自然的利用，而是

---

① 费孝通：《基层行政的僵化》《再论双轨政治》，载费孝通《乡土重建》；《论绅士》，载吴晗、费孝通等《皇权与绅权》。

② 参见吴晗、费孝通等《皇权与绅权》。

人与人的和谐相处。他的理想是"大同",与涂尔干的"社会整合"相近。在这样的社会组织中,个人作为整体的一部分,从团体生活中得到他生活需要的高度满足。

同"匮乏经济"相对应的是西方的"丰裕经济"。这是指不断地积累和扩展财富,机会多,事业广,是一种动态经济。其精神含义是"无餍求得",修天以顺己,控制自然以满足自己的欲望。科学的产生正是为了控制自然而要求对其有所了解。科学愈发达,技术愈进步;技术愈进步科学也愈发达。在科学和技术的不断向前发展中,人们的生活水平逐渐得到提高。西方文化的两大遗产——基督教和罗马法,同现代科技结合,形成了个人资本主义的文化。如果说,匮乏经济造成人类的贫穷,那么丰裕经济则导致了人类的冲突与不安全,二者都是恶性的。科学技术进步得太快,人类的欲望不断扩张,个人已不知怎样过一种平和的生活,社会的完整性也遭到破坏。当然,西洋社会解组的趋势并没有很快发生危机,是因为现代技术毕竟增进了一般人民的物质享受,而且法律尚在维护社会秩序。相反的,现代技术在中国不但没能改善人民的物质生活,反而使中国在国际工业竞争中沦入更穷困的地步。与此同时,现代技术所具破坏社会完整的力量,却已在中国社会中开始发生作用。未得其利,先蒙其弊,使中国人民既对传统文化失去信心,又难以接受西方科技文化。

正像梁漱溟、孙本文等学者一样,在费孝通的大量论著中,反反复复出现着一个主题,那就是:中国社会本来是个有机循环体,而西方技术、制度、文化的侵入,却打破了这一良好的循环。在外部压力的作用下,在从传统向现代化的转变过程中,原来的某种社会需要还存在,但新建立的体制却发生了障碍,不能代替原有机制满足这种需要,结果造成文化各部分相互脱节。这是所有问题的根源,经济问题源于此,政治问题源于此,城乡关系问题源于此,文化问题也源于此。所以费孝通提出,研究中国社会的文化历史传统,是进行一切有效改革的前提。"文化的改革并不能一切从头做起,也不能在空地上造好了新型式,然后搬进来应用,文化改革是推陈出新。新的得在旧的上边改出来。"①

　　费孝通主张，解决上述问题的办法是"架桥"，要把断开的各部分接起来。如前所述，要在都市与乡村之间修一座"桥"，使得两者的物品和资金可以相互往还，这就是乡土工业。除此之外，这"桥"还应当沟通人才与技术。具体地说，过去，人才不脱离乡村，中国士大夫对于地方事业的责任感比任何其他国家的中产阶级都强。可现代的大学、中学教育把乡间的人才吸收到都市里，这些人才却不再返乡或为农民服务。②另一个严重的问题是，传统社会里的知识分子没有技术知识，但却有决定社会规范的权威。他们在文字上费功夫，在艺技上求表现，因此文字造成社会成员间的隔阂。现代知识分子接受了技术知识，但却未掌握适合于现代社会的规范知识。因此，中国知识分子是否有前途，在于他们是否能领导中国的变迁，而这要看他们能否改变上述状况，使科技知识和道德规范知识结合起来，并将他们掌握的知识和技术服务于人民③。此外，还有一座文化之"桥"，应架在中国和世界之间。研究传统为的是了解自它所绵延的当代社会，从而以现代知识改造中国，并以中国深厚的文化遗产，对世界的和谐与完整做出贡献。在费孝通所代表的中国社会学者的眼里，这一宏大的目标是为人类的共同未来指示出路：

　　"在欧洲曾有过一次文艺复兴，为这现代文化开了一扇大门，我不敢否认世界文化史中可能再有一次文艺复兴。这一次文艺复兴也许将以人事科学为主题，中国和其他东方国家传统可能成为复兴的底子。……在我们中国立场上讲，我们只有承认现在有的弱点，积极的接受西洋文化的成就，但是我们也应当明了怎样去利用现代技术和怎样同时能建立一个和现代技术相配的社会结构，是两个不能分的问题。若是我们还想骄傲自己历

---

① 费孝通:《乡土重建》，第151页。
② 费孝通:《损蚀冲洗下的乡土》，载《乡土重建》，第65～78页。
③ 费孝通:《论"知识分子"》，载《皇权与绅权》，第10～22页。

史地位,只有在这当前人类共同的课题上表现出我们的贡献来。中国社会变迁,是世界的文化问题。……让我们东西两大文化共同来擘画一个完整的世界社会。"①

---

① 费孝通:代序《中国社会变迁中的文化结症——三十六年一月三十日在伦敦经济学院学术演讲稿》,载《乡土重建》,第15页。

第九章 1949年前的马克思主义社会学

马克思主义于20世纪初传入中国，自俄国十月革命后，中国共产党以马克思主义为号召，展开了一场大规模的社会革命。在这个历史过程中，马克思主义理论作为这场社会革命的理论基础，其本身便是一种社会学说。而共产党早期的一些理论家、实践家，又在其各自不同的领域内，对马克思主义理论和西方社会学做了比较和评判；并针对某些社会问题，或展开实地调查，或提出了一套观点。其结果是在客观上形成了一个社会学的流派。这样在1949年前的中国，便有了两个大的派别，即马克思主义社会学派或"新社会学"派；与之相对应的，即本书前八章的研究对象，可称为欧美社会学派。本章所要着重论述的，就是马克思主义社会学。

第一节　唯物史观的新社会学

无论是马克思主义社会学还是欧美社会学，都有一个相同的出发点，即要认识社会现象，解决社会问题，建立公平和谐的社会秩序。两者的起源有着相似的时空背景，都是因对西欧工业化进行反思而产生的。两种学说各自的创始人——马克思和孔德，都曾是法国哲学家圣西门的学生。然而毋庸讳言的是，这两派的差异自始就很明显，简言之，是唯物主义与唯心主义之争，社会革命与社会改良之争。马克思对孔德的思想一直持批判态度。于是，马克思学说在俄国和中国的继承人便承担了双重任务，即一边阐释、传授马克思学说，一边展开对欧美社会学的批判。

中国的马克思主义社会学者，其个人背景及经历各不相同。有早年曾参与基督教青年会组织的社会服务而后从苏联接受马克思主义的瞿秋白；有出身贫寒、在日本留学时接触马克思论著的邓初民和李达；有曾留学欧美的许德珩与陈翰笙；有在革命实践中开展农村调查，运用"阶级分析"制定斗争策略的毛泽东和张闻天。这些马克思主义学者的共同之处，是接受了历史唯物论，对以革命推动社会进步持坚定不移的信仰。他们工作的范围大致包括三部分：一是在高校中任教，二是撰写理论著作，三是进行实地调查。

从马克思主义社会学在高等学校中的发展情况看，1949年前，中国共产党专注于夺取政权的政治、军事革命，并未建立正规的高等学校教育体制。在共产党根据地先后开办的各类干部训练学校中，有抗日军政大学曾开设的"社会科学概论""中国问题"等课程。[1]1948年8月，由晋察冀之华北联合大学和晋冀豫之北方大学合并而成的华北大学，其任务和教育方针是吸收国民党统治区的大、中学生，学习毛泽东思想，培养他们成为新中国各方面的革命与建设干部。全校设四个部、两个院，四个部即政治训练部、教育部、文艺部、研究部；两院即农学院和工学院。其中教育部专门培养中学师资及其他教育干部，设有社科系，开设"社科概论"、"中国社会发展史"、"政治经济学"及"社会调查"等课程。[2]

在1949年以前，研究、传播马克思学说的活动被看成是一种叛逆行为，难以为当时的政权和主流学术界所接受。不过，曾先后有数所高等学校，或因政治环境的转变，或因办学者自身的信仰，在短时间内曾允许过马克思主义的传授。特别值得一提的是，20世纪20年代国共第一次合作时期，以原东南高等师范学校为基础，成立了上海大学（以下简称上大），并在其中设立了社会学系。这是1949年前唯一的一个以传授马克思主义学说为目的的高校社会学

---

[1] 陕西师范大学教育研究所编:《陕甘宁边区教育资料》（高等教育和干部学校部分），上，西安：教育科学出版社，1981，第19页。

[2] 华北大学编:《华北大学介绍》，北平：华北大学，1948年12月9日，第11页。

系。上大的校长为国民党元老、同共产党关系良好的于右任。但他仅是挂名，真正掌权的是数位早期共产党领导人。总务长为邓中夏，教务长是瞿秋白，后者兼社会学系系主任。瞿秋白认为，"切实社会科学的研究及形成新文艺的系统——这两件事便是当有的'上海大学'之职任，亦就是'上海大学'所以当有的理由。"[1]因此，上大仅有社会科学院和文艺院，社会学系便设在社会科学院中。

社会学系开设的课程，有瞿秋白的"社会哲学"和"社会科学概论"，蔡和森与彭述之的"社会进化史"，施存统的"社会思想"、"社会问题"及"社会运动史"等。这些课程所依据的是马克思、恩格斯、列宁、布哈林的著作，主要传授辩证唯物论和历史唯物论原理。此外，邓中夏、恽代英、张太雷也在该系任教。在上海大学各院系中，规模最大、最活跃的就是社会学系，全校的本科生中社会学系学生占60%。他们除了在课堂上学习马列主义理论，还组织参观工厂、农村，有不少人后来成为共产党干部。上大还组织了社会问题研究会，类似于北京大学的马克思主义学说研究会，但更加注重探讨实际问题。上大的学生们热衷于参加政治活动，在"五卅运动"中表现非常活跃。[2]在马克思主义者看来，他们所办的社会学系同传授欧美社会学的高校社会学系是不同的。当时，在各大学中社会学系是很时髦的学科，不少学生纷纷研究社会学。但除少数大学和少数学生以外，社会学系的教授多半是外国人，学生读的是英文本的社会学书籍。而上大社会学系的教授，没有那些对中国社会情形隔阂的外国人，他们自编讲义授给学生，切实研究中国的社会学知识，准备应用于中国社会。[3]不过，这所大学随着国共合作破裂，于1927年4月被迫关闭。

在普通高校任教的马克思主义社会学者，常常遭到排挤，经历很多坎坷。

---

[1] 瞿秋白：《现代中国所当有的"上海大学"》，载黄美真等编，《上海大学史料》，上海：复旦大学出版社，1984，第2页。

[2] 参见《阳翰笙同志谈20年代的上海大学》，载上海大学社会学系《社会》，第3期，1984年6月，第1～4页；周固新：《革命的大学——上海大学》，载《过去的学校》，第502～503页。

[3] 施蛰存：《上海大学的精神》，载《上海大学史料》，第17页。

以邓初民为例。邓初民（1889—1981）1913年去日本，入东京政法大学攻读法律专业，并旁听东京帝国大学教授、日本著名的马克思学说研究者河上肇讲《资本论》。他于1919年回国，任湖北省立法科大学教务长，与共产党人董必武一起工作，后在中央农民运动讲习所第一次见到毛泽东。1928年，邓初民到达上海，在暨南大学任教，讲授社会进化史。1930年，他同张庆孚、潘汉年、朱镜我、冯乃超等人组织"中国社会科学家联盟"（简称"社联"）。邓任"社联"主席，负责出版刊物宣传马列主义，并同左翼文学家的组织"左联"相互配合。1933年，国民政府教育部令上海各大学不得聘他任教，他于是转到广州中山大学文学院社会学系，讲授社会进化史和思想方法论，但不久又遭解聘，从此再未登上大学讲堂。①

另一位马克思主义社会学者许德珩（1895—1990），也有过类似于邓初民的遭遇。许德珩，江西德化县人，1919年，作为北京大学的学生，参加了"五四"示威活动。如同那个时代许多倾向共产主义的青年人一样，他于1920年赴法国勤工俭学，进入巴黎大学社会学系深造。在学习期间，他不但钻研涂尔干的社会学方法与社会分工论，还接触了马克思、恩格斯、考茨基、列宁等人的学说。他利用课余之暇翻译了涂尔干的经典著作《社会学方法论》，被蔡元培称为获得了"点金的手指"。② 但后来许德珩转变成马克思主义者，对此书的翻译颇感后悔，原因是它同唯物史观社会学背道而驰，可书在中国却非常畅销，这令他感到"十分惭愧"。③ 回国之后，1927年，许德珩到广州中山大学文学系讲授社会学与社会主义史，系主任是鲁迅。此后他到武汉第四中山大学讲授社会学。1928—1930年间，他翻译了马克思的《哲学之贫困》与布哈林的《唯物史观社会学》，后者重印了十版之多。1928年，上海大陆大学成立，陈公博任校长，聘许德珩、李达、邓初民等前往任教，但很快学校便被查

---

① 吴伯就：《邓初民传略》，载《晋阳学刊》，1982年1月，第36～37页。
② 蔡元培：《社会学方法论·序》，涂尔干著，许行（即许德珩）译，台北：商务印书馆印行，1965。
③ 许德珩：《为了民主与科学：许德珩回忆录》，北京：中国青年出版社，1987，第137页。

封。许德珩立刻成立了一所社会科学院,把大陆大学的师生转过去继续上课。1929年底,他的一位原北大同学在上海暨南大学任文学院院长,约他任历史社会系主任。许德珩提出要聘李达、邓初民等来校任教,并将社会科学院全体学生转来。他在"暨大"教书一年半,讲唯物辩证法与历史唯物论,非常受学生欢迎,但因时任教育部高教司司长的社会学家孙本文指控许德珩宣传共产主义,暨大将他解聘。他又到达北平,同时任教于北平师范大学社会学系及北京大学法学院。因当时北平是冯玉祥、阎锡山及奉系的势力范围,蒋介石的势力影响不大,所以他可以暂时传授马克思学说。① 许德珩和邓初民的遭遇,是当时马克思主义社会学者的典型经历。他们在高等学校中讲授辩证唯物论与历史唯物论,受到学生欢迎,但都为期不长,很快即遭解聘。

在高校中所传授的马克思主义社会学的内容,可以许德珩的《社会学讲话》为例。② 这部许德珩在大学任教多年所依据的讲义,分上下两卷:上卷分述自然科学、社会科学及社会学,社会学发展的历史及派别,社会科学研究方法论,社会之形成及其发展等;下卷论述社会具体的构造,法制与政治制度,社会的意识诸形态,意识诸形态之形成及其发展等,分为氏族与家族、国家与民族、道德及法律、科学、哲学、语言、宗教、艺术等编。

许德珩承认孔德为社会学鼻祖,并以相当长的篇幅,介绍斯宾塞、塔德(G. Tarde)、沃德、孙末楠、涂尔干等著名社会学家之观点。在论述中他也引证了派克、吴景超等中外社会学家的著作。然而,他的马克思主义立场非常鲜明,引用的主要参考书为马克思、恩格斯及俄国、日本的马克思主义者的著作。他特别对涂尔干提出批判,称其错误是把人类精神的和心理的现象看作是社会学研究的基础。而这是所有自孔德、斯宾塞以来的各家社会学说共同的错误——从其哲学的观点来说,都是唯心论或二元论的;从其阶级立场来说,

---

① 许德珩:《为了民主与科学:许德珩回忆录》,第188～193页。
② 参见许德珩:《社会学讲话》,上、下卷,辑入《民国丛书》,第2编,第15册,上海:上海书店,1990。

都是资产阶级的;从其研究方法来说,都是机械的形式论理学的。这种社会学的理论和方法论,随着资本主义社会矛盾的日益加深,日趋于破产,已经走到了穷途末路。他还批驳了文化学派的观点,因其强调文化因素对社会的作用,他称之为文化决定论。他提出,这种理论是资本主义由自由竞争发展到独占时代,由阶级对立进展到政权斗争的时代,最适合于资产阶级需要的理论。尽管他未指明,但此论点似乎是针对孙本文的。

在许德珩看来,社会学是"研究人类社会之构造,社会构造之存在,发展,变革,及其相互联系;分析构成人类社会生活的诸要素及诸要素的性质,诸要素之间相互作用和关系,探求社会变革的因果关系和法则,以推知社会进行的方向,预测将来的一种学问。"仅从这个定义来看,他对社会学的看法与欧美派社会学者的看法并无不同。然而,他话锋一转,提出"能够解释社会最确切的理论,就是历史的唯物论,而历史的唯物论,就是正确的社会学,而社会学也就是社会科学。"这又明确地表明了两者的区别。他进一步引用里林(即列宁)的话:"马克思把社会的——经济的社会构造之概念,规定为一定的生产关系之总和,又规定此种构成的发展,是自然史的过程,这才开始把社会学置诸科学的基础上。"[1]换句话说,只有历史唯物主义的观点才是真正的科学。从历史唯物论的基本原理出发,人类社会的发展经过原始社会、奴隶社会、资本主义社会,到达社会主义。在此,许德珩虽然未提共产主义,但却描绘了苏联社会主义建设的成功:工业大幅度发展,以未曾有过的速度赶上和超过资本主义国家;在农业方面,兴建了国营或集体农场;重视技术改造,使得农业与工业相结合;消灭了失业,进而使劳动的意义从根本上有了变化;第一个"五年计划"已完成,等等。这代表着中国社会将来的发展方向。

许德珩的《社会学讲话》与孙本文的《社会学原理》,两书同为高等学校社会学概论教材,但它们分别代表马克思主义社会学和欧美社会学的基本观点。在对许多概念的认识上,如方法论,社会的含义,社会结构,阶级的产

---

[1] 许德珩:《社会学讲话》,上卷,第 61～62 页。

生，社会发展的趋势等，都可以看出两者的根本差别。仅从书的写作方法而言，孙著旁征博引，论述精细、充实；许著无实例或统计资料，因而更像一部哲学著作。

除了尝试在高等学校中传授马克思学说，马克思主义社会学者的另一项重要工作，是通过著述阐明马克思主义原理。在这方面最有代表性的人物是李达。李达（1890—1966），湖南零陵县人，是中国共产党的创始人之一。他于1913年至1920年留学日本，其间接触马克思学说，并翻译了数部日本马克思主义学者的著作。回国以后，他参与筹建中国共产党，并主编《共产党》月刊。《新青年》自第8卷起，改为共产党的公开机关刊物，李达参加其编辑工作。1922年，他应毛泽东之邀，任湖南自修大学校长，并讲授马克思学说，不久学校被封。他先后到湖南公立法政学校、湖南大学、湖南第一师范学校继续讲授唯物史观，结果遭到通缉。1931年秋，上海暨南大学历史社会系系主任许德珩被解聘，李达受当时的"社联"书记、中共党员张庆孚指示，接任许德珩的职务。其间，他常遭特务监视，甚至挨打。1932年他被解聘。此后，他到有"红色大学"之称的北平大学法商学院任教授、经济系系主任，并在中国大学、朝阳大学等讲授经济学和社会学。①

李达所著关于马克思主义社会学原理的著作有两部：一是1926年出版的《现代社会学》，是中国最早的马克思主义著作之一，流传甚广，至1933年共印行14版，在当时的革命者中差不多人手一册。国民党当局通缉李达，把这本书列为主要"罪证"；二是《社会学大纲》，毛泽东在延安时将这部书读了10遍，称其是"中国人自己写的第一部马列主义的哲学教科书"。②

在《现代社会学》一书中，李达初步阐述了历史唯物主义的基本原理，对

---

① 《李达同志生平事略》，载《李达文集》，第1卷，北京：人民出版社，1980，第1～20页；宋镜明，《中共一大代表丛书——李达》，石家庄：河北人民出版社，1997，第10、126～127、144～145页。

② 《李达同志生平事略》，载《李达文集》，第1卷，第11、17页。

人类社会的起源、劳动在社会发展中的作用，家族、氏族、国家、社会变革、社会问题等都做了分析。李达认为，社会学同历史学、经济学、心理学等学科不同，"社会学之使命，惟在于发现社会组织之核心，探求社会进化之方向，明示社会改造之方针而已。"[①] 为了说明社会的本质，他还对西方三大主要社会学说进行了批判。他提出，社会既不是像"社会契约说"所认为的那样是由人们之间的承诺和约定而形成的；也不是像"社会心理说"所论述的是由心性互动而形成的；更不是像"社会生物说"所指出的是一个完全受自然法则支配的有机体。在历史唯物论者看来，社会的本质是生产关系中形成的人与人之间的关系，而运用历史唯物论的原理，方能认清社会发展的规律和根本方向。

《社会学大纲》[②]一书更加系统、严密地论述马克思主义有关社会历史的基本原理。此书分为两大部分：一是有关唯物辩证法，在李达看来，这是社会学唯一科学的方法论。二是有关历史唯物论，除从正面阐述其基本原理，还有相当的篇幅是对"布尔乔亚社会学"的批判。李达提出，历史唯物论是在它同布尔乔亚或资产阶级社会学做长期的斗争中锻炼而成的。因此，为了拥护历史唯物论，就必须同各种资产阶级的社会学说做积极的、毫不妥协的斗争。资产阶级的社会观和社会学，与其本身的发展史相关联。孔德称社会学是关于"人类社会的秩序与进步的科学"。所谓秩序就是资产阶级的秩序，所谓进步是暗示资产阶级社会是历史上最进步的东西。资产阶级社会学的政治性质是站在维护资产阶级利益的立场，巩固资本主义制度。19世纪后半期，资产阶级社会已显出崩溃的征兆，阶级冲突逐渐尖锐，而无产阶级的理论已开始发生影响。于是，资产阶级为维持对自身有利的社会秩序，不能不提倡阶级协调，并实行改良主义，以期缓和阶级冲突，而这种阶级协调论是回避现实，否认阶级的存在。资产阶级的各派社会学虽然都装出科学的外貌，但实际上并不是科学。其

---

① 李达：《现代社会学》，上海：昆仑书店，1929年第3版，第12页。
② 李达：《社会学大纲》，上海：笔耕堂书店出版，1937，辑入《民国丛书》，第1编，第14册，上海书店，1989。

原因在于：一则他们始终没有找到自己的研究对象，二是其哲学基础都是观念论或唯心的。

李达认为，历史唯物论与资产阶级社会学的一大不同在于两者对阶级的认识。前者包含着科学的阶级观，主张阶级只是在社会的一定历史发展阶段上才产生的，阶级是由人们在特定社会生产体系中所处地位的差异所决定。阶级的剥削与阶级利害的对立，必然引起阶级的冲突，其结果是推动历史的发展。而旧社会科学家对于阶级的概念，有种种错误的见解：第一种是根本否认现代社会中阶级的差异，说现代"民主主义"制度是以平等为原则的。第二种是认为阶级的差别与对立是一切社会所通有的、是长存的。如有人认为，人类禀赋有自然的差别，因而在生存竞争中就有优胜劣败的差别。人类禀赋上的自然差别不可避免，但这种差别绝不能成为阶级分裂的根据。在生产资料公有的社会中，个人禀赋的优劣或强弱，在社会上表现的只是其所担任的工作的差别，而不是一个集团独占另一集团的劳动的差别，即不是阶级的差别。第三种是有人说阶级的差别是因职业的区别而发生的。任何社会都有分工，有分工便有职业上的区别，因而任何社会都有阶级的差别。阶级区别的根源，存在于生产关系之社会的方面，是同"人们在特定生产体系中所处的地位"及"对于生产手段的关系"两个基本标志相关联的。还有一些其他的主张，如以收入的多少或政治法律特征而定阶级。李达认为，凡此种种观点都没有抓住阶级的本质。在历史唯物论者看来，社会上既然有了阶级的分裂，各阶级的利益必然不能调和，从而引起阶级的冲突。这种对立物之间的斗争是阶级社会发展的推动力，也是由现代到未来社会转变的根本要素。

同阶级密切相关的问题是国家。李达认为，科学的国家观在其本质上是阶级的国家观；反之，资产阶级的国家理论在其本质上是超阶级的国家观。具体地说，资产阶级的国家观有三点缺陷：一、其国家观是超阶级的，即将国家看作是超出阶级之上的无偏无党的全民的国家。二、其国家观不区分国家和社会的差异，把国家看作社会，并与社会同为万古长存的东西。三、其国家观以观念论为基础，完全站在资产阶级的立场上，从主观出发说明国家的构成。

在这里，不妨对照一下欧美派社会学者对于国家的看法。以孙本文的《社会学原理》为例。在论述国家的问题时，他先引述中国典籍中对国家的解释，如《说文》："国，邦也"；孟子谓："天下国家"。接着他借用西方政治学的观点，提出国家由人民、土地与主权三种要素构成。一个国家的主权是至高无上的大权，是一种社会上最大的控制力，为的是维持社会秩序，增进社会幸福。国家的功用，对内是维持秩序，敦促社会进步；对外要在外交、军事等方面抵抗强权。近代国家组织的发展趋势，是由君主国体逐渐趋向共和国体，由专制政体逐渐趋向立宪政体。政权和治权也逐渐由集中趋向分散，由有阶级的政治逐渐趋向无阶级的政治，由仅为一阶级谋利益的政治，逐渐趋向为全社会谋利益的政治。[①]在他看来，现代国家未必仅代表某一阶级，而是能够协调各方利益冲突，为社会全体人民谋利益。这一点同上述李达关于阶级的国家观是完全不同的。

李达从历史唯物论原理出发，以阶级分析的观点看待一切社会现象和社会问题，因此提出根本的出路唯有革命。对于经济问题，他出版了《中国产业革命概观》，论述他对当时中国经济问题的看法。这部书明确提出，现代中国社会是一个半殖民地的社会。中国农村经济破产，产业迟迟不能发展，其原因可分为主要的和次要的两大类。次要的原因有资本缺乏，企业者的知识能力不足等；主要的原因，则在于帝国主义的侵略，封建势力和封建制度的存在。处在国际经济侵略之下的中国，幼稚的新式产业不能顺利发展，即使稍有发展的机会，也只能处于国际经济所不能及的时间或空间而已。帝国主义的侵略不打破，中国的产业便没有发展的可能。以他的话说，"怎样发展中国产业的问题，实是中国革命的根本问题。……要发展中国产业，必须打倒帝国主义的侵略，廓清封建势力和封建制度，树立民众的政权，发展国家资本，解决土地问题。"[②]打倒帝国主义和封建制度，这是中国革命的唯一对象，同时又是发展

---

① 孙本文：《社会学原理》，下册，第101～110页。
② 李达：《中国产业革命概观》，上海：昆仑书店，1929，辑入《李达文集》，第1卷，第495页。

产业的唯一前提。书中利用了一些国内外有关经济问题的统计资料，但显得粗疏而漏洞颇多。李达也以阶级斗争的观点看待民族关系。在《民族问题》一书中，他反对资产阶级学者主张民族带有永久性、有特定的属性的观点，强调民族与人种有区别，人种的形成受气候、地理条件等因素影响，而民族则是社会生产力发展到一定阶段的人们的联合体。民族问题是世界革命的重要问题之一，也是中国革命的根本问题之一。民族革命是阶级革命的一部分。中国正在经历殖民地化的过程，中国人的历史使命就是要使国家从中解放出来。①

上述马克思主义社会学者的思想，可以归结为四个字，即"阶级革命"，这不但反映在他们的理论著作中，也更体现在他们所进行的农村实地调查中。

第二节 以"阶级分析"调查农村

中国的马克思主义社会学者除阐述、传授历史唯物论基本原理之外，还对中国社会进行了实地研究。他们认为，中国最基本的问题是农村问题，因此，实地调查的重点也放在了农村。在农村调查方面，最有代表性的人物是毛泽东、张闻天、陈翰笙三位。

毛泽东曾谈到自己是如何开始着手研究农村问题的。1920年，他第一次读到苏联学者考茨基的《阶级斗争》、马克思与恩格斯的《共产党宣言》及英国人柯卡普的《社会主义史》等著作。从这些书中，毛泽东了解到，人类自有史以来就有阶级斗争，阶级斗争是社会发展的原动力；因此，他初步获得了认识和改造社会的方法论，即"阶级斗争"。然而，这些书并未讲中国的实际情况，以及如何在中国进行革命。为了深入了解中国的过去、现在和将来，需要做调查研究工作。②毛泽东从"阶级"的观点出发分析中国社会，写了《中国

---

① 参见李达：《民族问题》，上海：南强书局，辑入《李达文集》，第1卷，第560～605页。
② 毛泽东：《关于农村调查》（1941年9月13日），载《毛泽东农村调查文集》，北京：人民出版社，1982，第21～22页。

社会各阶级的分析》(1926)一文。1927 年,他用 32 天的时间考察了湖南的五个县,这些县都是当时农民运动高涨的地方。他将对农民运动的分析,写成《湖南农民运动考察报告》。

毛泽东认为,要了解情况,唯一的方法是"向社会做调查","没有调查就没有发言权"①。只有如此,才能获得对中国社会问题最基本的知识。然而,他并不认为中国的欧美派社会学者已经完成的各种调查有什么价值,他说:"中国幼稚的资产阶级还没有来得及也永远不可能替我们预备关于社会情况的较完备的甚至起码的材料,如同欧美日本的资产阶级那样,所以我们自己非做搜集材料的工作不可。"②毛泽东等马克思主义者的农村调查在方法论上与欧美派社会学者截然不同的是"阶级分析"。毛泽东说:

"……作为我们社会经济调查的对象的是社会的各阶级,而不是各种片断的社会现象。……我们的主要目的,是要明了社会各阶级的政治经济情况。我们调查所要得到的结论,是各阶级现在的以及历史的盛衰荣辱的情况。举例来说,我们调查农民成分时,不但要知道自耕农,半自耕农,佃农,这些以租佃关系区别的各种农民的数目有多少,我们尤其要知道富农,中农,贫农,这些以阶级区别阶层区别的各种农民的数目有多少。我们调查商人成分,不但要知道粮食业、衣服业、药材业等行业的人数各有多少,尤其要调查小商人、中等商人、大商人各有多少。我们不仅要调查各业的情况,尤其要调查各业内部的阶级情况。我们不仅要调查各业之间的相互关系,尤其要调查各阶级之间的相互关系。我们调查工作的主要方法是解剖各种社会阶级,我们的终极目的是要明了各种阶级的相互关系,得到正确的阶级估量,然后定出我们正确的斗争策略,确定哪些阶

---

① 毛泽东:《〈农村调查〉的序言和跋》(1941 年 3 月 17 日),载《毛泽东农村调查文集》,第 15、17 页。

② 同上文,第 17 页。

级是革命斗争的主力,哪些阶级是我们应当争取的同盟者,哪些阶级是要打倒的。我们的目的完全在这里。"①

以此可见,毛泽东做调查的目的纯粹是政治的。他所用的具体的方法,主要是开调查会,做谈论式的调查。调查会要找深切了解社会经济情况的人,一般为干部或农民。开会的人数多少,要看调查人的指挥能力而定,至少需要三人。那种善于指挥的,可以多到十几个甚至二十几个人。调查对象多的好处,在于做统计时能得出比较正确的答案。②为了使调查的材料有代表性,要选择调查的典型。调查的典型可以按其政治态度,分为先进的、中间的、落后的三种。如果能依据这种分类,每类调查二三个人即可知一般的情形。另外,为了使对方说真话,就要和他们做朋友。③开调查会的时候,要给予调查对象充分的时间,要有调查纲目,调查者必须亲自提问题、做记录,并同到会的人展开讨论。④

1926年,毛泽东在湖南湘潭通过与一位佃农交谈,详细记录他的各项收支,借此了解其生活状况。⑤1930年,毛泽东在井冈山做了两个调查:一是"寻乌调查"。寻乌位于闽、粤、赣三省的交界。这是毛泽东所进行的规模最大的一次调查,他同11个人开了十多天调查会,开调查会的人和调查对象的姓名都有记录。统计数字是靠参加调查会的人估计的结果。调查报告共五章,约八万字,内容包括寻乌的政治区划、交通、商业、旧有土地关系及土地斗争的情况。其中,旧有土地关系是重点。通过分析大、中、小地主与富农的经济状况和政治态度,从而制定相应的斗争策略。毛泽东在井冈山做的另一个调查是"兴国调查"。这是他同八个人开了一周调查会的结果,内容是记录八位贫农家庭简略的生活史;调查旧有的土地关系,如土地分配、剥削状况等;分析各个

---

① 毛泽东:《反对本本主义》(1930年5月),载《毛泽东农村调查文集》,第5～6页。
② 同上文,第9～10页。
③ 毛泽东:《关于农村调查》(1941年9月13日),载《毛泽东农村调查文集》,第27页。
④ 毛泽东:《〈农村调查〉的序言和跋》,载《毛泽东农村调查文集》,第16页。
⑤ 毛泽东:《中国佃农生活举例》,载《毛泽东农村调查文集》,第28～34页。

阶级在土地革命中的态度、经济和政治利益；了解贫农与雇农的问题，特别认识到贫农团在分配土地过程中的重要性。[①] 通过这些调查，毛泽东得出的结论只有两个字：革命。

除毛泽东外，还有一位做过实地调查的共产党领导人是张闻天。1942年，时任中共中央政治局委员、中央书记处书记的张闻天，组织了"延安农村调查团"，其中共有十个人，工作了一年零两个月。调查目的是从生产力与生产关系入手，搞清农村的阶级关系。调查方法是先从村干部和党员着手，然后按户调查和开调查会。调查成果主要有《陕甘宁边区神府县直属乡八个自然村的调查》和《米脂县杨家沟调查》等。前者的调查结果颇令人思索。张闻天报告的是在一个自然环境极其恶劣的地区，土地平均分配之后，暴露出土地的使用与所有处于分散状态，土地不足，劳动力过剩的问题。另外，虽然地主被打倒了，但某些农民或因发生某种意外状况，或因好吃懒做，结果很快便又将土地出租或典押。[②]《米脂县杨家沟调查》则利用一个大地主家族近百年的各种账簿，分析其买地、典地、收租、放债、雇工、经商、日常收支等经济活动。

毛泽东和张闻天的农村调查，使用的都是间接方法，即通过所谓"知情人"搜集情况。在马克思主义社会学者中，采用直接方法进行较为系统的调查统计的，是陈翰笙领导的中央研究院社会科学研究所社会学组。陈翰笙（1897—2004），江苏无锡人。同大多数马克思主义者相比，陈翰笙是少数受过完整的欧美教育的共产党人。1915年，他远赴美国留学，先后获波莫纳大学历史学学士、芝加哥大学历史学硕士学位。在波莫纳大学时，他曾与李景汉同学。1924年，他获德国柏林大学历史学博士学位。回国后，陈翰笙先任教于北京大学，后在几位苏联人及李大钊的影响下，加入第三共产国际。1927年大革命失败，他被迫流亡苏联，其间在苏联国际农民运动研究所做研究，这使他的注意点转到了农村和农民问题。自苏联回国后，他因得到蔡元培

[①] 这两个调查报告，均见《毛泽东农村调查文集》。
[②] 张闻天选集传记组等：《米脂县杨家沟调查》，载《张闻天晋陕调查文集》，北京：中共党史出版社，1994，第34页。

的支持，于 1929 年被任命为中央研究院社会科学研究所社会学组组长。1928—1934 年，陈翰笙组织进行了多项农村调查，并培训出了一批马克思主义经济学者，如钱俊瑞、薛暮桥、孙冶方等。1933 年，他在中研院受到政治排挤，中研院社会科学研究所被北平社会调查所代替，他也被迫辞职。随后，他与同人成立"中国农村经济研究会"，出版《中国农村》期刊，专门登载马克思主义关于农村问题的论著。[①]1934—1949 年，陈翰笙旅居海外，大部分时间住在美国，受太平洋关系研究所资助，根据他在国内的助手们所搜集的材料，继续从事中国农村问题的研究、著述。[②]

陈翰笙的主要成果包括：《黑龙江流域的农民与地主》（与王寅生合著，1929）《亩的差异》（1930）《中国之土地问题》（1933）《广东的农村生产关系与农村生产力》（1934）《中国之土地与农民》（1936）[③]等。这些著作贯穿着一个基本思路，即作为一个马克思主义者，陈翰笙认为，一切生产关系的总和构成社会的基础结构，这是真正的社会学研究的出发点。而中国大部分的生产关系是属于农村的，因此，农村中的生产关系是农村各种问题的核心。但此前大部分有关中国农村的调查，要么是以慈善救济为目的，要么是为了改良农业，侧重于生产的技术方面而忽视生产关系，未试图去了解社会结构的本身，因此很难得到正确结论。陈翰笙等人决定从土地制度着手。在他看来，江南、河北、岭南是中国工商业较发达而农村经济变化最快的地区，如能了解这三个地区的生产关系如何演进，便能认识全国的社会经济状况。于是他们先后分别在江苏、河北、广东选县、区、村，以村为单位，挨户调查。[④]

在调查之前要确定农户的分类方法。当时常见的两种方法包括：一是将农

[①] 参见陈翰笙：《四个时代的我》，北京：中国文史出版社，1988。

[②] 详见 Y. C. Chiang, *Social Engineering and the Social Sciences in China, 1919–1949*, Chapter 8, Cambridge, U. K., New York: Cambridge University Press, 2001.

[③] *Landlord and Peasant in China: A Study of the Agrarian Crisis in South China*, New York: International Publishers, 1936.

[④] 陈翰笙：《中国的农村研究》，原载《劳动季刊》，卷一，第 1 号，1931 年 9 月，辑入汪熙、杨小佛主编，《陈翰笙文集》，上海：复旦大学出版社，1985，第 43～45 页。

户分为自耕农、半自耕农、佃农三类。所种的田地全部是自己所有的农民，是"自耕农"；种的田地有一部分是向别人租进的，是"半自耕农"；完全租种别人田地的是"佃农"。另一个分类方法是按照农户所种田亩的多少，将农户分为大农、中农、小农等。马克思主义者认为，这两种分类都不能反映农村的生产关系。他们主张根据所有田地的多少、所种田地的田权关系、从事农业劳动的雇佣关系等三个标准，将农户分为五类：一是地主，即拥有大量土地，将土地出租并收取地租；二是富农，即种地较多，自己参加耕种，但大部分农业工作由雇工担任；三是中农，即指那些既不雇人耕种，也不出雇于人，而所耕田地恰可以满足家族及经营的必需的小土地所有者或佃农；四是贫农，即指那些耕地不足，或租田耕种，兼事出雇于人的农户；五是雇农，即绝无田地，仅靠出卖劳力替人耕种或受雇于同农业相关的行业的村户。①

陈翰笙等人开始进行农村调查时，所遇到的某些困难，同李景汉、陈达等社会学家所经历的相似。例如，农民对他们不信任，甚至用刷马桶的扫帚向调查员头上乱画。解决的办法也类似，即让地方行政当局找地保挨户介绍调查意图，并让乡村小学教员帮忙做解释工作。②另一个困难是混乱的度量衡。在无锡，由陈翰笙带领的一个 45 人的调查团，本准备进行系统、大规模的土地制度及雇佣关系的调查。结果却发现，土地面积的基本单位"亩"缺乏统一标准，有极复杂的差异：22 个村内至少有 173 种大小不同的亩，最小者不及 3 公亩，最大者几乎有 9 公亩，同一村内亩的差异有 5～20 种之多，甚至于每一农户的亩的大小也都有两三种。③

通过深入的农村调查，中国马克思主义学者提出了这样一个论断：农村土地的分配极不平均。在无锡 20 个调查样本村共 1035 农家中，占农村户数 5.7% 的地主，拥有全部土地亩数的 47.3%，每家平均 54.5 亩；占农户 68.9%

---

① 《怎样分类观察农户经济》，载《中国农村》，第 1 卷，第 1 期，1934 年 10 月，第 103 页。
② 陈翰笙：《四个时代的我》，第 47 页。
③ 陈翰笙、王寅生等：《亩的差异》，载陈翰笙、薛暮桥、冯和法编：《解放前的中国农村》，第 2 辑，北京：中国展望出版社，1987，第 47～50 页。

的贫农与雇农，仅占田亩的14.2%，每家平均1.4亩。在保定，他们与北平社会调查所合作，调查了10个村共1 565家。结果显示：贫农与雇农占农家的65.2%，但只有耕地的25.9%，平均每家6.6亩地；而地主占农家的3.7%，却占土地的13.4%，每家平均58.5亩。特别是大地主和富农，以地租、高利贷、经营商业等方式剥削贫雇农，造成农业生产衰落，农民迅速无产化。① 这是中国农村最深重的危机。

然而，从非马克思主义者的角度看，这个论断有四点值得商榷：

第一，这些统计均以"农家"为单位，而未统计每个农家的人口。如第四章第二节所述，据李景汉、乔启明等调查，土地占有面积与农家人口成正比，即土地占有多的农家一般人口也较多；反之亦然。因此，若以人均土地面积计算，土地分配的"不均"便会大大减弱。

第二，在计算地主所有的土地时，往往将族产、庙产、学田、义田等属公田性质的土地也包括在内，称之为"集团地主"。在广东、江南等大地主数量多的地方，集团地主所占田地的比例极大。② 这些田地的租赁往往把持在头领手中，确有其"不均"的性质。但同时，这些田地收益的一大部分，毕竟用于恤贫、助学、祭祀、修路、防卫等公益事业，也不能全视为地主私用。

第三，土地分配情形，因各地区自然状况、农业生产性质的差别而有所不同。在华北黄土区域，由于气候和灌溉的关系，农田生产力较薄弱，农民为维持生活需耕种较多的农田，而且工商业不发达，所以是自有土地的小农生产占优势，多采取雇工自营的方式。在长江和珠江流域，水田多，而人工灌溉需要的人工多于旱田生产，且水田提供的生产物也较多。因此那里的农业人口密度较高，户均田亩较少，农民对土地的竞争较激烈，所以土地分配较不平均，佃农比例也较大。

第四，中国农村的根本问题，究竟是土地分配不均，还是人多地少？一项

---

① 陈翰笙：《现代中国的土地问题》，载《解放前的中国农村》，第2辑，第81～82页。
② 陈翰笙：《广东的农村生产关系与农村生产力》，载《解放前的中国农村》，第93～124页；陶直夫：《中国本部两大区域的土地关系》，载《解放前的中国农村》，第2辑，第163～170页。

被马克思主义者视为可靠的研究是由当时广西省立师范专科学校所做。他们通过调查22县48村2 614户农家发现，规模稍大的租地经营是绝无仅有的，占耕地50亩以上的农户只有1.5%。就连自耕农中贫农也占半数以上。调查结果显示"农户痛感土地不足"①。当时在全国范围内，所有农家户均经营土地为15.76亩。以一个5口之家计，人均土地仅3亩多一点。因此，即使平均分配所有的土地，人口多、耕地不足的问题仍然存在。

另一个值得注意的有关土地集中的问题是，马克思主义者研究农村问题、制定土地政策时，常常引用一个数据，即中国全部的耕地大约有70%～80%集中在占农村人口10%的地主和富农手里；而占全部人口90%的中农、贫农和雇农，却只有20%～30%的土地。这个出现在《中共中央关于公布中国土地法大纲的决议》中的估计，缺乏充足的论据作支持。②而且，更进一步说，当时几位学者所做的相关研究，其自身论据与结论之间也有不少矛盾之处。③

---

① 薛雨林、刘端生：《广西农村经济调查》，载《中国农村》，第1卷，第1期，1934年10月，第57～74页。

② 对于这个问题较系统的研究，如郭德宏：《中国近现代农民土地问题研究》，第一章"旧中国农村的基本状况"，青岛：青岛出版社，1993。

③ 钱俊瑞曾引用匈牙利学者马扎亚尔在《中国经济大纲》中的估计，即中国全部土地操纵在地主手中的，在华南各省约占60%～70%，在中部各省约占50%～60%，在陕西与河南约占50%，山东约占30%～40%，湖北约占10%～30%，在满洲和内蒙约占50%～70%。钱俊瑞称，以上估计有过低与过高的弊病，但粗粗假定，全国有50%的耕地在地主手中。钱俊瑞又引陈翰笙组织的保定、无锡、广东等地调查，说明地主和富农的户数占6%～12%，他们所有的田产占耕地总面积的41%～68%。然而在根据这些材料下结论时，他却得出"农村人口中10%地主和富农，竟拥有全国土地的68%，而构成农村人口绝大多数（90%）的中农贫农和雇农，他们所有的土地却不到1/3"（陶直夫：《中国现阶段底土地问题》，原载《中山文化教育馆季刊》，第1卷，第2期，1934年8月，辑入《解放前的中国农村》，第2辑，第190页）。另一位学者孙晓村所引用的调查材料显示，在各个地区，地主富农共占全部农户的2%～12%，所占田地的30%～66%。单看地主的状况，他们占全部户数的0.3%～5.7%，其占有田地为13.4%～53.0%。可孙晓村在分析时却说，"从这些统计中所看到的，大致可说3%～5%的地主占有40%～50%的地土……"（孙晓村：《现代中国的土地问题》，原载《教育与民众》，第8卷，第3期，1934，辑入《解放前的中国农村》，第2辑，第431页。在这里将有关云南的材料略去，因为那里的统计中没有中农的数据，而富农占农户比例的31.2%，远远高于所有地区，令人怀疑富农的分类中是否包括了中农。）

当然，土地分配不均仅是农村诸问题之一。无论是在马克思主义者还是非马克思主义者看来，中国农村尚存在着许多严重的问题，包括土地经营分散，耕作工具落后，耕畜减少，地价高、田赋重，农民买不起肥料，高利贷横行等。特别是1931年发生了特大水灾，接着受世界经济危机的影响，更加重了中国农村的危机：农产品价格跌落，荒地增加，农田价格下降，农产品输出减少，农民的购买力随收入的剧减而降低，农村负债和失业人数激增，农民所负担的捐税种类复杂、税率苛重，且政府征收时额外浮收、任意勒索、欺骗中饱。这些农村破产的现象，是有目共睹的。然而如何解释及解决这些问题，则见仁见智。如第四章所述，当时有部分社会学者和经济学者认为，中国农村的核心问题在于人多地少，资源匮乏，生产力落后。他们把注意点放在如何从技术上改良生产，提高生产率，发展副业等方面。然而在马克思主义者看来，这种过于注重自然条件或生产力的技术分析，不能从根本上解决问题。他们认为，中国农村的凋零主要是商业资本的压榨、封建剥削、帝国主义压迫共同作用的结果。而人口问题、农场大小问题、农业劳动问题、耕畜和肥料问题等，只有在这个大框架下才能得到一个综合的合理的说明。① 除了彻底改造生产关系并解决土地分配问题，中国半殖民地、半封建社会中的小农经济是毫无出路的。②

第三节　谋农村问题之根本解决

解决中国农村问题，不能单考虑技术因素，一定要从社会组织上重新构

---

① 钱俊瑞：《评卜凯教授所著〈中国农场经济〉》，载《中国农村》，第1卷，第1期，1934年10月，第113～125页；第1卷，第2期，1934年11月，第90～107页。
② 钱俊瑞：《现阶段中国农村经济研究的任务》，载《中国农村》，第1卷，第6期，1935年3月，第605～620页；薛暮桥：《怎样研究中国农村经济》，载《中国农村》，第1卷，第1期，1934年10月，第27～36页。

造农村，这是马克思主义者当时的一个整体思路。然而，是否从技术或社会组织着手解决农村问题，并非区分马克思主义和欧美派社会学的标志。本书第四、六、七章曾述及欧美派学者对于农村问题的各种观点，其中有主张"乡村建设"，以梁漱溟、晏阳初等人为代表；有主张以发展都市来救助乡村，以吴景超为代表；还有由早期传教士提出、在20世纪40年代影响渐大的"乡土工业"派，以费孝通为代表。尽管这些社会学者都从"人多地少"这一"资源说"的基本命题出发，但其思想确都有技术改造同社会组织改造相配合的内容。晏阳初主张从教育出发，改造人（农民）的生活习惯和价值观念；梁漱溟主张政教合一，从乡村组织入手，重整中国文化；吴景超提出，利用"税制"这个杠杆，最终建立公平的社会主义制度。费孝通的观点与马克思主义者的思路，更有不少相合之处。他在乡村经济方面研究的主题即土地制度，也同意帝国主义经济的侵入是中国农村危机的主因，在筹划乡土工业的发展时，他特别强调在利用新技术的过程中，要发展出一套与之相配合的社会组织，最终发展合作经济。

然而，在马克思主义者看来，上述办法都是治标不治本，都不足以解决中国的问题。他们认为，一切乡村改良主义运动都有一个共同的特征，即都以承认现存的社会政治机构为先决条件，其工作是在维持、巩固、复兴旧的社会秩序。中国农村的问题，若从教育和技术方面着手，就等于病入膏肓的患者，光吃些补药是不行的，必须铲除使中国农村崩溃的根本因素。[①] 解决问题的途径也只有一个，那就是以革命的手段，实行农村生产关系的彻底改造。实质上，这是马克思主义同欧美派社会学在农村问题上的根本区别之所在。

20世纪30年代，马克思主义学者对改良主义，特别是针对当时已成气候的乡村建设运动，集中力量发动了一场批判，相关文章多发表在《中国农村》和天津《益世报·农村周刊》上，以北平社会调查所的研究人员、青年经济学

---

① 孙冶方：《为什么要批评乡村改良主义工作》，载《中国农村》，第2卷，第5期，1936年5月，第23、25页。

者千家驹、吴半农以及当时任职于农村复兴委员会的孙晓村等为代表。千家驹曾于1934年和1936年两次去定县考察,吴半农也去定县参观过。1936年12月,在梁漱溟的邀请下,千家驹去山东邹平访问了四天。通过实际观察和理论思考,马克思主义者对"乡建派"进行了批评。

首先,他们肯定乡村建设的成绩。吴半农在去定县之前,常听人说到,定县的工作是美国的金圆铸成的,纵然试验成功了,其他的县份和省份也绝没有能力去仿效它。到定县后,他发现平教会并未把美国的捐款拿来做"奢侈的游戏",而确实是在研究和寻找各种简单易行的制度,以供全国各地之采用。特别是一些尝试,如保健制度、实验小学等,都有很好的成绩。① 千家驹提出,邹平的乡学与村学作为其工作的核心,不但是一种新的教育组织,而且是新的民众组织,学生就是乡村的全体民众,称为"学众",做到了学习、训练、自卫三者相结合。各种形式的合作社,如信用、棉花运销、林业、产业、信用仓库、购买等,对改进农民的经济生活都有一定的效果。②

孙晓村更加系统而全面地总结了这场"风起云涌"的乡村建设运动。他将全国各地数百个机关和团体的各种工作路线和目标,归纳为七种:一是从近代教育观点出发,试图用社会教育的方法来改善农民的生活,再推广到全国。如定县经验中的"四大病根、四大教育、三种方式"。教育的内容不一定是书本知识,其生计教育中的训练包含举办合作社、改良农作物和牲畜品种等。二也是从教育出发,但以发扬固有的礼教精华,培养内在的能力为目的,将自治工作与教育机构合二为一。以习惯代替法律,以柔性的感化代替硬性的行政。如梁漱溟在邹平实行的"政教富卫"合一,从政治、文化、经济、军事等方面,改善农村组织和农民生活。三是从自卫出发,如河南镇平消除土匪,做到夜不闭户。四是从县政改革入手,如江宁、兰溪两个实验县,着重调查土地人口、

---

① 吴半农:《论"定县主义"》,载千家驹编:《中国农村经济论文集》,第15～22页;《河北乡村视察印象记》,载千家驹编:《中国农村经济论文集》,第390～437页。
② 参见千家驹:《我所见的邹平》,载《中国农村》,第3卷,第3期,1937年3月,第19～25页。

整理田赋、充裕岁收、推广教育、兴办道路水利,开了一个地方政治的新纪录。五是组织与推广合作社,以改善农民生活,如华洋义赈会多年来向农民发放贷款,组织产销合作,奠定了中国农村合作事业的基础。六是实验并推广优良农产品种,如金陵大学、中央大学的师生积极参与这方面的工作。七是一般的农村改进区。孙晓村认为,上述实验区的成绩可观,乡建工作者那种刻苦精神,那种把工作目标从大都市移转到乡村的雄心,都非常令人钦佩。①

然而,在马克思主义学者看来,枝枝节节的改良于大势无补,乡村建设工作的上述成绩根本不能抵消其致命的缺陷。自卫做得好只能使穷人不造反,不能使他们不穷。农民努力改进土布的生产,但若中央政府把棉织物的进口税降低,土布业便可一下子垮掉。举办合作社和推广优良品种,挡不住国内外商业大势。例如在华北产棉区,华洋义赈会曾组织了许多运销合作社替棉农服务,工作很有成效。但棉花最大的命运取决于上海市场上的外棉竞争程度。倘若美国棉花大举向中国倾销,便无法挽救华北棉农破产的命运。采用优良品种的确可以增加生产,但丰收之后销不出去,也可能成灾。② 乡村工作中的生计设施可增加几个村或几个县的收入,但却抵挡不住国际经济侵入农村,也不能阻止农产品价格的下滑及生产资源的枯竭。花费九牛二虎之力,使每亩农作物的产量增收半担以上,这是了不起的成绩。可一旦洋米倾销或麦棉大量进口,每担农作物的价格立刻可以跌到原有价格的半数。办乡村学校,穷人不来富人来,好人不来地痞流氓来,不识字的人不来识字的人来。办合作教育,便宜了豪绅地主,赤贫沾不上光。保甲办好了,更便于政府派款拉夫。公路筑好了,其最重要的功效是便于军事,其次是推销帝国主义的商品,而老百姓的大车反而无路可通。目前乡村工作中的保卫事业保得住一村一县少数人的生命财产的安全,却挡不住黄河长江的怒潮,更保不了整个国土的完整。③

---

① 参见孙晓村:《中国乡村建设运动的估价》,载《解放前的中国农村》,第2辑,第443～446页。
② 同上。
③ 参见西超:《全国乡村工作讨论会的印象》,载《中国农村》,第2卷,第1期,1936年1月,第40～42页。

马克思主义学者进一步批驳乡村建设的理论基础。针对晏阳初提出的"愚穷弱私",他们认为那不过是中国社会四个病态的现象,而非病源。"愚"仅指农民欠缺文字教育,而若谈到实际的农业知识和社会经验,大学农科的学士或博士也许还不如目不识丁的老农来得切实。文字教育不发达的根源在于"穷"。"弱"是指新式卫生事业和医药设备落后,其实还是"穷"的问题。在"穷"解决之前,要劝农民们讲求卫生,提倡新式医药,无论保健制度设想得怎样妥善周到,也不容易收到普遍的效果。"私"是指农民仅替自家打算,毫无公德心。在现实中,都市里大批不事生产的寄生分子,过着花天酒地的生活;乡村广大创造财富的人却处在极度的贫困之中,任凭统治者加税摊捐,拉夫派差而不敢稍有怨言。因此,中国农民的自私是一种自我保护的手段。"穷"确是中国农村一个极重要的问题,但这并非农民的过错,而是地主、高利贷资本及商人资本三位一体剥削的结果,是帝国主义及封建势力造成的。平教会为发展乡村工业以改善农民生计,曾设立了一个小型毛棉纺织厂,但当地农民却因棉织品卖价太低而不愿来学手艺,结果该厂不得不移至城里。又如原定县县长霍六丁深感"白面"(毒品)害民,于是多方努力限期禁绝。但是,就在禁绝活动即将取得成效时,一支军队进驻定县。该军队的头目把禁"白面"的负责人找去,拿出大批"白面"请他代销,否则,即请负担该军队的一切饷用。这样一来,数月努力的成绩立即化为乌有。因此,平教会多年经营所取得的成绩,根本经不起大兵们一天的光临。[①]总之,平教会的工作,解决不了农村的问题。

另一位遭到马克思主义学者严厉批评的乡建派代表人物为梁漱溟。梁氏的"文化失调说"以为,乡建运动的兴起是由于中国乡村遭到破坏。这种破坏的力量包括三个方面:一是政治性的,即兵祸、匪患、苛征等;二是经济性的,即外国的经济侵略;三是文化性的,即礼俗风尚之改变。数千年沿袭下来的社会组织已经崩溃,而新者未立,丧失了"社会之秩序",古人称其为"治道",即法制礼俗。因此,乡村建设运动实际上是乡村自救运动;同时,从积

---

① 参见吴半农:《论"定县主义"》,载千家驹编:《中国农村经济论文集》,第15~22页。

极的方面看,这也是中华民族新的社会建设运动。针对梁氏的上述看法,千家驹提出,文化的破坏不过是政治与经济两种破坏力量的结果。一个社会的法制礼俗是由该社会的经济基础所决定的,一定的社会经济制度会产生相应的法制礼俗。梁漱溟的"新治道",要从乡农学校的组织入手。在千家驹看来,这不仅是邹平乡建工作的着手点,而且是其理论核心。但问题是:乡农学校是不是真正的民众合作的组织?其内部是否存在着矛盾?乡农学校最大的特色就是把农民看成无差别、无等级的一团,但发生利益冲突时怎么办?在那里,学长是地主绅士,学众要"敬长睦邻",这其实是宣扬阶级融和。[①]

总之,马克思主义者认为,乡建派对中国社会的认识是根本错误的,其整个的哲学基础也是错误的,是一种"乌托邦"。更进一步说,中国应该走工业化或农业化的路,应以工业来促进农业发展,或以农业来促进工业发展,在他们看来这是一个形式逻辑的争论,无大意义。千家驹对平教会的批判,代表了马克思主义学者对当时改良主义运动的结论。他说:

"平教会的工作本身实包含着一种不能解决的矛盾,他们想不谈中国社会底政治的经济的根本问题,但他们所要解决的却正是这些根本问题,他们不敢正视促使中国国民经济破产农村破产的真正原因,但他们所要救济的却正是由这种原因所造成的国民经济破产与农村破产!"[②]

"如果我们不从这些基本问题上着眼,结果岂止实验自实验,破产自破产,而且有一天破产的浪潮会把实验的一点点基础,也打击得粉碎呢!"[③]

---

① 参见千家驹:《中国的歧路——评邹平乡村建设运动》,载《中国农村》,第1卷,第7期,1935年4月,第1~14页。

② 千家驹:《定县的实验运动能解决中国农村问题吗?——兼评民间半月刊孙伏园先生〈全国各地的实验运动〉》,载千家驹编:《中国农村经济论文集》,第36页。

③ 千家驹:《中国的歧路——评邹平乡村建设运动》,载《中国农村》,第1卷,第7期,1935年4月,第4页。

对于上述观点，欧美派社会学者提出，希望看到具体的办法。于是千家驹对他心中所理想的组织，提出了四项原则：第一，这种组织必须是能代表最大多数农民之利益的。这最大多数农民绝不是地主与富农，而是贫农、雇农及一部分中农。第二，这种组织必须是自下而上的。该组织绝不能希望由代表地主豪绅利益的人来领导与发动。第三，这种组织必须是适应世界潮流的，不是向左便是向右，中间是没有第三条路的。"纵使某一种运动，因遭逢时令或投机取巧而取得一时的发展，但如这种运动违背历史的自然法则的，则它经过了相当时日，必将烟消云散，有如昙花之一现。"第四，这种组织必须以反帝国主义与反封建残余为其主要任务①。限于当时的政治环境，千家驹在此没有点明，但他所说的组织显然指的是共产党领导的农民革命组织。然而，千家驹在当时有两点显然是没有回答的：第一，如何算是代表大部分农民的利益，农民的眼前利益与长远利益发生矛盾时怎么办？第二，如何算是适应世界历史的潮流，借用千家驹的话，经过了相当时日之后，共产主义算是遵循历史的自然法则、代表世界的潮流，还是有如昙花一现、烟消云散了呢？

第四节　工人运动与劳工问题

1949年前，中国共产党的理论和实际工作的重点在农村。在城市与工业方面，他们将注意力放在发动和组织工人运动上，仅以中共早期革命者邓中夏为例，说明他们在这方面的工作。邓中夏（1894—1933），湖南宜章县人。"五四运动"时期，他是北京大学的学生。"五四"之后，他受"到民间去"的影响，开始关注劳工问题，参加了北京《劳动音》的编辑工作。1920年底，他到长辛店组织"长辛店工人俱乐部"，这是北方铁路工会组织的雏形。邓中夏积极组织领导中国劳工运动，先后参与指导了1922年8月长辛店罢工、同

---

① 千家驹：《中国农村的出路在那（哪）里》，载《中国农村》，第2卷，第1期，1936年1月，第22页。

年 10 月开滦煤矿罢工、1923 年京汉铁路大罢工。1923 年 7 月,他去上海参与创办上海大学。1925 年,他在上海指导 22 个日纱厂 4 万多人罢工,即"五卅运动"的序幕,之后领导广州和香港工人罢工。1933 年,他被捕后遭杀害。①

邓中夏将他所亲历的早期中国共产党组织、领导的工人运动加以总结,写成《中国职工运动简史(1919—1926)》②。这本书着重讨论历次罢工的成败经验,不能视作一部学术著作,但却集中反映了早期马克思主义者对劳工问题的基本认识。邓中夏认为,中国劳动者的旧式组织是以职业、出生地等划分,采取行会、帮口或秘密结社的形式。中国现代工会运动是在中国共产党成立以后才开始的,从此,中国的工会才逐渐具有组织性、阶级性及国际性。中国工人最早的罢工,是 1913 年汉阳兵工厂罢工以及 1915 年安源煤矿的罢工。两次罢工均遭武力镇压,罢工领袖被杀。中国工人阶级政治性质的罢工,始于五四运动。

1920 年夏,为了加强对工人的领导,各地的共产党早期组织分别出版了面向工人的双周刊小报,上海是《劳动者》,北京是《劳动音》(后改为《仁声》),广州是《劳动声》,但都只出了几个月便停刊了。在北京,还出版了由罗章龙主编的《工人周刊》,介绍国内外劳工方面的消息,鼓吹组织工会。1921 年 7 月,中共正式成立以后,组织了一个公开的做职工运动的总机关,定名为中国劳动组合书记部,发行《劳动周刊》。中国劳动组合书记部是全国工会的领导机关,邓中夏担任书记部主任。1922 年 4 月,该组织在广州召开第一次全国劳动大会,有 162 人代表 12 个城市出席会议。会后,在劳工运动方面所开展的活动,有促进劳动立法;争取 8 小时工作制;改善女工、童工的工作和生活条件;建立最低工资制和劳工保险;争取结社、集会、罢工权利等。

---

① 《邓中夏同志传略》,载邓中夏:《中国职工运动简史(1919—1926)》,第 2 版,北京:人民出版社,1953,第 204、255～259 页。
② 邓中夏:《中国职工运动简史(1919—1926)》,1930 年首次在苏联印行,北京:人民出版社1953。

为了深入工人生活，以便更加有效地把他们组织起来，共产党北京支部[①]于1921年开始在长辛店办劳动补习学校。长辛店是京汉铁路北段的总站，距京40里，有一二千人的大工厂。张国焘和邓中夏带着以"提倡平民教育"为名募集的经费，到长辛店办学校，并用北大学生会的名义派去教员，教员中有党员和非党员。学校分日夜班，日班学生为工人子弟，夜班则为工人，学生大多是青年。张国焘、邓中夏等借机接近群众，目的在于组织工会。半年之后的"五一"劳动节，长辛店爆发了空前的工人示威游行，参加者有一千多人，成立了工会，但后来并未切实组织活动。此外，上海党部也开办了劳动补习学校。

中国第一次罢工运动的高潮，在1922年1月至1923年2月，共13个月的时间，大小罢工计100次以上，参加者有30多万人。由香港海员大罢工开始，到京汉铁路大罢工爆发，到"二七"惨案结束。这期间，共产党控制铁路交通，增强了罢工的力量；并在共产党领导下，罢工由改善生活的经济斗争，转变为反对军阀、争取自由的政治斗争。通过这些罢工活动，组织者取得了不少经验教训。例如，因为上海资产阶级有经验，所以在上海的数次罢工斗争不太成功。再有，著名的香港海员罢工是争取增加工资的经济斗争，亦有反抗帝国主义的政治意义。这次罢工当时虽然获得成功，但后来罢工领袖由骄傲到腐败，进而把持会务，盗窃公款，成为工贼，结果导致胜利条约成了一张废纸。另外，京汉铁路大罢工的失败，从根本上说是因为缺乏强大的共产党组织，而"共产党是工人阶级的总参谋部，如果工人阶级没有它自己阶级的政党——共产党，那么工人阶级要得到解放是不可能的。"[②] 邓中夏在总结历史时提出，为改善劳动待遇条件的改良运动，仅是走向总解决的一部分。工人运动最后的目的是劳动者的完全解放。而这目的只有在资本主义制度被推翻，政权完全掌握

[①] 邓著原文为"北京党部"（第15页），现改为表述更准确的"共产党北京支部"，参见中共中央党史研究室：《中国共产党历史》，第1卷，上册，1921～1949，北京：中共党史出版社，2011，第61页。

[②] 邓中夏：《中国职工运动简史（1919—1926）》，第105～106页。

在劳动者手中之后,才能实现。从根本上看,工人运动是民族革命和解放的重要组成之一。

将邓中夏的《中国职工运动简史(1919—1926)》与同一时期出版的社会学家陈达的《中国劳工问题》[①]做一比较,可以清楚地看出两者在立场、方法、范围、结论上的巨大差别。在立场上,邓中夏是一名旗帜鲜明的共产党人,他专注于如何有效地组织领导劳工,取得斗争的胜利。陈达作为一名学者,同时从三个不同的角度研究劳工问题。他研究同工人有关的问题,如生活费、工资、工作时间等;研究资本与劳工的关系,如劳资争议、罢工、失业等;并从社会的角度,研究如何建立各项福利设施,倡导工业和平。对于工会运动,邓中夏主张只有依靠共产党的领导,工人才能真正组织起来,形成代表自己阶级利益的力量。陈达指出,工会运动有三个派别:一是依附于国民党,二是受左派,即共产党的影响,三是主张独立工会。当时提倡独立工会的人不多,但陈达是其支持者之一。

在写作方法上,邓中夏是以参与者的身份总结经验教训;陈达身为学者,利用了大量报刊、统计资料,叙述事实极其客观详尽。在范围上,由于邓中夏认为工人阶级与资产阶级的矛盾是不可调和的,工人的一切利益要靠自己奋斗得来,并视罢工为解决问题的主要途径,因此着重总结共产党组织领导的工人运动,尤其是历次罢工活动,以便在今后取得进一步的胜利。在陈达书中,罢工只是劳工问题之一,陈达所关注的是整个都市化过程中的各种劳工问题,包括工资与工作时间、生活费、福利设施、劳工法规等。对于罢工,陈达感兴趣于一系列学术问题:引发罢工的重要原因是什么?罢工之后劳资协调的方法和步骤如何?罢工期间工人们的行为是怎样?他们有暴动的情形吗?罢工的结果是怎样?是成功还是失败?此结果是否引起劳资两方面的变化?对于劳工运动是否有影响?陈达更偏重考察劳工阶级的心理状态和生活情形,以及劳资双方

[①] 陈达:《中国劳工问题》,上海:商务印书馆,1929年初版,1933年再版。

的关系。在结论上，邓中夏提出推翻资本主义制度，实现劳工的彻底解放；陈达则倡导劳工、资本、社会三方面相配合，共谋其利。

邓中夏参与推动劳工运动的前提，是将劳资双方看作完全对立的，劳工阶级受资本家的剥削和压榨，因此工人应组织起来，通过示威、罢工等激烈手段，为争取获得最大的权益而斗争。陈达认为，劳工们与企业家及经理部门职员，同为工业生产的从业人员，是一个益损与共的利益共同体。他们都必须努力生产，提高生产量，有了盈余才能分享，最终获得生活的改善，反之则两败俱伤。劳工界的主要目标，应是"雇佣的保障"（security of employment）。他主张凡是和资本家捣乱，在社会上发生暴动的种种事情，理应充分抑制才是。邓中夏的理论基础是马克思的剩余价值学说。陈达立论的出发点，是根据西方经济学理论，认定资本、土地、管理及劳工同为生产的四要素，它们对于创造社会财富都有贡献，所以都须有相当的报酬。工资制度正是劳工和资本家之间以劳力和金钱所做的一种交换。陈达说，"社会里有一部分人们要终身受雇于资本家，靠工资来谋生的，这就是劳工阶级。"①

劳工问题的重要内容之一是工资和工时。在工资方面，邓中夏与陈达都主张实行八小时工作制，但邓中夏完全是从工人的利益出发的；而陈达则说明一味延长工时，不但对工人身心健康有损害，而且降低生产效率和产品质量，于雇主也不利。在工资方面，邓中夏主张工人以斗争的方式，争取最高工资。陈达则介绍欧洲各国已逐渐采用的"谋生工资"（living wage）的办法，特别是"养家费制度"，即根据工人及其家属的实际生活费，制定工资标准。他主张在中国实行这一办法，但应先把生活费调查清楚，然后从宣传入手，劝导比较开通的新式工业和改良的手工业中的雇主们，晓之以利弊，要采用渐进的步骤，不可操之过急。

邓中夏等共产党人主张，以政治军事手段消除资本剥削制度，由工人掌握政权，这是工人运动的最终出路。在陈达看来，改善劳工生活的根本途径，有

---

① 陈达：《中国劳工问题》，第250页。

赖于福利设施的兴建。福利设施于工人、雇主及社会三方面都是有利的。于工人有利很明显；于雇主及社会有利，因多被一般人所忽略，所以必须下宣传功夫。英国工业革命初期，雇主们见了机器损坏，总想设法修理，但见了工人有损害，偏不设法"修理"。西方各工业国经过长期的实践，雇主们慢慢改变对福利的观念，将它当作自己应负的责任。我国新工业处于萌芽初期，雇主们赞成福利设施的尚不多，老式手工业雇主尤其守旧，所以宣传要先从较开通的工业做起，然后逐渐涉及手工业。要使雇主们了解，福利设施并不纯粹是增加他们的经济负担，而是帮助增加生产，改善劳资关系。工人若对雇主满意，劳工流动率必低，生产效率必高。如果普遍实行劳工保险，可以预防不测，劳资争议必然减少。若发生工业灾害之后有赔偿，工人家庭穷困必减少，社会不安因素也可随之减少。关于办理福利的办法与策略，陈达认为有两类福利于工人关系特别密切，必须先办。一是关系工人生活的，如饮食住房等。食品不必价格太贵，但必须富有营养，保证工人健康；住房不必讲究，但必须清洁卫生，空气流通。二是关于工作的，即工伤赔偿，使得残废工人失去经济能力时，仍可维持本人及家庭的生活。上述两类福利是要给工人提供最低限度的保障，是救急的办法。为了使工界永久安乐，应建立保险制度，特别是急需办理的养老、生育、失业保险等。国家要制定法律，强迫工人、雇主各出一部分钱付保险费；政府如果有经济能力，也须出一部分保险费。尽管强迫保险在中国一时难以实施，"但是为工业界永久和平起见，我们不可不拿他（它）当作一个目标，慢慢地向这一条路走去。"①

社会学家陈达和共产党人邓中夏，他们最终的大目标是一致的，都是为了实现建立一个和谐、公正的社会；在这样的社会里，人民大众可以过上安定、幸福的生活。然而在实现这个目标的步骤上，他们的看法是根本不同的。陈达说，"社会的改良总要以相当的牺牲，换相当的成绩，并且这种牺牲要和社会

---

① 陈达：《中国劳工问题》，第503页。

情形相去不远才有效力。""演化式的社会运动比革命式的成效大。"① 而邓中夏则主张进行激烈的革命。他进一步提出，工人运动不但是为了改善工人本身的处境，还有一个更远大的目标，就是依靠工人的力量，实现总的社会革命的胜利。他说：

"工人的群众不论在民主革命或社会革命中都占在主力的地位，有法兰西俄罗斯两大革命可以证明，我们应毫无疑义了。中国工人的群众有革命的趋向与可能，而且是革命军中最勇敢的先锋队，有香港海员和京汉路工两大罢工可以证明，我们亦应毫无疑义了。所以我们不欲革命则已，要革命非特别重视工人运动不可。"②

总之，马克思主义社会学派同欧美社会学派，不论是对社会的一些基本概念，还是对中国问题的认识和解决方法上，都有截然不同的观点。若从社会学学科的发展来看，当时占主流的是欧美社会学，尤其是在高等学校中，马克思主义社会学派处于受压制的"边缘"地位。但是，随着共产党取得全中国的政权，这两者的关系便发生了根本性的变化。

---

① 陈达：《中国劳工问题》，第579页。
② 邓中夏：《论工人运动》（1923年12月15日），载《邓中夏文集》，北京：人民出版社，1983，第42页。

第十章　社会学与社会建设

社会学因其学科特点，同政治的关系极其密切而复杂。在这里所涉及的政治，包括政治理念、政治事件、政党、政权、政府、政策等多种含义。政治如同其他社会现象一样，是社会学研究对象的一部分；社会学者研究政治，可以使社会学学科的发展更加深化；社会学者以各种方式参与政治，也能推动政治的变革。然而，社会学的研究和应用，又常常受到政治的限制，或者同政治发生矛盾、甚至冲突。在20世纪上半叶的中国，内忧不断，外患频仍，多重社会矛盾交织在一起，各派政治力量相互较量，社会学便在一种险恶紧迫的政治环境的夹缝中谋求发展。

中国的第一代社会学者，因个人背景的差异，所显现的政治观点不尽相同。从总体上看，他们这一批人，既受中国传统文化的浸染，对国家、民族抱有强烈的责任感、使命感；又因曾直接接触西方文化，并受其熏陶，向往英美民主自由的体制。而现实政治的黑暗却常常使他们感到无奈，但也同时激发了其匡世济民之心。他们以自己的专长，或影响舆论，或任职于政府，或参与制定社会政策，试图推动社会改革。在20世纪40年代末的时代巨变中，他们中的大多数最终选择留在中国内地，希望继续研究中国社会，服务于中国人民。

第一节　社会学者之政治观

一般说来，社会学者出于其职业的责任，往往比普通人更加关切国家、社会以至世界上一切有关公共利害之事，这在中国的第一代社会学者身上表现得极其鲜明。他们继承了"士大夫"以国是为己任的传统,面对近代以来救亡图存的危机,强烈期盼国家的强盛,为之出谋划策,并试图在中国现代化的进程中居领导地位。同时,他们也是西方自由主义的追随者,信奉理性政治,公平社会,自由思想;或简言之,理性、公平、自由。这种对国家富强和民主自由的双重认同,便构成了中国第一代社会学者政治观的基础,也决定了他们同国家主义、自由主义及马克思主义三个有影响的思潮的关系。

针对西方强权压迫下中国积弱的状况,社会学者们与当时的许多中国人一样,盼望建立一个强大的主权国家。早在1925年,包括数位社会学者在内的留美中国学生,成立了鼓吹"国家主义"的"大江会"。国家主义或国家思想是19世纪兴起的一种思潮,以强烈的民族国家观念为核心。这一思想以社会为恶,以国家为善,即认为社会是各种互相悖反的利益总体,而国家是调和这些特殊利害的机关。社会问题的解决,要以国家和政府的安定为前提,主张无条件地承认国家的主导地位。德国、意大利等国就是在这种国家思想的背景下,企图建设一个强有力的新国家。结果,国家主义思想和军国主义结合,酿成了空前的世界大战。

从《大江会员一览表》上看,其成员共有29人,他们多数是出身清华学校,专攻政治、经济、社会等专业的在美中国留学生。其中社会学者有吴文藻、吴泽霖、陈钦仁、潘光旦(他的"学科"一栏填的是"优生")。其他会员还包括梁实秋、顾毓琇、闻一多、罗隆基等。在"大江会"出版的《大江季刊》第1卷第2期上面,刊载了潘光旦的《近代种族主义史略》,吴文藻的《一个初试的国民性研究之分类书目》,同期还有闻一多著名的诗《七子之歌》。①

《大江会宣言》主张,为解救民族危机而提倡国家主义。该《宣言》指出,中国人在长期的历史发展中,只有天下而无国家的观念,且误认中国为天下,但实际上中国难以抵挡帝国主义的政治、经济、文化侵略,因此造成极度的动荡。"任何国家,苟其国民之国家观念不发达者,必被帝国侵略主义所歼灭。

---

① 《大江季刊》,第1卷,第2期,1925年11月。

任何国家，苟不托命于国家主义之下者，必为帝国侵略主义所淘汰"。① 只有提倡国家主义，才能挽救中国。"大江会"的宗旨是对内实行改造运动，对外反对列强侵略。在对内改造方面，谋求政治的改革和教育的改革，扫除洋化教育。工业化应由政府计划，因政府的能力、效率及获得的利益要大大高于通过私人间的竞争活动所得；而且政府参与主导工业化，可避免西方工业革命后所产生的阶级冲突。政府还应实行社会立法，保护劳动者，避免机器工业制度的流弊。在文化方面，努力保存和发扬中华文化，反抗一切以西方文化代替东方文化之运动。在国防政策方面，要加强国防，强迫征兵。在社会改造方面，提倡优生，残废痼疾之养护，低能疯癫之隔离，群妾娼妓之废除，乞丐游民之处置，烟毒赌博之禁绝。凡属与公共卫生有关的事，政府亦应负责。

期望以国家的力量，对内高效率地实行政治、经济、社会改革，避免发生如西方工业化过程中贫富分化的问题；对外谋求领土之保全，行政上之完全独立，经济政策之自由抉择。这一同国家主义密切相关的思潮，在近代中国以各种形式出现过多次。20世纪20年代以"大江会"的形式出现。20世纪30年代中期，在《独立评论》上曾发生有关民主与独裁的争论，赞成独裁政治的人不在少数。抗战中期至末期，主张以国家的力量加速实现工业化与国防建设，更成为当时知识界的一种不可忽视的声音。20世纪40年代末至50年代初，相当多的知识分子接受或支持共产党的治国方式等。这些现象，无一不与救亡图存的背景有关，社会学者的学术和政治生涯，也因此打上了深深的烙印。值得注意的是，当时社会学者可能并未意识到，在国家主义思潮盛行的时期，社会学的发展便往往会受到压制。

与国家主义相对应的另一个对近代中国知识界影响很大的思潮，是自由主义。自新文化运动开始，包括社会学者在内的现代知识分子，追求民主与科学，鼓吹自由主义的一些基本价值，如自由、理性、权利等，并努力推动这些

---

① 《大江会宣言》，载《大江季刊》，第1卷，第2期，第7页。

价值的实现。社会学者一直向往"民治"的社会,认为有"什么样的人民,也就应该有什么样的政府"。①他们以各自专攻领域的研究成果,包括社会调查、农村问题、人口问题、工业化、文化建设等,谋求自下而上改变普通中国人的物质、精神生存状态,为建立民主共和国打下坚实的基础。

值得注意的是,同西方自由主义者相比,中国自由主义者更加注重群体。他们在强调自由、理性、公平时,却将自由主义的根基——"个人"删去了。这或许是因为,在中国文化传统中,以家族为代表的群体始终在社会中占有核心的位置,而个人从来都是被忽略了的。以吴文藻的观点为例。在谈到对民主政治的理解时,吴文藻提出,民主体制必须保证两条基本的标准:一、民主体制要承认国家与社区的区别。社区的主体为人民。社区的基础,是人民长期共同生活所形成的风俗习惯、道德观念、宗教信仰。而国家是一种管理机构,仅仅管辖涉及公共利益的事情。要从宪法上保障人民的自由及权利,政府无权予以废止。二、民主制度的形成,有赖于相反的意见得以自由发表。在此前提下,组织政府,制定政策,都应以民意为向背,依宪法要求而实行。民主政治可以保障机会平等,使大家"各尽所能,各取所值"。吴氏的上述看法源自西方民主政治的一般原理,但他进一步提出,民主政治可以有不止一个形式,不一定要建立在西方资本主义制度上,民主体制可以与计划经济相成,在民主政治下实行计划经济,可以避免资本主义的经济危机。②可以说,这种建立在"群体"而非"个体"基础上的民主观,在包括第一代社会学者在内的中国知识界中具有一定的代表性。

1933年至1935年间,在《独立评论》上曾发生了一场有关"民治与独裁"的讨论,从中可更清楚地看出,知识界尤其是社会学者对如何在中国建立民主制度这一问题的看法。双方争辩的并不是民主制度本身的优劣,而是中国

---

① 林肯语,据陶孟和:《我们政治的生命》,载《孟和文存》,卷二,第9页。
② 吴文藻:《民主的意义》,载《今日评论》周刊,第4卷,第8期,1940年8月25日,第116~120页。

要实行什么样的政体的问题。主张实行民主的一方以胡适为代表，主张独裁政治的为历史学家蒋廷黻和地质学家丁文江。蒋、丁认为，中国的处境决定了需要强有力的中央政府，建立一个民族国家，特别是从世界上各国的情况看，政权愈集中的国家，其现代化的推行越彻底、越快速。社会学者当中，吴景超对此问题发表了自己的看法。① 他首先提出，中国当时实行的是独裁政治。在独裁政治与民主政治之间，他同意胡适的意见，赞成民主政治。他列举的理由有四条：一、民主政治是理智的政治，谁能够说服大家，谁就可以当权。二、民主政治是自由的政治，无论是赞成或反对政府的主张，都有充分发表的机会。三、民主政治是和平的政治，如果对政府不满意，可以提出主张来，以求民众的拥护，假如民众支持，便可掌握政权，政权的更替不必通过流血或革命的方式实现。四、民主政治是大众的政治，凡是公民都有参政的权利和义务。正因为民主政治是一种先进的政治体制，吴景超认为，中国知识分子的大多数是认同民主政治的。

然而，民主政治并非能按主观意愿实施。吴景超提出，民主政治在一个国家能否推行，要看其是否具备下列五个条件：一是政党的数目，一定要在一个以上。二是自由的讨论，对于国家大事，不但要有发表意见的自由，而且还要有人肯利用这种自由。漠不关心国事的人民，绝不会产生民主政治。三是普选的权利，假如选举权只在少数人的手里，便不能称其为民主政治。四是多数党执政。依选举结果，谁得到多数民众的拥护，谁便可掌握政权。少数党只可在旁批评，设法培植力量以求下次胜利。五是频繁的选举，每隔若干年，立法委员及主要的行政首领，要让民众重新选举一次，以示民心的向背。吴景超认为，在当时的中国，或因法律上有障碍，或因民众的程度不够，或因新习惯还未养成，并不具备上述五个条件。在条件不完备的时候，便要把在英美实行而有成效的民主政治硬搬到中国来，结果一定会重蹈民国初年的覆辙，使民众对民主政治更加厌恶而已。他强调：

---

① 吴景超：《中国的政制问题》，载《独立评论》，第134号，1935年1月6日，第17～19页。

"所以凡是赞成民主政治的人，都应该努力，在中国的环境中，培植民主政治的条件，这是和平的——同时却是很吃力的——工作，大部分可以用教育的方式完成的。等到条件完备之后，再行民主政治，便如水到渠成，毫不费力了。"①

在吴景超看来，中国因不具备民主政治的条件，在短时间内仍摆脱不了一党专政的局面。而将来民主政治在中国是否能够成功，便要看最近的十几年或几十年内，培育民主政治条件的工作做得如何。他认为，实现民主政治的一个至关重要的前提，是要有"舆论的基础"。所谓舆论，是产生于一些人对于某种社会问题有所不满，提出批评以引起各界注意，于是有些人根据经验、理论、信仰等，提出改良的方法和建议，进行更广泛的讨论，经过彼此补充和修正，产生一种或几种比较成熟的见解。这种成熟的见解，不是某个人的意见或主张，而是许多人经过长期讨论后的一种结晶，是大众心血的产物，可称之为舆论。在民主国家里，舆论可以变成议案，如得到多数人拥护，便成为法律。法律实施之后，便可把大家认为不满意的问题解决了。而且，舆论对于政府有约束力，违背舆论的政府在选举时会受到制裁。因此，舆论的形成，经过批评、建议、讨论，最终达到法律化，便成为一种有效的研究、解决社会问题的途径。

吴景超指出，舆论在中国之所以不发达有许多因素。首先是因为政府把舆论的范围缩小，把批评的对象加以限制，所以大众不能充分行使舆论的职权。因此，包括胡适在内的许多人认为，舆论不发达的关键障碍是言论不自由。对于这一点，吴景超是同意的，但他却更注重深层的制度、人才、心理等方面的问题。就制度而言，民主国家里的舆论，其工具是议会制度，舆论同政治是连在一起的。但在中国，舆论不能法律化，因此许多人感到写文章讨论问题，是"纸上谈兵"，白费心血。就人才而言，舆论形成的第一步是批评。吴景超指

---

① 吴景超：《中国的政制问题》，载《独立评论》，第134号，1935年1月6日，第19页。

出,当今批评社会并不完全自由,但也不能说批评任何事物都不自由。在可以批评的范围内,如黄河水灾、苛捐杂税等,都是可以讨论的,然而却并未听到什么舆论,"我们听到的有一些呼号,一些谩骂,也还夹杂着一些讥笑,以及幽默。这都是感情的发泄,而不是以理智为基础的舆论。"① 缺乏理智的批评,关键在于缺乏专家学者,缺乏作积极建议的人才来充分利用舆论所提供的自由。舆论不发达还有一个原因,就是中国人缺乏讨论问题的态度。吴景超说:

> "我们如提出一种见解或主张来与别人讨论,最要紧的,是不可固执己见,要虚心领略别人的理论及其主张。假如从别人的批评中,发现自己主张或见解的错误,便应立刻矫正。所以有讨论态度的人,是欢迎别人批评的,他们时刻想发现别人的长处来修改自己的短处。但在中国的论坛上,似乎很少遇到这种态度。某甲假如提出一种主张来,似乎便与这种主张发生恋爱,要终身与他作伴,再也不肯分离。有这种态度的人,对于赞同他的主张的人,便欣然色喜,称之为友,称之为同志。假如有人批评他的主张,便勃然色怒,原来是朋友的,现在也要变成仇敌。对待仇敌当然可以不必客气,所以在反攻的时候,不但要说批评他的如何没有学问,还要说批评他的如何没有人格。所以甲乙讨论一种问题,结果每是甲呼乙为走狗,乙呼甲为败类收场。这种讨论,是没有价值的,也没有结果的,绝不能产生成熟的舆论。"②

因此可以说,社会学者的工作是在中国培植民主政治的根基,等待最终的水到渠成。

20世纪20年代至40年代,在社会学者所要面对的各类政治思潮中,一

---

① 吴景超:《舆论在中国何以不发达》,载《独立评论》,第87号,1934年1月28日,第3页。
② 同上文,第3~4页。

个不能避免的问题,是对于声势渐大的马克思主义学说和实践的看法。对此,社会学者又一次表现出其"中庸"的特点。一方面,他们把社会学学科与马克思学说之间,划了一条清楚的界限;另一方面,他们从社会的公平和正义出发,赞成实行社会主义。

在他们中的大多数人看来,马克思的学说对青年学生影响很大,却并非社会学的正宗。被唯物论者视为布尔乔亚的社会学,才是中国社会学的正宗。辩证唯物论属于主义学说的范围,而社会学乃是科学的研究。孙本文曾分析两者的区别。他提出,在社会学发展初期,许多人对这门学科不了解,结果因其同社会主义的名词接近而产生误会。他说:"夫社会学是一种科学,社会主义是一种主张,二者各有领域,不容相混。我人并不反对研究社会主义,我人反对误以社会主义为社会学,使社会学与社会主义混淆。"针对当时马克思主义者所提出的唯物史观的社会学,孙本文认为,社会学是科学,科学所研究的对象是客观的现象。因此,"……我人并不反对研究唯物史观,我人反对用唯物史观解释社会学。使社会学误为一种史观,一种主观的见解。"[①]

社会学者之所以要将社会学学科与马克思主义学说划清界限,一则同当时的政治环境有关。有一段时期,因青年学生中"激进"思想盛行,于是军警搜检各学校,凡查到题为社会学的书籍,便将其与社会主义、甚至共产主义混作一谈,统统没收。[②]当然,另一个更主要的原因,是两者在理念上的根本不同。社会学者认为,马克思主义代表一种见解或信仰。陶孟和一度将受马克思学说影响的社会主义运动比作宗教,但它比宗教影响更大,发展更迅速。[③]而马克思主义者则认为,历史唯物论才是真正的科学。历史唯物论的基本命题,即社会生活中最基本的动力是生产力,在某种生产力水平下对应着某种生产关系,生产力与生产关系之和成为社会的经济基础。经济基础决定上层建筑。社

---

① 孙本文:《社会学原理》,下,第235页。
② 萧瑜:《社会学书目类编》,北平:立达书局,1934,第3页。
③ 陶孟和:《评社会主义运动》,载国立北京大学《社会科学季刊》,第1卷,第1号,1922年10月,第58页。

会学者是不同意这样的看法的。如吴景超认为，生产力与生产关系之间并无必然的联系，经济基础与上层建筑也无不可分离的关系，经济基础不一定必然决定上层建筑。可以有许多事实证明：一、同样的生产方式，在不同的时间与空间内，与不同的制度及思想并存；二、生产方式不变动，但是文化中其他部分却发生变动；三、在不同的生产方式之下，有相同的制度及思想存在。①

马克思主义和社会学在对社会的认识上，最大的分歧在于如何看待阶级的作用。马克思主义者分析一切现象都从阶级出发，认为生产力与生产关系的相互作用，表现为阶级之间利益的斗争与冲突，从而推动社会的发展。社会学者则从地理、生物、经济、人口、文化等各种角度，分析社会现象，唯独不承认阶级的作用。他们中有些人如梁漱溟和费孝通，都曾以功能学派的观点解释中国的问题，即一个原本均衡的系统，在受到西方经济、文化、政治的作用时，系统内各部分的平衡被打破，结果发生文化失调。梁漱溟不承认中国社会有阶级对立。费孝通则认为，阶级和阶级压迫是存在的，但中国传统社会能够长期维持，说明阶级压迫有一定限度，否则系统便不能运转。他进一步说明，在中国历史上，地主阶级的一部分——绅士，其作用之一是在皇权与农民之间维护农民的利益。他不同意将中国一般中小地主描写成养尊处优、穷奢极欲的人物。除了少数有资格过优裕生活的大地主外，克勤克俭是绝大多数人必需的生活条件。因此，在解决土地问题的过程中，为了避免发生暴力，就要以和平的方式给地主阶层一个经济的出路。如前面相关章节所述，除了谋求经济的解决办法，社会学者还主张，由政府通过社会立法兴办福利事业，并以抽税的方式，逐步缩小贫富差距，保障劳工阶层的基本生活和工作条件。

在中国社会学者的眼里，社会主义的理论有许多派别，马克思主义仅是其中较激进的一个派别。中国社会学者的观点更接近于当时西方某些改良主义的社会学说，特别是影响较大的英国费边派社会主义。在实践上，社会学者中的许多人，如许仕廉、吴文藻、陈达、黄文山、严景耀等，都曾到过世界上第一

---

① 吴景超：《建设问题与东西文化》，载《独立评论》，第139号，1935年2月24日，第5页。

个社会主义国家苏联考察访问，对于苏联的社会经济发展给予了极大的关注，并希望从中汲取经验教训。但苏联的政治制度，在他们看来是一种专制的政体，是难以令人接受的。

然而，在现实政治中，有些社会学者同共产党人之间却又保持了"兼容"甚至合作的关系。陶孟和主持社会调查所时，对所内思想"左倾"的青年学者，便采取"兼容并包"的态度。樊弘埋头于马克思学说的研究，千家驹与吴半农翻译了《资本论》。由于陶孟和的推荐，千家驹担任天津《益世报·农村周刊》的编辑，发表了许多以马克思主义观点分析农村问题的文章。1934年10月，在河北定县召开中国乡村建设工作讨论会，陶孟和派千家驹与巫宝三代表社会调查所去参加。千氏回来之后，写了一系列批判乡村建设运动的文章，认为这种农村改良主义运动，是为对抗共产党所领导的土地革命而产生的，并不触及中国革命的根本问题，即推翻帝国主义、封建主义及官僚资本主义的统治。① 对于这一切，陶孟和均采取理解和包容的态度。陶本人在以无党派人士的身份参加"国民参政会"时，通过工作的关系及同乡和南开校友的关系，同周恩来相熟。1940年，社会调查所研究人员梁方仲希望研究解放区的土地制度，陶孟和向周恩来提出，得到周恩来的支持和赞助，使梁方仲得以到延安从事调查。②

同一般社会学者相比，燕京大学社会学系的教师严景耀、雷洁琼夫妇，是与共产党关系更密切的社会学者。如第三章第四节所述，严景耀在其博士论文《中国的犯罪与社会变迁》中，对共产党旨在推翻不合理的社会制度的"叛逆"性的"犯罪"，表示了极大的同情。雷洁琼（1905—2011），广东台山人，1924年赴美国留学，获南加州大学社会学硕士学位，1931年9月到燕大社会学系，任教于社会工作专业，与严景耀是同事。在20世纪30年代初，严景耀曾去苏联访问，也曾在莫斯科中国问题研究所从事研究工作。他于1935年

---

① 千家驹：《陶孟和与社会调查所》，载《工商经济史料丛刊》，第3辑，第15～16页。
② 严仁赓：《回忆陶孟和先生》，载《工商经济史料丛刊》，第3辑，第6页。

6月返回燕大任教，次年夏天，北平的白色恐怖日趋严重，包括严景耀夫妇在内的一些"进步教授"，被迫离开北平到上海，① 严景耀担任上海工务局西牢助理典狱长，主要研究青少年的犯罪问题，并兼任上海东吴大学社会学系教授。1938年，上海"孤岛"时期，由胡愈之、王任叔、郑振铎、张宗麟创办社会科学讲习所，严景耀在此讲授"社会运动史"，介绍中外革命运动史及国际共产主义运动史。1938年除夕，讲习所七名学生遭敌伪逮捕。严景耀同中共地下党联系，利用职务之便营救了这些学生。1938年至1946年，他在上海进步刊物《公论丛书》及《民主》周刊发表了二十余篇论证抗日救亡及民主问题的文章，还翻译了斯诺的《西行漫记》《资本论》《列宁选集》等著作。1947年，他返回燕京，开设"犯罪学"、"社会学概论"、"社会变迁"及"政治经济学"等课程，在教学上持辩证唯物论及历史唯物论的立场、观点。解放前夕，燕大地下党发动学生选修他的"社会学概论"及"政治经济学"课程，当时在燕大最大的梯形教室，座无虚席，深受学生欢迎。燕京大学也因此有"小解放区"的称号。②

简言之，社会学者对待政治的态度或衡量政治的标准，可以用费孝通的一段话来概括。他说：

"如果知识能用来服务人民，中国现代化是绝对有办法的。总有一天中国会有一个为民服务的政府，这政府还得走这道路。数千年来没有受教育机会的农民和现代技术之间必须有一个桥梁，这桥梁不能被利用来谋少数人的利益，而必须是服务性的。"③

---

① 雷洁琼:《一二·九运动回忆片断》，载中国人民政治协商会议北京市委员会编:《文史资料选编》，第26辑，北京：北京出版社，1985，第37页。
② 水世峥:《严景耀——中国犯罪学的开拓者》，载北京大学社会学系《社会研究》，第4期，1988，第19～20页。
③ 费孝通:《乡土工业的新型式》，载《乡土重建》，第122页。

第二节　社会学与社会行政

　　学术研究，特别是社会学研究，同政府的关系是密不可分的。研究社会的最终目的，是解决社会问题，进而控制社会的发展。从这一点出发，社会学的研究成果需要同政府的行政力量相配合，才有可能转化为社会政策，改善社会生活状况。再从另一个角度看，学术研究往往需要政府的资源如经费的支持方可进行，其结果是：政府的方针政策在很大程度上可能影响学科的发展方向。北平社会调查所的发展，即是一例。

　　如第三章第三节所述，北平社会调查所成立初期，侧重于劳动问题及工人生活的调查。1930年前后，开始清代经济史的研究。1932年11月，国防设计委员会（资源委员会的前身）在南京成立，隶属参谋本部，蒋介石自兼委员长，翁文灏为秘书长，钱昌照任副秘书长，陶孟和是委员会数十名委员之一。钱昌照既是陶孟和的连襟，又是该委员会的主要组织者。国防设计委员会罗致各方人才，对经济、交通运输、粮食、人口、自然资源以及外交、军事等进行研究设计。该会每月有10万银元充足的经费，其中的一部分用来资助几个研究所，陶孟和主持的社会调查所是其一。与国防设计委员会合作后，社会调查所侧重同国防有关的各部门所涉及的民族经济，如人口、粮食、地方财政、税制、货币、国民所得等问题的研究。抗战期间，社会调查所迁至四川宜宾李庄镇，不少研究人员先后离所参加政府工作，陶孟和多次派人潜入"孤岛"上海，搜集敌伪在沦陷区的经济金融情报，密寄后方，并具体建议财政部等做针锋相对的斗争。[①] 陶孟和对第一次世界大战期间各国各方面损失估计以及和会谈判情形十分了解，所以从各方面搜集资料，陆续编制并估计战时中国物资损失及生命伤亡的情况，为战后会谈赔偿问题提供材料做准备。新中国成立后，

---

① 郑友揆：《高尚的品德，开阔的胸襟——忆陶孟和先生的业绩》，载《工商经济史料丛刊》，第3辑，第29~33页。

在中日复交谈判中,周恩来总理曾派人了解过去社会调查所这方面的工作。①

参与制定社会政策,并预测、控制社会的发展,这是中国第一代社会学者普遍的愿望。20世纪30年代初期,许仕廉曾一度打算模仿美国在这方面的经验。自1929年开始,在美国总统胡佛的提议下,美国政府与社会学者合作,组织了"社会变迁趋势研究委员会",由乌格朋任主任,出版《社会变迁》年报,分析美国社会每年在技术、经济、人口结构、家庭生活、娱乐、都市化、教育等方面的变化趋势,进而制订社会发展计划。这份年报成为美国政府机构的标准参考书。②许仕廉希望以类似的方式研究中国的社会变迁。1931年,他到美国芝加哥大学访问,与派克、乌格朋等学者商讨如何研究中国的社会变迁,许氏根据讨论结果拟定了一份计划,建议成立从中央到地方的各级委员会,以统计方法记录并分析中国社会变迁的实况。研究范围包括人口、农业经济、交通、商业、劳工、家族、礼俗、法律等方面。这项工作不但为政府进行建设及实施行政方针提供事实根据,还能改善统计方法,并且有助于大家以事实为依据讨论问题,形成理性的舆论。③然而这一"社会发展"计划,最终未能实现。

社会学对政府发生影响的另一条途径,是社会学者在政府机构担任行政或顾问职务。许仕廉曾先后任职于实业部、全国经济委员会等,孙本文曾担任教育部高教司司长,吴景超在行政院、经济部等部门工作长达十多年。学者从政,尽管可以实际应用自己的学识,并推动学科的发展,但其内心的矛盾与

---

① 巫宝三:《纪念我国著名社会学家和社会经济研究事业的开拓者陶孟和先生》,载《近代中国》,第5期,上海:上海社会科学院,1995,第387页。

② 参见 H. W. Odum, *American Sociology*: *The Story of Sociology in the United States through* 1950, N. Y.: Greenwood Press, 1969.

③ 许仕廉:《再请大家研究社会问题》,载《大公报·社会问题》,第2期,1933年3月4日;《中国社会变迁研究与国家建设》,载《大公报·社会问题》,第3期,1933年3月18日。

挣扎，往往是不足为外人道的。陈达曾被任命为国民政府户政司司长，可是他上任不到几个月，便又返回清华教书。他对现实政治不感兴趣，过不惯官场生活，也看不惯官场习气，平日也很少谈论政治。虽然他有时批评政府的人口政策或劳工法规，但那毕竟是在他的研究范围以内。"我真是一个道地的无党无派者"，他如是说。① 然而，要进行人口、劳工问题的研究，完全关在书斋中是不行的。陈达曾多次借助行政部门的力量，包括通过他的任省一级民政厅厅长、统计局长的几位学生，推动人口、劳工问题的调查。他也曾于1944年1月，蒙中央训练团团长蒋介石电召，担任党政高级班教官，授社会调查一课，② 为的是让更多的官员了解并支持调查工作。

另一位社会学者吴文藻，原本准备在书房里，"过一辈子的备课、教学、研究的书呆子生活"，③ 可是战争却把这个"书生"推出了书斋。自1940年底，吴文藻先后担任过多项职务，大多同他所感兴趣的民族问题密切相关。他在国防最高委员会参事室担任研究工作，研究边疆的民族、宗教和教育问题，并提出处理意见。他还兼任蒙藏委员会顾问、边政学会常务理事。1943年，吴文藻参加"中国访问印度教育代表团"，考察印度的民族问题及印度教与伊斯兰教的冲突问题；参加"西北建设考察团"，调查以新疆民族问题为主的西北民族问题。1946年，吴文藻出任中国驻日代表团政治组组长，并兼任出席盟国对日委员会中国代表顾问，职责是了解美军总部对日管制的政策和实施执行的情况，并了解战后日本政局和战后重建的形势。④ 此外，吴文藻还曾担任社会部的社会行政计划委员会委员、教育部边疆教育委员会委员、教育部社会教育委员会委员、海外华人协会研究部主任等职。⑤

如果不是战争拖延那么久的话，吴文藻从未想过要到政府里做事，但他同

---

① 全慰天：《记陈达教授》，载《观察》，第2卷，第8期，1947年4月19日，第19页。
② 陈达：《浪迹十年》，第456页。
③ 冰心：《我的老伴——吴文藻》，载《吴文藻人类学社会学研究文集》，第6页。
④ 吴文藻：《吴文藻自传》，载《晋阳学刊》，第50～51页。
⑤ *Letter from W. T. Wu to Dr. M. C. Balfour*, Aug. 26, 1942. RAC.

时也意识到在政府工作的好处，他可以接触有关国家事务的各个部门的各种机要文件。不进入这样一个机构，就不可能看到这么多东西，也不能了解全局的情况。他的工作主要涉及政府的三个部门，即社会部、教育部及蒙藏事务委员会，这些都同他的专业领域——社会学、民族问题、教育及科研管理有直接的关系。吴文藻始终将高等教育看作是自己毕生的事业，在他看来，大学对学生所进行的学术训练，是为他们将来服务于政府做准备的。而他本人在政府的工作经历，有助于他全面思考战后重建高等教育，特别是社会学与人文学科课程的改造，以及大学同社区生活的关系等问题。在政府里所建立的各种关系，对他以后重返学术工作也有好处。尤其是对于燕京大学，他寄予殷切的期望："我很赞同司徒雷登博士的理想，那就是在中国的土地上，把燕京建成一个国际合作的中心。……我期望见到燕京成为远东民主理想的要塞。"①

社会学同政府行政工作真正有系统地配合，始于1940年社会部的成立，这次合作有其特殊的历史背景。当时，许多西方国家先后开始推行社会保障制度，如美国在20世纪30年代罗斯福总统当政时期，实行"新政"，目的是以政府的力量，限制或规范私人经济，发展各项社会福利，以改善下层人民的生活。中国有句古语讲："老有所终，壮有所用，幼有所长，鳏寡孤独废疾者，皆有所养"，这是社会救济的理想。然而在现实中，有限的救济多由家族或行会承担，并未建立完整的社会保障制度。因此，中国成立社会部，旨在模仿西方工业国家，以行政的力量有计划有系统地推进社会福利事业。社会部具体的工作包括制定社会政策，建立社会行政体制，推广社会服务，培植社会工作人才。这些工作需要社会学者的积极参与，这对于抗战中处境困难的社会学界，无疑是一极大的激励，并且把社会学界与政府之间的合作关系推向了高潮。社会学者参与社会部的工作，主要采取了以下几种方式：

---

① Letter from W.T. Wu to Dr. M. C. Balfour (RF, Manila, Philippines) May 22, 1941; Letter from W. T. Wu of the Supreme National Defense Council, Nanking to R. F. Evans of the Rockefeller Foundation, Apr. 29, 1946. RAC.

第一，社会部邀请社会学者参加各种社会行政和计划会议，协助制定各项社会政策。社会部曾设立社会行政计划委员会，聘请多位社会学者参加，先后确立了劳工、儿童福利、社会救济、合作事业、社会保险等政策，并制定了社会安全实施纲要。①

第二，培养社会事业与社会行政人才。社会行政系统的设置自上而下，中央有社会部，各省有社会处，各市有社会局或社会科，各县有社会科，这些机构需要大量的专门人才。在抗战前，各大学中唯燕京与沪江两校早期即设社会事业或社会行政的课程。沪江大学的沪东公社，是一社会服务机关，作为社会学系学生实习社会工作之地。燕京大学一向与北平协和医学院社会服务部合作，该部主任即担任燕大社会行政课程的教授，同时燕大学生可往协和医学院实习。1944年秋，教育部召开大学课程修订会议，批准在社会学系内增设社会行政组，主修社会学的本科生因此而增多。②

第三，高校社会学系受社会部资助，增强教学和科研力量，并承担研究课题。例如社会部曾多次以经费补助过清华大学社会学系和国情普查所。20世纪40年代初，陈达拟定了一份清华社会学系同社会部合作的计划，题目为"战后社会建设之初步研究"，包括人口品质、农民生活、市政工人生活、少数民族的社会生活等方面。研究工作自1943年1月起，计划三年完成，由社会部提供经费，由社会学系教师承担科研任务。具体工作分工如下：李景汉负责昆明市的研究，吴泽霖负责云南少数民族的研究，陈达负责选县社会行政的研究。陈达在昆明县、昆阳县及呈贡县的范围内，考察了社会行政与社会福利、农民生活、合作事业、劳工事业等问题，写出了一份462页的报告。③

第四，社会学者撰写有关社会行政、社会事业、社会救济等方面的著作。

---

① 谷正刚：《中国社会行政的过去与现在——中国社会学社二十周年纪念会讲词》，载《社会建设》，第1卷，第7期，1948年11月，第1～3页。
② 孙本文：《当代中国社会学》，第173、218～219页。
③ 《战后社会建设之初步研究：计划大纲草案》，清华大学档案馆；陈达：《浪迹十年》，第449～450页。

自 1902 年起到 1948 年止，中国共出版了 316 部社会学著作，其中有 25 本是有关社会工作与社会行政方面的。在这 25 本书中，有 21 本是在 1941—1948 年间出版的。①

第五，1944 年，由社会部资助，社会部与中国社会学社合作，出版了《社会建设》月刊，主编为孙本文。当时知名的社会学者均被聘为编辑委员。该刊着重探讨有关社会行政、育幼事业、残疾教养、劳工救济等问题。其主要内容，是介绍西方各国推行社会福利的成败经验。例如，《社会建设》第 1 卷第 6 期（1948 年 10 月）专门刊发了一组文章，介绍德、英、美等国所推行的社会保险制度。这些文章的内容，为在中国建立社会保障体制提供了重要的参考。

第六，社会部成立之后，社会学者有更多的机会参与行政、服务及调查工作。燕大社会学系社会工作专业毕业生张鸿钧，曾先后担任社会部社会工作司及调查与计划司司长。② 中央大学社会学系学生曾协助南京市社会局抽查贫户及举办食米发给配购证等工作。③ 上海圣约翰大学教授陈仁炳负责上海儿童福利促进会的调查和研究工作，并于 1947 年主持进行了一个上海儿童福利的调查。他通过调查提出两点建议：一是开展社会福利事业要以社区为单位，二是社会调查可以为社会工作或事业的计划及改进提供参考。④

然而，在一片战乱中办理投资大而收效慢的社会福利事业，谈何容易。言心哲曾谈到自己的切身体会。他于 1937—1945 年在重庆北碚复旦大学担任社会学系主任及教授，并兼任社会部社会行政计划委员会委员、人口研究会委员、重庆实验救济院院长。重庆实验救济院是社会行政工作的一部分，设在重

---

① 根据孙本文《当代中国社会学》书后附录《中国社会学重要文献分类简表》统计。
② Letter from H.C. Chang to Professor. S. M. Gunn (Vice President of the Rockefeller Foundation), Mar. 9, 1943. RAC.
③ 《社会学界消息——中央大学社会学系半年来的社会服务》，载《社会建设》，第 1 卷，第 3 号，1948 年 7 月，第 65 页。
④ 陈仁炳:《社会调查与社会事业之关连》，载《社会建设》，第 1 卷，第 8 期，1948 年 12 月，第 1～5 页。

庆市长江南岸土桥苦竹坝,分设产科医院、幼儿园、残废所、习艺所与安老所。当时收容的共有男女六百余人,规模不小,各所都有单独的房屋及各种设备。但由于货币贬值,物价暴涨,其经营可谓困难重重,最感棘手的是粮食问题,言心哲接任的头几天,晚上需要的粮食,早晨还不知道在哪里。加上各种人事纷争,不久他只好辞职。1948年,言心哲担任上海儿童福利促进会主办的《儿童与社会》杂志的编辑,该刊经费由上海救济总署提供,撰稿人有陈达、费孝通等社会学家,但由于物价飞涨,只出了四期就停刊了。①

　　社会学者们是如何看待社会学与社会行政或社会事业的关系呢?他们对于在中国推动社会行政的看法又如何?在这类问题上,他们大多数认为社会学是一种科学,而社会行政是一种技术。社会学是社会行政的理论基础,而社会行政是社会学的应用领域。社会行政是人本主义的行政,古人说"仁者人也",所以社会行政也可称为"人政"或"仁政",其他各种行政设施多在于"物"而少在于人,即使在于人亦仅顾及于人的一部分或一方面。他们主张:"社会行政应根据整个人与社会各部分,各方面之需要,与经济,教育,文化,卫生等项行政设施连锁调整,以谋人的整个生活,与整个社会福利之完满实现,而社会行政之特殊使命始告完满达成。"②社会学者应担当时代的使命,借鉴各国的经验,研究中国的社会事业与社会行政,造就社会行政人才,尽量为社会事业及社会行政机关服务。③

　　社会学者虽然积极参与社会行政工作,但他们同时以非常实际的观点,阐明应如何在中国开展社会事业或社会行政。陈达提出了五条极有价值的建议:一、比较中西差别,建立真正适合中国的体制与政策。在传统农业社会里,人

---

① 言心哲:《言心哲自传》,载《晋阳学刊》,第4期,1982,第74～75页。
② 吴文藻等:《我们对于社会行政的意见》,载孙本文等:《社会行政概论》,重庆:中华文化服务社印行,1941年初版,1944年再版,第4页。
③ 孙本文:《社会学与社会行政》,载《社会建设》,第1卷,第1期,1944年7月,第9～10页。

们生活和工作的保障是由家族提供的。工业化之后，个人逐渐脱离大家庭的生活，进入工厂成为劳工，其工作、生活中可能遭遇的种种困难，如伤残、失业及年老体衰等，成为社会问题，需要政府以行政力量加以解决。欧美各工业国正是在这样的情形下，开始推动社会行政工作。比较而言，中国社会仍以农业为主，工业化刚刚起步，家庭的力量强大，因此，在中国推行社会行政，既要使政府承担起责任来，又应充分利用中国家族成员间互助的传统，发挥他们的作用。二、社会行政的原则，一方面是要提供福利与救济，另一方面要培养人格，使之成为有用的公民，即要避免以救济培养"寄生虫"。三、为求施行的方便及有效起见，社会行政的范围暂时不能推广过大，应先从立法入手，其主要的工作应在工厂法、工会法、社会保险法、社会救济法等法律范围内，以及抗战期间的有关各种紧急措施如非常时期农工商矿管制办法等。四、必须充实社会部内部的组织，社会部与中央其他部门之间，中央与地方社会行政部门之间，权职要清楚。五、社会行政与社会学界应密切合作，社会学应研究各种实施中的问题。①

吴景超则从经济的角度，更为直截了当地提出，社会福利事业是一种花钱很多的工作，不可能在当时的中国有大的发展。他引述一份材料说明，1937年英国在教育、公共医院、贫穷救济、住宅改良、鳏寡恤金、健康保险及失业保险等七项社会福利事业上共花费的钱，相当于中国战前财政预算的五倍。中国过去用在社会福利事业上面的钱很少，不是不愿意，也不是不知道重要，而是无能力。国家生产的首要任务是维持人民的生活，别的无从谈起。社会财富在维持了最低生活程度之后如有剩余，应当用在哪里，大可斟酌。吴景超认为，经济建设是建国的基本工作，而经济建设是需要投资很大的事业。抗战胜利之后，中国的社会福利事业恐怕不能有很大的进展，因为它只能配合经济建设的速度前进。经济建设向前一步，社会的剩余财富增加一分，社会福利事业

---

① 陈达：《我国社会行政的主要问题》，载《社会建设》，第1卷，第1期，1944年7月，第12～14页。

也可多办一点。假如经济建设事业还没有发展，却要大规模兴办社会福利事业，结果则导致社会福利事业因无充足的经费来支持，一定会半途夭折。①

社会学者在 20 世纪 40 年代对于兴办社会事业或社会行政所提的建议，如借鉴各国经验，兼顾中国的国情民俗；防治与救治并重，从社会救济发展到社会保险，进而到完善的社会安全体制；发展经济，积累社会财富，以政府投资带动社会投资；依靠社会、家庭及个人的合作等，对当今的中国社会，依然是值得借鉴的。

第三节 浮动的局势与人心

如果说，直至抗战胜利前，社会学者一直寄希望于同国民政府合作，推动体制改革的话，那么内战爆发后，他们的思想却发生了较大的转变。

1945 年 8 月 15 日，经过八年的抗战，中国人民终于等到了胜利的一天，他们盼望再无战乱，从此可以过上安定的生活，并集中精力建设自己的国家。战争造成的损失是如此之大，以致在抗战期间公教人员待遇低得难以维持最低限度的生活水准。据云南经济委员会设计处的报告，1937 年至 1946 年的生活费指数上涨了 514 290 倍。由于物价上涨而薪津远不及物价上涨的速度，于是薪津的实际价值大降。以西南联大中等薪金和 4 口之家的津贴为标准，大学教授薪津的实值，由战前 350 元的待遇降到 8 元，减少了 98%。为了维持生活，他们花尽了早先的储蓄，典卖衣服和书籍，卖稿卖文，却依然要面对营养不足、衰弱、疾病、儿女夭亡的厄运。②

抗战时期，损失图书、手稿是知识分子的普遍遭遇。潘光旦的《优生闲

---

① 吴景超：《经济建设与社会福利事业》，载《社会建设》，第 1 卷，第 1 期，1944 年 7 月，第 46～47 页。
② 杨西孟：《九年来昆明大学教授的薪津及薪津实价》，载《观察》，第 1 卷，第 3 期，1946 年 9 月 14 日，第 7 页。

话》《民族兴衰各论》《家谱新论》等手稿都丢失了。抗战复员后，当吴文藻回到燕园的家时，面对的是空洞的四壁。抗战初去西南时，他曾留下了15只大木箱子，里面装着他从清华学生时代起几十年的日记，冰心在美国三年的日记，两人六年的通信，各种相片、字画、艺术品，全都不见了。吴文藻积累了15年的几十匣笔记、讲稿也都没有了。据说，燕大封校后，他们家成了日本宪兵驻地，他的书房就是拷问教授们的地方。①1941年12月8日，美日开战之后，燕大被迫关闭，教师中有多人被捕。社会学者赵承信（1907—1959）也是其中之一。赵承信于1930年自燕大社会学系毕业，赴美国芝加哥大学学习，后获密西根大学博士学位。他先后担任燕大社会学系教授、系主任、法学院院长等职。燕大遭日军占领后，赵氏同几十名师生一起，被投入拘留所、监狱达半年之久。②抗战胜利后，他说："沦陷那几年，把沙发都吃掉了！"③（意即将沙发卖掉换取食品）

然而，胜利非但没有带来安定的生活，等待着人们的却是另一场更大的灾难。紧接着爆发的国共内战，使得已经百孔千疮的国民经济，真正到达了崩溃的边缘：军费开支巨大；生产衰落造成税源枯竭；无数的农田化为战场；大量的农业劳动力被征入伍，天天在做杀害人员、消耗物力的事。工业方面因为炮火连天，原料缺乏，销路阻塞，捐税繁重，资金短少，也被逼得走投无路。老百姓感受到的是物价成千上万倍的飞涨，生活用品极度缺乏。社会经济趋于萎缩，内战又加速它解体的过程。人民处在这种混乱的环境下，感到没有出路而对现状不满。在这样的状况下，富豪们却把大量资金送往国外，工业移往香港，造成就业机会减少，国力削弱，引起社会更大的动荡和不安。

在这一时期，许多从前专心治学、不大关心政治的学者，都越来越对现实

---

① 冰心：《丢不掉的珍宝》，载《冰心选集》，第2卷，第154、156页。
② 参见赵承信：《狱中杂记——一个社会学的解释》，载《大中》，第1卷，第4~9期合刊，1946年4月—8月，第39~62页；陈永龄：《社会学家、教育家赵承信教授传略》，载北京大学社会学系：《社会研究》，第4期，1988，第44页。
③ 陈永龄：《社会学家、教育家赵承信教授传略》，载《社会研究》，第4期，1988，第45页。

失去了信心。作为国民参政会的参政员，陶孟和每年去重庆一两次，参加参政会和中央研究院的会议，看多了官场见闻。他认为，国民党政府腐败，已经烂到核心了（rotten to the core）。① 清华教授、诗人闻一多被国民党特务杀害，这对许多原本保持中立的自由派知识分子，是一次极大的刺激，使他们对国民党的态度发生了根本的变化。陈达战前住在清华园时，和闻一多的住宅只隔一条马路，两人常相聚首。随学校到昆明后，闻一多住在陈达的隔壁，闻一多在书案上写字或翻书页的声音，陈达都能听得见。陈达回忆起闻一多遇刺时，说：

"闻先生是一个好人，富于感情。我们常在一起。他被刺的那天下午，我和他同时出门分手，三小时后我回来，他就被特务刺倒了。旭都（陈达的二儿子）帮同把他抬回，旭都身上还染上血渍。我亲眼看见闻先生死去，真惨。那时我真恨，我愤怒得很！"②

1946年以后，陈达这位原来不跟政治沾边的学者，开始经常批评国民党。谈起国内的局势，他总是老老实实六个字："国民党是不行。"陈达在课堂上也时常发牢骚："他们说我们是知识贩子，知识贩子总比他们好些。""最近举办国民身份证，这完全是对付共产党的愚蠢勾当。在没有全国人口普查以前，举办国民身份证，毫无意义。"1947年3月，国民党政府在北平接连逮捕一千多人。包括陈达、朱自清、金岳霖、张奚若、许德珩等13位清华、北大的教授发表宣言，批判国民政府一手颁布宪法，一手无故逮捕人民，要求政府保障人身自由。这一宣言被称为"新人权宣言"。

另一位社会学者李树青，也谈到他的思想转变。李树青是吴景超在清华教书时的学生，1939年4月到国民政府经济部任职，在吴景超手下工作。李树

---

① 巫宝三：《纪念我国著名社会学家和社会经济研究事业的开拓者陶孟和先生》，载《近代中国》，第5期，第388页。

② 仝慰天：《记陈达教授》，载《观察》，第2卷，第8期，1947年4月19日，第19页。

青在工作中接触到的材料显示，除了日本及其中国的帮凶极力破坏国家经济之外，孔、宋家族在香港参与贪污"国家稳定基金"，而这笔钱是美国与英国的联合借贷，其目的是支撑中国国家货币。他还发现许多军队里的前线指挥官，特别是蒋介石的爱将们，从敌占区向内地偷运日本货发财，大多数都是奢侈品。军用卡车变为私用，而士兵的待遇极差。1940年春夏，李树青向翁文灏部长提出三次严重的申述，让他注意这种犯罪与危险的活动，敦促他制止这种违法行为。翁文灏显然对这种情况感到无可奈何。于是，1940年秋李树青便辞去经济部的职务，到联大社会学系教书，尽管薪水只是在政府工作的三分之二。

在教学中，李树青可以较自由地批评政府的无制度及滥用权力。他为民主辩护，发表了三篇文章，阐述民主是一种生活方式与社会制度。后来这些文章压缩成一篇长文，辑入《蜕变中的中国社会》（1945）。在1940—1945年间，李树青与潘光旦、费孝通一起，为三份畅销的报纸——《自由论坛》《生命指南》与《大国民》撰稿，传播民主，批评国民党一党专政。这几份报纸后来都被迫关闭。陈立夫当上教育部长之后，试图以"一个党，一个领袖，一个主义"，更严密地控制知识分子。李、潘、费与陈立夫之间的冲突不断。1944年10月，李树青收到警告信，信上直截了当地说，当局"砍大树"可能有些犹豫，可"割小草"不会有顾忌。如果李氏不闭嘴，就要承担一切后果。1946年，闻一多被杀，对李树青刺激很大。他一直将闻一多看作自己的师长，所有关于儒学的文章发表之前，都要听取闻一多的意见加以修改。当时他感到，无论是谁领导中国都行，不可能比国民党更坏了。一方面，他并不接受马克思主义或任何政治教条；另一方面，他对国民党政权深深的厌恶，又使他对共产党的新中国抱有希望。① 这在当时的知识分子中是有代表性的想法。

当时在社会上最活跃、经常在报刊上批评国民党的社会学者，是潘光旦和费孝通。1940年，中国民主政团同盟（后改名为中国民主同盟，简称"民

---

① S. C. Li, *My Convictions and Activities*. UC.

盟")成立,潘光旦加入该组织,参与创办和编辑"民盟"机关刊物《民主周刊》。民盟主要由知识分子组成,反对国民党独裁,要求建立联合政府。1945年12月1日,昆明爆发了反内战、争民主的"一二·一"运动,有四位青年遭杀害。潘光旦在联大社会学系办公室外,亲眼看到一名学生被炸伤后惨死的情景,万分悲痛。紧接着,他签名参加了《昆明市各大中学教师罢教宣言》。[①]费孝通也积极参加各种争民主的活动。美国国务院邀请中国的大学教授组团赴美考察,云南大学推荐了费孝通。当时国民党要求,出国的人必须先在中央训练团受训。费氏在受训期间曾被要求加入国民党,但被他敷衍过去。到美国之后,费氏揭发了国民党强迫受训的事,并在一次关于中国问题讨论会上介绍了国民党在中国农村腐化的情况。为此,宋子文把他和金岳霖召到华盛顿大加训斥。从美国回来后,他正式加入了民盟。1945年11月的一天,他在联大一个集会上演讲,听众有约五千人,演讲过程中,子弹从耳边飞过,差点丧命。[②]李公朴、闻一多被刺后,昆明成为恐怖世界,潘光旦、费孝通等人暂避美国领事馆。作为学者,潘光旦、费孝通最便利的武器是手中的笔。这一时期,潘光旦发表了多篇反独裁、争民主的文章,有不少收录在《政学罪言》里(见第八章第二节)。费孝通也写了许多通俗文章或小册子,如《民主、宪法、人权》(1946),讨论人权、政党、民主、言论自由、宪法、暴力、法律等。1948年,费孝通在《观察》杂志开辟专栏《炉边天下》,专门评论英美政治。他感到,以前学术性的写作是为了自己,现在是为了大众的需要。他写的文章越来越通俗,为的是获得更多的读者。

20世纪40年代后期,大局浮动,经济崩溃,民心涣散。人心随着动荡的局势而不安,社会学者连同整个的知识界,都被卷入了政治的激流中。青年学生热衷于学运,他们大多数是倾向共产党的。有些学生开始以马克思主义批判

[①] 孙敦恒:《潘光旦》,载《清华人物志》(二),第237页。
[②] 费孝通:《历史部分的初步交代(7月18日)》,载中共中央民族学院委员会整风办公室编印:《揭露和批判章罗联盟的军师——费孝通》,第2辑,1957,第219~220页。

社会学,认为社会学不用阶级斗争观点看问题,是一门欧美资产阶级知识分子站在资本家立场上研究、解决社会问题的学科。1948年,吴景超在清华讲授"社会学概论"课程,课后便有地下党员学生写稿批判他当天所讲的内容及观点,准备第二天在墙报上发表,说他引诱学生脱离阶级斗争现实,而去研究鸡毛蒜皮的事,是在帮国民党反动派的忙。[①] 其实,大部分学生不理解的是,像吴景超这样的知识分子是很有代表性的,说他赞成共产党固然可笑,说他帮助国民党也是冤枉。他们当中的大部分人是信仰自由主义的,他们期望走国共之外的第三条道路——联合政府。作为所谓的"中间力量",他们的主张是反对内战,争取人权,呼吁法治。他们参加政治活动,有点像英国的反对党,但却缺乏组织。当然,这些人在政治主张上彼此见解不尽相同。其中有同情中共者,也有反对中共者,结果却在国共之间两面不讨好。他们本来寄希望于美国的支持,然后发展自己的力量,但这样的幻想最终被残酷的现实所打破。无论如何,各阶层的人们,如市民、公教人员、知识分子、工商界,对国民党政府的不满是普遍的。抗战以后,公教人员待遇菲薄;国民党作风霸道,使知识分子深恶痛绝;政府官员的贪污舞弊,种种刁难,使工商界怨气冲天;因财政金融失策以及内战不停而造成的物价暴涨,使城市市民怨声载道。在当时思想"左倾"者不一定就是共产党,但在共产党与国民党政争之中,一切不满现政权的情绪,都助长了共产党的声势,确为事实。社会学者希望人类社会建立在理性、和谐与秩序的基础上,可是中国正处在社会解组的过程中,新旧文化的不能协调,两代人之间的矛盾,城乡的对立,农民与地主之间的冲突日益加深,这一切都令人感到灰心。

1948年10月25日,美国芝加哥大学社会科学院院长、人类学教授瑞斐德偕夫人玛格丽特,终于到达向往已久的北平。此时的北平市,已经没有了17年前玛格丽特的父亲派克所见的那种沉稳与安详;比起四年前,即1944

---

① 李云山:《我对清华社会系的热爱》,载北京大学社会学系:《桃李思故乡》,《社会研究》第6期增刊,1992,第38页。

年，情况也更加糟糕。1944 年，瑞氏夫妇准备到中国进行学术访问，已经抵达上海，可因为战时的动荡与交通不便，被迫返美。这一次，尽管中国的军事、政治局势极不稳定，中国人反美情绪高涨，美国国务院护照司也坚决劝阻瑞氏夫妇的中国之行，① 但他们几经犹豫，最后仍来到了北平。瑞氏夫妇此行的主要目的，是继续实施燕京——云南工作站时期的计划，为建立比较社会学进行学术交流（详见第八章第一节）。他们在中国的经历尽管有限，但或许可以提供一个独特的视角，让我们感受面临时代剧变时的中国社会。

瑞氏本来的计划是在清华住九个月，在清华和燕京两校教书、做研究。费孝通模仿马林诺夫斯基的方法，在自己的书房里组织了一个社会学、人类学研讨班，参加的有清华与燕京两校的师生。此时人类学在清华已经独立成系。系主任要瑞氏带一些标本，准备建一个博物馆。② 费孝通为瑞氏开课与进行实地研究做了准备，他打算同瑞氏合开一门"比较社会学"课程。③ 此前，费孝通与瑞氏夫妇已经交往多年。自 1944 年开始，玛格丽特便协助费孝通修改、翻译其书稿，瑞氏则为他联系在美国出版的相关事宜。费孝通、张之毅所著《云南三村》，就是由玛格丽特译成英文在美出版。④

瑞斐德一家住在清华园里。⑤ 玛格丽特为了尽快熟悉中国的情况，一面阅读哈佛大学历史学教授费正清写的《美国与中国》一书，一面听录音带学中文。她本指望通过同中国人的对话掌握中文发音，可令人泄气的是周围的人讲话都有口音，没有人讲标准的国语。北平的天气非常寒冷，房间里也极冰冷，他们要穿好多层衣服，若读书时干脆就盖着被子。后来因为煤都用光了，又弄不到煤，他们便搬到燕大临湖轩——司徒雷登的房子去住。在玛格丽特看来，

---

① Passport Division, Department of State to R. Redfield, Aug. 6, 1948. UC.
② Letter from H. T. Fei to Bob, May 22, 1948. UC.
③ Letter from H. T. Fei to Greta, Aug. 8, 1948; Letter from Fei to Bob, September 1, 1948. UC.
④ Letter from H. T. Fei to Greta, Jun. 16, 1944. UC.
⑤ 有关瑞斐德一家在中国的经历，除特别注明的以外，均参照瑞氏夫妇给两个女儿 Joanna 和 Lisa，女婿 Pete，及玛格丽特的母亲（派克夫人）的十几封信，这些信是 1948 年 11 月至 1949 年 2 月之间发自北平、广州及香港，原文保存在美国芝加哥大学图书馆特藏部。

北平的生活费即便对于一个富有的美国人来说都太高，钱就像是虚幻中的东西，拿到就得赶快花掉，否则可能会立刻贬值。中国教授们的生活正是如此，过一天算一天，有一点钱就立刻花掉，但他们心情很愉快。玛格丽特与费孝通每天都在工作，将费孝通的一部书稿修改、翻译成英文。在玛格丽特看来，费孝通的英文本来就不太好，多年来也没有长进，但他有许多独特而有价值的思想，值得介绍给西方的读者。

因为寒冷，瑞氏的气管炎发作，大部分时间都是在床上度过的。在北平短短的时间里，已经使瑞氏体会到了，中国人不重制度而重人情。他为了领取未随行的行李通过海关，花了三天的时间去交涉，但却遇到重重的关卡与拖延。然后一位中国教授陪着他去邮局，对主管官员说，瑞氏是一个好人，到中国来是因为他喜欢中国人。结果行李立刻就给了他，连关税都不用付，而只有瑞氏一个人对此感到不好意思。①

由于时局的动荡，瑞氏没有能够如计划的那样系统地开课，他只做了专题讲座，题目是"社会科学的逻辑与功能"。他准备在政权转移之前离开北平，可燕京和清华的教授们却怂恿他，让他等着看"转变"，说是在"社会学上会非常有趣"。瑞氏同社会学系的学生们交流，学生问他美国为什么要支持蒋介石，从而使得美国自己在中国不受欢迎。瑞氏则试图向学生解释美国对苏联一向存有的恐惧。然而中国学生们不喜欢西方国家，他们倾向于俄国，因为只有它没援助蒋介石。蒋介石是他们的敌人，谁帮助他也就成了他们的敌人。这些学生每天都受监视，有些已经被捕、失踪，有些逃到解放区了。他们中的许多人听解放区所播发的消息，那里光明美好的情形常令他们沉浸在兴奋之中。学生们关注着中国正在发生的事情，很少想中国以外的天地。大学里在政治上分成两派，学生们几乎全支持共产党，认为这是一场群众运动，他们对马克思的学说很好奇。

西山枪声已经越来越近。瑞斐德一家，几经周折，于1948年12月中旬，

---

① R. Redfield, "The Chinese in a World Community", *Common Cause*, Vol. 2, No. 10, 1949, p. 389. UC.

从北平经上海到达广州。广州的环境给他们一种熟悉的感觉,像是又到了他们曾做过实地研究的中南美洲。玛格丽特看到的是一个轰炸后尚未修复的城市。她非常倾心于广州,但现代化的大道对她毫无吸引力,那些狭窄的小巷却是那么迷人,忙碌而充满了人情味。玛格丽特不禁想象着,父亲派克对这一切该会是如何的有兴趣,她有时简直感到他就走在身边。

瑞氏访问了岭南大学,这所学校给他的印象不太好。他认为,岭大比北京的清华与燕京差多了,仅相当于美国二流的教会学校。岭大教会色彩浓厚。尽管燕京还有些宗教气味,不过比岭南淡多了。燕京有一些有意思的美国教师和优秀的中国教师,学生也有特点,校园亦非常美丽。岭南的学生大多是当地富商子弟及有钱的华侨子女。他们对政治很保守或漠不关心,只热心于交友聚会。美国教师不少,但他们的学术与教学水平很低,教学零散,图书馆收藏也贫乏。这里的学生几乎全穿西装,而清华与燕京的学生都着长衫。①

瑞氏在岭大做了两件事。一是给岭南大学校长陈序经写了一封长达12页的信,提出自己对改革岭大的看法。他从高等教育管理以及中西知识交流的角度,谈到以下几点:一、岭南大学与周围社区缺乏联系。若要使教会学校在当今的中国发挥作用,就要办成一个双向的文化交流机构,使每一个学者和学生将自己的学识贡献给社区,而非作为一个宗教组织在那劝导、改变他人。燕京比岭南办得成功,就在于它同社区的融合。二、大学内部的社区。岭南大学存在着两级社区——中外教师的工资、待遇、生活水准差异显著,学校仍受宗教色彩浓厚的西方人控制,这些不利于学校的发展,应实现真正的机会平等。三、应加强图书馆的管理,并丰富收藏。四、开设的课程要系统化,应更注重实地研究。②

瑞氏在岭大所做的第二件事,是指导社会学系开展实地研究。费孝通在燕京大学时的同学、匹兹堡大学社会学博士杨庆堃此时在岭大教书。在瑞氏的帮

---

① *Letter from M. P. Redfield to H. & E. Hughes*, Dec. 22, 1948. UC.

② *Letter from R. Redfield to S. C. Chen, President of the Lingnan University*, Jan. 29, 1949. UC.

助和指导下，杨庆堃获得了一些经济资助，开始在几个村子做调查搜集材料。为了赢得农民的信任，杨庆堃在村里开办夜校，还从一个慈善组织弄到大米和豆子，发放给农民。① 他后来根据在那里所做的实地调查，写出了几部关于中国家庭、宗教的专著，并在美国出版。

瑞斐德一家于1949年1月31日离开广州，中国社会学界同西方社会科学界的联系，从此中断。

第四节 十字路口的抉择

巨变降临的最后关头，全世界的目光都在关注着知识分子的动向，国、共两党也在为争取这些中国知识界的精英而做出最大的努力。社会学者与众多知识分子一样，面对着他们一生中最重大的抉择。最终的结果是，他们当中比较著名的，没有一个人随国民党去台湾，当时最有成就、最知名的社会学家，全部都留在了中国内地。而在离开内地去了香港、美国等地的，或当时正在那些地方，于是便留在那里的社会学者，包括余天休、许仕廉、黄文山、李树青、杨庆堃等，他们后来都定居在美国各地。

1948年12月，北平四郊的炮声断断续续，城内听得越来越清楚，燕京大学首先表示"不受时局动荡的影响，本校课业照旧进行"。接着北大和清华都表示不迁校。北大于月中举办建校五十周年纪念会，六个学院分别举行专题讲演，其中法学院请钱端升讲"海外归来"，陈达讲"国情普查"。② 当解放军逼近清华园的时候，为防备国民党军队的炮击，学生们都搬到图书馆地下室居住，停止了上课。吴景超仍照常在其位于图书馆的工作室整理资料。③ 吴景超

---

① *Letter from C. K. Yang to Bob and Greta*, March 31, 1949. UC.
② 徐盈：《解放前夕的北平文化界》，载中国人民政治协商会议北京市委员会文史资料研究委员会编：《文史资料选编》，第29辑，北京：北京出版社，1986，第140页。
③ 姜固中：《对清华社会系的点滴回忆》，载《桃李思故乡》，第41页。

还劝胡适不要走,并拒绝了有人让他去联合国工作的邀请。他表示,日本人占领北京的时候,他必须走,因为那是外国侵略我们。现在共产党来了,是我们中国人,他何必要离开呢!①

费孝通表示,他丝毫不准备离开北平。他把这场动荡看作是长期受压迫的农民起来争权利。他所正在做的,或者说想要做的,是在现场观察、解释这个巨大的变迁过程。他很高兴自己在访问美国之后回到了中国,而不是逃到外国去。他说,归属感与扎根感,以及由此产生的责任心,对于人生是非常基本的需要,这使得人生的意义变得丰富起来。②对费孝通而言,尽管在紧张的政治局势下,做实地调查变得非常困难,任何针对社会问题的探寻都会招致怀疑甚至打压,但学校里的环境还相对自由,而这种有限的"特权"可能马上就快到极限了,就在几天前,由政府组织的团伙冲进了清华校园,谁也说不好下一步会怎么样。费孝通以幽默而轻松的口吻描述了他对处境的感受:

> 奇怪的是,当一个人习惯了这种氛围的话,他可以过得不太考虑将来如何。我每天工作如常,在这样高温而多雨的季节,花园里欣欣向荣。我书房前放眼可以看到生长的葡萄,令人垂涎。就我自己的小环境而言,很平和而宁静,我们仍然有足够的肉和米,居然还有很好吃的西瓜。夜晚,枪声有时会把我们吵醒,可很快又入睡了。③

此时,陶孟和正在南京。他留在大陆的决定影响了一大批人。④抗日时期,陶孟和经常批评国民党政府贪污腐化无能,国家搞不好。1944年,国统

---

① 吴清可:《回忆我们的父亲吴景超》(打印稿),2004年12月。
② Letter from H. T. Fei to Greta, Dec. 4, 1947. UC.
③ Letter from H. T. Fei to R. Firth, Jul. 17, 1948. LSE.
④ 关于陶孟和1946—1949年做工作,让中央研究院人员留下的情况,除特别注明,均参照《关于陶孟和先生》,原中研院人员许杰、李文治、彭泽益、陈翰笙、韩德章、汪敬虞的回忆,《工商经济史料丛刊》,第3辑,第52～58页。

区几个主要报纸的记者到延安考察，回来后写了不少访问记，有些是骂共产党的，如《中央日报》和《扫荡报》；有些比较客观，如《新民报》记者赵超构写的《延安一月》。陶孟和很欣赏这本书，曾组织全所人员利用所内读书会的方式讨论过一次。据说，陶孟和在抗战之后，便接受了中共地下党对他的引导。①

1948年，中央研究院的各个所在是否随国民党迁往台湾的问题上，争论得非常激烈。有些研究所人心动荡，都在可搬可不搬的十字路口徘徊。当时在南京的中研院各个所中，资望最重的是陶孟和，他的行为对大家影响极大。陶孟和坚决反对迁台。他说，共产党来了，只要能把国家搞好，我们就应该欢迎；即使他自己被撤职乃至杀头，为国家着想，也应该欢迎。中研院院部曾使用停发工资的办法，要挟大家迁台，但没如愿。陶孟和在全所大会上说："朱家骅（中研院院长）的意见，别人不敢顶，我敢顶，朱是我的学生。"陶孟和的坚决行动稳住了人心。社会所没有一个人去台湾，犹豫的几个所也都不搬了。他还去上海动员上海的几个所不搬走。最后，中研院迁台的只有傅斯年为所长的历史语言所和数学所筹备处（负责人为陈省身）部分人员。周恩来也曾示意陶孟和写信，劝清华大学校长梅贻琦等学者返回中国内地，② 足见陶孟和当时的地位及影响。

陶孟和的行动保留了中研院的研究人员和设备，为1949年以后的科学研究发展起了关键的作用。南京一解放，三野司令员陈毅便到鸡鸣寺路中研院的办公大楼看望陶孟和。陈毅走上二楼时，值班工友问他找谁，他说，"我找你们的掌柜。"1948年，中央和北平两所图书馆的善本图书以及故宫的最精美艺术品，都先后搬到台湾。1949年3月6日，陶孟和在《大公报》发表署名文章《搬回古物图书》，对于这种搬迁提出批评："我们积极的反对，我们严厉的

---

① 参见沈性元：《敦厚·正直·勤奋——我所知道的陶孟和先生》，载《工商经济史料丛刊》，第3辑，第11页。

② 同上。

予以斥责。我们主张应该由政府尽速将它们运回"。他所列举的"最根本的反对理由",是"这些古物与图书绝不是属于任何个人,任何党派","它们是属于国家的,属于整个民族的,属于一切的人民的"。①

在当时的中国知识分子中,一部分人留在大陆,另一部分去了台湾,还有一些人出走海外。而一批自由派知识分子的心态是极其复杂的,或走或留,进退维谷,反复动摇。他们中有些人已经身在国外,便更多了几分挣扎。在这批人中,吴文藻是很有代表性的一例。

自1946年起,吴文藻偕夫人谢冰心住在日本,吴氏任中国代表团政治组组长。中国内地政权更迭之后,吴文藻于1950年5月辞去公职,暂时以某报社记者的身份居留东京,考虑下一步的打算。这一时期,吴文藻思想的矛盾,一览无余地表露在他与友人的交谈之中,也记录在他同瑞斐德、费正清、洛氏基金会、美国耶鲁大学、日本东京大学等之间的书信往来里。吴文藻写信给瑞氏说:"尽管承认摆在我们面前的抉择很困难,我们将要走的道路也有许多障碍,可我们对未来并不太悲观。无论是好是坏,作为中国知识分子,我们不得不面对新的形势,并且为过去没能走中间道路付出代价。"②

回中国吗?③ 吴文藻从根本的思想观念上同共产党的理念有较大的差距,但他也觉得共产党人做了许多有益的事情。他感到,作为一个中国人,自己的命运是同中国人民的命运连在一起的。如果有机会为中国人民做事的话,无论多么微小,或多么危险,他都不能避开。他曾一度不太认真地考虑着一个说法——中国共产党人首先是中国人,他们可能会设计出一条不同于俄国的道路。况且,中共的高级领导人中有一些受西方影响的自由派。他仔细地权衡各种可能性,试图评估他所得到的任何消息。他曾全力研究欧洲的共产主义运

---

① 巫宝三:《纪念我国著名社会学家和社会经济研究事业的开拓者陶孟和先生》,载《近代中国》,第5期,第389~390页。

② *Letter from W. T. Wu to the R. Redfields*, Mar. 21, 1949. UC.

③ 以下三段见 *Letter from H. Passin to R. Redfield*, May 3, 1950. UC.

动，特别是关于人民民主专政的理论与实践。他觉得共产党是欢迎一切人才的，他认为以他的专长，在新社会应该有一个属于他的位置；应该能同他所希望与之打交道的人共事，或许，他可以参加土改或到外交界工作。但无论如何，他的品格要求他献身于他的国家和人民。在某种意义上，吴文藻确有一种殉道的味道。

然而，吴文藻毕竟不是共产党人，他决定要回中国，是与他们工作、相处，还是反对他们？可以想象到的是，他受过美国教育，具有西方的价值取向，与美帝国主义基金所资助的燕京大学有关系，他是社会学或社会人类学教授，而这类学科可能会被新政府看作是为帝国主义辩护的学科。他曾当过蒋政权驻日本的代表团政治组组长，因此有坏名声，不能教授马列主义，他的专业或许不会受欢迎。只要犯个小错，他过去所有的经历就会成为对他不利的证据。当然，根据经验，可能会有个短暂的蜜月期——苏联进行的政治清洗是在政权建立相当长时期以后开始的，在保加利亚、捷克斯洛伐克、匈牙利，这种清洗也都是在逐渐巩固政权的过程中进行的。

另一条出路是流亡。但流亡却违背吴文藻作为一个中国人的品德。他觉得那将意味着不能为中国人民做事，生活会变得毫无成就。他极不情愿走上这条可能永久与中国人民分离的道路。至于台湾的国民党政府，他认为他们丧失了信誉，不可能成功。美国也令他感到痛苦，马歇尔等人支持"中间力量"，鼓励他们反对共产党，可是当共产党解放了整个中国的时候，美国又把他们抛弃了。他恨美国，认为美国是帝国主义。因此，若流亡的话，他认为也许去欧洲更好些。

影响吴文藻做决定的最大因素，是他的夫人冰心。冰心的独立性很强，她愿意，或者说是倾向于带孩子们回国。她也可以去其他的地方，但前提是得保证她的专业形象与地位。① 如果她回去的话，作为一位在中国有影响的进步作家，她无疑会受到欢迎，拥有广大的读者，并参与妇女工作。对于流亡生活，

---

① Excerpt from *Letter to H. Borton from R. F. Evans*, Jun. 30, 1949. RAC.

吴文藻是不情愿的，但若真的流亡了，他至少还可以做些社会科学的研究，过较为满意的生活。但冰心呢，除了作为"流亡者的妻子"外，她不会有任何事业可做。在国外没有她的读者，哪有她的地位？多少个夜晚，她问自己，"我该干什么？"友人建议她可以教书，也可以为中国以外的读者写作。"可是谁会听我的呢？"冰心说。她认为，在集权制度下一定要清洗反对者，那可能是革命时的需要，政权稳固之后就会一切正常了。还有一种可能性，就是冰心回国，而吴文藻去欧洲。去欧洲比去美国的政治意味较淡，可使冰心在中国的日子好过些。冰心曾一度要下最后通牒，让吴文藻选择或是随她走，或是去欧洲。①

在吴文藻进退维谷期间，有关方面都在为他的出路想办法。洛氏基金会出资请吴文藻访美，耶鲁大学聘请他在其外国地区研究系与国际问题研究所工作，自1951年7月1日起，为期至少一年，报酬为六千美元。他的工作范围是研究美国政策在海外，特别是在远东地区的实施情况，以及非西方民族的文化特性，并就他研究的领域做专题报告。在吴文藻到耶鲁之前，洛氏基金会提供给他两千元的生活费，让他在东京研究日本的社会状况，为他在耶鲁的工作做准备，并提供给他往返东京与耶鲁之间的路费。哥伦比亚大学也对吴文藻的工作表示了兴趣。②洛氏基金会的罗杰·埃文斯试图在东京大学社会学系为吴文藻寻求一个研究员的职位。吴文藻对此很感兴趣。在他看来，东京大学的教职，是自己"处在十字路口、面临重重矛盾时最好的选择"。中国有句古语，意思是在头脑充满矛盾时，最好的行动就是最少的行动。他说："……作为一个社会科学的学者，并坚信应同西方保持密切联系，我要在亚洲的土地上尽量多停留一些时间。在这里我还有可能为丰富世界上关于社会的知识作贡献。"③

---

① *Letter from H. Passin to R. Redfield*, May 3, 1950. UC. 这封信还提到，若美国方面有为冰心安排好的事情的话，她也有可能前往。

② *Grant in Aid to Yale University, Account #RF*50160, approved on Feb. 7, 1951. RAC.

③ *Letter from W. T. Wu to R. F. Evans*, Aug. 17, 1950. RAC.

瑞氏也在美国积极活动,看能否帮助吴文藻。① 吴文藻此时的态度是"顺其自然"。②

1951年7月31日,吴文藻收到洛氏基金会两千美元的经费,他已经做好一切赴美准备,正在为去耶鲁从事研究工作,阅读有关东西方关系的资料。其家属有两种可能的选择:一是待在日本,但办理居留手续繁琐;另一种是到香港,冰心准备在大学教书,孩子们入中文学校。至于旅行方式,吴文藻考虑了乘飞机赴纽约的可能性,但费用较高,因此,他决定乘船,并希望坐8月12日从日本横滨出发的威尔逊总统号轮船。吴文藻只等签证一到就会动身赴美。③

然而,事情却出乎意料地起了变化。据包括费正清在内的数位美国友人的通信称,吴文藻在东京申请赴美签证被拒,这是根据美国政府的一项法规,即拒绝那些"有损于美国利益"的人入境,之后他便携家属回到了北京。④

吴文藻的去留,充满了矛盾与悬念。应当说,包括社会学者在内的大多数中国知识分子,无论其政治观点如何,都怀有很深的中国情结。他们希望以自己的专长,为国家、为人民做些事情,这是20世纪40年代末支持他们留在或返回中国内地时的决定性因素,而等在他们前面的,将是一个全新的局面。

---

① *Letter from R. Redfield to R. F. Evans*, Sept. 14, 1950. RAC.
② *Letter from W. T. Wu to R. F. Evans*, Sept. 12, 1950. RAC.
③ *Letter from W. T. Wu to D. H. Rowe, Yale University*, Jul. 31, 1951; *Letter from W. T. Wu to R. F. Evans*, Jul. 31, 1951. RAC.
④ *Letter from J. Fairbank to Professor D. N. Rowe* (c/o Dr. Mary Wright, The Hoover Library, Standford University), Nov. 23, 1951. UC; *Excerpt from letter to R. F. Evans from A. D. Barnett*, May 14, 1952. RAC.

结　语

起源于西方的社会学，自19世纪末传入中国之后，历经兴起、成长、中断、复兴的过程，几起几落，命运曲折而复杂。综观中国社会学的发展，可以归纳出以下几个特点：

首先，中国社会学自一开始就非常重视经验研究，从而形成了注重实地社会调查的传统。社会调查作为社会学研究的基本方法，不同于传统"书斋式"的治学方法，其目的是搜集关于人口、土地、政事等基本资料，并关注平民生活，从数量众多的普通人民的琐碎生活中，发现规律，提炼原理。社会调查的范围，从大都市到小村庄，涉及城市居民的生活费、农村家庭组织及土地问题、传统行会制度等，生动细致地记述了急速变迁中的时代风貌。对中国这样一个长期注重"精英文化"的国家而言，社会调查最重要的贡献是它触及了在整个思想观念上如何着手认识、解决中国的问题。在陶孟和、李景汉等社会学者看来，只有从社会调查入手，以调查成果为依据，自下而上，一点一滴地实行社会改革，才能从根本上认识、解决中国的问题。他们强调，社会调查如同诊病治病，目的是掌握事实，综合分析，进行社会服务与社会改良，即通过立法、教育等方式，经年累月地探求和努力，最终建立一个真正根基于民主与科学的现代国家。

其次，社会学自传入之日起始终面临着学科本土化的挑战，即如何将源自西方的社会学理论和方法，有效地运用于认识、解决中国的社会问题。社会学者对此的认识是，既要延续西方社会学的传统，又要兼顾中国的国情和特点。从这个思路出发，20世纪三四十年代，中国社会学在人口、农村、工业、文化、历史社会学等分支领域，都取得了较有特色的研究成果。以陈达为代表的人口社会学者们,对在中国进行人口普查和人事登记的方法、步骤以及有关人口数量和质量的人口政策等问题,进行了探索。在农村社会学方面,正像美国芝加哥大学社会学系将都市作为社会学的实验室一样,乡村则成为中国社会学者研究、应用的实验室。他们将农村调查同乡村建设结合起来,以科学方法,提出从技术、经济与社会三方面综合治理农村问题,并准备将实验区的经验逐步推行到全国。又如吴景超的工业化及社会建设理论,既参照西方相关的学说与实践,又根据中国的现实状况,提出了一条以税收作杠杆调节社会财富,由国家办教育、公立医院、社会保险,利用外资,融合市场经济和计划经济的"新路"。文化社会学是当时欧美社会学中较发达的研究领域之一,而中国社会的特殊性也正表现在其漫长而丰富的文化历史传统,因此,孙本文等学者非常重视文化社会学的研究。他曾提出以文化特质、文化模式、文化区域等概念,对中国社会进行分区考察,但后来因战乱、社会学中断等因素而没能继续下去。在历史社会学领域,潘光旦、瞿同祖、费孝通等,对社会流动、社会结构等问题进行了独到的分析。再以"燕京学派"为例。在步济时、许仕廉、杨开道、吴文藻、派克、布朗、费孝通等多位中外学者的努力下,燕京大学社会学系以功能主义理论和社区研究方法为基础,以中国城乡社区为对象,产生了一批有关乡村社区经济、政治、家族组织以及工业文化的研究成果。其中特别值得一提的是其有关工业文化的研究。研究结果显示,中国为了实现国家的富强一定要推行工业化,但工业化的结果并不一定能使大众过上富裕的生活。如果按西方早期工业化的模式发展,财富集中在少数人手里,便可能导致大规模的失业,饥民暴动,结果引发社会动荡。因此,中国的工业化既要学习西方的技术,同时也应考虑到中西文化传统的差异,绝不能整个移植西方早期工业管理的原则,而是要建立中国独特的工业文化,避免劳资冲突,在乡村与都市之间建立良性的互动关系,并改善大多数人民的生活,达到一个小康社会。可以说,"燕京学派"的成果,跟上了当时国际上这一"比较社会学"领域的前沿。

第三,中国社会学在增进知识,发展学科的同时,努力推动社会改革,成为名副其实的经世致用之学。研究理论重在应用，以社会学研究成果指导中国的社会变迁，这是中国第一代社会学者赋予自己的重大使命，也成为中国社会学的一大特色。具体地说，在中国迈向现代化的进程中，如何在传统与现代、东西方文化的矛盾中，走出一条适合中国国情的富民强国之路，这是社会学者们所关注的核心问题，而他们对此的答案，是在守旧和激进之间走社会改良的道路。他们受西方社会进化论、功能主义理论及文化理论的影响，将社会组织看作一个生物体，其各部分之间并非机械的结合，而是有机的互动，牵一发而动全身。从这个观点出发便可以推定，社会改革艰难，不能急功近利。一个本来贫弱、落后的国家，绝不可能在瞬间变成一个富强、文明的社会。任何通向现代化的社会改革，都必须考虑到已经存在多时的经济文化制度和传统习俗，倘若只发布与现实生活不相配套的法律法令，并硬性实施，结果便会制造更多的矛盾与不安。应当对社会现实做精密切实的研究，有计划有步骤地让新的社会组织从原有的传统中逐渐蜕化出来。中国社会学对中国现代化的重要贡献，是其融合、折中的思路，即"架桥"——在历史与现实，城市与乡村，市场经济与计划经济，国家利益与人民福祉，学术研究与实际应用，科学与政治，公平与效率，知识与人民，东方与西方文化，中国与世界之间，架起一座座沟通的"桥梁"，在多个矛盾对立体之间寻求契合点，注重社会的协调发展。针对中国当时许多具体的问题，社会学者们的观点可以归纳成两大学说，即"资源说"和"文化说"。也有些学者同时主张"资源说"和"文化说"。"资源说"论者认为，中国的基本问题是人口多，土地少而分散，资源匮乏，生产工具和经营方式陈旧，交通、教育落后。解决的办法主要包括乡村建设，工业化，节制人口，政府以税收来调节财富分配，实行社会保障制度等。"文化说"论者认为，中国的问题在于因西方势力入侵，传统文化遭破坏而产生的文化失调，因此要重新审视、修正传统文化，找到它同西方文化的衔接点，并吸收一部分符合中国国情的西方文化。

一位西方学者曾经如此评价20世纪40年代的中国社会学："可以说，在第二次世界大战以前，中国是除北美和西欧以外的世界上社会学发展得最繁荣兴旺的地区，至少在学术质量方面如此。"①另外，尽管受到战争、动乱、社会经济资源匮乏等条件的限制，中国社会学者们仍然在学科组织的建设方面做了许多工作，如培养人才、出版书刊、组织专业学会、开展学术活动等。由于欧洲各国"二战"以前在这方面的工作非常薄弱，所以就学科组织的规模和活动而言，中国社会学界是当时世界上除美国以外最发达的地区。

中国社会学学科的上述特点，是同中国第一代社会学者的学术背景及其人格特质分不开的。中国第一代社会学者作为中国第一批现代知识分子的一部分，受过良好的中西方教育，具有很强的"边缘人"特性。在时间上，他们处于传统与现代社会之间；在空间上，他们处于中西方文化之间。一方面，他们继承了中国传统文化与道德观念，家国意识浓厚，对国家负有深重的责任感；另一方面，他们接受了西方自由主义的基本原则，崇尚理性、自由、公平。在救亡图存的大背景下，对国家富强的认同，使得他们曾希望借国家的力量推行计划经济，而他们对社会公正的追求，更接近于英国"费边派"的社会主义理想。他们赞成民主政治，但与西方自由主义者不同的是，他们受中国传统文化的影响，注重"群体"而非"个体"。他们毕生所努力的方向，就是在中国培植民主政治的条件，希望最终水到渠成。中国第一代社会学者珍视中国的文化传统，但同时意识到自身的差距；接受过系统的西方教育，但不盲目追从所谓的"世界潮流"。他们既是学养深厚的学者，又是社会实践家，积极参政议政，试图在现代化进程中居主导地位。在治学上，他们中西兼备，博取各方之所长；在实践中，他们根据西方国家现代化的经验教训，详细而切实地规划了中国实现现代化的策略和步骤。最可贵的是，他们在倾全力于中国现代化的同时，清醒地意识到要避免西方现代化过程中所付出的社会代价，并希望以中国为鉴，为其他发展中国家的现代化道路指明方向。他们坚信，中国丰富的文化传统一定能对世界文明做出独特的贡献，并为此付出了艰辛的努力。中国第一代社会学者具有崇高的境界，远大的理想，鲜明的人格特质和自我牺牲精神。

---

① M. Freedman, "Sociology in and of China," *British Journal of Sociology*, Vol. 13, No. 2, 1962, p. 113.

正如潘光旦所说的那样，他们要做山涧里的鱼，逆流而上，努力做时代潮流主动的引导者。为了坚持自己的理想和信念，他们历经坎坷，但却始终如一，有些人甚至付出了生命的代价。

中国近现代剧烈的社会变迁，为社会学学科的成长提供了丰厚的土壤与养分；但同时，社会学在中国的发展，也遭遇了严重的阻碍和挫折。特别是后者，给中国社会学染上了极强的悲剧色彩。总的来说，1949年前，社会学在中国所遇到的阻力之一，来自中西方文化的差异。诚然，西方社会学与中国的文化传统有许多相通之处，特别是英美社会学注重经验研究、实用性强的特点，就很接近于儒家经世致用的思想。但是，由于中国传统文化中缺乏科学的精神，因此社会学者在以科学方法研究中国社会的过程中，遇到了重重困难，他们在进行社会调查时所面对的许多问题即是明证。为了让这门来源于西方的科学在中国扎下根，他们一直致力于社会学的本土化，使社会学的研究在题目的选择、方法的运用、实际问题的解决上，都尽量切合中国的现实。在这个过程中，也暴露了当时社会学学科本身的不成熟。当时中外社会学者们普遍认为，社会现象同自然现象一样存在着因果联系；他们相信，可以用科学方法预测并控制社会变迁，社会的发展最终能走向公平、秩序、进步。这样的思想，无论是在以科学和理性为基础的西方，还是在文化历史传统复杂而久远的中国，看来都是过于简单化、理想化了。

中国社会学所遭遇的另一个更大的困境是由政治因素造成的。1949年前，社会学者一直尝试借助于政府的力量推动社会改良。可以说，中国社会学是同社会改良共存亡的。社会改良需要社会学的指导，社会学的发展也需要社会改良的推动。但是，社会改良所需要的条件，包括稳定的社会经济环境，充裕的时间，大量的持续的人力物力财力的投入，廉洁、高效的政府等，这些条件在1949年以前的中国是不具备的。相反地，那时所面对的处境是：在国内，文化历史传统复杂，科学根基薄弱，经济落后，政府的动荡与腐败，农民占人口的大多数，文盲率高，农民深受土地少、捐税重的痛苦，中产阶级人数少、力量弱。在国际上，西方经济危机波及中国，日本大举侵华，美苏形成两个意识形态对峙的阵营等。所有这一切都注定了社会改良的道路难以走通,社会学者的才华与抱负也因此未能得到全面施展。

对旧时代而言,社会学可谓生不逢时。所幸的是,在黑暗中摸索了大半个世纪的中国社会学终于在新时代获得了重生。我们期待着,中国社会学最终能如其先驱者所期望的那样,为中国的繁荣富强做出贡献,并对世界文明的发展有所建树。

参考文献

本书的中文参考文献依照作者姓名的汉语拼音顺序排列，同一作者的不同论著大致按其发表时间顺序排列，作者姓名不详或无著者的论著以其标题的汉语拼音顺序排列。英文文献按作者姓名字母顺序排列。

中文论著：

岸本能武太：《社会学》，章太炎译，上海：广智书局，1902。

北京大学校史研究室编：《北京大学史料》，第1卷（1898—1911），北京：北京大学出版社，1993。

毕树棠：《中国的杂志界》，载《独立评论》，第64号，1933年8月20日，9～14页。

冰心：《丢不掉的珍宝》，载《冰心选集》，第2卷，成都：四川人民出版社，1983，153～157页。

冰心：《我的老伴——吴文藻》，载《吴文藻人类学社会学研究文集》，1～18页，北京：民族出版社，1990。

蔡元培：《社会学方法论·序》，涂尔干著，许行（即许德珩）译，台北：商务印书馆印行，1965。

陈长蘅：《中国人口论》，上海：商务印书馆，1918年初版，1928年再版，辑入《民国丛书》，第3编，第16册，上海：上海书店，1991。

陈长蘅：《三民主义与人口政策》，上海：商务印书馆，1930年初版，1933年再版。

陈达：《社会调查的尝试》，载《清华学报》，第1卷，第2期，1924年1—2月，305～338页。

陈达：《清华周刊成立外史》，载《清华周刊》（十周年纪念增刊），1924年3月1日，31～34页。

陈达：《中国劳工问题》，上海：商务印书馆，1929年初版，1933年再版。

陈达：《人口问题》，上海：商务印书馆，1934年初版，1935年再版，辑入《民国丛书》,第1编,第19册,上海:上海书店,1989。

陈达:《我国社会行政的主要问题》,载《社会建设》(重庆),第1卷,第1期,1944年7月,12~14页。

陈达:《全国人口选样调查的计划》,载《观察》,第6卷,第5期,1950年1月1日,12~14页。

陈达:《社会调查研究举隅》,载《教学与研究》,1957年4、5、6月号。

陈达:《浪迹十年》,台北:文海出版社,1981。

陈达:《现代中国人口》,廖宝昀译,天津人民出版社,1981。

陈独秀:《马尔萨斯人口论与新中国人口问题》,载《新青年》,第7卷,第4号,1920年3月。

陈翰笙:《中国的农村研究》,原载《劳动季刊》,卷一,第1号,1931年9月,辑入汪熙、杨小佛主编:《陈翰笙文集》,上海:复旦大学出版社,1985,43~45页。

陈翰笙:《亩的差异》,载陈翰笙、薛暮桥、冯和法编:《解放前的中国农村》,第2辑,北京:中国展望出版社,1987,47~50页。

陈翰笙:《现代中国的土地问题》,载陈翰笙、薛暮桥、冯和法编:《解放前的中国农村》,第2辑,80~93页。

陈翰笙:《广东的农村生产关系与农村生产力》,载陈翰笙、薛暮桥、冯和法编:《解放前的中国农村》,第2辑,93~124页。

陈翰笙:《四个时代的我》,北京:中国文史出版社,1988。

陈绵:《人力车夫》,载《新青年》,第7卷,第5号,1920年4月1日。

陈仁炳:《社会调查与社会事业之关连》,载《社会建设》,第1卷,第8期,1948年12月,1~5页。

陈序经:《东西文化观》,载《社会学刊》,第2卷,第3期,1931年4月。

陈序经:《中国文化的出路》,上海:商务印书馆,1934。

陈序经:《中国文化之出路》,载《全盘西化言论集》,岭南大学青年会,1934,辑入《民国丛书》,第3编,第39册,上海:上海书店,1991,1~18页。

陈序经:《关于全盘西化答吴景超先生》,载《独立评论》,第142号,1935年3月17日,2~9页。

陈序经:《再谈"全盘西化"》,载《独立评论》,第147号,1935年4月21日,4~9页。

陈序经:《疍民的研究》,上海:商务印书馆,1946。

陈永龄:《社会学家、教育家赵承信教授传略》,载北京大学社会学系:《社会研究》,第4期,44~52页。

《当代中国》丛书编辑部编:《中国科学院》,上,北京:当代中国出版社,1994。

邓小平:《坚持四项基本原则》,载《邓小平文选》,第2卷,北京:人民出版社,1994,158~184页。

邓中夏:《中国职工运动简史(1919—1926)》,1930年首次在苏联印行,北京:人民出版社,1953年第2版。

邓中夏:《论工人运动》(1923年),载《邓中夏文集》,北京:人民出版社,1983,42~44页。

董家遵:《历代节妇烈女的统计》,载《中央日报·社会调查与研究》,第74期,1937年1月18日;第75期,1937年2月1日。

董家遵:《中国古代婚姻史研究》,广州:广东人民出版社,1995。

费孝通:《易村手工业·序》,张之毅著,辑入费孝通、张之毅:《云南三村》,天津:天津人民出版社,1990。

费孝通:《内地农村》,上海:商务印书馆,1946。

费孝通:《小康经济——敬答吴景超先生对〈人性和机器〉的批评》,载《观察》,第3卷,第11期,1947年11月8日,8~11页。

费孝通:《生育制度》,天津:天津人民出版社,1981。

费孝通:《乡土中国》,北京:生活·读书·新知三联书店,1985。

费孝通:《乡土重建》,观察社,1948年,辑入《国民丛书》,第3编,第14册,上海:上海书店,1991。

费孝通:《论"知识分子"》,载吴晗、费孝通等:《皇权与绅权》,辑入《民国丛书》,第3编,第14册,上海:上海书店,1991,10~22页。

费孝通:《留英记》,载中国人民政治协商会议全国委员会文史资料研究委员会编:《文史资料选辑》,第31辑,北京:中华书局,1962年10月,31~65页。

费孝通等著:《人性和机器——中国手工业的前途》,上海:生活书店,1946。

费孝通、张之毅:《云南三村》,天津:天津人民出版社,1990。

傅尚霖:《社会研究·发刊词》季刊,中山大学社会研究所与社会学系,第1卷,第1期,1935年10月。

甘傅、孟天培:《二十五年来北京之物价工资及生活程度》,李景汉译,载国立北京大学:《社会科学季刊》,卷三,第4期,1925年8月,1~104页。

甘南引:《中国青年婚姻问题调查》,载《社会学杂志》,第2卷,第2、3号合刊,1924年6月,1~281页。

国民政府军事委员会委员长行营、湖北地方政务研究会调查团:《调查乡村建设纪要》,

湖北地方政务研究会发行，1935。

郭德宏：《中国近现代农民土地问题研究》，青岛：青岛出版社，1993。

胡经甫：《燕京大学研究工作之沿革》，载燕京大学学生自治会编印：《燕大三年》，1948，35～36页。

胡乔木：《胡乔木同志在社会学座谈会上的讲话》（打印稿），1979年3月16日。

胡庆钧：《费孝通及其研究工作》，载《观察》，第4卷，第23、24期合刊，1948年8月7日，23～24页。

胡庆钧：《论绅权》，载吴晗、费孝通等：《皇权与绅权》，119～129页。

胡适：《独立评论的一周年》，载《独立评论》，第51号，1933年5月21日，2～3页。

华北大学编：《华北大学介绍》，北平：华北大学，1948年12月9日。

冀朝鼎：《利用美国资本的途径》，载《新经济》，第1卷，第3期，1938年12月16日，63～65页。

姜固中：《对清华社会系的点滴回忆》，载《桃李思故乡》，北京大学社会学系：《社会研究》第6期增刊，1992，40页。

江问渔、梁漱溟编：《乡村建设实验》，北京：中华书局，1937初版，1938年再版，第3集。

蒋旨昂：《战时的乡村社区政治》，商务印书馆，1944年重庆初版，1946年上海初版。

教育部编：《表148 全国各类学术团体概况》，载《全国高等教育统计》（1932），上海：商务印书馆，1935。

教育部编：《表39 全国各大学文学院各系在校生之人数》，《表40 全国各大学法学院各系在校生之人数》，载《全国高等教育统计》（1932），上海：商务印书馆，1935。

教育部编：《表41 十九年度各大学文学院学生系别分析表》，载《二十一年度全国高等教育统计》，1935年7月。

拉德克里夫－布郎：《对于中国乡村生活社会学调查的建议》，吴文藻编译，载燕京大学：《社会研究》，第116期，1936，523～527页。

雷洁琼：《一二·九运动回忆片断》，载中国人民政治协商会议北京市委员会编：《文史资料选编》，第26辑，北京：北京出版社，1985，33～36页。

李达：《现代社会学》，上海：昆仑书店，1929年第3版。

李达：《〈产儿制限论〉中译本译者绪言》，载《李达文集》，第1卷，北京：人民出版社，1980，143～145页。

李达：《中国产业革命概观》，上海：昆仑书店，1929，载《李达文集》，第1卷，北京：人民出版社，1980，388～495页。

李达:《民族问题》,1929,上海:南强书局,辑入《李达文集》,第1卷,北京:人民出版社,1980,560～605页。

李达:《李达文集》,第1卷,北京:人民出版社,1980。

李达:《社会学大纲》,上海:笔耕堂书店,1937,辑入《民国丛书》,第1编,第14册,上海书店,1989。

李大钊:《战争与人口问题》,原载1917年3月30日《甲寅》日刊,辑入《李大钊选集》,北京:人民出版社,1959年第1版,1978年第2次印刷,83～85页。

李剑华:《日本之社会学界》,载《社会学界》,卷一,1927年6月,221～245页。

李景汉:《北京人力车夫现状的调查》,载《社会学杂志》,第2卷,第4号,1925年4月。

李景汉:《妙峰山"朝顶进香"的调查》,载《社会学杂志》,第2卷,第5、6号合刊,1925年6—8月,1～42页。

李景汉:《北京拉车的苦工》,载《现代评论》,第3卷,第62期,1926年2月13日,184～186页。

李景汉:《为洋车夫的统计答西滢先生》,载《现代评论》,第3卷,第66期,1926年3月13日,267～269页。

李景汉:《中国社会调查运动》,载《社会学界》,卷一,1927年6月,79～100页。

李景汉:《北平最低限度的生活程度的讨论》,载《社会学界》,第3卷,1929年9月,1～16页。

李景汉:《实地社会调查方法》,据星云堂书店1933年版影印,辑入《民国丛书》,第3编,第17册,上海书店,1991。

李景汉:《华北农村人口之结构与问题》,载《社会学界》,第8卷,1934,1～18页。

李景汉:《深入民间的一些经验与感想》,载《独立评论》,第179号,1935年12月1日,7～12页;第181号,1935年12月15日,12～16页。

李景汉:《定县土地调查》,上,载清华大学《社会科学》,第1卷,第2期,1936年1月,435～467页;下,第1卷,第3期,1936年4月,803～872页。

李景汉:《北京郊区乡村家庭生活调查札记》,北京:生活·读书·新知三联书店,1981。

李景汉、张世文编:《定县秧歌选》,台北:东方文化书局,1971。

李景汉:《定县社会概况调查》,北京:中国人民大学出版社,1986年重印。

李树青:《纪念杰出的社会学家吴景超先生》,载北京大学社会学系:《社会研究》,第4期,10～13、31页。

李兴华主编:《民国教育史》,上海:上海教育出版社,1997。

李云山:《我对清华社会系的热爱》,载《桃李思故乡》,北京大学社会学系:《社会研究》第6期增刊,1992,37~40页。

李钟湘:《西南联大始末记》,载钟叔河、朱纯编:《过去的学校》,长沙:湖南教育出版社,1982,260~290页。

梁实秋:《忆清华》,载钟叔河、朱纯编:《过去的学校》,长沙:湖南教育出版社,1982,108~120页。

梁漱溟:《山东乡村建设研究院工作报告》,载章元善、许仕廉:《乡村建设实验》,第1集,上海:中华书局,1934年初版,1935年再版,31~38页。

梁漱溟:《中国社会构造问题》,载《乡村建设》半月刊,山东乡村建设研究院出版,第6卷,第3期,1936年9月16日,1~18页。

梁漱溟:《我们的两大难处——二十四年十月二十五日在研究院演讲》,载《乡村建设》,第6卷,第14期,1937年4月1日。

梁漱溟:《山东乡村建设研究院及邹平实验县工作报告》,载章元善、许仕廉:《乡村建设实验》,第2集,上海:中华书局,1935年发行,1938年再版,177~178页。

梁漱溟:《东西文化及其哲学》,载《梁漱溟全集》,第1卷,济南:山东人民出版社,1989。

梁漱溟:《乡村建设大意》,载《梁漱溟全集》,第1卷,济南:山东人民出版社,1989。

梁漱溟:《乡村建设理论》,载《梁漱溟全集》,第2卷,济南:山东人民出版社,1990。

梁漱溟:《答乡村建设批判》,载《梁漱溟全集》,第2卷,济南:山东人民出版社,1990。

梁漱溟:《中国文化要义》,载《梁漱溟全集》,第3卷,济南:山东人民出版社,1990。

梁漱溟:《梁漱溟自传》,南京:江苏文艺出版社,1998。

廖宝昀:《现代中国人口·译后记》,陈达著,天津:天津人民出版社,1981。

林耀华:《柯莱论生活研究法与农村社会研究》,载北平《晨报·社会研究》,第4期,1933年9月27日。

林耀华:《社会研究方法上的形相主义与体验主义》,载北平《晨报·社会研究》,第23期,1934年2月21日。

林耀华:《凉山夷家》,上海:商务印书馆,1947。

林耀华:《金翼——中国家族制度的社会学研究》,北京:生活·读书·新知三联书店,1989。

刘大中等:《我们的意见:一个解决大学毕业生失业问题的具体建议》,载《新路周刊》,第1卷,第12期,1948年7月31日,3页。

刘大中、吴景超等:《我们的意见:经济行政应即公开——一个考验政府效率和廉洁程度的具体建议》,载《新路周刊》,第1卷,第13期,1948年8月21日,3页。

刘鸿万:《战时的人口政策》,载《新经济》,第5卷,第4期,1941年5月16日,76～80页。

刘堃闾:《调查江苏江宁县农家印象记》,载《中央日报·社会调查》,第56期,1936年6月8日;第57期,6月22日。

刘锡藩:《岭表纪蛮》,上海:商务印书馆,1934。

卢郁文:《新经济的三个原则》,载《新经济》,第1卷,第2期,1938年12月1日,31～34页。

罗瑞华:《回忆联大社会系的片断》,载《桃李思故乡》,北京大学社会学系《社会研究》第6期增刊,1992,25～27页。

马伦、戴乐仁:《中国农村经济实况》,李锡周编译,北平:北平农民运动研究会出版,1928。

马罗立:《饥荒的中国》,吴鹏飞译,上海:民智书局,1929。

麦倩曾:《北平娼妓调查》,载《社会学界》,第5卷,1931,105～146页。

毛起俊:《从各地乡村建设说到河南辉县乡村建设》,载《中央日报·社会调查与研究》,第68期,1936年10月12日;第69期,10月26日。

毛泽东:《〈农村调查〉的序言和跋》(1941年3月17日),载《毛泽东农村调查文集》,北京:人民出版社,1982,14～20页。

毛泽东:《反对本本主义》(1930年5月),载《毛泽东农村调查文集》,北京:人民出版社,1982,1～11页。

毛泽东:《关于农村调查》(1941年9月13日),载《毛泽东农村调查文集》,北京:人民出版社,1982,21～27页。

毛泽东:《中国佃农生活举例》,载《毛泽东农村调查文集》,北京:人民出版社,1982,28～34页。

派克:《论中国》,北平燕京大学社会学会辑:《派克社会学论文集》,1933,1～6页。

潘光旦:《生物学观点下之孔门社会哲学》,载《留美学生季报》,留美中国学生会发行,第11卷,第1号,1926年3月20日;第3号,1927年1月20日。

潘光旦:《中国之家庭问题》,上海:新月书店,1928。

潘光旦:《优生与文化》,载《社会学刊》,第1卷,第2期,1929年10月。

潘光旦:《平等驳议》,载《人文史观》,上海:商务印书馆,1937。

潘光旦:《优生原理》,上海:观察社,1949年出版,天津:天津人民出版社,1981年重印。

潘光旦:《优生的出路》,载胡适等著:《中国问题》,上海:新月书店,1932,辑入《民国丛书》,第 3 编,第 12 册,上海:上海书店,1991,213~261 页。

潘光旦:《人文选择与中华民族》,原载《新月》,第 3 卷,第 2 期,辑入潘乃穆、张海
荥主编:《寻求中国人位育之道——潘光旦文选》,北京:国际文化出版公司,1997,
32~50 页。

潘光旦:《文化的生物学观》,原载《东方杂志》,第 12 卷,第 1 期,1931 年 1 月 10
日,辑入潘乃穆、张海荥主编:《寻求中国人位育之道——潘光旦文选》,北京:国
际文化出版公司,1997,16~31 页。

潘光旦:《再谈种族为文化原因之一》(1927),载《潘光旦民族研究文集》,北京:民族
出版社,1995,1~3 页。

潘光旦:《种族与文化机缘》(1927),载《潘光旦民族研究文集》,北京:民族出版社,
1995,3~6 页。

潘光旦:《民族先天果无恙么?》,原载《优生》,第 2 卷,第 2 期,1932 年 3 月 15 日,
辑入《潘光旦民族研究文集》,北京:民族出版社,1995,7~15 页。

潘光旦:《当前民族问题的另一种说法》,原载北平《晨报·社会研究》,1935 年 6 月 5
日,辑入《潘光旦民族研究文集》,北京:民族出版社,1995,28~34 页。

潘光旦:《优生婚姻与法律——论〈民法亲属篇〉婚姻章之优生价值》,载《人文史观》,
上海:商务印书馆,1937,139~151 页。

潘光旦:《民族特性与民族卫生》,上海:商务印书馆,1937。

潘光旦:《性与民族》,原载《年华·优生副刊》,第 4 卷,第 46 期,1935 年 11 月 2
日,辑入《潘光旦民族研究文集》,北京:民族出版社,1995,40~46 页。

潘光旦:《近代苏州的人才》,载清华大学《社会科学》,第 1 卷,第 1 期,1935 年 10
月,49~98 页。

潘光旦:《中国伶人血缘之研究》,重庆:商务印书馆,1941 年 9 月初版,1987 年重印。

潘光旦:《民主政治与中国社会背景》,上,载《自由论坛》,第 2 卷,第 1 期,1944 年
1 月 1 日。

潘光旦:《妇女问题的一个总答复》,载《观察》,第 5 卷,第 3 期,1948 年 9 月 11 日,
6~8 页。

潘光旦:《说家谱的作法》,载清华大学《社会科学》,第 5 卷,第 1 期,1948 年 10 月,
91~108 页。

潘光旦:《学问与潮流》,载《潘光旦文集》,第 2 卷,北京:北京大学出版社,1994,
46~47 页。

潘光旦:《说学人论政》,载《潘光旦文集》,第 5 卷,北京:北京大学出版社,1997,

499~502页。

潘光旦:《荀子与斯宾塞尔论解蔽》,载《观察》,第1卷,第21期,1947年1月18日,7~10页。

潘光旦:《人文学科必须东山再起》,载《观察》,第2卷,第8期,1947年4月19日,11~13页;第9期,4月26日,9~11页。

潘光旦:《再论青年与社会思想》,载《自由之路》(1946),辑入《潘光旦文集》,第5卷,北京:北京大学出版社,1997,284~289页。

潘光旦:《民主政治与先秦思想》,载《自由之路》,辑入《潘光旦文集》,第5卷,北京:北京大学出版社,1997,433~469页。

潘光旦:《中国人文思想的骨干》,载《政学罪言》,上海:观察社,1948,129~144页。

潘光旦:《政治必须主义么?》,载《政学罪言》,上海:观察社,1948,220~229页。

潘光旦:《说伦学——说"伦"之一》,载天津《益世报·社会研究》,第19期,1947年12月11日。

潘光旦:《伦有二义——说"伦"之二》,载《潘光旦文集》,第10卷,北京:北京大学出版社,2000。

潘光旦:《说"五伦"的由来》,载清华大学《社会科学》,第4卷,第2期,1948年4月,89~140页。

潘光旦:《周官中的人口查计制度》,载清华大学《社会科学》,第5卷,第2期,1949年4月,1~30页。

潘光旦:《图南日记》,载《潘光旦文集》,第5卷,北京:北京大学出版社,1997,187~213页。

潘光旦:《清华初期的学生生活》,载钟叔河、朱纯编:《过去的学校》,长沙:湖南教育出版社,1982,67~107页。

潘光旦、费孝通:《科举与社会流动》,载清华大学《社会科学》,第4卷,第1期,1947年10月,1~21页。

潘乃穆、张海焘主编:《寻求中国人位育之道——潘光旦文选》,北京:国际文化出版公司,1997。

千家驹:《中国的歧路——评邹平乡村建设运动》,载《中国农村》,第1卷,第7期,1935年4月,1~14页。

千家驹:《定县的实验运动能解决中国农村问题吗?——兼评民间半月刊孙伏园先生〈全国各地的实验运动〉》,载千家驹编:《中国农村经济论文集》,上海:中华书局,

1936，23～36 页。

千家驹:《中国农村的出路在那（哪）里》，载《中国农村》，第 2 卷，第 1 期，1936 年 1 月，19～23 页。

千家驹:《我所见的邹平》，载《中国农村》，第 3 卷，第 3 期，1937 年 3 月，19～25 页。

千家驹:《陶孟和与社会调查所》，载中国人民政治协商会议全国委员会文史资料燕京委员会编:《工商经济史料丛刊》，第 3 辑，北京：文史资料出版社，1984，13～18 页。

千家驹、李紫翔编:《中国乡村建设批判》，上海：新知出版社，1935。

钱俊瑞:《评卜凯教授所著〈中国农场经济〉》，载《中国农村》，第 1 卷，第 1 期，1934 年 10 月，113～125 页；第 1 卷，第 2 期，1934 年 11 月，90～107 页。

钱俊瑞:《现阶段中国农村经济研究的任务》，载《中国农村》，第 1 卷，第 6 期，1935 年 3 月，605～620 页。

乔启明:《中国农村社会经济学》，上海：商务印书馆，1945。

清华大学校史编写组:《从清华学校到清华大学》，载钟叔河、朱纯编:《过去的学校》，长沙：湖南教育出版社，1982，141～170 页。

清华大学:《国立清华大学国情普查研究所工作概况》，1941 年 3 月，载《清华大学史料选编》，(三·上)，北京：清华大学出版社，1994，173～174 页。

瞿菊农:《战时的乡村社区政治·序》，蒋旨昂著，上海：商务印书馆，1946。

瞿秋白:《现代中国所当有的"上海大学"》，载黄美真等编:《上海大学史料》，上海：复旦大学出版社，1984，1～13 页。

瞿同祖:《俗，礼，法，三者的关系》，载北平《晨报·社会研究》，第 31、32、33 期，1934 年 4 月 25 日，5 月 2 日，5 月 9 日。

瞿同祖:《中国法律与中国社会》，上海：商务印书馆，1947。

全慰天:《记陈达教授》，载《观察》，第 2 卷，第 8 期，1947 年 4 月 19 日，19～20 页。

任扶善:《回忆社会系，缅怀诸先师》，载《桃李思故乡》，1～4 页。

珊格夫人:《家庭性教育实施法》，封熙卿译，上海：商务印书馆，1922 年初版，1925 年第 3 版。

陕西师范大学教育研究所编:《陕甘宁边区教育资料》（高等教育和干部学校部分，上)，西安：教育科学出版社，1981。

沈性元:《敦厚·正直·勤奋——我所知道的陶孟和先生》，载中国人民政治协商会议全国委员会文史资料研究委员会编:《工商经济史料丛刊》,第3辑,北京:文史资料出版社,1984,7～12页。

施蛰存:《上海大学的精神》,载黄美真等编:《上海大学史料》,上海:复旦大学出版社,1984,14～18页。

史国衡:《昆厂劳工》,上海:商务印书馆,1946。

实藤惠秀:《中国人留学日本史》,谭汝谦、林启彦译,北京:生活·读书·新知三联书店,1983。

舒新城编:《中国近代教育史资料》,中册,北京:人民教育出版社,1981。

水世峥:《严景耀——中国犯罪学的开拓者》,载北京大学社会学系:《社会研究》,第4期,1988,21～24页。

宋镜明:《中共一大代表丛书——李达》,石家庄:河北人民出版社,1997。

孙本文:《研究社会问题的基础》,载国立北京大学《社会科学季刊》,卷一,第4期,1923年8月15日,671～685页。

孙本文:《美国社会学现状及其趋势》,载《东方杂志》,第23卷,第12号,1926年12月,73～88页。

孙本文:《文化失调与中国社会问题》,载《社会学界》,第2卷,1928年6月,19～31页。

孙本文:《文化与优生学》,载《社会学刊》,第1卷,第2期,1929年10月。

孙本文:《再论文化与优生学》,载《社会学刊》,第1卷,第2期,1929年10月。

孙本文:《中国文化研究邹议》,载《社会学刊》,第1卷,第4期,1930年9月,1～14页。

孙本文:《社会的文化基础》,上海:商务印书馆,1929年初版,1932年第3版。

孙本文:《中国社会学之过去现在及将来》,载中国社会学社编:《中国人口问题》,上海:世界书局,1932,1～20页。

孙本文:《中国文化在世界上之地位》,载中央政治学校研究部:《政治季刊》,第2卷,第1期,1937年5月,11～20页。

孙本文:《中国文化建设之初步研究》,载中央政治学校研究部:《政治季刊》,第2卷,第2、3期合刊,1938年7月,153～189页。

孙本文:《现代中国社会问题》,第2册,上海:商务印书馆,1943。

孙本文:《社会学与社会行政》,载《社会建设》,第1卷,第1期,1944年7月,4～11页。

孙本文:《社会学原理》,上、下册,据商务印书馆1947年版影印,台北:商务印书馆,1950。

孙本文:《人口论》,辑入《社会学讲座》,第 2 集,台北:启明书局,1961。

孙本文:《社会问题》,载《社会学讲座》,第 1 集,台北:启明书局,1961。

孙本文:《七年来的社会学》,载《抗战时期之学术》,中国国民党中央委员会党史委员会编辑发行,台北,1972,43～51 页。

孙本文:《当代中国社会学》,台北:里仁书局,1982。

孙敦恒:《潘光旦》,载清华大学校史研究室编:《清华人物志》(二),北京:清华大学出版社,1992,225～241 页。

孙晓村:《行政院农村复兴委员会一年来之工作》,载章元善、许仕廉:《乡村建设实验》,第 2 集,上海:中华书局,1938,225～264 页。

孙晓村:《现代中国的土地问题》,原载《教育与民众》,第 8 卷,第 3 期,1934 年,辑入陈翰笙等编:《解放前的中国农村》,第 2 辑,北京:中国展望出版社,1987,428～437 页。

孙晓村:《中国乡村建设运动的估价》,载《解放前的中国农村》,第 2 辑,443～446 页。

孙冶方:《为什么要批评乡村改良主义工作》,载《中国农村》,第 2 卷,第 5 期,1936 年 5 月,21～28 页。

孙中山:《民族主义》,载《三民主义》,长沙:岳麓书社,2000。

汤润千:《清华社会学系学习生活片断》,载《桃李思故乡》,29～30 页。

陶孟和:《社会调查》,载《新青年》,第 4 卷,第 3 号,1918 年 3 月 15 日,221～224 页。

陶孟和:《评社会主义运动》,载国立北京大学《社会科学季刊》,第 1 卷,第 1 号,1922 年 10 月,55～62 页。

陶孟和:《书评——乌格朋〈社会变迁〉》,载国立北京大学《社会科学季刊》,第 2 卷,第 2 号,1924 年 2 月,289～291 页。

陶孟和:《中国的人民的分析》,载《孟和文存》,卷一,上海:亚东图书馆,1925,9～20 页。

陶孟和:《怎样解决中国的问题》,载《孟和文存》,卷一,43～49 页。

陶孟和:《北京人力车夫之生活情形》,载《孟和文存》,卷二,上海:亚东图书馆,1925,101～121 页。

陶孟和:《我们政治的生命》,载《孟和文存》,卷二,5～20 页。

陶孟和:《社会与教育》,上海:商务印书馆,1923。

陶孟和:《社会研究的困难》,载国立北京大学:《社会科学季刊》,第 5 卷,第 1、2 号,1930 年 1—6 月。

陶孟和:《社会科学是科学吗?》,载北平社会调查所:《社会科学杂志》,第1卷,第1期,1930年3月,1~28页。

陶孟和:《北平生活费之分析》,上海:商务印书馆,1930。

陶孟和:《上海工人生活程度的一个研究·序》,杨西孟著,北平社会调查所,1930。

陶孟和:《中国劳工生活程度》,中国太平洋国际学会,1932。

陶孟和:《定县社会概况调查·陶序》,李景汉著,北京:人民出版社,1986年重印。

陶直夫(即钱俊瑞):《中国本部内大区域的土地关系》,载《解放前的中国农村》,第2辑,163~170页。

陶直夫:《中国现阶段的土地问题》,原载《中山文化教育馆季刊》,第1卷,第2期,1934年8月,辑入《解放前的中国农村》,第2辑,184~198页。

田彩凤:《陈达》,载清华大学校史研究室编:《清华人物志》(二),北京:清华大学出版社,1992,34~39页。

田彩凤:《李景汉(1894—1986)》,载清华大学校史研究室编:《清华人物志》(三),北京:清华大学出版社,1995,92~98页。

王蘧常编著:《严几道年谱》,载《民国丛书》,第3编,第77册,上海:上海书店,1991。

王胜泉:《师情难忘》,载《桃李思故乡》,16~21页。

王子建:《中国劳工生活程度——十四年来各个研究的一个总述》,载社会科学调查所:《社会科学杂志》,第2卷,第2期,1931年6月,224~268页。

巫宝三:《纪念我国著名社会学家和社会经济研究事业的开拓者陶孟和先生》,载上海社会科学院:《近代中国》,第5期,1995,362~395页。

吴半农:《论"定县主义"》,载千家驹编:《中国农村经济论文集》,上海:中华书局,1936,15~22页。

吴半农:《河北乡村视察印象记》,载千家驹编:《中国农村经济论文集》,上海:中华书局,1936,390~437页。

吴半农:《我国经济建设之目标问题》,载《新经济》,第4卷,第1期,1940年7月1日,18~23页。

吴冰:《"教育原来在清华"——追忆我的父亲吴文藻》,载《书摘》,2000年12月号,36~39页。

吴伯就:《邓初民传略》,载《晋阳学刊》,1982年1月号,36~37页。

吴铎:《春风化雨十一年》,载中国人民政治协商会议全国委员会文中资料研究委员会编:《工商经济史料丛刊》,第3辑,北京:文史资料出版社,1984,42~51页。

吴晗、费孝通等:《皇权与绅权》,据观察社1949年版影印,辑入《民国丛书》,第3

编,第 14 册,上海:上海书店,1991。

吴景超:《都市之研究》,载《留美学生季报》,第 11 卷,第 3 号,1927 年 1 月,1～13 页。

吴景超:《都市社会学》,载《社会学讲座》,第 1 集,台北:启明书局,1961。

吴景超:《几个社会学者所用的方法》,载《社会学界》,第 3 卷,1929,17～23 页。

吴景超:《孙末楠传》,载《社会学刊》,第 1 卷,第 1 期,1929 年 7 月。

吴景超:《两汉的人口移动与文化》,上,载《社会学刊》,第 2 卷,第 4 期,1931 年 7 月;下,载《社会学刊》第 3 卷,第 2 期,1932 年 10 月。

吴景超:《舆论在中国何以不发达》,载《独立评论》,第 87 号,1934 年 1 月 28 日,2～4 页。

吴景超:《社会学观点的应用》,载《独立评论》,第 111 号,1934 年 7 月 29 日,11～13 页。

吴景超:《孙末楠的治学方法》,载《独立评论》,第 120 号,1934 年 9 月 30 日,14～17 页。

吴景超:《建设问题与东西文化》,载《独立评论》,第 139 号,1935 年 2 月 24 日,2～6 页。

吴景超:《答陈序经先生的全盘西化论》,载《独立评论》,第 147 号,1935 年 4 月 21 日,2～4 页。

吴景超:《都市研究与市政》,载《独立评论》,第 148 号,1935 年 4 月 28 日,9～15 页。

吴景超:《〈自由的方法〉书评》,载《独立评论》,第 160 号,1935 年 7 月 21 日,19～22 页。

吴景超:《耕者何时有其田?》,载《独立评论》,第 165 号,1935 年 8 月 25 日,5～9 页。

吴景超:《关于佃户的负担答客问》,载《独立评论》,第 168 号,1935 年 9 月 15 日,12～13 页。

吴景超:《社会调查与市政改革》,载《中央日报·社会调查》,第 44 期,1935 年 12 月 23 日。

吴景超:《地方财政与地方新政》,载清华大学《社会科学》,第 2 卷,第 1 期,1936 年 10 月,51～74 页。

吴景超:《第四种国家的出路》,上海:商务印书馆,1937。

吴景超:《中国工业化问题的检讨》,载《独立评论》,第 231 号,1937 年 4 月 25 日,3～13 页;第 232 号,5 月 2 日,17～20 页;第 233 号,5 月 9 日,14～17 页。

吴景超:《中国工业化的途径》,上海:商务印书馆,1938。

吴景超:《六十年来的中国经济》,载《新经济》,第 5 卷,第 3 期,1941 年 5 月 1 日,58～64 页。

吴景超:《经济建设与社会福利事业》,载《社会建设》,第1卷,第1期,1944年7月,46~47页。

吴景超:《书评(Maurice Dobb, *Soviet Planning and Labor in Peace and War*, N. Y.: International Publishers, 1943; *Soviet Economy and the War*, International Publishers, 1943)》,载清华大学:《社会科学》,第4卷,第1期,1947年10月,127~136页。

吴景超:《论耕者有其田及有田之后》,载《新路周刊》,第1卷,第2期,1948年5月22日,2~5页。

吴景超:《中国工业化的资本问题·总答复》,载《新路周刊》,第1卷,第7期,1948年6月26日,9页。

吴景超:《私有财产与公有财产——美苏经济制度述评之一》,载《新路周刊》,第1卷,第15期,1948年8月21日,4~7页。

吴景超:《论经济自由——美苏经济制度述评之二》,载《新路周刊》,第1卷,第24期,1948年10月23日,4~6页。

吴景超:《计划经济与价格机构》,载清华大学《社会科学》,第5卷,第1期,1948年10月,55~77页。

吴景超:《从四种观点论美苏两国的经济平等》,载《观察》,第5卷,第13期,1948年11月20日,4~6页。

吴清可:《回忆我们的父亲吴景超》(打印稿),2004年12月。

吴文晖:《南京棚户调查述略》,载《中央日报·社会调查》,第16期(1934年11月12日)~第19期(12月24日)。

吴文藻:《派克社会学论文集·导言》,燕京大学社会学会,1933。

吴文藻:《现代社区实地研究的意义和功用》,原载燕大社会学系:《社会研究》,第66期,1935年1月9日,辑入《吴文藻人类学社会学研究文集》,北京:民族出版社,1990,144~150页。

吴文藻:《社区研究与社会调查的近今趋势——在中国社会学社第五届年会宣读之论文》,载《中央日报·社会调查》双周刊,第27期,1935年4月29日;第28期,5月13日。

吴文藻:《西方社区研究的近今趋势》,1935年,载《吴文藻人类学社会学研究文集》,151~158页。

吴文藻:《中国社区研究的西洋影响与国内近状》,载北平《晨报·社会研究》,第101期,1936。

吴文藻:《民主的意义》,载《今日评论》周刊,第4卷,第8期,1940年8月25日,

116～120页。

吴文藻:《社会学丛刊·总序》,甲集丛刊,见瞿同祖:《中国法律与中国社会》,上海:商务印书馆,1947。

吴文藻:《吴文藻自传》,载《晋阳学刊》,第6期,1982,44～52页。

吴文藻等:《我们对于社会行政的意见》,载孙本文等:《社会行政概论》,中华文化服务社印行,1941年初版,1944年再版,1～9页。

吴泽霖:《民族研究论文集》,北京:民族出版社,1991。

伍启元:《战后经济建设的外币资本问题》,载《新经济》,第9卷,第3期,1943年6月1日,45～50页。

西超:《全国乡村工作讨论会的印象》,载《中国农村》,第2卷,第1期,1936年1月,39～47页。

西南联合大学北京校友会编:《国立西南联合大学校史——1937年至1946年的北大、清华、南开》,北京:北京大学出版社,1996。

萧瑜:《社会学书目类编》,北平:立达书局,1934。

谢婉莹、瞿世英辑:《北京社会的调查》,载《燕大季刊》,第1卷,第3期,1920年9月。

新晨报丛书室编:《国立北京大学》,载《北平各大学的状况》,1929年初版,1930年增订再版,1～52页。

徐宝谦:《全国乡建运动之现状与问题》,载章元善、许仕廉:《乡村建设实验》,第2集,上海:中华书局,1938,490～494页。

徐盈:《解放前夕的北平文化界》,载中国人民政治协商会议北京市委员会文史资料研究委员会编:《文史资料选编》,第29辑,北京:北京出版社,1986,139～145页。

许德珩:《为了民主与科学:许德珩回忆录》,北京:中国青年出版社,1987。

许德珩:《社会学讲话》,上、下卷,辑入《民国丛书》,第2编,第15册,上海:上海书店,1990。

许仕廉:《再请大家研究社会问题》,载《大公报·社会问题》,第2期,1933年3月4日。

许仕廉:《中国社会变迁研究与国家建设》,载《大公报·社会问题》,第3期,1933年3月18日。

许仕廉:《对于社会学教程的研究》,载《社会学杂志》,第2卷,第4号,1925年4月,1～11页。

许仕廉:《中国人口问题》,上海:商务印书馆,1930年,辑入《民国丛书》,第3编,第16册,上海书店,1991。

许仕廉:《中国社会学运动的目标经过和范围》,载《社会学刊》,第 2 卷,第 2 期, 1931 年 4 月,1～29 页。

许仕廉:《一个市镇调查的尝试》,载《社会学界》,第 5 卷,1931 年 6 月,1～10 页。

许仕廉:《介绍派克教授》,载《社会学刊》,第 3 卷,第 4 期,1933 年 4 月。

许仕廉:《社会计划与乡村建设》,载《社会学界》,第 8 卷,1934,263～269 页。

薛暮桥:《怎样研究中国农村经济》,载《中国农村》,第 1 卷,第 1 期,1934 年 10 月,27～36 页。

薛雨林、刘端生:《广西农村经济调查》,载《中国农村》,第 1 卷,第 1 期,1934 年 10 月,57～74 页。

严复:《原强》,载王栻主编:《严复集》,第 1 册,上,北京:中华书局,1986,5～15 页。

严复:《论世变之亟》,载王栻主编:《严复集》,第 1 册,上,1～5 页。

严复:《群学肄言》,北京:商务印书馆,1981。

严复:《严几道与熊纯如书札节钞》,载《学衡》,第 16 期,上海:中华书局,1923 年 4 月。

严景耀:《中国的犯罪问题与社会变迁的关系》,北京:北京大学出版社,1986。

严景耀:《严景耀论文集》,民进中央宣传部编,北京:开明出版社,1995。

严仁赓:《回忆陶孟和先生》,载《工商经济史料丛刊》,第 3 辑,1～5 页。

言心哲:《读〈南京棚户调查述略〉以后》,载《中央日报·社会调查》,第 18 期,1934 年 12 月 10 日;第 19 期,1934 年 12 月 24 日。

言心哲:《中国乡村人口问题之分析》,上海:商务印书馆,1935,辑入《民国丛书》,第 3 编,第 17 册,上海:上海书店,1991。

言心哲:《农村家庭调查》,上海:商务印书馆,1935。

言心哲:《言心哲自传》,载《晋阳学刊》,1982 年第 4 期,73～77 页。

阎明,访问袁方记录稿,1996 年 7 月 19 日。

晏阳初:《定县社会概况调查·晏序》,李景汉著,北京:中国人民大学出版社,1986 年重印。

晏阳初:《农村运动的使命》,原载《民间》,第一卷,第 11 期,1934 年 10 月 10 日,辑入《晏阳初全集》,第 1 卷,长沙:湖南教育出版社,1989,293～304 页。

晏阳初:《中华平民教育促进会定县工作大概》,载章元善、许仕廉:《乡村建设实验》,第 1 集,上海:中华书局,1934 年初版,1935 年再版,53～63 页。

燕京大学社会学系:《燕大社会学会及其工作》,载《社会学界》,卷一,1927,249～250 页。

燕京大学社会学系:《燕京大学社会学系概况》,载《社会学刊》,第4卷,第2期,1934年4月。

燕京大学社会学系:《礼俗调查的尝试》,载北平《晨报·社会研究》周刊,第40、41、43、46~50期,1934年6月27日,7月4日,7月11日,8月1日—9月5日。

燕京大学学生自治会编印:《燕大三年》,1948。

杨开道:《归农运动》,载《东方杂志》,第20卷,第14号,1923年7月25日,17~29页。

杨开道:《农村社会学》,上海:世界书局,1929年初版,1933年6版。

杨开道:《农村社会》,上海:世界书局,1930年初版,1933年6版。

杨开道:《农村问题》,上海:世界书局,1930,6页。

杨开道:《农村组织》,上海:世界书局,1930。

杨开道:《农村自治》,上海:世界书局,1930年初版,1931年4版。

杨开道:《中国农村组织略史》,载《社会学刊》,第1卷,第4期,1930。

杨开道:《农村政策》,上海:世界书局,1931年初版,1932年再版,28~33页。

杨开道:《乡约制度的研究》,载《社会学界》,第5卷,1931年6月,11~46页。

杨开道:《中国领袖研究——楚项羽》,载《社会学刊》,第3卷,第1期,1931年11月。

杨开道:《中国领袖的研究——汉高祖》,载《社会学刊》,第3卷,第2期,1932年10月。

杨开道:《新吾的乡甲约制度》,载《社会学界》,第8卷,1934,239~252页。

杨开道:《燕京大学农村建设工作》,载章元善、许仕廉:《乡村建设实验》,第2集,上海:中华书局,1935,117~126页。

杨立德:《西南联大教育史》,成都:成都出版社,1995。

杨西孟:《九年来昆明大学教授的薪津及薪津实价》,载《观察》,第1卷,第3期,1946年9月14日,7页。

袁方:《现代中国人口学的拓荒者——忆陈达先生》,载《社会研究》,北京大学社会学系,第4期,1988,32~34、18页。

张鸿钧:《燕京大学社会学系清河镇社会实验区工作报告》,载章元善、许仕廉:《乡村建设实验》,第1集,上海:中华书局,1934年初版,1935年再版,62~92页。

张金陔:《北平粥厂之研究》,载《社会学界》,第7卷,1933年6月,189~222页。

张镜予编:《沈家行实况》,上海:商务印书馆,1924。

张履鸾:《江宁县481家人口调查的研究》,载中国社会学社编:《中国人口问题》,上海:

世界书局，1932，辑入《民国丛书》，第1编，第19辑，上海：上海书店，1989，301～346页。

张群：《调查乡村建设纪要·序》，国民政府军事委员会委员长行营、湖北地方政务研究会调查团编，湖北地方政务研究会发行，1935。

张闻天选集传记组等：《张闻天晋陕调查文集》，北京：中共党史出版社，1994。

张荫麟：《洪亮吉及其人口论》，载《东方杂志》，第23卷，第2号，1926年1月25日，69～74页。

张玉山：《山东乡村建设研究院社会调查工作述略》，载《中央日报·社会调查》，第42期，1935年11月25日。

章太炎：《斯宾塞尔文集》，曾广铨译，载《昌言报》，1898年8月17日—10月30日。

赵承信：《狱中杂记——一个社会学的解释》，载《大中》，第1卷，第4～9期合刊，1946年4—8月，39～62页。

赵承信：《平郊村研究的进程》，载《燕京社会科学》，第1卷，1948年11月，107～116页。

赵承信：《实地研究与中国社会学建设》，载天津《益世报·社会研究》，第25期，1948年2月5日。

兆临（即黄兆临）：《关于社会学名词的翻译》，载北平《晨报·社会研究》周刊，第30期，1934年4月11日。

郑友揆：《高尚的品德，开阔的胸襟——忆陶孟和先生的业绩》，载《工商经济史料丛刊》，第3辑，31～33页。

郑振铎：《我们今后的社会改造运动》，载《新社会》，第3号，1919年11月21日，1～2页。

郑振铎：《社会服务》，载《新社会》，第7号，1920年1月1日，1～3页。

中国国民党中央委员会党史委员会：《金陵大学文学院迁蓉后事业报告》，载《抗战时期之高等教育》，革命文献第60辑，台北，1972，190～204页。

中国社会科学院近代史研究所中华民国史组编：《胡适来往书信选》，中册，北京：中华书局，1979。

周固新：《革命的大学——上海大学》，载钟叔河、朱纯编：《过去的学校》，长沙：湖南教育出版社，1982，500～519页。

周荣德：《记昆明市户籍示范调查》，载《新经济》半月刊，第7卷，第5期，1942年6月1日，93～98页。

周叔俊：《吴景超》，载中国人民大学高等教育研究室校史编写组编：《中国人民大学人物传》，第1卷，北京：中国人民大学出版社，1993，321～325页。

周叔昭：《我所认识的派克先生》，载燕京大学社会学会：《派克社会学论文集》，1933，7～12页。

《本刊对于"严重警告"的答复》，载《新路周刊》，第2卷，第1期，2页，1948年11月13日。

《大江季刊》（上海），第1卷，第2期，1925年11月。

《黑暗演讲》，载《清华周刊》，第332期，1924年12月26日，26页。

《沪江大学全部被毁，图书仪器均成灰烬》，载《中央日报》，1937年8月16日。

《金陵大学近况》，载《社会学刊》，卷一，第4号，1930年9月。

《救国策略讨论大纲》，载《留美学生季报》，第11卷，第3号，1927年1月，147～170页。

《论坛：论我国今后的人口政策》，载《新路周刊》，第1卷，第5期，1948年6月12日，3～10页。

《社会学界消息》，载《社会学杂志》，第2卷，第4期，1925年4月。

《社会学界消息》，载《社会学刊》，第1卷，第1期，1929年7月。

《社会学史》，台北：启明书局印行，1961。

《社会学界消息——中央大学社会学系半年来的社会服务》，载《社会建设》，第1卷，第3号，1948年7月，65页。

《社会学界消息：中国社会学社举行第九届年会暨成立二十周年纪念大会》，《社会建设》，第1卷，第7期，1948年11月，75～76页。

《社会学座谈会》，载《新建设》，1957年7月号，40～47页。

《社会研究表格》，载《社会学杂志》，第2卷，第4期，1925年4月。

《社会主义的经济是否需要计划》，载《新路周刊》，第1卷，第16期，1948年8月28日，4～8页。

《新经济·发刊的志趣》，第1卷，第1期，1938年11月16日。

《〈新经济〉的使命》，载《新经济》，第1卷，第1期，1938年11月16日。

《阳翰笙同志谈20年代的上海大学》，载上海大学社会学系《社会》，第3期，1984年6月，1～4页。

《战后经济问题座谈会》，载《当代评论》，第3卷，第15、16期合刊，1943年3月28日。

《中国社会学会本年职员表》，载《社会学杂志》，第2卷，第5、6号合刊，1925年6—8月。

《中国社会学社成立会记》，附《工商部部长孔祥熙讲词》，载《社会学刊》，第1卷，第4期，1930年9月。

《中国社会学社第二届年会纪事》，载《社会学刊》，第3卷，第4期，1933年4月。

《怎样分类观察农户经济》，载《中国农村》，第1卷，第1期，1934年10月，101～106页。

清华大学国情晋查所：《研究所三十一年度工作报告及三十二年度工作计划》，清华大学档案。

《梅贻琦函教育部——为国普所请以私米售价折发代金》，1943年8月9日，清华大学档案。

《教育部函梅贻琦》，1943年10月6日，清华大学档案。

《国情普查所呈贡县龙街米价调查》，1943年8月11日，清华大学档案。

《国情普查所函清华大学文书组》，1945年10月19日，清华大学档案。

《梅贻琦函云南省警备司令部》，1945年10月24日，清华大学档案。

《国情普查所给清华大学办事处的信》，1945年12月7日，清华大学档案。

英文论著：

英文档案材料后面的缩写，说明其保存地：

ABHS: American Baptst Historical Society.（美国基督教浸礼会历史学会）

BU: Brown University Archives.（美国布朗大学图书馆特藏部）

PU: Seeley G. Mudd Manuscript Library, Princeton University.（美国普林斯顿大学马德图书馆）

RAC: Rockefeller Archives Center, North Tarrytown, New York.（美国洛克菲勒基金会档案中心）

UTS: Burke Library's Special Collections, Union Theological Seminary.（美国纽约协和神学院图书馆特藏部）

UC: Department of Special Collections, Regenstein Library, University of Chicago.（美国芝加哥大学图书馆特藏部）

YDS: United Board for Christian Higher Education in Asia Archives, Yale Divinity School.（美国耶鲁大学神学院图书馆特藏部）

LSE: London School of Economics and Political Science Archives.（英国伦敦经济学院档案部）

Arensberg, C., *Letter to Wu Wen-tsao*, Jun. 8, 1937. LSE.

A View of the Work of the Social Service Club of Peking University, Peking: Tung Cheng Printing House, 1924–1925, PU.

Barnett, A. D., Excerpt from letter to RFE (Roger F. Evans), May 14, 1952. RAC.

Buck, J. L., *Chinese Farm Economy*, Chicago: University of Chicago Press, 1930; N.Y. & London: Garland Publishing, Inc. 1982.

Bucklin, H. S., *A Social Survey of Sung-Ka-Hong*, Shanghai: China Baptist Book Store, 1924.

Bulmer, M., "Support for Sociology in the 1920s: The Laura Spelman Rockefeller Memorial and the Beginnings of Modern, Large-Scale, Sociological Research in the University," *The American Sociologist*, Vol. 17, Nov. 1982, pp.185–192.

Burgess, J. S., "What the Chinese Students are Reading," *Some Tools for the Student Work*, Shanghai: General Committee, Y. M. C. A. of China and Korea, 1912, pp. 52–60. UTS.

Burgess, J. S., ed., *Some Tools for the Student Work*, Shanghai: General Committe, Y. M. C. A. of China & Korea, 1912, pp. 1–7. UTS.

Burgess, J. S., "How to Study the Jinrickishaw Coolie", Peking Studies in Social Service, ed. Peking Young Men's Christian Association, No. 3, May 1913. UTS.

Burgess, J. S., *Supplementary Study of the Rickshaw Coolie*, UTS.

Burgess, J. S., *The Training of Social Workers in China*. Shanghai: The Chinese Recorder, Vol. LV, No. 7. July 1924, pp. 425–429; Vol. LV, No. 8, Aug. 1924, pp. 520–526. UTS.

Burgess, J. S., "Where East Meets West," *The Princeton Alumni Weekly*, Vol. xxviii, No. 12, Dec. 16, 1927, pp. 338–340. PU.

Burgess, J. S., *Letter to the Trustees and Friends of Princeton-in-Peking*, Nov. 10, 1928. PU.

Burgess, J. S., *The Guilds of Peking*, N. Y.: Columbia University Press, 1928.

Burgess, J. S., *Some Recollections of Princeton's Work in China*, ca1940s. PU.

Burgess, J. S., *Autobiography of J. B. Burgess*, 1940. PU.

Burgess, J. S., *Statement Regarding Academic Training and Experience of John Stewart Burgess*. PU.

Burgess, J. S. & S. F, *The American Stake in China*, Reprinted from *Survey Graphic*, May 1927 for Princeton-in-Peking. PU.

Canton Union Theological College, Catalogues and Bulletins. UTS.

Ginling College, Boone University, Catalogues and Bulletins. UTS.

North China Union College, Catalogues and Bulletins. UTS.

Shantung Christian University, Catalogues and Bulletins. UTS.

Chang, Hung Chun, *Letter to Prof. S. M. Gunn*, (*Vice President of the Rockefeller Foundation*), Mar. 9, 1943. RAC.

Chao, Cheng Hsin, *Letter to R. E. Park*, Nov. 29, 1933. UC.

Chao, Cheng Hsin, (*Acting Dean of College of Public Affairs and Chairman of Department of Sociology*) *Letter to Dr. M. C. Balfour*, Shanghai: Mar. 11, 1947. RAC.

Chao, Cheng Hsin, *Letter to Dr. R. F. Evans* (the Social Sciences, the Rockefeller Foundation), Dec.1, 1949. RAC.

Chen, Ta, *Chinese Migrations, with Special Reference to Labor Conditions*, Columbia University Press, 1923.

Chen, Ta, *Population in Modern china*, Chicago: the University of Chicago Press, 1946.

Chen, Han Sheng, *Landlord and Peasant in China: A Study of the Agrarian Crisis in South China*, New York: International Publishers, 1936.

Chiang, Yung Chen, *Social Engineering and the Social sciences in China, 1919–1949*, Cambridge, U.K.; New York: Cambridge University Press, 2001.

The Chinese Sociological Bulletin, 1933–1935.

The Chinese students Alliance in America, *The Chinese students Monthly*, Vol. xxi, No. 3, Jan. 1926.

Ching Ho: A Sociological Analysis, Department of Sociology and Social Work, 1930.

The Commission of Social Research in China, Suggestions for the Organization of an Institute for Social and Economic Research, *the Chinese Journal of Sociology*, Vol. ii, Nos. 5~6, Jun.-Aug., 1925, pp. 19–42.

Cooper, E., *Bibliography of Robert E. Park*. UC.

Dickinson, J., *Observations on the Social Life of a North China Village*, Department of Sociology, Yenching University, Series C, No. 6, 1927.

Dittmer, C. G., "An Estimate of the Standard of Living in China," *The Quarterly Journal of Economics*, Vol. 33, Nov., 1918, Cambridge: Harvard University Press, pp. 107–128.

Letter from W. B. Donham, Graduate School of Business Administration, to Fei Hsiao-tung, November 3, 1943, attached to *Letter from Fei Hsiao-tung to Dr. J. H. Willits*, Nov. 23, 1943. RAC.

Doolittle, J., *Social Life of the Chinese*, New York: Harper & Brothers, 1865.

Letter from Dwight W. Edwards (*Executive Secretary in China*) to *Members of the International Committee, Princeton-Yenching Foundation*, Apr. 6, 1936. PU.

Ellis, H., *Psychology of Sex: A Manual for Students*, London: William Heinemann Medical Books Ltd, 1933.

Memo by RFE (R. F. Evans), Feb.27, 1945. RAC.

Excerpt from Letter to H. Borton from R. F. Evans, Jun. 30, 1949. RAC.

Letter from J. Fairbank to Professor D. N. Rowe (*c/o Dr. M. Wright The Hoover Library, Standford*), Nov. 23,1951. UC.

Fairbank, W., *Memorandum Regarding Visit to the Yenching-Yunan Station for Sociological Research and Census Research Institute of Qinghua University*, Jul. 2, 1945. RAC.

Faris, R. E. L., *Chicago Sociology, 1920–1932*, Chicago & London: University of Chicago Press, 1970.

Fei, Hsiao Tung, *Letter to R. Firth*, Oct. 2, 1936, with an outline "A Chinese Family Organization," LSE.

Fei, Hsiao Tung, *Peasant Life in China*, London: Routledge, 1939.

Fei, Hsiao Tung, *Letter to Malinowski*, Mar. 15, 1940. LSE.

Fei, Hsiao Tung, *Letter to R. E. Park*, Nov. 15, 1943. UC.

Fei, Hsiao Tung, *Letter to Dr. J. H. Willits* (*the Rockefeller Foundation*), Nov. 23, 1943. RAC.

Fei, Hsiao Tung, *Letter to Wilma Fairbank*, Dec. 7, 1943. RAC.

Fei, Hsiao Tung, *Letter to Wu Wen-zao*, Dec. 7, 1943. RAC.

Fei, Hsiao Tung, *A Proposal for International Co-operation in Social Science Research*, Dec. 7, 1943. RAC.

Fei, Hsiao Tung, *Letter to Greta* (*Margaret P. Redfield*), Jun. 16, 1944. UC.

Fei, Hsiao Tung, *Letter to Greta*, Jun. 19, 1945. UC.

Fei, Hsiao Tung, *Letter to Greta*, Sep. 3, 1945, UC.

Fei, Hsiao Tung, *Letter to Robert Redfield*, Apr. 24, 1946. UC.

Fei, Hsiao Tung, *Letter to Greta*, Dec. 4, 1947. UC.

Fei, Hsiao Tung, *Letter to Bob* (*Robert Redfield*), May 22, 1948. UC.

Fei Hsiao Tung, *Letter to Firth*, Jul. 17, 1948. LSE.

Fei, Hsiao Tung, *Letter to Greta*, Aug. 8, 1948. UC.

Fei, Hsiao Tung, *Letter to Bob*, Sept. 1, 1948. UC.

Fei, Hsiao Tung, *Letter to Greta*, Jun. 24, 1949. UC.

Fei, Hsiao Tung, Chang Chih I, *Earthbound China—A Study of Rural Economy in Yunnan*, Chicago: University of Chicago Press, 1945.

Fei, Hsiao Tung, *Letter to Norman Franklin*, Feb. 21, 1962. LSE.

Fei, Hsiao Tung, *Letter to Firth, Mar. 30*, 1983. LSE.

Firth, R., *Project for Research: Social Stability in North China Village Life*, May, 1937. RAC.

Firth, R., *Letter to Wu Wen-tsao*, Jan. 6, 1938. LSE.

Freedman, M., "Sociology in and of China, British Journal of Sociology," Vol. 13, 1962, pp. 106–116.

Gamble, S. D., *Peking: A Social Survey*, N. Y.: George H. Doran Co., 1921.

Gamble, S. D., *How Chinese Families Live in Peking*, N. Y.: Funk & Wagnalls, 1933.

Gamble, S. D., *Ting Hsien: A North China Rural Community*, N. Y.: Institute of Pacific Relations, 1954.

Gamble, S. D., *North China Villages: Social, Political and Economic Activities before 1933*, Berkley & L.A.: University of California Press, 1963.

Gamble, S. D., *Correspondances*.YDS

Garrett, S. S., *Social Reformers in Urban China: the Chinese Y. M. C. A., 1895–1926*, Cambridge: Harvard University Press, 1970.

Gee, N. G., *A Class of Social Outcasts, Notes on the Beggars in China*, Peking: Peking Leader Press, 1925.

Hankins, F. H., *The Racial Basis of Civilization*, New York & London: A. A. Knopf, 1926.

Harrison, S. M., *Social Conditions in An American City: A Summary of the Findings of the Springfield Survey*, N. Y.: Russell Sage Foundation, 1920.

Hinkle, R. & Hinkle G. J., *The Development of Modern Sociology: Its Nature and Growth in the United States*, New York: Random House, 1954.

Hinkle, R. C., *Founding Theory of American Sociology, 1881–1915*, Boston, London & Henley: Routledge & Kegan Paul, 1980.

Hörmann, B., *Letter to R. E. Park*, Nov. 15, 1933. UC.

Hörmann, B., *Letter to F. H. Matthews*, Jan. 4, 1965. UC.

Hörmann, B., Notes, in W. *Raushenbush's manuscript on Robert E. Park*. UC.

Hsu, Francis L.K., *Magic and Science in Western Yunnan: A Study of the Introduction of Modern Medicine in a Rustic Community*, N. Y.: Distributed by the Institute of Pacific Relations, 1943.

Hsu, Leonard S., *Study of A Typical Chinese Town*, Peiping: The Leader Press, 1929.

Hsu, Leonard S. L., *Letter to E. E. Day*, Jul. 9, 1931. RAC.

Hsu, Leonard S. L., *Letter to E. E. Day*, Jul. 20, 1931. RAC.

Hughes, E. C., *Notes on Field Methods*, a course taken with R. E. Park, Fall 1924. UC.

Huntington, E., *The Character of Races as Influenced by Physical Environment, Natural Selection and Historical Development*, New York & London: C. Scribner's Sons, 1925.

Institute of Social Research, a summary of It's work, 1926–1932, 1933.

Johnston, B. V., *Pitrim A. Sorokin: An Intellectual Biography*, Lawrence, Kan.: University Press of Kansas, 1995.

"Interview by T. B. Kittredge with Dr. R. Firth, fellowship candidate, London," Feb. 6, 1937, *Yenching University 1936–1937:* RAC.

Kulp, D. H., *Application for Appointment as a Missionary*, ca1910s. ABHS.

Kulp, D. H., *Scholastic Experience*. ABHS.

Kulp, D. H., "Revised Suggestions for the Organization of a Brown University School of Sociology," *Shanghai Baptist College Bulletin*, Vol. VI, No. I, Jul. 1919. pp.26–28. UTS.

Kulp, D. H., "Social Work and Christian Propaganda," *The Chinese Recorder*, Vol. 54, No. 3, Mar. 1923. Shanghai: Presbyterian Mission Press, pp. 145–152.

Kulp, D. H., *Country Life in South China; The Sociology of Familism*, N. Y.: Teachers College, Columbia University, 1925.

Kulp, D. H., *Personal History*, 1933. BU.

Lamberton, M., *St. John's University, Shanghai, 1879–1951*. N. Y.: United Board for Christian Colleges in China, 1955.

Leong, Yew-Koh., Tao Li-Kung., *Village and Town Life in China*, London: George Allen & Unwin Ltd., 1915.

Li, Shu Ching, *My Convictions and Activities*, ca1950s, UC.

Lin, Yueh Hwa, *Golden Wing: A Family Chronicle*, N. Y.: Institute of Pacific Relations, 1944; 1947.

Lippmann, W., *The Method of Freedom*, New York: The Macmillan Co. 1934; 6th ed. 1935.

Lockwood, W. W., *Chinese Y. M. C. A. Head Tells of 30 Years Work in Orient*, Reprinted from China Press Annual Review, Jan. 1, 1934. UTS.

London School of Economics and Political Science, "Supervisor's Report on Application for Registration for Higher Degree," Interview of Fei Hsiao Tung by R. Firth, Sep. 28, 1936.

LSE.

London School of Economics and Political Science, "Admission Application Form for Higher Degree Students in Second and Subsequent Years Fei Hsiao Tung." LSE.

London School of Economics and Political Science, Doctorate Report Form Fei Hsiao—Tung, Session 1936-37. LSE.

Lutz, J. G., *China and the Christian Colleges, 1850–1950*, Ithaca & London: Cornell University Press, 1971.

Lynd, R. S. and H. M. Lynd, *Middletown: A Study in American Culture*, N. Y.: Harcourt, Brace, and Co.,1929.

Malinowski, B., *Letter to Gunn*, May 25, 1937. LSE.

Malinowski, B., *Letter to Fei Hsiao Tung*, May 9, 1940. LSE.

Mallory, W. H., *China: Land of Famine*, N. Y.: American Geographical Society, 1926.

Malone, C. B. and J. B. Taylor, *The Study of Chinese Rural Economy*, China International Relief Commission Publications, Ser. B, No. 10, Peking, 1924.

Mathews, F. H., *Quest for an American Sociology: R. E. Park and the Chicago School*, Montreal: McGill-Queen's University Press, 1977.

Moses, M. J., *Famous Actor—Families in America*, New York: T. Y. Crowell & Co., 1906.

North China Council for Rural Reconstruction, *Minutes of the Meeting of the Committee on Training and Research*, 1936. RAC.

Obituary of S. F. Burgess. PU.

Odum, H. W., *American Sociology, The Story of Sociology in the United States through 1950*, N. Y.: Greenwood Press, 1969.

Park, R. E., *Letter to T. C. Wang*, Feb. 15, 1924. UC.

Park, R. E., "Human Migration and the Marginal Man," *American Journal of Sociology*, Vol. 33, May 1928, pp. 881–893.

Park, R. E., *Life History*, Feb. 1, 1929. UC.

Park, R. E., *Letters from R. E. Park to Romanzao Adams, University of Hawaii*, Jan. 12; Mar. 14; Mar. 29. 1933.

Park, R. E., *Letter to Lisa*, Oct. 18, 1943. UC.

Park, R. E., *File under Final Testament*. UC.

Park, R. E., *Chronology*. UC.

Passin, H., *Letter to R. Redfield*, May 3, 1950. UC.

Peking University, "Announcement of the College of Arts and Sciences for Women, College of Arts and Sciences for Men, and School of Theology, 1920-1921," *Bulletin* No. 3. YDS.

Peking University, *President Stuart's First Annual Report to the Board of Managers of Peking University*, Jun. 11, 1920. YDS.

Peking University, "Report of the Dean of the School of Theology," *Annual Reports of the President and Deans to the Board of Managers*, Jun. 1923. YDS.

Peking University, *A View of the Work of the Social Service Club of Peking University*, Peking: Tung Cheng Printing House, 1924-1925. PU.

Princeton Peking Gazette, I. 1, Feb. 1925. PU.

Raushenbush, W., *Robert E. Park, Biography of a Sociologist*, Durham, N. C.: Duke University Press, 1979.

Redfield, M. P., *Letter to H. & E. Hughes*, Dec. 22, 1948. UC.

Redfield, R., *The Folk Culture of Yucatan*, Chicago: University of Chicago Press, 1941.

Redfield, R., *Letter from Hong Kong to Mom*, Feb. 2, 1949.

Redfield, R., *Letter to R. F. Evans at RF*, Jun. 26,1944. RAC.

Redfield, R., *Memo to Mrs. H. Hughes with the American Journal of Sociology*, Nov. 17, 1945. UC.

Redfield, R., *Letter to Lee*, Nov. 28, 1945. UC.

Redfield, R., *Letter to T'ien*, Aug. 9, 1948. UC.

Redfield, R., *Letters to Joanna*, Lisa, or Pete, Nov., 1948 to Jan. 1949.

Redfield, R. *Community Studies in Japan and China: A Symposium,* Introduction. pp.3-10. UC.

Redfield, R., "The Chinese in a World Community," *Common Cause*, Vol. 2, No.10, 1949. UC.

Redfield, R., *Letter to S. C. Chen,* (President of the Lingnan University), Jan. 29, 1949. UC.

Redfield, R., *Letter to R. F. Evans*, Sep. 14, 1950. RAC.

Rockefeller Foundation, *Grant in Aid to Yale University*, Acc. # RF50160, approved Feb. 7, 1951. RAC.

Rowntree, B. S., *Poverty: A Study of Town Life in York, England*. London & New York: MacMillan, 1901.

Letter from Beardsley Ruml to Mr. Leighton Stuart, Jun. 6, 1928. YDS.

St John's University, *Catalogue*, 1910. UTS.

St. John's University Middle School Annual Catalogue, 1929–1939, Shanghai. Nov. 1929. UTS.

Shanghai Baptist College, *Catalogue*, 1912, 1914, 1916, 1921–1922. UTS.

Shanghai Baptist College (and seminary), *Bulletin*, 1915, 1916, 1921, 1924. UTS.

University of Shanghai, "Report of the Dean and Registrar", *Bulletin*, Vol. XXIV, No. I, Jul. 1931. UTS.

Shi, Kuo Heng, *China Enters the Machine Age*, Cambridge, Mass.: Harvard University Press, 1944.

Sorokin, P. A., *Social Mobility*, New York, London, Harper & Brothers, 1927.

Sun, Baldwin P. W., "Vita", *China in the American Press, A Study of the Basis and Trend of American Public Opinion toward China as Revealed in the Press*, Ph. D. dissertation, New York University, 1925.

Tam, H. P. F., "The Past of Boone University," *Boone University, 1871–1921*, pp. 1–11. UTS.

Tao, Li Kung, *The Condition of the Rickshaw Coolie in Peking*. UTS.

Tao, Li Kung, *Livelihood in Peking; an analysis of the Budgets of Sixty Families*, Peking: Social Research Department, China Foundation for the Promotion of Education and Culture, 1928.

Memo attached to the *Letter from G. E. Taylor* (*University of Washington*) *to Joseph Willits of the RF in NYC*, Apr. 18, 1944. RAC.

Tsu, Andrew Y. Y., *The Spirit of Chinese Philosophy; A Study in Mutual Aid*. Ph. D. dissertation, Columbia University, 1912.

The University of Chicago Registry of Doctors of Philosophy. UC.

Wang, T. C., *Letter to R. E. Park*, Jun. 13, 1924. UC.

Wu, Ching Chao, *Chinese Immigration in the Pacific Area*, M. A. thesis, University of Chicago, 1926.

Wu, Ching Chao, *Chinatowns: A Study of Symbiosis and Assimilation*, Ph. D. dissertation, University of chicago, 1928.

Wu, Wen Tsao, *The Chinese Opium Question in British Opinion and Action*, Ph. D. dissertation, Columbia University, 1928.

Wu, Wen Tsao, "Proposals for the organization of an institute for research in the social sciences in Yenching University," 1937.

Wu, Wen Tsao, "Methodological notes on the adaptation of functional anthropology to the study of village life in China," 1937. LSE.

Wu, Wen Tsao, "Proposed research projects and research set-up," 1937. LSE.

Wu, Wen Tsao, *Letter to R. Firth*, Dec. 8, 1937. RAC.

Wu, Wen Tsao, "A memorandum on the research project of the social conditions in the frontier provinces in western China," 1938. LSE.

Wu, Wen Tsao, *Letter to R. Firth*, Aug. 28, 1938. LSE.

Wu, Wen Tsao, *Letter to R. Firth*, Aug. 7, 1939. LSE.

Wu, Wen Tsao, *Letter to Dr. M. C. Balfour (RF, Manila, Philippines)*, May 22, 1941.

Wu, Wen Tsao, *Letter to Dr. Balfour,* (Yenching University-Sociology and Social Administration), Aug. 26, 1942. RAC.

Wu, Wen Tsao, *Letter to R. Redfield*, Mar. 13, 1944. RAC.

Wu, Wen Tsao, *Letter from Wu Wen-tsao (Division of the Social Sciences, University of Chicago) to Roger F. Evans*, Mar. 27, 1945. RAC.

Wu, Wen Tsao, *Letter from Wu Wen Tsao of the Supreme National Defense Council, Nanking to Roger F. Evans of the Rockefeller Foundation*, Apr. 29, 1946. RAC.

Wu, Wen Tsao, *Letter to the Redfields*, Mar. 21, 1949. UC.

Wu, Wen Tsao, *Letter to Roger F. Evans*, Aug. 17, 1950. RAC.

Wu, Wen Tsao, *Letter to Evans*, Sep. 12, 1950. RAC.

Wu, Wen Tsao, *Letter to David H Rowe*, Yale University, Jul. 31, 1951. RAC.

Wu, Wen Tsao, *Letter to Evans*, Jul. 31, 1951. RAC.

Yang, Chuan Kwang, *Letter to Bob and Greta*, Mar. 31, 1949. UC.

Yen, Ching Yueh, *Crime in Relation to Social Change in China*, Ph. D. dissertation, University of Chicago, 1934.

Yen, James Y. C., *Letter to Dr. James T. Shotwell*, Jun. 10, 1936. RAC.

Yen, James Y. C., *How to Implement the American Policy for a "Strong and Democratic China,"* 1947. RAC.

Yen, James Y. C., *To Mr. Raymond B. Fosdick* (President of the Rockefeller Foundation), Oct. 17, 1945. RAC.

Yenching University, *Announcement of Courses in the Department of Sociology and Social Work, 1929–1930 Bulletin*. UTS.

Yenching University, "Research Project for a Sociological Study of Village Life in China, 1936–1937," in College of Public Affairs, Yenching University, *"Program for 1936–1937 in College of Public Affairs, Yenching University, Summary Report*, 1935–1936", January

1936. RAC.

Yenjing University, College of Public Affairs, *Summary Report, 1935–1936*, Jan. 1936. RAC.

Yenching-Yunnan Station of Sociological Research, *Development of Sociological Research in War-Time China*, a report of the work of the YYSSR read before the Social Research Society, University of Chicago. Attached to *Letter from Fei to Dr. J. H. Willits*, Nov. 23, 1943. RAC.

附录

"差序格局"探源[①]

阎 明

摘 要： 在早期中国社会学的发展中，费孝通曾于20世纪40年代末提出"差序格局"说，代表了老一辈社会学者对中国社会学理论工作的开创性贡献。在1979年开始的"新时期"社会学发展中，此说被认为是中国社会学的一个基本概念，广泛用于对传统及当代中国社会的研究中。本文从学术史的角度，考察"差序格局"以及相关的"乡土社会""乡土中国"的词语、概念等问题的学术渊源与发展脉络。本文提出：费孝通的"乡土中国"同美国社会人类学家雷德菲尔德的"乡土社会"学说密切相关，前者可以看作是在后者的基础上对中国传统社会文化的思考与概括。而"差序格局"说亦非独立自成；其提出之前及其同一时期，在中西学术史上都有类似的概念或表达，如"多重同心圆""外推""扩充""辐射""社会圆"等。"差序格局"说的构成，则包含了多个中西学术思想来源及内容，如人类学亲属制度研究，与杨朱思想相关联的绝对"自我主义"，儒家思想中的"人伦差等"及"推仁""修齐治平"等，存在着"合而不融"的内在逻辑矛盾。因此，"差序格局"说以及中国的"乡土社会"问题，都需要更加深入细致的辨析与验证。

[①] 本文原载于《社会学研究》，2016年，第5期，此次"摘要"为重写。

在早期中国社会学的发展中,费孝通曾于20世纪40年代后期提出"差序格局"说,代表了老一辈社会学家对中国社会学理论工作的开创性贡献。在1979年开始的"新时期"社会学发展中,"差序格局"被认为是中国社会学的一个基本概念,广泛用于对传统及当代中国社会的研究中。学界围绕"差序格局"的研究主要分两条途径:一是对文本内容的解读、分析与发挥,以期在理论上有所发展;二是以它作为理论进行实证研究,或用它指导实证研究,或以实证研究对它加以修正,或二者兼而有之。而且,这两条途径有一个共同之处,即往往把着眼点仅放在费氏与中国研究上,很少旁顾。①

本文将回到费氏所处的"学术时代",对"差序格局"的"前世"进行探究,上溯其形成过程。这项研究还要从"内视"转向"外视",对涉及此概念形成的中西方学术论著进行考察与比较。这是因为"差序格局"并非独立自成,其背后蕴藏着丰富的中西方学术滋养,而梳理工作则有助于填补学术史研究于此之空白,这是本文的重点所在。本文的最后部分,则根据从学术史角度所得的研究结果,对几个相关社会学理论问题提出看法,以就教于同行。因论题所限,本文基本不涉及"差序格局"在当代中国社会科学研究中的应用及发展。

一、从雷德菲尔德的"乡土社会"到费孝通的"乡土中国"

费氏的"差序格局说"是他在《乡土中国》一书中提出的。为了研究费氏的"差序格局",须先研究其"乡土中国",因为后者是其基本理论框架,而前者作为后者的组成部分,是其特征之一。进一步看,在费氏的这本书里,"乡土中国"仅作为书的标题出现,是"中国乡土社会"更为简练的表达形式,其论述中则使用"中国乡土社会"和"乡土社会"。初读之下,可能会以为,"中

---

① 近期张江华(2015)发表的论文对此是一种突破。笔者在本文写作完成之后才看到张文;张文的着眼点、论题及观点与本文有很大不同。特此说明。

国乡土社会"和"乡土社会"不过是一个概念的两种表述,是相通并可互换的。但细读之后就会发现二者之分别,如费氏所言,这本书"是以中国的事实来说明乡土社会的特性"(费孝通,1985:97)。也就是说,"乡土社会"和"中国乡土社会"(或"乡土中国")的关系是:一个在前,另一个在后;一个是普遍性,另一个是特殊性;一个是论,另一个是证。

的确如此,"乡土社会"不同于"中国乡土社会"。它是美国社会人类学家罗伯特·雷德菲尔德(Robert Redfield, 1897—1958)[①]的研究成果,费氏借它作自己的"乡土中国"建构之用。对此,费氏在1948年9月1日写给雷氏的信中曾明确表示:"我读了你的《乡土社会》一文,而且实际上,在我的中文新书《乡土中国》[②]中采用并发挥了你的思想"(Fei, 1948)。因此,了解雷氏的学术背景及其相关工作,可以成为认识费氏论说的一把"钥匙"。

雷氏是美国社会学"芝加哥学派"领军人物派克的学生和女婿,于1928年自芝加哥大学社会学系毕业,获博士学位。早期芝大的学科边界较模糊,社会学系设人类学专业。雷氏在专攻人类学的同时受到了相当的社会学训练,尤其是得到了派克的指教及多方影响。人类学自社会学分出独立成系以后,他到人类学系任教(Wilcox, 2004: 27-32)。雷氏的学术训练及旨趣使其研究发展呈现出两个特点:一是横跨社会学和人类学,二是注重理论和经验研究的结合。从研究对象来看,他的研究不同于早期人类学者以原始部落为研究对象、社会学者以当代社会为研究对象的划分,而是以那些当时受到西方现代工业化与都市文明冲击的"中间社会"(intermediate societies)为对象,关注它们从传统向现代文明变迁的社会历程。从研究途径来看,他既从经典社会学理论出发,又采用人类学以直接观察为特点的田野调查方法,将理论分析与经验研究相结合,成果则集中体现在其建构"乡土社会"典型和"乡土社会-城市社会"类

[①] 在民国时期,Redfield 曾有过两个译名,一是瑞斐德(本书采用此译名),二是瑞德斐。本文采用当代标准译名雷德菲尔德。

[②] 在此,为清楚起见,将瑞氏的"Folk Society"暂译作"乡土社会",费氏的"Folk China"译作"乡土中国"。本文第三节将论述从"folk"到"乡土"的转换问题。

其实，雷氏运用"典型"（type）建构法来提出他自己的"乡土社会"概念，并非其首创，而是追随了一个学术传统，韦伯（Weber, 1964: 89、92）将之概括为"观念类型"或"理想型"（ideal type）建构。针对现象进行观察、描述，并经过筛选与抽象提炼出概念，是科学工作的一项基本内容。而以一对概念来反映事物的两极或两个对立的现象，也有着悠久的学术传统（Sorokin, 2002）。在近代，对社会学中有关社会发展"类型对比"法的建构有重大贡献且对雷氏产生深刻影响的，应首推英国法律史学家梅因。梅因（Maine, 1963）从罗马法律史的角度考察社会变迁，提出古代社会为家族社会，以"身份"为特征；近代社会为个人社会，以"契约"为特征；社会发展则是从"身份社会"转向"契约社会"。此后，多位学者也提出了各式各样的"类型对比"概念，包括美国人类学家摩尔根的"氏族性社会"（societas）和"政治性国家"（civitas）（Morgan, 1964）、社会学家滕尼斯（即书中提到的"杜尼士"，本文中译作"滕尼斯"）的"共同体"与"社会"（Tönnies, 2002）、涂尔干的"机械团结"与"有机团结"（Durkheim, 1964）等。

同这几位学者的工作相比，雷氏的贡献不在理论的原创性，而主要在于他能将理论与经验研究相结合。早在20世纪20年代中期，他便开始到墨西哥进行村庄实地调查，第一部专著于1930年出版（Redfield, 1930）。此书所研究的是"乡土民族"（folk peoples）的"乡土生活"（folk life）。据雷氏自己说，他受到派克的影响，从美国社会学奠基人之一萨姆纳（W. G. Sumner, 即孙末楠，本文使用"萨姆纳"这一译名）的著作《民风》（Folkways）中吸收了"folk"的理念（Redfield, 1960a: 143）。① 从此书的内容看，尚有些许早期民俗

---

① 派克对"folk"发生兴趣，可能同早期"芝加哥学派"的另一位有影响力的人物托马斯（W. I. Thomas）有关。托马斯曾到德国学习民俗心理学（folk psychology）和民族学（ethnology），亦受到萨姆纳等人学说的影响。托马斯在芝大社会学系任教时对人类学专业贡献很大。也正是他将派克招聘到芝大社会学系任教，并在学术上对派克有很大的影响（Matthews, 1977: 97-103; Faris, 1967: 15-16、29; Bulmer, 1984: 36）。

学的影响痕迹，如提到民间传说（folklore）和民歌（folk songs）的搜集。当然，雷氏并非一位民俗学者，他的志趣是追踪研究社会变迁的过程。尽管此时他尚未提出"乡土社会"的概念，但已经提出了与其相关的一些基本特征，如定居乡村，地方性强，自给自足，同质性高，有共同的传统，以语言而非文字来传承文化等。他还将所研究的村庄视作一种介于原始部落和现代城市之间的"中间社会"类型，或称"农民社区"（peasant community），尤其关注传统文化受城市文明影响而发生的各种变化。

雷氏更有雄心、也更成熟的研究成果是他与合作者在墨西哥尤卡坦半岛选择了四个有代表性的社区，包括部落社区、农业村庄、市镇、城市，依次从封闭而单一到开放与多元，考察它们在现代文明的影响下，文化解组、世俗化和个体化的程度渐强等问题，以此呈现从传统乡土社会到现代都市工商社会变迁的一幅现实图景，这被称为"乡土－都市连续统"（folk-urban continuum）（Wilcox, 2004: 62）。① 本来，社会变迁是历时性的，可以通过对同一个社区的追踪研究来观察其变化过程。而另一个做法则如雷氏所为，即出于现实的考量，选择若干个基本文化背景相似、却受现代文明影响深浅不一的社区同时研究，将理论概念转化为一系列可操作的变量，据此观察、分析与比较社会文化变迁的状况。雷氏即以这样的社区比较研究，搭建起理论与实证之间的桥梁，将上述欧洲经典社会学家所提出的传统向现代转型的问题，从宏观理论阐释落到经验研究的实处，向科学、系统地考察社会变迁迈出了坚实的一步。这是他非常独到的贡献。

雷氏构建"乡土社会"的概念，有长期积累的田野调查经验为基础。多年之后，他还重返其中一个村庄做了追踪研究。与此同时，在派克的建议下，自1932年起，雷氏将自己所开的"民族学概论"（Introductory Ethnology）课程改为"乡土社会"（Folk Society），扩大其内容，将人类社会按复杂程度

---

① 雷氏本人的工作主要集中于"乡土社会"，"芝加哥学派"的派克（Park, 1915）与沃思（Wirth, 1938）则对城市研究的贡献更大。

从小型部落群体到近代"政治社会"都包括进去。他还把上述社区比较研究的实地调查材料和概念梳理拿到课上讨论,尤其是对建立"乡土社会"典型不断深入探究,与欧洲经典社会学对话,考察从传统向现代变迁过程中诸变量之间的功能关系,并试图从中提炼出一些可以再拿到其它地方进行经验研究的假设。雷氏实际开设此课程的时间是1935—1955年。这门课在芝大很受欢迎(Wilcox, 2004: 52、60-63)。他就这门课程开列的参考文献有上百种(Becker, 1950: 368-369)。自20世纪30年代起,多位芝大学生或同行追随他,在北美、亚洲、非洲多地做城乡社区研究,细化或修正其学说(Miner, 1963; Embree, 1939; Spicer, 1940; Hughes, 1943)。另一方面,则有一些学者通过各自的实地调查对"乡土社会"典型进行检验,从而提出各种质疑和挑战(Tax, 1939, 1941; Lewis, 1951; Sjoberg, 1952; Foster, 1953)。雷氏对于自己的论说进行了长期的思考、深化、修正,这反映在他的一系列论著中(Redfield, 1930, 1934, 1940, 1941, 1947, 1950, 1953a, 1953b, 1960a, 1960b; Redfield & Villa Rojas, 1962)。即便如此,在相当长的时间里,雷氏的正式出版论著中几乎没有出现"乡土社会"一词,一般是"乡土文化""地方乡土传统"或"乡土民族"。直到20世纪40年代初,雷氏的论著才开始使用"乡土社会"一词(Redfield, 1940)。而他非常明确且系统地阐释"乡土社会"典型的,是他于1947年发表的、也即上述费氏信中所提到的那篇《乡土社会》。这篇在学术界产生很大影响的论义对"乡土社会"予以如下概括:

> 这样一个社会规模小而孤立,无文字,同质性高,群体团结意识强;其谋生方式为传统习俗所制约并由此形成一套较为协调的系统,即"一套文化"。人们行事传统,往往出于自动自发,不加批评或质疑,且注重个人化的因素。不实行立法,亦没有为求知的目的而进行实验及思考的习惯。人们的经历与行为由亲属关系及其制度决定,以家族群体为行动单位。(社会)由神圣而非世俗的力量主导,经济活动由身份而非市场所决定。(Redfield, 1947: 293)

值得注意的是，雷氏将"乡土社会"定义为孤立的、未受现代文明影响的社区或社会，这既是"理想型"建构的需要，也比较符合当时人类学的主要研究对象——所谓"原始社会"——的实际，较简单的农民社会亦可包括在内。而那些同城市关系密切的"较复杂的农民社会"却不能被全然视作"乡土社会"，因为它们部分是"乡土社会"，部分是"城市社会"。它们一方面有浓厚的传统文化，注重传统信仰崇拜，以家庭或家族为基本社会组织；另一方面，它们也同城市所代表的现代文明体系有较密切的联系，如使用货币、完税、开办学校、选举投票、采用机械技术等（Redfield, 1940）。在雷氏看来，中国的乡村正是如此——乡村有赖于城市；乡村人口与城市人口之间有经济、政治及社会身份上的联系，因此形成了"一种特殊的乡民（rural folk），我们称其为农民（peasantry）"（Redfield, 1947: 306）。雷氏在长期的研究工作中曾先后用过多个术语，以表述这种既保持传统却又受城市文明影响的"农民社会"，如"中间社会"（intermediate societies），"部分乡土社会"（part-folk societies），"晚期乡土社会"（later folk societies）或"部分社会"（part-societies）（Redfield, 1930: 217; 1953a: 225; 1953b: 31-40; 1960b: 23-39）等。这不断变化的表达正体现了他的研究思考过程，而他对"中间社会"的研究，突破了早期人类学研究孤立、静止的原始部落的局限性，具有开拓性意义。"中间社会"所包含的"乡土"和"城市"诸多因素，在特定的社会历史文化条件下，呈现出各种现象及问题的组合，因而极具比较社会学研究的潜力。自20世纪40年代末起，雷氏将视野投向更加广阔的"文明"问题，其关注点从"乡土"与"都市"的对应转为"乡土"与"文明"的对应。也就是说，对于从传统向现代的转变，他较之以前更关注时空维度的问题（Wilcox, 2004: 120-122）。而他对"类型对比"的探索是一以贯之的，最终提出了学术界较为熟悉的"大传统"与"小传统"的对应概念（Redfield, 1960a: 40-59）。

雷氏对费氏的影响始于两人的学术交往。实际上，自20世纪30年代起，派克、英国人类学家拉德克里夫-布朗（本文以下统称"布朗"）等即同中国社会学家许仕廉、吴文藻等建立了联系。随后，通过布朗和吴文藻的引荐，雷氏夫妇同费氏也建立了联系。1943年至1949年间，他们之间有较深入的交往，雷氏夫妇在学术上给予费氏很多帮助（阎明，2010：175、179—180、268—271、288）。费氏依据雷氏的"乡土社会"提出了"乡土中国"说，主要体现在两点：其一，费氏追随雷氏运用了典型建构和"类型对比"法。从费氏的书中不难看到一对对的类型对比概念："（传统）乡土社会"与"现代（西洋）都市社会"、"礼俗社会"与"法理社会"、"差序格局"与"团体格局"等。这样，费氏的论说便进入了社会学关于社会转型研究的学术传统。其二，在内容方面，费氏的"乡土中国"也借鉴了雷氏所勾勒的"乡土社会"的主要特征，但他在阐释雷氏的论说时，则以自己的中国生活经验和研究观察所得对之加以本土化，融入了很多自己的思考。费氏所长在才情，他对中国社会的观察细致入微，举例鲜活，文笔生动，很"接地气"，因而能够打动读者。

与此同时，费氏对雷氏的论说确有发挥和拓展，使其"乡土中国"展现了与雷氏"乡土社会"不同的一面。显然，费氏并非仅受雷氏的影响，他有自己的学术训练背景及学术交往圈；作为一个中国社会的研究者，他也有自己对中国社会问题的认识及关切点。这些雷氏以外的因素汇集起来，不但在《乡土中国》一书中有所反映，也体现在费氏同一时期的其它论著中。这方面在本文第三节中会继续论述，于此仅提出两点：其一，从论题来看，雷氏的《乡土社会》一文没有涉及政治权力问题，而费氏《乡土中国》后半部分关于中国传统社会政治结构的篇章，为其时他所组织的相关学术讨论之部分内容。[①] 这可视为他对雷氏提出的"乡土社会"和"农民社会"的一种更深入的探索，也是"乡土中国"研究的起步之处。其二，虽然二人都注重传统向现代的转型问题，他们的关注点却不相同。雷氏关注的是一般的"乡土社会"，而费氏则聚焦于"乡土中国"，其着眼点是中国-西方社会文化的对比。雷氏关于"乡

---

① 这次讨论所形成的成果，除《乡土中国》外，另见费氏及其他学者的相关论著（费孝通，2010b/1948；吴晗、费孝通等，1948）。

土社会"的研究写作保持着一种冷静的距离感。费氏所面对的，却是一个内忧外患的祖国，而他不仅是其中普通的生活者，更怀有经世的抱负，要做一个社会变迁的引领者。比较而言，雷氏更重精神层面，如"乡土思维"（folk mentality）问题、现代化过程中因技术与经济系统的扩张而导致的道德失序问题等（Redfield, 1940, 1947）。费氏于此一时期虽有理论关怀，但更重社会实践。他最关切农民的生计问题、乡村土地问题以及与此相连的乡村工业问题。为了避免如西方现代化所带来的社会解组的弊端，他提出了切实的解决途径，即立足于乡村的经济、技术与社会组织相结合的"乡土重建"（费孝通，2010b/1948）。

另外，费氏曾将其《乡土中国》与美国人类学家米德的一本有关"美国国民性"的书[①]相联系，称二者"在方法上是相通的"（费孝通，1985：97）。这可能会给人一种印象，即二者有较密切的关系。不能否认米德之书对费氏的影响。比如有学者提出，从费氏阅读的米德的《美国人的性格》，以及费氏自己之前写的有关英美两国的文章、书籍，可以看出他对西方社会有较清楚的认识，并以此为参照而增加了对中国社会的认识深度（阎云翔，2006）。但仔细比较米德作品与《乡土中国》的内容，却未见共同之处。而且，米德此书尽管很受欢迎，在学术界却被认为并非社会学或人类学学术著作，其科学性不强，写作过于仓促，存在着事实和逻辑上的诸多缺陷（Smith, 1943; Kluckhohn & Kluckhohn, 1943）。

相比之下，与费氏的《乡土中国》更直接相关的是雷氏的《乡土社会》，而非米德的《美国人的性格》。而从雷氏的"乡土社会"到费氏的"乡土中国"，涉及词语翻译、概念转换以及思想发展等问题，其背后则是费氏的工作同当时中国学术界同行们的联系问题，留待后文第三节探讨。

[①] 米德此书是在"二战"的大背景下，受到一些关于"国民性"问题的作品的影响而作，关注的是美国国民性（American national character）问题（Mead, 1942）。1944年，企鹅出版社以《美国人的性格》为题将其再版。

二、"差序格局"的西方学术渊源

费氏"乡土中国"框架中最有影响的部分是"差序格局",后者被认为是前者的基本特征之一。那么,"差序格局"是否也如"乡土中国"一样,同雷氏的"乡土社会"密切相关呢?答案并不简单。经研究认为,费氏的"差序格局"有多个来源,本节仅论及雷氏《乡土社会》的部分内容,以及与此相联系的早期人类学亲属制度研究的相关问题。其它涉及当时中国学术界的相关思想背景和现实关切的问题,将放到第三节讨论。再者,如果说"乡土中国"仅为"乡土社会"的一个特例的话,"差序格局"是否为"乡土社会"的一个基本特征而非"乡土中国"所特有的?本节亦将举例说明,"差序格局"所显示的以亲属关系为基础的社会结构特征,是如何体现在其他"乡土社会"研究之中的。

雷氏的《乡土社会》一文中有这样的论述:在一个规模小而有着长期、密切关系的"乡土社会"里,人们的行为是个人化的(personal),而不是非人格化的(impersonal)。这种较亲密的、个人化的关系起自家庭关系,却可"向外扩展"至整个社会。而且,社会关系不仅是个人化的,也是亲属化的;每个人都置身于亲属关系网里,受其规范和制约;亲属之间则依据各自在家族谱系中的身份相互交往。因此,"乡土社会"即家族社会,家族关系之外的社会群体很少,有的话也呈现出家族组织的特征。雷氏指出,古代社会即家族社会这一论断,是由梅因提出的。他援引数项人类学成果,对人际关系以家族为基础"向外扩展"的多种方式提供了例证(Redfield, 1947: 301-302)。

比较雷氏的上述论点和费氏的"差序格局",二者的相符之处有:一是"乡土社会"基本上由亲属关系构成;二是其他各种关系可纳入亲属关系,或者说,"乡土社会"中的亲属关系可"向外扩展"至所有的社会关系;三是社会关系为个人关系的联结,费氏将此表达为"一根根私人联系所构成的网络"(费孝通,1985:29)。

费氏的"差序格局"与雷氏的"向外扩展"有一个分别,即雷氏仅论及"个人处于多重家族关系聚结中的某一特定位置",由家族谱系决定。亲属关系一方面规范了所有的人际关系,与此同时,人际关系对每个人而言又有所不同,如父异于母、孙不是甥等(Redfield, 1947: 301)。费氏的表述尽管与雷氏相近,但他提出了"己"的问题,这是雷氏所没有的——从这里开始,费氏的思路从雷氏的分出了"枝杈"。费氏提出,亲属关系网络"象(像)个蜘蛛的网,有一个中心,就是自己。"他尤其强调亲属关系之个别性,他说:"我们每个人都有这么一个以亲属关系布出去的网,但是没有一个网所罩住的人是相同的。在一个社会里的人可以用同一个体系来记认他们的亲属,所同的只是这体系罢了"(费孝通,1985: 23)。实际上,费氏在这里提到的以"己"为中心的亲属记认体系,同早期人类学的亲属制度研究有关。对此,人类学奠基人摩尔根是创立者。摩尔根提出了亲属制度理论,其基本原则为:每个人即自我(Ego),以此人为中心点,周围形成一个亲属圈亦即亲属群体:"从这个人开始向外推算关系的程度并将关系回推至此人"(Morgan, 1970: 10)。他认为,这种血缘亲属世序排列及关系区分的制度安排,是一种人类早期心智活动的体现。摩尔根的亲属制度理论用于人类学实地调查,其基本途径即亲属称谓体系研究。费氏受过人类学训练,在"江村"调查中,以此研究法绘制了当地的亲属称谓体系图表(费孝通,1986: 204—214)。在论述"差序格局"时,他确称这个亲属记认"体系"为"抽象的格局,或是范畴性的有关概念"(费孝通,1985: 23—24)。而亲属称谓体系图表所呈现出来的"蜘蛛的网",就是"差序格局"的一个形象化体现。其中的"自我"或"己"在费氏的"差序格局"说中是一个需要注意的问题,下节将继续讨论。

"差序格局"所显示的以亲属关系为基础的社会结构特征,体现在其他"乡土社会"研究之中,至少有两点。第一,如前所述,自摩尔根开始对人类亲属制度进行科学研究,基于亲属制度的社会结构即成为人类学的一个重要论题。人类学者通过实地调查,从经济活动、社会交往、文化生活、政治组织及秩序等方面入手,对亲属关系作了深入细致的探究。以布朗的研究为例,早在

1910年，布朗便从澳大利亚部落研究中发现，与现代文明社会相比，那里的土著社会非常注重亲属关系，整个社会由亲属关系构成，人们之间若非亲戚则为敌人，而敌人是不能打交道的。这种社会系统不但体现在名称或称谓上，而且有与之对应的相互间的权利与义务关系（Radcliffe-Brown, 1913）。再如，20世纪20年代末，英国人类学家、费氏留英时的老师弗思（R. Firth）曾远赴澳洲一个渔村，到提科皮亚人中做田野调查。他发现，岛上的人们之间均有亲戚关系；外人的加入亦以亲戚相待并论辈分排位；人们相交深浅则同关系远近有关，如丧服仪礼（悲戚表现、禁忌、服丧时间等）由生者与死者的关系而定（Firth, 1936）。另一位英国人类学家福蒂斯（M. Fortes）则于20世纪30年代末到西非塔列尼斯人中进行田野调查。他发现，当地人在经济合作（如锄地和盖房）、进行劳动分工以及作为酬劳的食物分配方面，均依亲属关系的远近亲疏而为（Fortes, 1945）。

第二，费氏以"同心圆波纹"来反映中国亲属及社会关系之"规则"，这在近代社会科学有关亲属及社会关系研究中亦不少见，只是以更加学术化的"多重同心圆"（concentric circles）来表述。如梅因和滕尼斯都曾提出"多重同心圆"说。梅因指出，在古罗马时代，家庭为基本群体，由地位最高的男性传承人掌控；若干家庭组成氏族（gens or house），若干氏族组成部落（tribe），部落集合成联邦（commonwealth），其关系结构呈"多重同心圆"状（Maine, 1963: 123-124）。滕尼斯亦曾以"多重同心圆"说来表示家庭结构：家庭户一般为三层结构，呈一系列同心圆形态：最内圈由主人及其妻子（们）组成；第二层是其子女；最外圈则是男女仆人（Tönnies, 2002: 53）。再者，布朗也曾引述德国中世纪《萨克森法典》中以人体各"关节"部位来比喻亲属关系的一种——（双系）亲族（sib）——关系的远近。从头部的位置开始示意亲属关系逐渐疏远，越是亲近的关系越近"头部"。头部位置代表最近的关系，如父母；同父母的兄弟姐妹位居颈部，远近不等的表亲分别位于肩膀、臂肘、手腕、手指、指尖等处。布朗认为，这种亲族关系秩序亦可用"多重同心圆"表示：最里圈有父母、兄弟姐妹、子女等，向外一圈由臂肘以内的表亲构成。

而有一个圈是禁止通婚圈,但此圈的划定范围不一(Radcliffe-Brown, 1987: 15-16)。

"多重同心圆"还被多位人类学者用于考察亲缘与地缘的关系。在部落社会或农业社会,除亲缘以外,另一个较基本的社会组织因素是地缘。亲缘与地缘密切相关,却不能互相代替。从某种意义上看,对亲缘和地缘关系的研究就是要超越亲属社会或村庄社区的内部结构,而关注其与外部社会的关系问题。在这方面以三位人类学家的论著为代表:雷氏、埃文思-普里查德及福蒂斯都运用了"多重同心圆"图来作为分析的手段。就雷氏而言,他对"多重同心圆"法不会陌生。早在20世纪20年代初,"芝加哥学派"的一位重要成员伯吉斯(E. W. Burgess)即以芝加哥市为蓝本,用一系列同心圆表示城市扩张的过程及特征,提出了城市发展布局的"多重同心圆模型"(Burgess, 1925)。雷氏与伯吉斯的研究领域不同,在对墨西哥村庄昌昆的研究中,他以"多重同心圆"图形来表示村庄内外关系——从较亲密的生活圈到文化认同圈,再扩大到区域防御圈等之分布特征(Redfield & Villa Rojas, 1934: 9-10)。雷氏之后,有英国人类学家埃文思-普里查德和福蒂斯各自所做的西非研究。前者考察了苏丹努尔人的家庭、村庄、氏族、部落等逐渐扩大的社会组织,通过对经济合作、血仇、械斗、战争冲突等的分析,来看亲缘和地缘因素对政治制度及活动的影响(Evans-Pritchard, 1940: 114)。后者提出了社会关系"场"(field)的概念,并分析了随着社会"圈"的层层扩大,亲属联结渐弱、政治功能渐强而后转弱、文化认同转强的特点(Fortes, 1945: 62-63、76-77)。20世纪50年代初,雷氏进一步梳理、总结了包括他自己的昌昆案例在内的多项成果。这些研究的共同之处即运用"多重同心圆"法或其变体,来比较村庄社区内部、村庄之间,特别是村庄与外部因素(市场贸易、城市、国家等)的关系问题。这使得社会人类学的着眼点从小型而孤立的部落社区转向农业村庄,考察后者作为国家的组成部分,形成一个"更大的整体"(larger whole)的过程及特征(Redfield, 1960a: 114-122)。

由此可见,"乡土社会"以亲属关系为社会结构的基础,这并非"乡土中国"所特有的,而是同传统社会受自然环境和技术条件所限,社会生活范围较小、社会分化较简单有关。因此,亲属关系决定了通婚范围、礼仪交往、利益交换等基本社会行为。当然,人类学有关亲属制度的研究丰富多样,而很多论题,如各种社会中亲属、家族等形态的含义、构成及其同社会组织结构的关系,亲属称谓体系对特定社会的意义等,始终存在着争论,因超出本文范围,在此不作论述(参见高怡萍,2000)。

三、"乡土社会"和"差序格局"的中国学术脉络

费氏"乡土中国"和"差序格局"说的提出,既有其西方学术渊源,亦有其中国发展脉络。二者有交集——中国学术界对西方学说的引介和运用,亦有分别——这取决于中国学术界的现实关切和相关学理探讨。本节将费氏的"乡土中国"和"差序格局"说置于当时中国学术界的相关发展之中,涉及其思想及概念的形成、相关词语的翻译和转换等问题。

要了解"乡土中国"和"差序格局"的中国学术脉络,须先考察一下"乡土社会"和"乡土中国"词语的来历及含义。因为尽管如费氏本人所言,其"folk China"借自雷氏的"folk society",但"folk society"和"folk China"却是分别以"乡土社会"和"乡土中国"出现的,顺序如下:雷氏的论文"Folk Society"于1947年1月在《美国社会学杂志》上发表;费氏以"杂话乡土社会"为题的系列专栏文章在《世纪评论》周刊上连载(1947年8月至1948年3月);这些文章经过些许修改、增删,集结成《乡土中国》一书于1948年4月出版;雷氏夫妇于1948年10月下旬至12月中旬在清华大学任访问学者,其间给燕京、清华两校师生做专题讲座;雷氏论文的两个中译本先后发表,标题都采用了"乡土社会",分别为当时清华大学社会学系青年教师袁方和燕京大学社会学系学生张绪生所译(瑞斐德,1948;瑞德斐,1949)。若仅看费文及袁、张译文,很难明了"乡土"同"folk"的关联。这是因为,汉语里的

"乡土"一般有两层含义：地方、区域；家乡、故土。"folk"的本意则是"普通的人们""民众"，做形容词时在现代汉语里一般译为"民"或"民间"等。在早期西方社会学、社会人类学及民俗学中使用的"folk"一词，无论是前述萨姆纳对于"民风"（folkways）的研究，还是美国社会学家杜波依斯（W. E. B. Du Bois）有关美国黑人民众（Black Folk）的论著（Du Bois, 2007），抑或是民俗学中的民俗（folklore）和民歌、民谣（folk songs）等，基本上都是"民"。[①]再如，1936年，燕京大学社会学教授吴文藻在编译布朗的一篇文章时，也将文中提到的雷氏的墨西哥"folk culture"研究译作"民俗文化"研究（拉德克里夫-布郎，1936）。然而，换一个角度看，西方社会人类学界以雷氏的研究成果为基础，提出"folk society"是一种孤立的、同质性高、内部关系紧密的小型社会；那里的人们在情感上依赖于土地，经济活动靠经验，对地域的认同感强（Kroeber, 1948: 281-282）。据此，将"folk society"译作"乡土社会"，虽非直译，却也适当。

"乡土中国"一词何来？经研究认为，它很可能出自费氏与张之毅合著的 *Earthbound China* 一书的英文标题。"Earthbound China"是费氏留英回国前其导师马林诺夫斯基（B. Malinowski）伦敦送别时为他拟定的研究题目。马氏还为他开列了中国农村调查提纲并寄往中国，但因战乱而未寄达。费氏及其同事们在云南期间开展了有关土地问题的调查，曾出版过调查报告《禄村农田》（费孝通，1943）、《易村手工业》（张子毅，[②]1943）及一本很简略的英文调查报告（Li et al., 1943）。费氏1943—1944年访问美国期间，雷氏夫人、派克的女儿玛格丽特协助费氏将上述几份报告修改、扩充、译成英文，雷氏本

[①] 这里也有例外，即近代日本学术界对中国的影响。如"民俗"和"民俗学"的名称就是日本先采用的。而如近代日本民俗学的创立者柳田国男的"乡土研究"曾影响了作家周作人，使他进行中国民俗学研究，其论著中出现过"乡土研究"的表达（钟敬文，1981；周作人，1999/1944: 25—26；赵京华，2011）。再如，近代中国问题专家、日本学者橘朴（1966）也曾有关于中国"乡土""乡土社会"的论说。

[②] 张之毅，又名"张子毅"。

人也提供了修改意见。该报告于1945年由美国芝加哥大学出版社出版。1947年8月,袁方发表了一篇关于此书的书评,即称此书为《乡土中国》(袁方,1947)。从"earthbound"一词的含义看,是"与土地紧密相连的""朝向土地的""受土地限制的"等,不仅反映了传统中国社会以农为本的基本状况,也点出了费氏当时的关切点——土地问题,从它也可以引申为"乡土"一词。那么,*Earthbound China* 一书的中文标题"乡土中国",用于费氏同时期的另一个作品,这是有可能的。多年以后,当此书的中译本于1990年出版时,便用了《云南三村》作标题。当然,"乡土中国"的提法究竟出自袁方还是费氏,依然存疑。但以"乡土中国"这个富有情感色彩的语词,来代表中国传统基层社会文化之特性,的确是具有费氏风格的一种"创造性转化"。

如果说词语的翻译和转换为"表"的话,那么思想与概念的形成就涉及"里"的问题。从"乡土社会"和"差序格局"概念在近代中国的形成来看,有重要贡献的社会学家是潘光旦。潘光旦较早使用"乡土"一词,如他谈及儒家"本"的思想时,称"乡土是一人根本之地,一个人无论如何不长进,只要不忘本,总还有救"(潘光旦,2010/1930:220)。再如他为其西南联大社会学系同事、人口与劳工问题专家陈达的一部英文著作 *Emigrant Communities in South China* 所作的书评《南洋移民及其乡土的社会》(潘光旦,1947b/1940)。表面看来,这两处的"乡土"或"乡土的社会"不过指的是"出生地"或"家乡",但当他提出儒家思想最基本的观念就是"本"的观念时,这"乡土"的分量便加重了,有了文化之根载体的含义。而且,潘光旦对传统儒家社会思想的研究,也为"差序格局"的提出奠定了基础,这包括两部分:一是他深入考证"伦"在中国社会文化中的含义,提出伦是"人的类别,与人根据此类别而彼此之间发生的关系";且提出人之"格局"问题(潘光旦,2000c/1948:147、157)。二是他研究的"推或扩充"论,即在群己之间从修身、事亲、治人到治天下国家的修、齐、治、平的儒家道德理想(潘光旦,2010:89、136)。这两点成为了费氏"差序格局"说的组成部分。

20世纪40年代初,西南联大社会学系教授李树青也曾阐述过中国社会的

"乡土"问题,甚至提出了"差序格局"说的雏形。这反映在他于1941—1944年发表的数篇文章里(李树青,1947/1945)。李树青使用社会"型"的概念,如"本型""极型""范型""铸型"等,这里的"型"相当于前述"典型"。他提出三个"主义":"自我主义""家族主义""乡土主义",用于分析中国社会的基本特征。他认为,所谓的"自我主义",即以自我为中心的"利己主义"。由于先秦思想家杨朱对此特别提倡,亦可称之为"杨朱主义"。他强调,"自我主义"不同于"个人主义",后者基于对社会总体的承认,以"利他"为前提。"家族主义"即以自己的家族为重心,不论其他。而乡土主义指"本乡本土",即以自己的邻里乡党为优先考虑。他特别说明,"乡土主义"相当于英文词"provincialism",意为对地域的拘守。因此,这三者都是从"自我"出发,逐渐"向外推",是一脉相承的。正像当时中国知识界的许多人一样,李树青受美国早期传教士明恩溥(A. H. Smith)等人的影响,把自私自利视作中国人的一个基本特性,因此认定多数中国人的生活里有私无公。在解释中国人的这一行为特点时,他援引西方学者有关进化论、生物淘汰等分析视角,如由潘光旦翻译的、美国优生问题专家亨廷顿(E. Huntington)著作中的观点,认为是"荒年抢粮"的生存需要。同时,李树青也分析了中国社会的自身特点,如以农立国的环境及生产技术等因素的局限性,农民安土重迁、对土地的黏着性强等。他还将中国传统人生哲学的"人本主义"同基督教的"神本主义"作比较,认为前者因重人伦而形成"家庭主义",后者则造就了"个人主义"。

此外,还有一位中国学者提出过类似"差序格局"说,这就是哲学家冯友兰在1947年——与费氏同时期——写的一篇英文论文,其相关部分如下:

> 在传统的中国,家在广义上实际就是社会……按照传统的社会理论,广义的家虽可无限扩大,但个人对家的责任并非没有固定极限。在极限之内,责任大小仍有差等。这都表现在所谓"丧服"上……如此按照传统的社会理论,每个个人是个中心,从这个中心向四方辐射出关系:向上是他与其父及祖先的关系;向下是他与其子及后人的关系;向左向右是他与

其兄弟及堂兄弟等等的关系。James Legge 的《礼记》译本有几张图表说明这一点。在这辐射圈内,有着轻重不等的亲情和责任。中心的人视圈外的人为"亲毕",而以朋友关系为基础对待之。如此按照传统的社会理论,每个个人是一个社会圆的圆心,社会圆由各种社会关系构成。(冯友兰, 2005: 145—146)

以上三位学者各自的"外推""扩充""辐射"(或"社会圆")论等,都可视作某种形式的"差序格局"说。那么,将他们的论说与费氏的作比较,可以更深入地考察其相似性、关联性及差异性,而学术旨趣与现实关切亦包含于其中。具体来说,冯友兰的"社会圆"及其丧服例证较接近第二节所论费氏有关亲属关系的"差序格局"说。进一步看,费氏的"差序格局"还有多个内容,既有李树青的三个"主义",尤其是其中的"自我主义",杨朱思想,也有潘光旦的"伦""格局""推或扩充"论,以及李树青曾分析过的儒家的"人本"与西方基督教"神本"思想比较等。李树青和费氏都对"自我主义"有所论述,主要是针对时论,即中国人的"贫、病、愚、私"中的"私"的问题作出的回应。如前所述,李树青对中国人"自我主义"或"利己主义"的解释,有传统的杨朱思想,却主要出自进化论"生存竞争"的思想。但有一个问题他没有涉及,即杨朱的"自保",其实并不同于进化论的"自强"。他进一步提出,"自我主义"者如果一味地自利便不能生存,因而在行有余力时可以顾家,还能嘉惠于邻里乡党,呈现一种"扩大的自我主义"(李树青, 1947/1945: 33)。可以说,李树青的这个论点,同以社会进化论著称的萨姆纳从"自我中心主义"(egocentrism)扩大到"我族中心主义"(ethnocentrism)的观点是一脉相承的(Sumner, 2002: 13; 派克, 1932)。然而,他认为"自我主义"的扩大仅止于"乡土",并引述孔子"推恩足以保四海,不推恩不足以保妻子",将其中"四海"换为"乡党",即"推恩足以保乡党,不推恩不足以保妻子",说明这才是中国社会的现实(李树青, 1947/1945: 54)。相比之下,费氏的"自我主义"却不清晰——他亦提到了杨朱,似乎是想表明杨朱之"贵己""为我",但马上转入儒家差别待人之"己"、作主体的"己"等,然后则将一种绝对"自我主义"——"为了自己可以牺牲家,为了家可以牺牲党,为了党可以牺牲国,为了国可以牺牲天下",同儒家的"修齐治平"并列,以说明中国社会群与己、公与私之间的"伸缩性",也即相对性(费孝通,1985:26—28)。对于这里所显示的矛盾,将在第四节做进一步分析。

从潘光旦的思想来看,他所提倡的优生学与进化论是相通的。而他在考察优生学的基础上,深入研究儒家社会思想,其中对"伦"的分析和考据,如"沦"指水的纹理,则成为费氏"同心圆波纹"的来源。潘光旦对"人伦差等"进行辨析,并提出人作为有自我意识的主体,各自有其"格局"。正如有学者指出的,费氏根据潘光旦的以上研究提出差序格局"几乎是水到渠成的"(翟学伟,2009:154)。潘光旦明确提出,儒家人伦差等的思想要比西方人人平等的哲学更合理,也就是说,对人划分差等类别,可如荀子所言"皆使人载其事而各得其宜"(转引自潘光旦,2000b/1947:135)。在"推或扩充"论上,潘光旦则认为,儒家修齐治平的"扩充"是以"己"为起点、为主体,而推"仁"也不是盲目、无度的,而是有分寸、合于中庸之道的。相比之下,李树青的思想有所矛盾。一方面,他认同西方的"民主主义";另一方面,他又称"为我"和"博爱"两条路都走不通,而引述潘光旦对"伦"的考订,说明"所谓人伦,即人与人间各种不同的差别关系",并接受儒家有关人伦的中庸之道(李树青,1947/1945:55—70、113、125)。

潘光旦学术旨趣的背后有着更深的现实关切,最急迫的即为中国寻求一条"优生的出路",更长远而根本的是重建以完整的人格为目的的人文精神(潘光旦,1991/1932:213;2010:437—438)。其他学者莫不如此,都是要为中国求出路。例如,比较李树青与费氏的"乡土"论会发现,其背后是近代"乡土"问题的提出及其与国家或民族的关系问题,同"救亡"危机密切相关。当时有两种截然不同的乡土观:一是对乡土观念持否定态度,认为中国的民族难以统一就是因为各地民众乡土意识太深,而各系军阀在政治上利用这一点,实行地方割据;也就是说,乡土观念对民族或国家的联合、统一起阻碍作用(屈哲夫，1936）。二是对乡土观念持肯定态度，并希望基于此来开展乡土教育，逐渐扩大民众的乡土范围或视野，最终养成其爱国精神（张光涛，1935）。据此标准判断，李树青的立场可归于第一种认识。尽管他对"乡土"情结有所肯定，比如维系人心与世俗的作用，但他更强调其消极方面，主张铲除社会上的"三害"（三个"主义"），走西方道路，实行民主制度、发展工商业。同时，他也认识到中国与欧美社会历史条件不同，因此提出某些方面如家族制度即要结合中西方传统中的精华部分而为。费氏的观点更接近第二种认识，他主张立足于"乡土"而进行"乡土重建"：一面保持工业的"乡土性"，不脱离乡村；同时，适当采用机器乃至建立工厂；要让知识下乡；以家庭为基础组织合作生产。也就是说，从经济入手，以新的乡村工业来恢复农村中人与环境之间的平衡和秩序（费孝通，2010b/1948）。

至此，已呈现出上个世纪三四十年代中国学术界关于"乡土""乡土社会""差序格局"等问题的讨论的基本轮廓。看来，在这几个概念产生和发展的背后，存在着一个西南联大（清华）社会学的"学术圈"，亦辐射到云南大学、燕京大学等。① 这个"学术圈"不但包括潘光旦、李树青、费孝通、袁方等老中青社会学人，还有闻一多、吴晗等文史专家。他们之间的交往有学术上的，亦有政治上的——如多人活跃于"民盟"。这个"学术圈"来往密切，思想上相互激发，形成许多交集；费氏的"乡土中国"和"差序格局"正是在这样的背景下形成的。其中潘光旦是个备受尊敬的学问家，费孝通同他关系很近、时常向他求教。李树青也时常同潘光旦讨论问题，许多文章的酝酿、写作都与他交流，二人对于许多问题的看法颇为一致（潘光旦，2000a/1945：46）。李树青也视闻一多为师长，他所有关于儒学的文章发表之前都要听取闻一多的意见并加以修改（阎明，2010：267）。20世纪40年代后期，吴晗、费孝通等

---

① 这里称西南联大（清华）"学术圈"意在表明一种较松散的学术关系，同事之间、师生之间或互相启发，或开展合作研究。"学派"则与此不同，其学术成果有较鲜明的共同理论和方法基础，如"燕京学派"的"社区研究"（阎明，2004：147—166）。

清华师生展开了有关中国传统社会政治权力的讨论。当时，尽管冯友兰也在西南联大（清华）任教，但未见证据显示他"社会圆"说的提出同费氏的"差序格局"说有何直接关系。

尚有一点需要说明，这样的"学术圈"不局限于上述学者范围，亦呈"差序格局"式的"辐射"状，可以扩充或推广至更多的学者、机构或论题。篇幅所限，不能涉及其余。

四、讨论：中国是一个"乡土社会"吗？

本文试图描绘一幅关于"差序格局"以及"乡土中国""乡土社会"等相关概念所形成的"图谱"，它由多个中西方相关学理传统及现实问题关切点纵横交错构成。通过这样的学术脉络梳理，不仅能为"差序格局"概念定位，更可以明晰众多研究者的相关工作及贡献。其中，雷氏和费氏作为两个重要"结点"，彼此相连，且分别集结了西方与中国两个学术体系。而从以往的研究来看，无论是费氏本人，还是相关学术史论著，对雷氏等中西方学者贡献的肯定是不够的。① 本文表明，学术工作往往难以独自完成，要有多人数代积累之功。即便因缘际会使个人的贡献显得格外耀眼，但其背后定有各种形式的学术研究群体的支撑及学术思想的汇聚。

同时，回顾亦需前瞻。那么，我们不禁要问，本研究对"差序格局"和"乡土中国"概念的研究有什么理论及现实意义？

首先，可以用本文研究的结果，来尝试回答近年来社会学理论界所争论的有关"差序格局"的几个问题：

其一，关于费氏的"差序格局"是仅指关系网络、即亲属或社会关系的远近亲疏之特征（孙立平，1996；吴飞，2011），还是也包含等级结构的问题

---

① 如本文作者在以前的论著中，虽曾提到费氏致雷氏的信，但却未能深入挖掘二人相关研究工作的密切联系（阎明，2004；2010）。

(阎云翔，2006；周飞舟，2015）。

其二，关于费氏"差序格局"中"己"或中心点的问题。如有学者指出，个人之"己"可以是关系网络的中心，但不能成为差等结构的中心（阎云翔，2006）；而"自我主义"之"己"既不能体现在丧服制度中，也违背修齐治平的出发点之"己"（吴飞，2011）。

其三，关于费氏"差序格局"的"外推"问题。有学者指出，其按"自我主义"的外推同修齐治平的外推相矛盾（翟学伟，2009；吴飞，2011；周飞舟，2015）。

以上诸问题，学术界已有所认识（廉如鉴，2010）。本文则从学术史的角度提出，以上三个主要问题的产生，都同费氏的"差序格局"概念有多个思想或学术来源有关。换句话说，它并非一个而是包含着四个不同的"差序格局"概念：一是基于早期人类学亲属制度研究所呈现的亲属关系特征。二是被费氏称为"自我主义"的绝对"利己主义"与杨朱思想相联系。三是儒家思想中的"人伦差等"的类别和等级结构。四是儒家的"推仁"及"修齐治平"思想。以上分类并不绝对。有的大类下面还可细分差别。例如，在亲属制度研究中，费氏用"蜘蛛的网"比喻所代表的亲属记认体系（称谓体系），与其"同心圆波纹"所表示的亲属关系特征并不相同。又如，在儒家的"人伦差等"中，有些为亲属关系，有些则属等级关系，有的可视同亲属关系，亦有亲属关系中包含着等级关系。再者，来源互异的思想却可能形式相同或内容有交集，如亲属关系的远近亲疏和儒家修齐治平都可以"同心圆波纹"的形式表示；而如费氏所言，儒家从己外推的过程主要按照亲属关系的路线（费孝通，1985：32），这与人类学研究结果相符。

进一步看，上述四个"差序格局"则分别对应着四个甚至五个"己"或"中心"，呈现出各自不同的特点。一是人类学亲属关系研究中考量远近亲疏之"己"。这个"己"可以是任何个人。而在本文第二节所论述的有关亲缘与地缘关系的诸项研究中，"多重同心圆"的中心却非个人，而是群体或社区。二是"自我主义"的利己之"己"。费孝通（1985：27）提出了绝对"自我主义"

之"己"——"中国传统社会里一个人为了自己可以牺牲家,为了家可以牺牲党,为了党可以牺牲国,为了国可以牺牲天下"。如何理解这段文字?经仔细考察费氏此段论述的初稿,会发现他其实谈的是自己云南调查所见:在家庭内部,各自挣、攒私房钱,说明每个人都是"先己后家";在家庭与宗族的关系上,有的人会侵吞族产以致"先家后族"。对此,费氏评论道:"为自己可以牺牲家,为家可以牺牲族……这是一个事实上的公式"(费孝通,1947:14—15)。值得注意的是,引文中的省略号为原文所有,并非本文添加,因此说明费氏在此的论述只到家、族。看来,从费氏发表的初稿到成书出版,从列举实例到抽象概括,推论经过几次跨越,幅度有点太大了。因为"先己后家"并非"为自己可以牺牲家","先家后族"也非"为家可以牺牲族";从己、家、族的牺牲,亦不必到党、国、天下的牺牲。反例却不少见。如费孝通(2010a/1946:219—222)本人于同一时期出版的专著《生育制度》中的一个基本论点,即生育是一项"损己利人"的事业;而他所处的战乱年代里,壮士为国捐躯的事例亦比比皆是。三是基于儒家思想的等级秩序中的"己",严格地说,不是"己"而是"中心",因为这并非任何人,只能是一个群体中位置最高的掌权者。四是儒家的"推仁"和"修齐治平"的起点"己",亦可再细分为两个"己":首先,"推仁"和"修、齐"中的"己",仅从儒家理想来说,任何人都可以正心、修己,推己及人。其次,虽然每个人若能"修、齐",便可以促进"国治"及"天下平",但能够"治国、平天下"的人,一般只能是"担大任"的国君及其少数助手。再如,费孝通(1985:26)引述孔子:"为政以德,譬如北辰,居是所,而众星拱之"。显然,这里的"己"不会是任何人,只能是"为政"之君主。因此,在上述不同的学术脉络里,呈现出多个"己":"己"可以是个人也可以是群体,"己"可以但不必同"中心"相重合,"中心"可能仅由特定的人占据,杨朱之"小我"不同于儒家之"大我",等等。

所以说,若将"差序格局"视为理论概念,它确有其局限性:其定义不够明确;有的论点如(绝对)"自我主义"的阐述过于浮掠;儒家伦理道德思想的"应然"和现实社会的"实然"未分。而最关键的问题是,出自不同思想或学术渊源的多个"差序格局"之间"合而不融"的内在逻辑矛盾,造成了上述理论研究的诸多困境。如果不认清这一点的话,用同一个词语代表几个不同的概念,或者从某个系统中拿出一个概念去解释另一个系统中的某个现象,就会导致标准混乱、歧义备现。当然,如果历史地看问题的话,此书本是课堂讲稿,以系列专栏文章发表,算是一种学术性杂文。即便是费氏本人,也不认为这是其成熟之作。"这算不得是定稿,也不能说是完稿,只是一段尝试的记录罢了"(费孝通,1985:97)。无论如何,"差序格局"这个概念,对启发我们的理论思维仍然是有意义的。

再者,费氏的"差序格局"毕竟仅为其"乡土中国"框架的一部分。那么,对前者的研究,还需将其放到"乡土中国"的视野里。而如前所述,费氏的"乡土中国"是依雷氏的"乡土社会"而立的一个典型,因此,有必要考虑二者之差异、各自的成立条件及局限性等问题。仅举二例:

其一,能否以"乡土社会"来代表中国传统社会?雷氏对"乡土社会"的界定是:规模小而孤立、同质性高、没有文字、地方性强的简单社会。这与中国的基本情形并不相符。对此,费氏其实提出了三点限定,从而让中国符合"乡土社会"的条件:一是将研究对象局限于中国的乡村。二是"乡村社会"仅就村落而言。如"中国乡村社区的单位是村落……孤立、隔膜是以村和村之间的关系而说的"(费孝通,1985:4)。三是不使用文字。他提出,中国基层社会是熟人社会,面对面交流不需要文字。文字是现代化的工具,最早的文字是"庙堂性的"(费孝通,1985:14、20)。因此,"乡土中国"仅指中国传统村落社区。不过,这仅是中国传统社会的一个基本侧面而非其全貌。而从其他侧面观之,如前述雷氏曾提出,中国的农村是其"农民社会"(或"中间社会")的例证——乡村与城市有着政治、经济、文化等密切的联系。还有学者进一步描述了欧洲、亚洲等地的乡村:它们往往处于一个大的具有悠久历史文化的系统之中,此系统有着较复杂的官僚机构、教育制度、市场网络、社会组织及社会分层等,城乡之间、上下阶层之间亦有较密切的交流与互动,可称之为"封建社会"(feudal society)(Sjoberg,1952)。这些特征也能对应于中国传统社会。因此，中国传统社会既有乡村的一面，也有城镇的另一面；既有基层村落的一面，也有上层精英群体的另一面。或者说，它既有"乡土"的一面，也有"非乡土"的另一面；甚至于，乡村不一定有"乡土"性，城镇也不一定非"乡土"。对此，费氏本人有较清楚的认识，中国社会学界近年也有所反思（费孝通，2010b/1948；陈映芳，2007）。

其二，价值取向问题。雷氏多少受社会进化论的影响，预断人类社会始自"乡土社会"，然后走向"城市社会"。同时，由于受当时欧美学界、特别是"芝加哥学派"主导思想的影响，他特别关注在社会转型过程中乡土社会因城市文化的侵入而受到破坏，经历社会解组、道德危机等诸多问题。这其实都不尽然。有研究发现，人们离开乡土移居城市后仍保留了许多传统习俗，家庭及社会关系亦很密切。而前现代社会也不必然等同于简单、粗糙，有些前现代社会在某些技术和思想的复杂性和精巧性上曾达到很高的水平（Lewis, 1951; Foster, 1953）。

反观本文第三节所论及的中国相关研究，虽然当时学者们有着各自的学术旨趣和现实关切，但共同之处是他们身处中国社会的转型期，在关注中国从传统向现代的转变时往往以西方为参照系，对比中西社会文化之异同。应该说，尽管带有很强的时代烙印，这仍是一个有益的审视中国的视角；与此同时，其中所隐含的价值判断对学术工作的深刻影响，却不能不考虑。冯友兰对此比较警醒，他指出：中国自周秦开始对于四周民族向来是"城里"，处于"城里人"的地位，而其他地方则是"乡下"；只是近代以来，欧美在世界上是"城里"，而中国则成了"乡下"，中国人也就成了"愚""贫""弱"的"乡下人"（冯友兰，1994/1940）。那么，多年来，我们在用"乡土社会"代表中国时，是否暗自认同冯友兰所言——传统中国是不是这样一个"落后"而需要改变的"乡下中国"？若是的话，它对研究的影响如何，它使我们看见了什么，却又遮蔽了什么？是否正是在以西方为参照审视中国的大背景下，在从"城里"转到"乡下"的视角里，"乡土中国"诸特征才得以呈现？倘若采用冯友兰"城里"的"视镜"的话，又会看见一个什么样的中国？

总之，中国学术界在采用"乡土社会"或"乡土中国"概念做分析时，它到底是指雷氏的"乡土社会"，还是其"农民社会"（或"中间社会"），或者是从费氏"乡土中国"转化的"熟人社会"，冯友兰的"乡下"中国，抑或不过是"农村社会""乡村社会"，甚至"土地问题"的代名词呢？这需要辨析与验证。中国幅员之广、人口之众、历史之久、社会文化之精细复杂，以理论和实证研究来回答这样的问题并非易事。即便是正在走向现代"城市中国"和信息社会的当下，探讨"乡土社会"概念及其与现实的关系，仍是有价值的工作。正如费孝通所言："搞清楚我所谓乡土社会这个概念，就可以帮助我们去理解具体的中国社会"（费孝通，1985：Ⅲ）。

费孝通等老一代中国社会学家作为民国初成期的知识分子，对自己的国家和民族抱有深重的使命感。他们筚路蓝缕，殚精竭虑，为中国社会科学事业的发展积累了宝贵的财富。然而，他们身处动荡的近代中国，客观条件常常不容放下一张"安静的书桌"。有些思想"萌芽"，未及生长即经时代风雨的涤荡，只能等待"新时期"的重生。作为后辈学者，对前辈学者最高的敬意，是珍视他们孜孜以求的精神；同时，应将其研究成果，放回到那具有活性且开放的学术长河之中，探索，再探索。

参考文献：

[1] 陈映芳，2007，《传统中国再认识——乡土中国、城镇中国及城乡关系》，《开放时代》，第6期。

[2] 费孝通，1943，《禄村农田》，重庆：商务印书馆。

[3] ——，1947，《论私》，《世纪评论》，第2卷，第16期。

[4] ——，1985，《乡土中国》，北京：生活·读书·新知三联书店。

[5] ——，1986，《江村经济——中国农民的生活》，戴可景译，南京：江苏人民出版社。

[6] ——，2010a/1946，《生育制度》，《费孝通全集》，第4卷，呼和浩特：

内蒙古人民出版社。

[7] ——，2010b/1948,《乡土重建》,《费孝通全集》,第 5 卷,呼和浩特:内蒙古人民出版社。

[8] 冯友兰,1994/1940,《新事论》,《冯友兰选集》,天津:天津人民出版社。

[9] ——,2005,《在中国传统社会基础的哲学》,《中国哲学小史》,涂又光译,北京:中国人民大学出版社。

[10] 费孝通、张之毅,1990,《云南三材》,天津:天津人民出版社。

[11] 高怡萍,2000,《亲属与社会群体的建构》,《广西民族学院学报(哲学社会科学版)》,第 1 期。

[12] 拉德克里夫-布郎(即布朗),1936,《对于中国乡村生活社会学调查的建议》,吴文藻编译,《社会研究》,第 116 期。

[13] 李树青,1947/1945,《蜕变中的中国社会》,上海:商务印书馆。

[14] 廉如鉴,2010,《"差序格局"概念中三个有待澄清的疑问》,《开放时代》,第 7 期。

[15] 派克,1932,《撒木讷氏社会观》,李安宅译,《社会学界》,第 6 卷。

[16] 潘光旦,1947a/1940,《明伦新说》,《优生与抗战》,上海:商务印书馆。

[17] ——,1947b/1940,《南洋移民与其乡土的社会》,《优生与抗战》,上海:商务印书馆。

[18] ——,1991/1932,《优生的出路》,胡适等著《中国问题》,上海:上海书店。

[19] ——2000a/1945,《〈蜕变中的中国社会〉序》,《潘光旦文集》,第 10 卷,北京:北京大学出版社。

[20] ——,2000b/1947,《说"伦"字——说"伦"之一》,《潘光旦文集》,第 10 卷,北京:北京大学出版社。

[21] ——,2000c/1948,《"伦"有二义——说"伦"之二》,《潘光旦文集》,第 10 卷,北京:北京大学出版社。

[22] ——，2010，《儒家的社会思想》，北京：北京大学出版社。

[23] 屈哲夫，1936，《乡土观念与统一》，《政问周刊》，第 27 号。

[24] 瑞德斐，1949，《乡土社会》，张绪生译，《燕京社会科学》，第 2 卷。

[25] 瑞斐德，1948，《乡土社会》，袁方译，《自由批判》，第 1 卷，第 10—12 期。

[26] 孙立平，1996，《"关系"、社会关系与社会结构》，《社会学研究》，第 5 期。

[27] 吴飞，2011，《从丧服制度看"差序格局"——对一个经典概念的再反思》，《开放时代》，第 1 期。

[28] 吴晗、费孝通等，1948，《皇权与绅权》，上海：观察社。

[29] 阎明，2004，《一门学科与一个时代——社会学在中国》，北京：清华大学出版社。

[30] ——，2010，《中国社会学史——一门学科与一个时代》，北京：清华大学出版社。

[31] 阎云翔，2006，《差序格局与中国文化的等级观》，《社会学研究》，第 4 期。

[32] 袁方，1947，《〈乡土中国〉书评》，《益世报·社会研究》，第 1 期。

[33] 翟学伟，2009，《再论"差序格局"的贡献、局限与理论遗产》，《中国社会科学》，第 3 期。

[34] 张光涛，1935，《乡土教育与小学》，《存诚月刊》，第 1 卷，第 4 期。

[35] 张江华，2015，《"乡土"与超越"乡土"：费孝通与雷德斐尔德的文明社会研究》，《社会》，第 4 期。

[36] 张清勇，2009，《李树青生平与伊黎、魏尔万合著之〈土地经济学〉的中译》，《中国土地科学》，第 23 卷，第 10 期。

[37] 张子毅，1943，《易村手工业》，重庆：商务印书馆。

[38] 赵京华，2011，《以固有信仰为中心的学问与文化保守主义——周作人与柳田国男的民俗学思想》，《周氏兄弟与日本》，北京：人民文学出版社。

[39] 钟敬文，1981，《民俗学与民间文学》，中国民间文艺研究会研究部编《民间文学论丛》，北京：中国民间文艺出版社。

[40] 周飞舟，2015，《差序格局和伦理本位——从丧服制度看中国社会结构的基本原则》，《社会》，第 1 期。

[41] 周作人，1999/1944，《周作人民俗学论集》，吴平、邱明一编，上海：上海文艺出版社。

[42] 橘朴（1966）『橘樸著作集（1—3卷）』．東京：劲草書房．

[43] Becker, H. 1950, "Sacred and Secular Societies Considered with Reference to Folk-State and Similar Classifications." *Social Forces* 28(4).

[44] Bulmer, M. 1984, *The Chicago School of Sociology: Institutionalization, Diversity, and the Rise of Sociological Research*. Chicago: The University of Chicago Press.

[45] Burgess, E. W. 1925, "The Growth of the City: An Introduction to a Research Project." In R. E. Park, E. W. Burgess & R. D. Mcknezie (eds.), *The City*. Chicago: The University of Chicago Press.

[46] Chen, Ta. 1940, *Emigrant Communities in South China; A Study of Overseas Migration and Its Influence on Standards of Living and Social Change*. New York: Secretariat, Institute of Pacific Relations.

[47] Du Bois, W. E. B. 2007, *The Souls of Black Folk*. New York: Oxford University Press.

[48] Durkheim, E.1964, *The Division of Labor in Society*. Trans. by George Simpson. New York: The Free Press.

[49] Embree, J. F. 1939, Suye Mura, *A Japanese Village*. Chicago: The University of Chicago Press.

[50] Evans-Pritchard, E. E. 1940, *The Nuer, A Description of the Modes of Livelihood and Political Institutions of a Nilotic People*. London, New York and Toronto: Oxford University Press.

[51] Faris, R. E. L. 1967, *Chicago Sociology, 1920–1932*. San Francisco, California: Chandler Publishing Co.

[52] Fei, Hsiao Tung. 1948, "Hsiao-Tung to Bob (Sep. 1, 1948)." In Robert Redfield Papers 1917–1958. University of Chicago Library Special Collections.

[53] Fei, Hsiao Tung. & Chih I. Chang. 1945, *Earthbound China: A Study of Rural Economy in Yunnan*. Chicago: The University of Chicago Press.

[54] Firth, R. 1936, *We, The Tikopia: A Sociological Study of Kinship in Primitive Polynesia*. London: George Allen & Unwin Ltd..

[55] Fortes, M. 1945, *The Dynamics of Clanship among the Tallensi*. London, New York and Toronto: Oxford University Press.

[56] Foster, G. M. 1953, "What is Folk Culture." *American Anthropologist* 55(2).

[57] Hughes, E. C. 1943, *French Canada in Transition*. Chicago: The University of Chicago Press.

[58] Kluckhohn, F. & C. Kluckhohn 1943, "Review of And Keep Your Powder Dry." *American Anthropologist* 45(4).

[59] Kroeber, A. L. 1948, *Anthropology: Race, Language, Culture, Psychology, Pre-history*. New York: Harcourt, Brace & Co.

[60] Lewis, O. 1951, *Life in a Mexican Village: Tepoztlan Restudied*. Urbana, Illinois: University of Illinois Press.

[61] Li, Yu I, Hsiao Tung. Fei & Tse I. Chang. 1943, *Three Types of Rural Economy in Yunnan*. New York: International Secretariat, Institute of Pacific Relations.

[62] Maine, H. S. 1963, *Ancient Law: Its Connection with the Early History of Society, and Its Relation to Modern Ideas*. Boston: Beacon Press.

[63] Matthews, F. H. 1977, *Quest for an American Sociology: Robert E. Park and the Chicago School*. Montreal: McGill-Queen's University Press.

[64] Mead, M. 1942, *And Keep Your Power Dry: An Anthropologist Looks at*

America. New York: William Morrow & Co.

[65] Miner, H. 1963, *St. Denis, A French-Canadian Parish*. Chicago, Illinois: The University of Chicago Press.

[66] Morgan, L. H. 1964, *Ancient Society*. Cambridge: Belknap Press of Harvard University Press.

[67] —— 1970, *Systems of Consanguinity and Affinity of the Human Family*. Oosterhout, N. B.: Anthropological Publications.

[68] Park, R. E. 1915, "The City: Suggestions for the Investigation of Human Behavior in the City Environment." *American Journal of Sociology* 20(5).

[69] Radcliffe-Brown, A. R. 1913, "Three Tribes of Western Australia." *The Journal of the Royal Anthropological Institute of Great Britain and Ireland* 43.

[70] —— 1987, "Introduction." In A. R. Radcliffe-Brown & D. Forde (eds.), *African Systems of Kinship and Marriage*. London & New York: KPI Limited.

[71] Redfield, R. 1930, *Tepoztlán, A Mexican Village*. Chicago, Illinois: University of Chicago Press.

[72] —— 1934, "Culture Changes in Yucatan." *American Anthropologist* 36(1).

[73] —— 1940, "The Folk Society and Culture." *American Journal of Sociology* 45(5).

[74] —— 1941, *The Folk Culture of Yucatan*. Chicago, Illinois: University of Chicago Press.

[75] —— 1947, "The Folk Society." *American Journal of Sociology* 52(4).

[76] —— 1950, *A Village That Chose Progress: Chan Kom Revisited*. Chicago: University of Chicago Press.

[77] —— 1953a, "The Natural History of the Folk Society." *Social Forces* 31(3).

[78] —— 1953b, *The Primitive World and Its Transformations*. Ithaca, New York: Cornell University Press.

[79] —— 1960a, *The Little Community*. Chicago: The University of Chicago

Press.

[80] ——1960b, *Peasant Society and Culture*. Chicago: The University of Chicago Press.

[81] Redfield, R. & A. Villa Rojas 1962, *Chan Kom, A Maya Village*. Chicago: The University of Chicago Press.

[82] Sjoberg, G. 1952, "Folk and 'Feudal' Societies." *American Journal of Sociology* 58(3).

[83] Smith, M. 1943, "Review of And Keep Your Powder Dry." *American Sociological Review* 8(3).

[84] Sorokin, P. A. 2002, "Foreword." In F. Tönnies, *Community and Society*. New York: Dover Publications.

[85] Spicer, E. H. 1940, *Pascua, A Yaqui Village in Arizona*. Chicago: The University of Chicago Press.

[86] Sumner, W. G. 2002, *Folkways; A Study of the Sociological Importance of Usages, Manners, Customs, Mores, and Morals*. New York: Dover Publication.

[87] Tax, S. 1939, "Culture and Civilization in Guatemalan Societies." *The Scientific Monthly* 48(5).

[88] ——1941, "World View and Social Relations in Guatemala." *American Anthropologist*, New Series 43(1).

[89] Tönnies, F.2002, *Community and Society*. Mineola, New York: Dover Publications.

[90] Weber, M. 1964, *The Theory of Social and Economic Organization*. New York: The Free Press.

[91] Wilcox, C. 2004, *Robert Redfield and the Development of American Anthropology*. Lanham, Maryland: Lexington Books.

[92] Wirth, L. 1938, "Urbanism as a Way of Life." *American Journal of Sociology* 44(1).